비트겐슈타인
가문

The
House
of
Wittgenstein
A Family
at War

비트겐슈타인 가문

알렉산더 워 ALEXANDER WAUGH 지음 | 서민아 옮김

The House of Wittgenstein
A Family at War

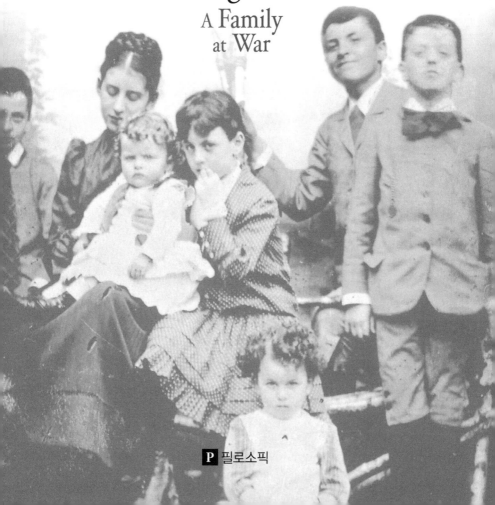

P 필로소픽

우리에게 확실하다고 여겨지는 일반적 경험 명제들은 엄청나게 많이 있다.

그 가운데 하나는 사람의 팔이 잘라지면 다시는 자라지 않는다는 것이다.

— 루트비히 비트겐슈타인,《확실성에 대하여》§§273~274

| 목차 |

비트겐슈타인 가계도

안나
비트겐슈타인
1840~1896

= 하인리히
에밀 프란츠
(판사)
1839~1884

마리
비트겐슈타인
1841~1931

= 모리츠 포트
(철강무역업)
1839~1902

파울
비트겐슈타인
(기업가)
1842~1928

= 유스티네
호흐슈테터
1858~1918

요제피네
비트겐슈타인
1844~1933

= 요한
네포무크 오저
(화학 교수)
1833~1912

루트비히 '루이스'
비트겐슈타인
(부동산업계의 거물)
1845~1925

= 마리아 프란츠
1850~1912

**헤르미네 '미닝'
비트겐슈타인**
1874. 12. 1. 테플리츠
~ 1950. 2. 11. 빈

도라
비트겐슈타인
1876~1876

**요하네스
'한스'
비트겐슈타인**
1877. 빈
~ 1902 실종

**콘라트
'쿠르트'
비트겐슈타인**
1878. 3. 1. 빈
~ 1918. 10.
이탈리아 전선,
자살

**헬레네 '렌카'
비트겐슈타인**
1879. 8. 23. 빈
~ 1956. 4. 빈

= **막스 잘처**
(정부 관료)
1868. 3. 3. 빈
~ 1941. 4. 28. 빈

마리아 잘처
1900. 3. 6
~1948. 8. 14

프리드리히
'프리츠' 잘처
1902. 2. 11
~1922. 7. 22

펠릭스 잘처
(음악학자)
1904. 6. 13 ~
1986. 8. 12

클라라 잘처
1913. 9. 7
~ 1978. 10. 29

= **아르비트 쇼그렌**

헤르만 크리스티안 비트겐슈타인
(토지중개인)
1802~1878

= 프란치스카 '파니' 피크도어
1814~1890

**카를
비트겐슈타인**
(기업가)
1847. 4. 8. 고흘리
~ 1912. 1. 20. 빈

= 레오폴디네 '폴디'
칼무스
1850. 3. 14. 빈
~1926. 1. 3. 빈

베르타
비트겐슈타인
1848 ~1908

= 카를
쿠펠비저
(법률가, 기업
임원)
1841~1925

클라라
비트겐슈타인
1850~1935

리디아
비트겐슈타인
1851~1920,
자살

= 요제프 폰
지베르트 장군
1843~1917

에밀리 '밀리'
비트겐슈타인
1853~1939

= 테오도레
폰 브뤼케
(판사)
1853~1918

클로틸데
비트겐슈타인
1854~1937

**루돌프 '루디'
비트겐슈타인**
1881. 6. 27. 빈
~ 1904. 5. 2.
베를린, 자살

**마르가레트 '그레틀'
비트겐슈타인**
1882. 9. 19. 빈
~ 1958. 9. 27. 빈

= 제롬 스타인버거 /
스톤버러
1873. 뉴욕
~ 1938. 6. 15. 빈

파울 비트겐슈타인
(피아니스트)
1887. 11. 5. 빈
~ 1961. 3. 3. 뉴욕

= 힐데 샤니아
1915. 12. 26. 라너스
도르프 ~ 2001. 3. 31.
펜실베이니아

**루트비히 '루키'
비트겐슈타인**
(철학자)
1889. 4. 26. 빈
~ 1951. 4. 29.
케임브리지

토마스 스톤버러
1906. 1. 9. 베를린
~ 1986. 2. 14. 빈

**존 제롬 '지'
스톤버러**
1912. 6. 11. 빈
~ 2002. 4. 29.
도싯

엘리자베트
비트겐슈타인
1935. 5. 24. 빈
~ 1974. 2. 뉴욕

요하나
비트겐슈타인
1937. 5. 1. 빈
~

파울 '루이스'
비트겐슈타인
1941. 11. 30.
뉴욕 ~

우울한
가족사

부모님의 대단히 진지한 윤리관과 의무감에
도 불구하고, 자식들과 조화를 이루지 못했다
는 사실은 비극이었다. 마치 고아원에서 데리
고 온 자식들처럼 아들들이 아버지와 성향이
달랐다는 사실은 비극이었다! 아들 가운데 아
버지의 길을 따라 가업을 이어받은 자식이 한
사람도 없다는 사실은 대단히 실망스러운 일
임에 틀림없었다. 가장 큰 차이 가운데 하나,
그리고 가장 큰 비극 가운데 하나는 아버지의
아들들이 젊은 시절에도 활력과 삶의 의지가
없었다는 것과 관련이 있었다……

A Dirty Thing to Do **I**

ஐ 빈 데뷔

빈은 역설의 도시로—지나치게 자주—언급된다. 하지만 이를 모르거나 빈에 한 번도 가본 적이 없는 사람들에게 빈은 진한 크림 케이크, 모차르트 머그잔과 티셔츠, 신년 음악회의 왈츠, 조각상으로 장식된 웅장한 건물, 넓은 거리, 모피 코트를 두른 노부인들, 전차, 리피자너Lippizaner 종마 같은, 오스트리아 관광청의 진부한 소개 글에 있을 법한 공상적인 표현들로 그려질지 모른다. 하지만 20세기 초에 빈은 이런 식으로 홍보되지 않았다. 당시 빈은 홍보조차 되지 않았다. 한때 필수 여행안내서였던 마리아 호너 랜스데일Maria Hornor Lansdale의 1902년 책은 이곳 합스부르크 제국의 수도를 오늘날 우리가 읽는 여행안내서들보다 지저분하고 역동적인 도시로 설명하고 있다. 도심 지역인 이너레 슈타트Innere Stadt(빈에서 가장 오래된 지역 - 옮긴이) 일부에 대해서는 "어둡고, 더럽고, 침울하다"고 묘사되어 있으며, 유대인 지구 일부에 대해서는 다음과 같이 기록되어 있다. "집 내부는 말도 못하게 불결하다. 계단을 올라갈 때 금방이라도 무너질 것 같은 난간이 손가락에 쩍쩍 들러붙고, 양쪽 벽에는 물이 줄줄 샌다. 작고 어두운 방 안에 들어가면 천장은 온통 그을음투성이에 가구는 다닥다닥 붙어 있다."

만일 어떤 독일인이 빈의 전차에 발을 들여놓는다면, 주변의 승객 누구와도 대화를 나눌 수 없다는 걸 확인했을 것이다. 그도 그럴 것이 당시 이 도시는 헝가리의 마자르인, 루마니아인, 이탈리아인, 폴란드인, 세르비아인, 체코인, 슬로베니아인, 슬로바키아인, 크로아티아인, 루테니아인, 달마티아인, 이스트리아인, 보스니아인 등, 급속한 인구 증가의 본거지였으며, 분명 이들 모두가 다 함께 평화롭게 살고 있는 것 같았다. 1898년에 미국의 한 외교관은 이 도시에 대해 다음과 같이 묘사했다.

빈에서 단기간만 살고 온 남자도, 자신은 순수 독일 혈통일지 몰라도 그의 아내는 갈리치아인이거나 폴란드인이고, 요리사는 보헤미아인, 아이들의 유모는 달마티아인, 하인은 세르비아인, 마부는 슬라브인, 이발사는 마자르인, 아들의 가정교사는 프랑스인일 것이다. 행정부 직원 대부분이 체코인이고, 헝가리아인들이 정부 일에 막대한 영향력을 미친다. 그렇다, 빈은 결코 독일 도시가 아니다!

해외에서는 빈 사람들을 온화하고 느긋하며 문화 수준이 높은 사람들로 보았다. 낮에는 중산층 사람들이 카페에 모여 커피 한 잔과 물 한 컵을 앞에 놓고 몇 시간이고 대화를 나누며 시간을 보냈다.

당연히 각 나라의 언어로 된 신문과 잡지들이 제공되었다. 저녁이면 춤을 추거나, 오페라나 연극을 즐기거나, 콘서트홀에 가기 위해 옷을 차려입었다. 그들은 이런 오락을 광적으로 좋아한 나머지, 대사를 잊어버리는 실력 없는 배우나 괴성을 지르는 가수에게 가차없었는가 하면, 자기들이 좋아하는 사람들을 숭배하거나 신격화했다. 빈의 작가 슈테판 츠바이크Stefan Zweig는 젊은 시절부터 시작된 열정을 다음과 같이 회상했다. "정치, 행정, 도덕에 대해서는 무엇이든 상당히 무난하게 넘어가고, 부주의한 일들도 전부 애교로 봐주며, 웬만한 위반 행위들은 못 본 척 눈감아 주면서도, 예술적인 문제에 대해서는 용서라는 게 없었다. 그러니 도시의 명예가 위태로웠을 수밖에."

1913년 12월 1일, 오스트리아 전역에 차가운 햇살이 드리워졌다. 저녁 무렵에는 카르파티아산맥의 북쪽 비탈에서부터 완만한 언덕과 신록이 푸르른 알프스산맥의 저지대에 이르기까지 안개가 펼쳐졌다. 빈의 공기는 바람 한 점 없었고, 거리와 보도는 고요했으며, 기온은 이례적으로 낮았다. 스물여섯 살의 파울 비트겐슈타인Paul Wittgenstein에게 이날은 대단히 흥분되면서도 극도로 긴장되는 날이었다.

축축한 손가락과 차가운 손은 모든 피아니스트들에게 최악의 악몽 가운데에서도 최악으로 꼽힌다. 손바닥의 땀샘에 아주 살짝 윤기만 돌아도 손가락이 미끄러지거나 '경미한 문제를 일으켜' 뜻하지 않게 두 개의 인접한 건반을 동시에 누르게 돼버리는 것이다. 그러므로 땀으로 손가락이 축축해진 피아니스트는 신중에 신중을 기해야 한다. 반면에 손이 너무 차가우면 손가락 근육이 뻣뻣해진다. 뻣

속이 차가우면 피부에 찬 땀을 밖으로 배출하지 못해, 최악의 경우 추위로 인해 손가락이 경직되는 동시에 여전히 땀으로 미끄러지는 수가 있다. 그래서 연주회를 앞둔 많은 연주자들은 겨울이면 연주회 시작 한두 시간 전부터 잔뜩 긴장해 뜨거운 물을 담은 대야에 두 손을 집어넣는다.

파울의 콘서트 데뷔는 무지크페라인 황금홀Grosser Musikvereinssaal에서 오후 7시 30분에 시작될 예정이었다. 이곳은 거의 완벽한 음향을 자랑하는 신성한 장소로서, 브람스, 브루크너, 말러가 여기서 자신들의 여러 작품이 초연되는 것을 들었다. 바로 이곳 '황금홀'에서 왈츠와 폴카로 이루어진 신년 음악회가 해마다 열리고 전 세계에 방영된다. 파울은 자신의 데뷔 무대가 매진될 거라고 기대하지 않았다. 객석의 좌석 수는 300개의 입석을 포함해 1654개였다. 월요일 밤이었고, 그는 알려지지 않았으며, 선택한 연주 프로그램 또한 빈의 대중들에게 익숙하지 않은 것이었다. 하지만 파울은 초대권으로 객석이 만원을 이루게 하는 방법을 익히 잘 알고 있었다. 어릴 때 가족의 지인이 바이올린 연주회를 열었을 때 어머니가 그를 보내 티켓 200장을 구입하게 한 적이 있었다. 매표소 직원은 파울이 암표상인 줄 알고, 그의 면전에 대고 소리를 지르며 무시했다. "다른 사람에게 되팔려고 티켓을 사는 거라면 딴 데 가서 알아봐!" 파울은 어머니에게 돌아와, 다른 사람에게 그 일을 시키라고 간청했다. 생전 처음 자신이 부자라는 사실이 부끄러웠다.

어차피 객석의 절반가량이 비게 될 거라면, 점유된 좌석들은 어쨌든 최대한 많은 지지자들로 차 있어야 했다. 파울은 대중에게 강력한 지지를 얻고 있다는 인상을 주고 싶었다. 비트겐슈타인 집안은 워낙 대가족이고 연줄이 든든했다. 형제들, 사촌들, 삼촌들, 이모들이 모두 참석해, 그의 연주를 어떻게 느끼든 상관없이 한 곡이 끝날 때마다 떠들썩하게 갈채를 보낼 터였다. 임차인들, 하인들, 하인의 먼 친척들까지, 대부분 진지한 음악 연주회에 한 번도 와본 적이 없는 사람들이 강제로 티켓을 받아들고 연주회장으로 불려 나왔다. 파울은 규모가 작은 홀을 빌릴 수도 있었지만, 그렇게 하면 평론가들이 오지 않을지도 모른다는 조언을 들었다. 그에게 필요한 건《신빈일보*Neues Wiener Tagblatt*》의 막스 칼베크Max Kalbeck와《신자유신문*Neue Freie Presse*》의 율리우스 코른골트Julius Korngold가 그 자리에 참석하는 것이었다. 두 사람은 빈에서 가장 영향력 있는 음악 평론가였다.

모든 세부사항이 신중하게 고려되었다. 빈 필하모닉 오케스트라와 연주하려면 그보다 권위가 덜한 톤퀸스틀러 오케스트라보다 거의 두 배가량 비용이 더 드는데, 문제는 돈이 아니었다. 그는 나중에 이렇게 기록했다. "비용과 전혀 상관없이, 나는 빈 필하모닉을 고용하지 않을 것이다. 이들은 도무지 내가 원하는 방식대로 연주하려 들지 않을 텐데, 흡사 길들일 수 없는 말과 같을 것이다. 게다가 연주회가 성공할 경우, 사람들은 순전히 오케스트라 덕분이라고 말할지도 모른다." 그래서 파울은 톤퀸스틀러를 선택했다.

지휘자 오스카어 네드발Oskar Nedbal은 파울보다 열두 살이 많았다. 그는 작곡가이자 최고의 바이올린 연주자이며 한때 드보르작의 제자였고, 10년 동안 체코 필하모닉 오케스트라의 지휘자로 활동한 뒤, 1906년에 톤퀸스틀러 오케스트라에 합류했다. 1930년 크리스마스이브에 자그레브에 있는 한 호텔 4층 창문에서 뛰어내린 뒤에는 더 이상 그의 소식을 들을 수 없었다.

파울의 프로그램은 특이하고 난해하며 도발적이었다. 그는 피아노와 오케스트라가 네 곡을 연속해서 연주하길 — 거장들이나 연주할 법한 협주곡을 하룻저녁에 네 곡이나 — 원했다. 성공이냐 실패냐를 떠나서, 이 젊은 연주자의 데뷔 무대는 호기로운 연주를 볼 수 있는 일종의 구경거리로 오래도록 기억될 터였다.

1837년에 모스크바에서 직장암으로 사망한 아일랜드의 주정뱅이 작곡가 존 필드John Field의 작품들은 빈의 유행에서 멀어진 지 오래였다. '주정뱅이 존'은 오늘날 녹턴 — 나중에 쇼팽에 의해 널리 알려진 몽상적인 분위기의 피아노 소품 양식 — 을 고안한 작곡가로 가장 잘 기억되고 있다. 그날 밤, 존 필드의 곡을 생전 처음 들어본 관객이 파울의 개인 수발을 드는 하인과 요리사만은 아니었으리라. 1913년 당시 음악 전문가들 사이에서조차 필드를 황금홀에서 연주될 만한 작곡가로 평가하는 사람은 거의 없었다. 그도 그럴 것이 빈은 세계 어느 도시보다 눈부신 나름의 음악적 전통을 지닌 도시였으며, 모차르트, 하이든, 베토벤, 슈베르트, 브람스, 브루크너, 말러(모두들 한 번쯤은 이 도시의 성벽 안에 살았던 사람들)를 주된 양식 삼아 자라온 사람들에게 필드의 음악은 잘해야 시시한 호기심 정도이고 최악의 경우 천박한 농담으로 여겨질 게 뻔했기 때문이다.

연주회 시작 전 몇 시간 동안 파울의 기분이 어땠는지, 그가 연주복을 입고, 대기실에서 손을 따뜻하게 하고, 무대 위로 향하는 가파른 계단을 올라가고, 친구들과 낯선 사람들, 평론가들, 스승들, 교사들, 하인들로 이루어진 객석 앞에서 고개를 숙여 인사를 하는 동안 그의 심경이 어땠는지는 기록된 바가 없지만, 그가 긴장을 통제하는 데에 성공하지 못한 건 분명했다. 파울이 무대 위로 걸어가기 전 마지막 몇 분 동안 너무나 초조한 나머지 주먹으로 벽을 세게 쳤다는 둥, 악보를 찢었다는 둥, 대기실에서 가구를 집어던졌다는 둥 하는 말들이 나중에 전해졌다.

3악장으로 이루어진 필드의 협주곡은 35분 동안 연주되었다. 그동안은 파울이 객석의 반응을 알아차리지 못했다 하더라도, 청중들이 박수를 치는 동안 《신자유신문》의 수석 평론가인 율리우스 코른골트가 객석을 떠나 다시 돌아오지 않았다는 사실, 그래서 멘델스존의 〈세레나데와 알레그로 지오코소〉, 요제프 라보의 〈체르니 주제에 의한 변주곡과 푸가〉, 고도의 예술적 기교를 요하는 리스트의 〈피아노협주곡 E 플랫 장조〉의 연주를 듣지 않았다는 사실은 나중에라도 틀림없이 알았을 것이다. 연주회가 끝나고 파울과 그의 가족은 며칠 동안 신문과 음악 잡지들을 샅샅이 뒤졌고, 그러는 동안 이 평론가의 특이한 행동은 그들의 마음을 무겁게 짓눌렀다.

파울의 동생 루트비히 Ludwig Wittgenstein는 당시 빈에 없었기 때문에 형의 연주를 듣지 못했다. 석 달 전, 루트비히는 영국(당시 그는 케임브리지에서 철학을 공부하고 있었다)을 떠나 노르웨이 베르겐 북쪽 피오르 기슭에 위치한 어느 작은 마을에 우체국장의 방 두 개짜리 집으로 이사했다. 그와 가장 가까운 친구의 일기에 따르면, 스스로 떠나기로 한 그의 결정은 '무모하고 갑작스러운' 것이었다. 9월에 그는 "다른 사람들을 경멸하는 자기 모습, 신경질적인 기질 때문에 다른 사람들을 짜증나게 만드는 자기 모습을 끊임없이 발견하게 되는" 이런 세상에서 그만 벗어나고 싶다고 진술한 바 있었다. 이 무렵 그는 자주 그랬듯이 자신의 죽음에 대한 망상에도 시달렸다. 케임브리지에 있는 지도교수이자 스승에게 보낸 편지에 "내 사상이 출판되기 전에 죽게 될 것 같은 예감이 매일 점차 강해지고 있다"고 썼다. 2주 후, 한 가지 충격적인 일이 그의 결단을 부추겼다―누나 그레틀과 매형 제롬이 런던으로 이사한다는 사실을 알리는 한 통의 편지를 받은 것이다. "그는 누나와 매형이라면 질색이라, 그들이 언제라도 쉽사리 그를 방문할 수 있는 잉글랜드에서 살지 않을 것이다"라고 그의 친구는 기록했다. "당장 떠나야겠어." 루트비히는 이렇게 외쳤다. "매형이 런던에서 살게 되다니. 그와 이렇게 가까운 곳에서 지내는 건 견딜 수 없는 일이야."

가족 모두가 파울의 연주회를 위해 그리고 크리스마스를 위해 루트비히가 빈에 오길 바랐지만, 그는 한사코 가려 하지 않았다. 가족의 바람에 따라야 하는 의무는 그의 마음을 무겁게 짓눌렀다. 가족들을 생각하면 우울했고, 지난해 크리스마스는 몹시도 끔찍했으며, 가뜩이나 현재 의기소침한 상태인 데다, 그의 철학적 작업은 매우 느린 속도로 진행되고 있었다. **"불행히도** 나는 크리스마스에 빈으로 가야 해." 그는 한 친구에게 보낸 편지에 이렇게 썼다. "사실 어머니께서 내가 빈으로 오길 몹시 원하시고, 그래서 내가 거절하면 무척 속상해하실 거야. 어머니는 작년 이맘때를 끔찍하게 기억하고 계시기 때문에, 나는 차마 빈으로 가지 않을 용기가 없어."

✍ 작년 이맘때

크리스마스는 비트겐슈타인 집안에서 가장 큰 의미를 부여하는 명절로서, 빈의 비덴Wieden 지역 알레가세Alleegasse에 위치한 비트겐슈타인 집안의 겨울 저택에서 호화롭고 유난스럽게 격식을 차리며 보내는 것이 전통이었다. 그러나 1912년(파울이 연주회 데뷔 무대를 갖기 전 해) 크리스마스는 여느 해와 달랐다. 그 즈음 튼튼한 가슴과 가죽 빛깔의 안색을 지닌 집안의 가장(파울과 루트비히의 아버지, 카를 비트겐슈타인Karl Wittenstein)이 2층의 침실에서 죽음을 앞두고 있다는 침울한 현실에 집안의 활기와 열정이 가라앉았기 때문이다. 설암舌癌을 앓고 있던 카를 비트겐슈타인은 한 달 전 빈의 저명한 외과 의사인 안톤 폰 아이젤스베르크Anton von Eiselsberg의 수술 메스에 몸을 맡겼다. 폰 아이젤스베르크 박사는 환부에 접근하기 위해 먼저 카를의 아래턱 대부분을 제거해야 했다. 그래야만 구강 아래 목의 분비선과 지난번 수술 후 카를의 혀에 남은 종양을 완전히 적출하는 과정을 진행할 수 있었다. 카를의 출혈은 박사의 조수들이 전기 소작기라는 현대적인 기술을 이용해 멎게 했다.

카를은 성인이 된 이후 줄곧 커다란 쿠바 시가를 피워왔고, 7년 전 처음 병증이 진단된 뒤에도 여전히 시가를 입에 물고 다녔다. 그러던 어느 날 의사들에게 병을 치료하려면 움직여서는 안 된다는 조언을 들었다. 마지막에는 일곱 차례의 수술을 견뎌야 했지만, 암은 폰 아이젤스베르크 박사가 고안해낸 책략들을 노련하게 물리쳤다. 그 바람에 박사는 갑상선에서 귀, 목, 마침내 혀까지 얼굴 측면을 따라 차례대로 대단히 위험한 단계들을 밟아나가야 했다. 마지막 수술은 1912년 11월 8일에 진행되었다. 아이젤스베르크는 카를에게 수술을 받는 동안 사망할 위험이 있다고 경고했다. 수술 전날 저녁 의사들이 수술 도구들을 점검하는 동안, 카를과 그의 아내 레오폴디네Leopoldine는 음악당의 호화로운 침울함 속으로 물러났다.

그곳에서 카를은 자신의 바이올린을 꺼냈고, 레오폴디네는 피아노 앞에 앉았다. 두 사람은 그들이 가장 좋아하는 바흐, 베토벤, 브람스의 곡들 가운데 몇 곡을 끝까지 연주하며 오래도록 아무 말 없이 서로에게 작별 인사를 했다.

다음 날 아침, 깨끗한 타일이 깔리고 환한 조명이 설치된 평범한 수술실 한가운데에서 폰 아이젤스베르크 박사는 카를의 구강 내 종양을 절제했다. 어쩌면 이번 수술로 마침내 암의 마지막 흔적들까지 완벽하게 뿌리 뽑는 데 성공했을 테지만, 카를에게는 이미 너무 늦은 일이었다. 2차 감염의 저주에 걸려 활기와 목소리를 잃어버린 카를은 집에서 임종을 맞기 위해 퇴원했다. 그리하여 1912년 크리스마스에 카를은 쇠약하고 열에 들뜬 몸으로 침대에 누워 있었고, 가족들은 다가올 슬픔을 예감하며 우울한 기분으로 모여 있었다.

🎵 카를의 대반란

미닝Mining이라는 별명으로 불린 헤르미네Hermine Wittgenstein(헤르미나Hermeena라고 발음한다)는 아홉 자녀들 가운데 맏딸이자 카를이 가장 사랑하는 아이였다. 그녀의 이름은 할아버지 헤르만 비트겐슈타인Hermann Christian Wittgenstein의 이름을 본떠 지어졌다. 헤르미네의 탄생을 기점으로 카를의 사업이 번창해, 카를은 헤르미네를 언제나 행운의 마스코트로 여겼다. 카를이 사망할 당시 서른아홉 미혼이었던 헤르미네는 여전히 집에서 지내며 아버지 말에 순종했다. 그녀는 내성적이고 절제된 사람이었는데, 그런 성격답게 움직임은 경직되었고, 자세는 곧았으며, 태도는(그녀를 잘 모르는 사람들에게는) 오만하고 냉담해 보였다. 하지만 실제로 그녀는 낮은 자존감에 시달렸고, 낯선 사람과 함께 있는 자리를 불편하게 여겼다. 브람스가 저녁 식사에 초대되어 주빈 테이블에서 함께 자리하게 되었을 때, 헤르미네는 정신적 긴장으로 어찌나 불안했던지 식당을 나와 저녁 내내 화장실을 들락거리며 먹은 걸 토해야 했을 정도였다. 젊은 시절 헤르미네의 사진들을 보면 명민하고 여성스러우며 어쩌면 예쁘기까지 하지만, 자기 생활을 지키려는 본능적인 욕구로 언제나 남자들의 접근을 경계했다. 사람들 말로는 한창땐 구혼자도 한두 명 있었지만, 그녀의 순결을 가져갈 만큼 열렬한 사람은 아무도 없었다고 한다.

해가 거듭될수록 헤르미네는 가장 가까운 친구와 가족들 외에 모든 것으로부터 멀어졌다. 미소는 잠깐으로 그쳤고, 정중하게 거리를 두었으며, 자의식과 품위, 경계심, 엄격한 여교사 같은 성격은 점차 심해졌다. 아무리 더운 날에도 두껍고 칙칙한 옷으로 몸을 둘렀고, 머리카락이 머리에 딱 달라붙도록 반듯하게 빗어 내려 하나로 묶어 똘똘 감아서 목덜미에 고정시켰다. 귀는 넓고 굵었고 코는 유난히 튀어나왔는데, 둘 다 아버지로부터 물려받은 특징이었다. 말년에는 조기 퇴역을 자못 흡족하게 여기는 잘생긴 육군 장교와 비슷해졌는데, 영화 〈사운드 오브 뮤직〉의 폰 트랩 대령Captain von Trapp과도 약간 닮았다.

절제된 성격에도 불구하고, 사실 헤르미네는 재능 있는 피아니스트이자 훌륭한 가수였다. 하지만 그녀가 주로 열중하는 취미는 그림과 소묘였다. 1890년대 초, 아버지가 저택을 구입한 이후로(한 파산한 부동산 개발업자가 20년 전에 직접 지은 저택을 25만 플로린에 구입했다) 헤르미네는 아버지의 미술 소장품 수집을 돕기도 하고 권유도 했다. 처음에는 구입할 작품을 선택하고 어디에서 어떤 방식으로 전시해야 하는지 결정하는 일을 맡았지만—당시 아버지는 그녀에게 "내 미술 감독"이라고 농담 삼아 말했다—천성적으로 권위적인 아버지의 성격이 본색을 드러내면서 헤르미네의 역할은 차츰 줄어들다가 결국 아버지의 고압적인 열정의 그림자 속으로 자취를 감추었다. 하지만 여전히 아버지의 가까운 친구로서 합스부르크 제국 주변의 공장들과 압연공장을 점검하는 고된 출장에 동행했고, 아버지의 사업상 연회를 관리했으며, 산악 지대에 있는 아버지의 사냥부지에 대해 끊임없이 개선 방안을 제안했다. 또한 아버지가 마지막 수술을 받기 몇 주 전부터는 참을성 있게 병상을 지키면서 스타카토처럼 뚝뚝 끊어지는 쌕쌕거리는 가쁜 숨소리를 들으며 아버지의 요구대로 자전적 기록들을 받아 적었다.

1864년. 학교를 퇴학하라는 권유를 받음. 졸업할 때까지 쭉 자습을 해야 했음.
1865년 1월. 가출
크루거슈트라세Krugerstrasse의 하숙방에서 2개월간 생활함.
안나Anna 누나의 소유인 바이올린과 200플로린을 가지고 옴.
신문에서 어린 학생의 후원 요청 광고를 눈여겨보고 그에게 약간의 돈을 주는 대가로 그의 여권을 받음.
보덴바흐Bodenbach 전선에서 관리들이 모두에게 여권을 보여줄 것을 요구함.

커다란 방에서 강제로 기다려야 했음.

한 사람씩 개별적으로 불려나와 두 명의 국경 수비대원들에게 샅샅이 수색을 당함.

위조 여권이 용케 무사통과됨.

소위 '학교를 퇴학하라는 권유'란 독일인과 오스트리아인이 권고 퇴학이라고 부르는 형태로서, 사실상 학교에서 쫓겨난 것이다. 헤르만 크리스티안 비트겐슈타인은 아들의 꾸물거리는 성격 때문에 자주 화를 냈지만, 이번엔 아들의 치욕을 막아보려 애썼다. 카를은 언제나 걱정을 끼쳤고, 고집 세고 외곬에 다루기 까다로운 아이였으며, 야단맞을 일을 수시로 만들고 다녔다. 가령 유리 세공 기구를 산다며 자신의 바이올린을 전당포에 맡기는가 하면, 시계탑을 15분마다 울리도록 조작해서 온 마을 사람들이 밤새도록 일정한 간격으로 잠을 설치게 만들었다. 아버지의 마차 한 대를 '빌려' 누이와 누이의 친구를 태우고 드라이브를 나가서 과속을 하는 바람에 다리에서 사고가 나 누이 친구의 코가 깨지기도 했다. 학교에서 도망쳐 인근 마을 클로스터노이부르크Klosterneuburg로 달아난 적도 있다. 그뿐만 아니라 겨우 열한 살 때 거리의 부랑아로 불리겠다며 비싼 외투를 내다버리고는 읍장에게 커피 하우스 출입구에서 구걸을 해도 좋다는 허락을 받질 않나, 밤새 돌아다니다 다음 날 아침이 되어서야 집에 돌아와 부모님을 노발대발하게 만들질 않나, 말썽이란 말썽은 죄다 일으키고 다녔다.

헤르만은 장남인 파울Paul에게만 몰래 선물을 주고 재산 상속인으로 준비시키는 등, 파울을 무척 예뻐했고 각별히 애정을 쏟았으며 파울이 원하는 일이라면 무엇이든 들어주었다. 그러나 셋째 아들 카를과는 도저히 잘 지낼 수가 없었다. 둘의 관계는 처음부터 냉랭했고 신뢰가 이루어지지 않았으며 적대적이었는데, 이런 관계는 1878년 5월 헤르만이 사망하는 날까지 계속되었다. 헤르미네는 아버지와 할아버지의 성격 차이를 그 이유로 들었다. 두 사람은 완전히 딴판이었다. 영어식으로 말하면 분필과 치즈만큼 달랐고, 헤르미네의 말대로 하면 밤과 낮만큼이나 달랐다. 카를은 유머러스하고 종잡을 수 없으며 사고방식이 자유로운 데 반해, 그의 아버지 헤르만은 신중하고 인색하며 융통성이 없었다. 그 밖의 면에서는 비슷한 타입이기도 했다. 둘 다 권위적이고 고집이 셌는데, 두 사람의 적대감이 유독 큰 이유는 아마도 성격 차이 때문이라기보다는 바로 이런 공통적인 단점들 때문이었다.

카를의 두 번째 가출은 아무런 경고도, 어떤 해명의 메모도 없이 그야말로 갑작스럽게 일어났다. 1865년 1월, 카를이 열일곱 살 때였다. 처음엔 카를이 사고를 당했을 거라고 생각했다. 날씨가 워낙 좋지 않았다. 눈보라가 치고 기온은 영하로 떨어졌다. 빈의 거리마다 온통 얼음으로 뒤덮였고, 폭설로 눈이 쌓여 도시 밖으로 나가는 도로가 전부 차단되었다. 카를의 사진이 경찰들에게 배포되었다. 경찰은 카를이 곧 돌아올 거라고 자신 있게 예견했지만, 며칠이 몇 주가 되고 몇 주가 몇 달로 이어지도록 카를이 어디에서도 발견되지 않자, 부모 앞에서 아들의 이름조차 언급할 수 없을 만큼 비트겐슈타인 집안에 감도는 긴장은 극에 달했다.

한편 카를은 보덴바흐 국경 검문소에서 함부르크 항구로 향한 다음, 이곳에서 뉴욕행 배에 올랐다. 카를은 가진 거라곤 자기 몸뚱이와 겨드랑이에 낀 비싼 바이올린 하나가 전부인 채 이른 봄 무일푼으로 뉴욕에 도착했다. 그는 처음에 브로드웨이의 한 음식점에서 웨이터로 일하다가, 2주 만에 그만두고 민스트럴 밴드minstrel band(흑인으로 분장해 흑인 가곡을 부르는 백인의 쇼 - 옮긴이)에 합류했다. 그러나 4월 14일 포드 극장에서 링컨 대통령 암살 사건이 일어나자 미국 전역의 모든 무대와 음악 연주가 금지되었고, 카를의 그룹은 강제로 해체되었다. 곧이어 카를은 짚을 압착시켜 만든 운하 보트에 올라 뉴욕을 떠나서 워싱턴으로 향했고, 그곳에서 6개월 동안 붐비는 '깜둥이 전용 바'에서 위스키를 날랐다.

주로 하는 일은 흑인과 흑인 아닌 사람을 구분하고, 누가 돈을 내고 누가 안 냈는지 확인하는 것이었다. 정작 바의 주인은 흑인을 구분할 줄 몰랐다.
그곳에서 처음으로 괜찮은 급여를 받았다.
새로 옷을 사 입고 떠날 채비를 갖춘 뒤, 11월에 뉴욕으로 돌아와 처음으로 집에 편지를 썼다.

임종을 앞둔 사람의 기억력이라 썩 정확하지는 않았다. 간결하게 몇 줄로 이루어진 카를의 첫 번째 편지는 사실 그보다 석 달 전인 1865년 9월에, 그와 친하게 지낸 비트겐슈타인 집안의 어느 하인 앞으로 보내졌다. 효과는 즉시 나타났다. 빈에 있는 그의 형제들과 어머니로부터 편지가 빗발치듯 쏟아졌다. 하지만 여전히 깊은 치욕에서 벗어나지 못한 아버지로부터는 한 통도 받지 못했다. 처음에 카를은 너무나 부끄러워 어느 편지에도 답을 하지 못했다. 그렇게 묵묵부답으로 일관하자 그의 누이가 부모님에게는 연락을 해야 하지 않겠느냐고 설득하는 간청의 편지를 보냈다. 카를은 부모님에게는 편지를 보내지 않고 누이에게 답장을 썼다. "부모님에게 편지를 쓸 수가 없어. 지금은 부모님 앞에 서서 용서를 구할 용기가 없다고. 그런 만큼 종이 위에, 참을성 있고 얼굴을 붉히지 않는 종이에다가는 더더구나 그럴 용기가 나지 않아. 더 나아진 내 모습을 보여드릴 기회가 온다면 그때 편지를 쓸 수 있을 것 같아."

이런 식의 답보 상태가 몇 달 간 이어지는 동안, 어머니는 망나니 아들의 소식을 간절히 기다리며 그에게 계속해서 편지 공세를 퍼부었고 지속적으로 돈을 송금했다. 그런데도 그는 어머니에게 직접 답을 하지 않았다. 10월 30일, 카를은 형 루트비히Ludwig(루이스Louis라는 애칭으로 불렸다)에게 다음과 같은 편지를 썼다.

어머니의 편지는 나를 몹시 행복하게 해. 편지를 읽는 동안 심장이 어찌나 세게 뛰던지, 계속 읽을 수가 없을 정도였어……. 요즘 나는 음식과 음료를 날라. 일은 힘들지 않지만 새벽 4시까지 일해야 하지……. 내가 바라는 건 딱 한 가지야—아마 형도 짐작하겠지—아버지와의 관계가 나아지는 거. 사업을 시작하게 되면 곧바로 아버지에게 편지를 쓰겠지만, 이곳에서는 사업을 하기가 무척 힘들기 때문에 내가 아직 다른 일을 찾지 못했다고 해서 너무 놀라지는 마.

카를은 정신적, 육체적으로 무기력해졌다. 우울감에 시달린 데다 어처구니없게도 6개월 동안 설사(아마도 이질로 인한)를 앓는 바람에, 정신은 정신대로 피폐해지고 육체는 육체대로 쇠약해졌다. 그래서 엄청난 노력을 기울여야만 간신히 어머니에게 편지 한 줄 쓸 힘을 낼 수 있었다.

어머니의 편지를 여러 차례 받았지만 여태 소식을 전하지 못하다가 이제야 감사인사를 드리는 저를 못난 아들이라고 생각하시겠지요. 하지만 부모님께 편지를 쓰기에는 여전히 마음의 평화를 찾지 못하고 있습니다. 어머니와 누이들, 형님과 동생들을 생각할 때면 수치심과 후회가 밀려듭니다……. 사랑하는 어머니, 부디 아버지에게 제 이야기를 잘 해주세요. 그리고 어머니, 이 아들이 진심으로 감사하고 있다는 걸 알아주세요.

아버지와 직접 서신을 왕래하는 건 여전히 불가능한 일이었다. 적어도 카를이 바텐더보다 괜찮은 직업을 구하기 전까지는. 워싱턴에서 뉴욕으로 돌아온 카를은 맨해튼의 기독교 학교에서 수학과 바이올린을 가르치는 직업을 구했다. 그러나 학생들을 통제할 수 없어, 웨스트체스터의 극빈층 아동을 위한 보호시설로 직장을 옮겨 짧은 기간 동안 야간 경비원으로 근무했다. 그 후 로체스터에 있는 한 근사한 대학에서 학생들을 가르치게 되었는데, 미국에 온 이후 처음으로 훌륭한 음식과 합리적인 급여를 받게 되었다. 카를은 이제야 비로소 빈과 아버지에 대해 생각할 여유를 가질 수 있었다.

❧ 기업가

1866년 봄, 마침내 카를이 뉴욕을 떠나 집으로 돌아왔지만 그를 맞이하는 레드 카펫도 화려한 악단의 연주도 없었다. 그의 몰골은 가출로 인해 집안에 일으킨 풍파를 더욱 악화시킬 뿐이었다. 카를의 상태는 충격적이었다. 비쩍 마른 데다 정신은 반쯤 나갔고, 차림새는 후줄근했으며, 문법에 맞지 않는 독일어와 양키 속어가 뒤섞인 알아들을 수 없는 말을 중얼거렸다.

어머니는 카를에게 보내는 편지에, 집에 돌아오면 농업 관련 일을 하게 될 거라고 미리 언질을 주었다. "내가 농장에서 일하는 것이 아버지의 절실한 소망이라면 당연히 그 일을 해야겠지." 카를은 형 루이스에게 이렇게 말했다. 여전히 집안의 망신거리인 카를은 집에 돌아오자마자 아버지가 임차한 농장 가운데 한 곳으로 보내졌다. 당시 저먼 웨스트 헝가리 German West Hungary(오늘날 부르겐란트 Burgenland로 빈의 남동쪽, 헝가리의 독일어권 국경에 위치한 지역 – 옮긴이)의 일부에 포함된, 도이치크로이츠 Deutschkreutz라는 장이 서는 작은 마을 인근이었다. 아버지는 카를이 이곳에서 기운을 회복해 아버지의 사업에 어느 정도 의욕을 갖길 기대했다.

헤르만 비트겐슈타인은 일반적인 농부가 아니었다. 그는 밭을 갈거나 소젖을 짜는 일 같은 건 결코 하지 않았다. 그의 사업 성공 비결은 피크도어 Figdor라고 하는 빈의 부유한 상인인 그의 인척들과의 동업 관계에 뿌리를 두고 있었다. 카를이 태어난 해인 1847년에 헤르만은 독일 작센 주 라이프치히 부근에 위치한 고흘리 Gohlis에 거주하며 양모 상인으로 일하고 있었다. 4년 뒤, 아내와 아이들을 데리고 오스트리아로 이사해 이곳에서 마름, 다시 말해 토지 관리인으로 일하면서 몰락한 귀족들의 노후된 유산을 번창하는 사업체로 탈바꿈시키고 수익의 일부를 챙겼다. 이 일에서 벌어들인 돈과 피크도어 집안(이들은 자신들의 토지에서 생산하는 석탄, 옥수수, 목재, 양모를 거래했다)과의 동업으로 벌어들인 돈을 빈의 부동산에 신중하게 투자했다.

헤르만은 지나칠 정도로 검소한 편이었지만, 가족들과 상당히 근사한 생활을 영위했다. 오스트리아에서 바트 푀슬라우Bad Vöslau에 있는 유명한 대저택을 임차했고, 3년 뒤에는 빈 남쪽 9마일 거리의 푀젠도르프Vösendorf에 위치한 정육면체 형태의 거대한 성(현재 시청과 자전거 박물관이 있다)으로 이사했다. 이후 원래는 합스부르크 공국의 여제, 마리아 테레지아Maria-Theresia 시대에 총리로 임명된 안톤 폰 카우니츠Anton von Kaunitz의 거처로 지어졌던, 락센부르크Laxenburg에 위치한 성을 임차해 주요 부분을 사용했다. 그의 막내딸 클로틸데Clothilde(모르핀 중독으로 파리에서 쓸쓸히 생을 마감했다)는 헤르만의 열한 명 자녀들 가운데 오스트리아에서 태어난 유일한 아이였다. 카를은 나이순으로는 여섯 번째 아이였으며, 세 번째이자 막내아들이었다.

헤르만 비트겐슈타인은 자식들 스스로 길을 개척하게 하겠노라 결심했던 터라, 자식들에게 풍족하게 돈을 주는 법이 없었다. 그는 세 아들 가운데 카를이 가장 무능하다고 여겼다. 카를의 능력에 대한 끊임없는 비난과 경멸에 지독한 인색함까지 더해지자, 오히려 어린 소년의 딱딱하게 굳은 마음에는 아버지가 틀렸다는 걸 보여주고 말겠다는 강철 같은 야심이 타올랐다.

카를은 자신의 경력이 끝날 때쯤엔 "자수성가한 사람"으로 인정받길 원했지만, 이 표현은 부분적으로만 옳았다. 그의 막대한 재산은 분명 그의 열의와 사업가적인 기질에 의해 얻어진 것이었다. 하지만 자칭 '자수성가' 했다는 많은 사람들이 그렇듯 카를 역시 상당한 재산가인 여성과 결혼했다는 사실, 그녀의 엄청난 신탁 자금이 없었더라면 회사의 피고용인에서 자본 소유주로의 첫 번째 도약에 결코 성공하지 못했으리라는 사실을 간과하는 경향이 있었다.

반항적인 미국 바텐더에서 오스트리아의 대부호 철강왕이 되기까지 카를 비트겐슈타인의 성공담은 다음과 같이 간략하게 요약할 수 있다. 카를은 한 해 동안 도이치크로이츠에서 농사일을 한 뒤 빈 공과대학교에 입학했다. 이곳에서 자신이 생각하기에 나중에 도움이 되겠다 싶은 지식까지만 익히고 오후 강의를 빼먹으며 국영철도회사 Staatsbahn의 공장에 저임금을 받고 현장실습을 나갔다. 1869년에 자격증 하나 없이 대학을 졸업하고 이후 3년 동안 다양한 직업을 전전했다. 트리에스테Trieste의 해군조선소에서 보조 설계기사, 빈의 터빈 건설회사, 샤트마르Szatmár와 부다페스트Budapest에 있는 헝가리 북동부 철도회사, 테르니츠Ternitz의 노이펠트 – 셸러Neufeldt-Schoeller 제강소 등. 마지막으로 신설 압연공장의 설계도 작성을 돕기 위해 원래는 파트타임으로 고용되었던 테플리츠Teplitz(혹은 테플리체Teplice)의 온천 마을 등. 압연 공장의 관리자는 별 기대 없이 선심 쓰듯 카를을 임시직에 채용했다가, 카를의 열의와 기발한 생각, 광범위한 분야의 사업 및 기술적인 문제에 대한 해결책을 재빨리 찾아내는 능력을 알아보고 이내 정식 급여를 받는 직책을 맡겼다.

연수입 1200굴덴으로 마침내 안정을 찾은 카를은 연인에게 청혼하기로 결심했다. 레오폴디네 칼무스Leopoldine Kalmus는 합스부르크 왕가의 여름 궁전이었던 락센부르크Laxenburg 성의 한 부속 건물을 자매와 함께 임대해 살고 있었다. 카를의 어머니는 아들의 약혼 소식을 조심스럽게 환영하면서도, 아들이 좋은 남편이 될 수 있을지 확신이 없었다. 그녀는 장래의 며느리에게 편지를 썼다. "카를은 성품이 좋은 아이지만 너무 일찍부터 부모 곁을 떠나 있었단다. 가정 교육을 통해 만들어졌어야 할 올바른 태도와 신뢰감, 건강한 마음, 자제력 같은 이 모든 것들을 사랑하는 사람과 함께 살면서 익히길 바란다."

아직 칼무스 양을 만나지 못한 헤르만은 그녀에 대해 별로 확신이 없었다. 그녀의 아버지(고인이 된)는 와인 무역상이었다. 혈통은 반은 유대인이었고 종교는 로마 가톨릭이어서, 헤르만의 프로테스탄티즘 윤리와 반유대주의 감성과 대번에 어긋났다. 사실상 레오폴디네는 헤르만의 아내인 비트겐슈타인 부인의 먼 친척이었지만— 둘 다 17세기의 랍비 이삭 브릴린Isaac Brillin의 혈통이라고 주장할 수 있었다—당시 헤르만은 이 사실을 알지 못했을 수도 있다. 어쨌든 헤르만은 자식들이 유대인과 결혼하는 걸 원치 않는다고 오래전부터 분명하게 못을 박았다. 열한 명의 자식들 가운데 그 말을 거역한 사람은 카를뿐이었다. 헤르만에게는 이 결혼을 반대할 법적 권리가 있었고, 카를에게는 아버지에게 정식 허가를 받아야 할 과제가 주어졌다. 카를은 아버지의 동의를 구하기 위해 적당히 시늉을 해 보였으나, 대충 성의 없는 태도를 보이는 바람에 오히려 아버지를 격노하게 만들었다.

아들이 테플리츠에서 의기충천해서 돌아왔을 때, 헤르만은 허리가 아프다고 불평하며 침대에 누워 있었다. 카를은 아버지의 통증을 가라앉히기 위해 마사지를 해드리겠다고 했다. 아버지가 베개에 대고 신음소리를 내면서 자리에 엎드리자마자, 카를은 아우스제Aussee 로 가는 길이며 그곳에서 칼무스 양에게 청혼할 생각이라고 툭 내뱉듯이 말했다. 이 자리에서 칼무스 양의 종교 문제가 언급되었는지에 대해서는 알려진 바가 없지만, 카를이 예비 신부의 미모와 덕성을 극찬하자 헤르만은 아들의 말을 가로막으며 이렇게 대꾸했다. "글쎄다, 처음에는 다들 그렇지. 본색을 드러낼 때까지는!" 노인은 약혼이 공식적으로 발표된 직후에야 예비 며느리에게 편지를 썼을 것이다.

친애하는 칼무스 양

내 아들 카를은 다른 형제들과 달리 아주 어릴 때부터 늘 자기만의 길을 가려고 고집해왔소. 지금 와서 보면, 결국 그런 결정이 그렇게 심하게 불리한 것만도 아닌 것 같군요. 카를이 내게 약혼 허락을 구하긴 했소만, 이미 아가씨에게 청혼하러 가는 길에 나를 찾아왔더구려. 카를이 아가씨에 대해 칭찬 일색인 데다 제 누이들도 모두 아가씨에 대한 의견이 호의적이라, 굳이 내가 이 약혼에 이견을 제기할 권리는 없다고 생각하오. 아무쪼록 나는 행복한 미래를 위해 두 사람의 소망과 희망이 이루어지길 바랄 뿐이오. 아가씨를 직접 만날 기회를 갖기 전까지는 진심 어린 내 마음은 이 정도로 표현하면 충분할 듯싶소.

H. 비트겐슈타인

카를과 레오폴디네는 1874년 2월 14일 성 발렌타인데이에 빈의 훌륭한 가톨릭 성당인 성 슈테판 성당의 부속 예배당에서 결혼식을 올렸다. 바람이 많이 부는 날이었다. 성당의 지붕은 윤이 났고 색색의 타일들은 이국적인 물고기 비늘처럼 반짝였다. 정문 출입구 높은 곳에 추함과 악함을 나타내는 조각상들 사이에서, 유대 복장을 갖춘 유대인 얼굴 하나가 음흉한 미소를 지으며, 줄지어 문을 통과하고 있는 헤르만과 하객들을 내려다보고 있었다. 혼배 미사가 끝나고 모두들 신부와 신랑을 환호하기 위해 모였다. 그때 마부의 굼뜬 행동에 화가 난 카를이 주먹으로 마차의 창문을 세게 치면서 "뒈져버려, 이 자식아! 마차를 몰 생각이 있는 거야?"라고 소리를 질렀다. 그가 날린 주먹으로 유리는 산산조각이 났고, 그의 손에는 큰 상처가 났으며, 깨끗하던 마차 내부 여기저기에 핏자국이 생겼다.

부부는 테플리츠 근처 아이히발트Eichwald에서 살기 위해 떠났지만, 보수를 많이 받는 이곳에서의 직업은 카를이 기대했던 것만큼 오래 지속되지 않았다. 얼마 안 있어 카를은 회사 내부 분쟁에 휘말렸고, 분쟁이 한창 최고조에 달했을 때 전무이사인 자신의 친구를 난폭하게 대한 이사회 의장에게 항의하는 바람에 회사를 그만두어야 했다. 카를은 1년 동안 실업자로 지내다가(이 시기에 헤르미네가 태어났다), 1875년 여름에 빈에 있는 한 회사에 기술자로 취직해 닥치는 대로 아무 일이나 했다. 1년 동안 빈에서 지내던 어느 날, 자신을 적대시하던 테플리츠의 이사회 의장이 사임하게 되어 카를은 다시 옛날 회사에 복직하였는데, 이번에는 임원 자리에 올랐다. 공장은 재무적으로 위험한 상태였지만, 카를은 크루프Krupp(독일의 철강, 무기 제조업 재벌 - 옮긴이)와의 치열한 경쟁을 뚫고 철도 선로를 위한 대규모 수주량을 확보하여 용케 재정을 호전시켰다. 그가 이루어낸 이번 일은 유럽을 반 바퀴 돌아, 사무일 폴리아코프Samuil Poliakov를 찾아가서, 경쟁업체가 권하는 철도보다 훨씬 가볍고 저렴한 레일을 구입하도록 합의함으로써 얻어낸 성과였다. 사무일 폴리아코프는 러시아의 금융가이자 철도 건축업자이며 차르 알렉산더 2세의 신뢰를 받는 고문이었다. 터키와 전쟁 중인 러시아는 발칸 반도의 군사 작전을 위해 철도가 필요했다. 카를의 계약서에는 폴리아코프가 중단하라는 전보를 보내는 시점까지 레일 생산을 계속한다는 내용이 명시되어 있었다. 마침내 마지막 주문이 왔을 때, 카를은 회사의 작업장에 수천 개의 레일이 선적을 기다리고 있다고 보고했으며—물론 거짓말이었다—이런 수완 덕분에 실제 받아야 할 금액보다 훨씬 큰 액수의 최종 지급액을 받아낼 수 있었다.

사업에서 카를은 기회주의자였다. 그가 얻은 엄청난 부는 각고의 노력과 뚜렷한 직관뿐만 아니라 위험을 감수하며 성공시킨 결과들이 축적된 것이었다. 그는 어떻게 이행할지 확신도 없으면서 일단 이곳저곳에다 약속을 해놓았고, 회사를 매수한 뒤 보유하지도 않은 돈을 나누어 갖기로 합의했으며, 이미 다른 고객들에게 팔기로 약속한 재고품을 다른 고객에게도 팔겠다고 제안했다. 언제나 자신의 지략을 믿었고, 스스로 만들어놓은 곤경에서 어떻게든 벗어났다. 그는 이렇게 썼다. "사업가는 위험을 감수해야 한다. 바라던 열매를 수확하지 못하고, 초기의 밑천을 잃고, 맨 처음부터 다시 시작해야 하는 한이 있더라도 필요한 때가 오면 단 한 장의 카드로 모든 것을 걸 준비가 되어 있어야 한다."

1898년, 51세의 카를은 해외에서 긴 휴가를 보낸 뒤 빈으로 돌아와 사업에서 은퇴하겠다고 발표했다. 그리고 즉시 모든 이사직과

간부직에서 물러났다. 이후 몇 년 동안 카를은 크루거슈트라세에 있는 자신의 사무실에서 두 눈을 반짝반짝 빛내며 산업이 돌아가는 모양새를 예리하게 지켜보면서, "혹시라도 통상 장관이 조언을 구하러 들를 경우에 대비해" 언제나 문을 활짝 열어두었다. 이 사임의 시기는 사실상 그에게 경력의 전성기였다. 사임이 진행되는 동안 카를은 보헤미아 광산 회사, 프라하 철강 산업 회사, 테플리츠 제강소, 알프스 광업 회사, 그리고 이들보다 규모가 작은 합스부르크 전역의 수많은 공장과 압연 공장, 석탄 및 금속 광산의 소유주이자 주요 주주가 되었다. 그는 최소한 세 곳의 주요 은행뿐 아니라 군수 회사의 이사회 자리를 차지했고, 오스트리아의 주요 거주지 세 곳에 흩어져 있는 훌륭하고 가치 있는 가구들, 미술품, 자기류, 서명이 새겨진 악보들을 보유했다.

카를은 건강이 허락하는 한 오랫동안 은퇴 생활의 일부를 개인적인 취미 활동—사냥, 사격, 펜싱, 승마, 예술품 의뢰 및 수집, 사업 및 경제 문제에 관한 글쓰기, 바이올린 연주, 여름엔 알프스의 시골 지역을 오래 산책하기—에 바쳤다. 그가 가진 돈이 얼마나 많은지 추측하는 일은 쓸데없는 짓일 것이다. 사촌인 카를 멩거Karl Menger는 제1차 세계대전 이전의 그의 재산에 대해 "2억 크로넨으로 추정되었다—제2차 세계대전 후 최소한 그 비슷한 액수의 달러와 맞먹는 금액이다"라고 기록했다. 하지만 이런 수치는 아무런 의미가 없다. 그는 어마어마한 부자였으니까.

✑ 상속녀와 결혼하다

제롬 스타인버거Jerome Steinberger는 뉴욕 출신으로 파산한 수입업자의 아들이었다. 점잖은 그의 아버지 헤르만Herman은 1900년 크리스마스에 자살했다. 스타인버거 가문의 고모들 가운데 한 명은 허드슨강에 몸을 던졌다. 숙부인 제이콥 스타인버거Jacob Steinberger 역시 1900년 5월에 자살한 것으로 여겨진다. 제롬은 가족 기업을 일으키겠다는 대담한 시도에 실패한 뒤, 이름을 스톤버러Stonborough로 바꾸고 시카고 대학에서 인문학을 공부했다. 독일 작센 지방 나사우Nassau에서 이민 온 그의 아버지가 10만 달러의 생명보험에 들었다는 소문이 있었다. 누이 에이미Aimée는 영향력 있는 구겐하임 가문의 애물단지, 윌리엄 구겐하임William Guggenheim과 결혼했다.

스스로를 스톤버러 박사라고 칭하던 제롬은 1901년에 처음 빈을 여행했고, 1년 후에 의학을 공부하기 위해 다시 이곳으로 돌아왔다. 제롬이 어디에서 어떻게 유대교에서 기독교로 개종을 했는지, 심지어 그가 개종을 하긴 했는지 정확히 알려진 바는 없다. 어쨌든 제롬은 누이가 뉴욕에서 유대교 전통에 따른 결혼식을 올린 지 12주 뒤인 1905년 1월 7일, 오스트리아 역사상 가장 추운 날로 기록된 이날 빈으로 돌아와, 자갈이 깔린 도로테어가세Dorotheergasse의 개신교 교회 재단 앞에 키가 크고 예민한 스물두 살의 빈 출신 신부와 나란히 서서 추위에 벌벌 떨고 있었다.

친구들은 그녀를 그레틀Gretl이라고 불렀지만, 그녀에게는 마르게리타Margherita라는 세례명이 있었고, 적당한 때 세례명의 철자를 영어식으로 마르가레트Margaret라고 고칠 터였다. 그녀는 카를과 레오폴디네 비트겐슈타인 부부의 막내딸이었다. 아버지와 어머니 쪽 형제자매들 가운데에는 판사, 군인, 의사, 과학자, 예술 분야의 후원자, 정부 관리들이 있었으며, 모두 각 분야에서 두각을 나타냈다. 그녀와 제롬이 혼인 서약을 한 자리 위쪽 벽에는 빛나는 세 개의 명판이 부착되어 있었는데, 각각 그녀의 가족 가운데 한 사람이 후원한 것이었다. "나라가 임하옵소서" "하느님의 말씀을 듣고 간직하는 이는 복되나니" "숨 쉬는 모든 것들은 주님을 찬미하라. 할렐루야!"

제롬과 그레틀이 서로에게 연애 감정을 느끼게 된 요인이 무엇인지는 분명하지 않다. 그들은 자라온 배경이 각기 달랐다. 그레틀은 음악에 재능이 있었고, 제롬은 그렇지 않았다. 그레틀은 다른 사람들과 함께하는 자리를 마다하지 않았지만, 제롬은 그런 자리를 피하고 싶어했다. 하지만 두 사람 모두 의학과 과학 분야에 깊은 관심이 있었다. 10대 시절 그레틀은 침실에 놓을 쿠션에 수를 놓은 적이 있었는데, 이때 관상 혈관과 동맥까지 완벽하게 갖추어 심장 모양을 수놓았다. 아버지가 파산한 후 제롬은 그레틀의 막대한 재산을 함께 사용할 수 있으리라는 기대로 틀림없이 들떠 있었을 것이다. 어쨌든 그녀는 합스부르크 제국에서 가장 부유한 인물의 딸이었으니까. 그레틀의 경우, 아버지를 연상시키는 제롬의 많은 특성들— 그의 성급하고 권위적인 성격, 당당한 풍채, 종잡을 수 없는 변덕— 에 매력을 느꼈는지도 몰랐다. 그레틀과 제롬에 관한 이런 추측들이 틀렸을 수도 있지만, 확실히 제롬 스톤버러와 카를 비트겐슈타인 사이에는 성격 면에서 유사한 부분들이 있었고, 제롬이 그레틀과 결혼하고자 마음먹은 주된 동기가 그녀의 재산 때문이 아니었다 할지라도, 빈에 있는 그녀 아버지의 보물로 가득 찬 호화로운 궁전에 깊은 인상을 받지 않을 수는 없었을 것이다.

그레틀은 검은 눈동자, 검은 머리카락, 창백한 안색을 지닌 그녀의 미국인 남편보다 아홉 살이 어렸고 몇 인치나 더 컸다. 남아 있는 스냅사진을 바탕으로 그녀를 아름답다고, 적어도 전통적인 개념에서 아름답다고 묘사하는 건 자칫 오해의 소지가 있을 수 있다. 하지만 그녀를 개인적으로 아는 많은 사람들이 그녀의 외모에 대해 대단히 빼어나고 매력적이라고 증언한 걸 보면, 사진술이 그레틀을 제대로 표현하지 못했는지도 모른다. 어떤 사람은 이렇게 말했다. "그레틀은 '보기 드문' 미모를 지닌 데다, 이국적인 측면에서 우아했습니다. 머리카락을 이용해 앞이마를 두 개의 아치모양으로 만들고 끝으로 갈수록 가늘어지게 해 외모를 더욱 돋보이게 했습니다." 구스타프 클림트는 비트겐슈타인 부인의 의뢰를 받아 그레틀의 결혼식 직전에 그녀의 전신 초상화를 그렸으며, 이 초상화에서 그녀의 미묘한 분위기를 포착하려 애썼다.

하지만 그레틀은 클림트가 자신의 입을 "정확하지 않게" 표현했다고 비난하면서 완성된 그림을 몹시 못마땅하게 여겼다. 나중에 덜 유명한 화가에게 입을 다시 그리게 했는데, 그랬는데도 그림이 마음에 들지 않자, 그레틀은 그림을 걸지도 않고, 그림을 자랑하며 축하하지도 않은 채 다락에 처박아두었다. 현재 이 그림이 걸려 있는 뮌헨의 노이에 피나코테크Neue Pinakothek 화랑을 방문하는 사람들은 모델이 이 그림을 왜 그리 불만스럽게 여겼는지 직접 알아내는 재미를 느껴볼 수도 있겠다. 그들은 그레틀의 눈 밑을 에워싼 잿빛의 다크서클을 가리킬지도 모르고, 피로한 듯 확신이 없는 듯 어쩌면 두려운 듯한 표정을 발견할지도 모른다. 어쩌면 대담하게 어깨가 파이고 몸에 맞지 않는 흰색 실크 드레스를 입고 서 있는 자세에서 무척이나 쑥스럽고 당황스러워하는 모습을 확인할 수도 있겠다. 또 어쩌면 배 앞에 신경질적으로 비틀어 움켜쥔 창백한 두 손을 언급할지도 모른다. 그러나 초상화를 아무리 열심히 들여다본들 관람객들은 그 이유를 결코 알 수 없을 것이다. 그것은 제롬과의 결혼에 대해 느꼈을지 모를 불안이라든지, 심지어 성적으로 문란한 클림트 앞에서 모델이 되어야 했던 거북함과는 관련이 없기 때문이다. 1904년 5월 클림트가 초상화 작업을 시작하던 시기에, 연령상으로 가장 가까운 남매이자 그녀와 십대 시절을 함께 보낸 좋은 친구였던 오빠가 느닷없이, 마치 연극처럼, 공개적으로 음독자살을 한 것이다.

ᠭᠣ 루돌프 비트겐슈타인의 죽음

가족들에게 '루디Rudi'라는 이름으로 불리던 루돌프 비트겐슈타인 Rudolf Wittgenstein은 사망 당시 베를린 아카데미에서 화학을 공부하던 스물두 살의 학생이었다. 그는 누가 보더라도 똑똑하고 해박하고 잘생겼으며, 음악과 사진, 연극에 뜨거운 열정을 지닌 청년이었다. "나의 변태적인 성향"이라고 일컬으며 자신의 성격 유형에 대해 고민해 오던 그는 1903년 여름 독일 형법 제175항— '비정상적인 성행위'를 엄격하게 금하는 법률—폐지 캠페인을 벌인 자선 단체인 과학적 인도주의 위원회에 도움을 구했다. 이 단체는 《동성애라는 특정한 문제의 성도착에 대한 연감》이라는 화려한 제목으로 자신들의 활동에 대한 연감을 발표했는데, 바로 이 연감 가운데 하나에서 유명한 성

과학자 마크누스 히르쉬펠트Magnus Hirschfeld 박사가 베를린에 있는 한 익명의 동성애 학생에 대한 문제를 상세하게 다루었다. 글에 언급된 대상이 자신이라는 것이 밝혀질까 봐 두려웠던 루디는 즉시 돌이킬 수 없는 행동을 취했다. 이런 설명은 어쨌든 이 사건에 대한 한 가지 견해일 뿐이며, 다음의 사실들은 이 견해에 비하면 논쟁의 여지가 적다.

1904년 5월 2일 저녁 9시 45분, 루디는 베를린 브란덴부르크슈트라세Brandenburgstrasse에 있는 한 레스토랑 겸 술집으로 걸어 들어가 우유 두 잔과 음식을 주문한 뒤 무척 불안한 모습으로 그것을 먹었다. 그는 음식을 다 먹은 다음, 웨이터에게 부탁해 피아니스트에게 생수 한 병을 가져다주고 유명한 토마스 코샤트Thomas Koschat의 노래 〈나는 버림받았네Verlassen, verlassen, verlassen bin ich〉를 연주해달라고 요청했다.

나는 버림받고, 버림받고, 버림받았네!
거리에 놓인 돌멩이와도 같이, 날 사랑하는 처녀가 아무도 없으니!
나는 교회에 가리, 멀리 떨어진 교회에,
그곳에서 무릎을 꿇고 가슴이 터지도록 울어버리리!

숲속의 작은 언덕에는 꽃들이 만발한데,
내 가련한 처녀는 그곳에 잠이 들어,
그 어떤 사랑도 그녀를 소생시키지 못하리.
저기 저쪽에 나의 순례가, 저기 저쪽에 나의 욕망이,
그곳에서 나는 절절하게 느끼리, 내가 얼마나 버림받았는지.

레스토랑 안에 음악이 퍼지자, 루돌프는 주머니에서 맑고 투명한 혼합물이 들어 있는 봉지를 꺼내어 두 개의 우유 잔 가운데 하나에 넣고 내용물을 용해시켰다. 청산가리를 삼키면 그 효과는 즉각적이고 매우 고통스럽게 나타난다. 가슴이 조여오고, 목이 무섭도록 타들어가는 느낌이 들며, 피부색이 금세 변하고, 메스꺼움과 기침, 경련이 일어난다. 2분 만에 루돌프는 의식을 잃고 의자에 앉은 채 푹 쓰러졌다. 레스토랑 주인은 의사를 데려오라며 손님들을 보냈다. 그들 가운데 세 사람이 돌아왔지만, 루돌프의 상태를 호전시키기에는 이미 너무 늦었다.

다음 날 신문에는 현장에서 여러 장의 유서가 발견되었다는 기사가 실렸다. 그 가운데 한 장은 부모님에게 보내는 것으로, 그 유서에서 루디는 친구의 죽음으로 비탄에 잠긴 나머지 목숨을 끊노라고 밝혔다. 이틀 후 그의 유해는 베를린 시체 안치소에서 빈으로 이송되어 명예롭지 못하게 묘지에 묻혔다. 아버지 카를의 고통과 굴욕감이 이루 말할 수 없었기 때문이다. 장례식을 마치자마자 카를은 묘지에서 어서 나오라고 가족들을 재촉했고, 아내가 무덤을 뒤돌아보지도 못하게 했다. 뿐만 아니라 아내든 가족 누구든 두 번 다시 자기 앞에서 루돌프의 이름을 언급하지 못하게 했다.

장례식이 있은 지 8개월 후, 결혼식을 마치고 남편과 나란히 교회를 나서던 신부 그레틀은 꽁꽁 언 부케를 믿을 만한 친구에게 맡기며, 오빠가 묻힌 곳에 가지고 가서 무덤 위에 꽃을 뿌려 오빠를 추모해달라고 부탁했다.

♌ 한스의 비극

카를이 가족들에게 루돌프에 대한 언급을 금한 이유는 아들에 대한 애정이 부족해서가 아니라, 오히려 애정이 넘친 나머지 자칫 드러냈다간 걷잡을 수 없게 될까 봐서였다. 물론 여기에는 가족이 더 이상 애통해하지 않고 단합하길 바라는 소망 같은 현실적인 고려들도 있었다. 그것은 의연하게 견뎌야만 이룰 수 있는 어떤 것이었다. 하지만 남은 가족들을 더욱 결속시키려는 것이 그의 의도였다면, 그것은 확실히 실패했다고 말할 수 있을 것이다. 그의 검열로 인해 자녀들과 부모 사이에는 시간으로는 결코 치유되지 못할 불화가 생겨났고, 집안에는 견디기 힘든 긴장된 분위기가 조성되었다. 카를은 아들들의 장래 진로에 대해 지나칠 만큼 강한 압력을 가했는데, 누구도 그를 부유하게 만든 두 가지 훈련, 즉 기술 및 사업과 관계없는 직업에 종사해서는 안 된다고 고집했다. 자식들은 그의 면전에서는 아니지만 아버지를 비난했다. 비트겐슈타인 부인 레오폴디네(가족들 사이에서는 폴디Poldy라고 불렸다)는 독재적인 남편에게 맞서지 못했다. 그녀는 겁쟁이처럼 우유부단했으며, 매사에 자신이 없었기 때문에 역시 자식들의 불만을 샀다. 헤르미네는 동생이 사망한 지 40년이 지났을 때 다음과 같은 신랄한 기록을 남겼다.

남동생 루디가 일곱 살이던 당시 공립학교 입학시험을 봐야 했는데, 루디가 어찌나 괴로워하고 두려워했던지 시험을 준비시키던 가정교사가 어머니에게 이렇게 말할 정도였다. "루디는 무척 예민한 아이입니다. 루디를 세심하게 신경 쓰셔야 합니다." 아무리 말해봤자 소용없다는 듯 비꼬는 투인 그의 이 말을 나는 얼마나 자주 들었는지 모른다. 하지만 어머니는 자식들 가운데 누군가가 지나치게 예민하다는 사실을 심각하게 고려하지 않았다. 어머니에게 그건 고려할 가치도 없는 일이었다.

루디의 자살에 대한 가족들의 논의는 카를의 반대로 은밀하게 이루어져야 했다. 따라서 여러 사람을 거칠수록 내용이 조금씩 달라지듯, 시간이 갈수록 사실이 왜곡되는 건 불가피했다. 가령, 루디가 빈에서 워낙 응석받이로 자라 베를린의 엄격한 학교생활에 적응할 준비가 제대로 갖추어지지 않았기 때문에 자살을 한 거다. 아버지가 그의 배우 훈련을 허락하지 않아서, 혹은 성병에 걸려 정신이 이상해졌기 때문에 자살을 한 거라는 소문이 돌았다. 이 외에도 별의별 소문들이 돌았고, 당연히 그 가운데 일부는 정확하지도 않을뿐더러 낙심할 만한 것이었다. 하지만 또 다른 형 요하네스Johannes(한스Hans라고 알려진)의 실종에 관한 말도 안 되는 뒷소문에 비하면 아무것도 아니었다.

오스카 와일드의 말 같은데, "한 명의 아들을 잃는 건 불행이라고 여겨질 수 있지만, 두 명의 아들을 잃는 건 부주의 때문이다." 이상하게 들릴지 모르겠지만, 루디의 자살이 비트겐슈타인 집안사람들에게 처음으로 닥친 불행은 아니었다. 2년 전 카를의 장남 한스가 아무런 자취도 남기지 않은 채 홀연히 사라진 일이 있었다. 한스 역시 가족들 사이의 대화에서 입에 올려서는 안 되는 금기였다.

남아 있는 한스의 어린 시절 사진들을 보면 심한 사팔눈에 고개를 한쪽으로 기울인 모습을 볼 수 있는데, 약간 정신박약아 같기도

하고, 어쩌면 오늘날 '백치천재 증후군idiot savant'이라고 일컫는 증상을 보이지 않았을까 하는 생각도 든다. 백치천재 증후군은 기억력이라든지 신속한 계산 같은 일부 제한된 영역에서 비상한 재능을 보이는 늦된 아이를 가리키는 말이다. 한스는 확실히 수줍음이 많았지만—지나칠 정도로—그의 내면세계는 열정적이었다. 크고 볼품없는 외모에 훈육을 거부하는 고집 센 그를 그의 큰누나는 "아주 특이한 아이"라고 여겼다. 그가 태어나서 처음으로 한 말은 "오이디푸스"였다.

아주 어릴 때부터 한스에게는 자신을 둘러싼 세상을 수학 공식으로 옮기려는 이상한 충동이 있었다. 그가 어린 소년이었을 때 어느 날 오후 누나 헤르미네와 빈의 공원을 산책하다가 화려하게 장식된 정자를 발견하고는, 이 정자가 다이아몬드로 만들어지면 어떨지 상상할 수 있겠냐고 물었다. "물론이지." 헤르미네가 대답했다. "정말 근사하겠는걸!"

"그렇다면 지금 한번 해봐야지." 한스는 이렇게 말하더니 잔디 위에 앉아, 로스차일드 가문Rothschilds과 미국 대부호들의 축적된 재산 대비 남아프리카 다이아몬드 광산의 연간 생산량을 계산하고, 정자의 모든 장식과 주철세공을 포함한 모든 부분을 머릿속으로 측정한 뒤, 천천히 체계적으로 이미지를 쌓아가더니 마침내—갑자기—뚝 멈추는 것이었다. "더 이상 못하겠어." 한스가 말했다. 그러고는 바닥에서 약 3, 4피트 위 높이를 가리키며 말을 이었다. "이것보다 더 큰 다이아몬드 정자는 상상이 안 돼. 누나는 상상할 수 있겠어?"

"물론이지." 헤르미네가 말했다. "왜? 뭐가 문젠데?"

"그게, 다이아몬드를 더 살 돈이 모자라."

수학적 지식이 대단히 해박했지만, 한스가 지속적으로 흥미를 보인 분야는 음악으로, 음악에서 경이로울 정도로 천재적인 재능을 드러냈다. 네 살 땐 지나가는 사이렌 소리가 최고조로 높아지다가 사분음으로 서서히 약해지는 걸 들으며 도플러 효과Doppler effect를 이해할 수 있었다. 다섯 살 땐 긴 카니발 행렬의 양 끝에서 두 개의 관악대가 연주를 하고 있었는데 바닥에 주저앉아 눈물을 뚝뚝 흘리면서 "틀렸어! 틀렸어!"라고 울부짖었다. 서로 다른 조의 두 행진곡이 동시에 연주되고 있었던 것이다. 유명한 요아힘 4중주단Joachim Quartet의 연주를 듣기 위해 가족들이 클라이너 음악홀Kleiner Musikvereinssaal로 외출하던 날, 한스는 한사코 가지 않겠다고 고집을 부렸다. 그는 연주를 듣는 것에는 관심이 없었고, 대신 콘서트에서 연주되고 있는 음악의 악보들을 앞에 쫙 펼쳐놓은 채 바닥에 앉았다. 작품을 한 번도 들어본 적 없으면서 각각의 인쇄된 악보들을 살펴보는 것만으로 네 개의 음악 선율이 어떻게 하나로 합쳐져 소리가 나는지 머릿속에 또렷한 느낌을 그릴 수 있었고, 가족들이 돌아왔을 땐 그 기억을 되살려 부모님 앞에서 전곡을 피아노로 연주해냈다.

한스는 왼손잡이였지만 바이올린, 오르간, 피아노를 능숙하게 연주할 수 있었다. 말러의 스승이자 빈 예술학교의 유명한 교수인 율리우스 엡슈타인Julius Epstein은 한때 그를 "천재"라고 일컬었지만, 그의 재능과 번뜩이는 열정에도 불구하고 아주 어릴 때부터 드러난 특유의 성격인 극도의 폭력성과 언제 터질지 모르는 긴장 상태는 한스의 음악적 해석에 흠을 냈다. 헤르미네는 이것을 비트겐슈타인 집안에 감도는 폭발 직전의 긴장된 분위기 탓으로 여기며 다음과 같이 결론을 내렸다.

부모님의 대단히 진지한 윤리관과 의무감에도 불구하고, 자식들과 조화를 이루지 못했다는 사실은 비극이었다. 마치 고아원에서 데리고 온 자식들처럼 아들들이 아버지와 성향이 달랐다는 사실은 비극이었다! 아들 가운데 아버지의 길을 따라 가업을 이어받은 자식이 한 사람도 없다는 사실은 대단히 실망스러운 일임에 틀림없었다. 가장 큰 차이 가운데 하나, 그리고 가장 큰 비극 가운데 하나는 아버지의 아들들이 젊은 시절에도 활력과 삶의 의지가 없었다는 것과 관련이 있었다…….

그렇다면 한스에게는 정확히 어떤 일이 일어난 걸까? 1902년 5월 6일자 《신빈일보》에는 다음과 같은 짧은 기사가 게재되었다. "기업가 카를 비트겐슈타인에게 끔찍한 불행이 닥쳤다. 학술여행 차 3주 동안 미국에 있던 장남 한스(24)가 카누를 타던 중 사고를 당했다." 이 짧은 기사에 소개된 날짜에서, 루디가 형이 '끔찍한 불행'을 겪은 지 2주년이 되는 날을 베를린에서 자신의 생을 마감할 결정적인 날로 정했을 가능성을 짐작해볼 수 있다. 하지만 한스가 실제로 1902년 5월 2일에 자살을 했다 할지라도, 비트겐슈타인 집안에서 그것을 공식적으로 인정하기까지는 아직 갈 길이 멀었다. 또한 한스의 마지막 운명에 대해 한마디 언질도 없이 지극히 짧게 끝난 이 기사가 이 사건에 대한 결정적인 의견이라고는 결코 말할 수 없었다. 이후로 비트겐슈타인 집안에 대한 소문은 많은 부연 설명들을 만들어냈다. 어떤 사람은 한스가 미국으로 달아났다고 했고, 어떤 사람은 남미로 달아났다고 했으며, 어떤 기사에서는 쿠바의 아바나에서 그를 보았다고 보도했다. 남아 있는 승객 명단 어디에도 그의 이름은 보이지 않는다. 어쩌면 그는 위조 여권으로 여행을 했는지도 모른다. 한스가 20대 초반이었을 때, 카를은 보헤미아, 독일, 영국의 생산 공장으로 그를 파견했다고 한다. 카를은 아들이 그곳에서 많은 임무와 책임을 맡기를 기대했지만, 한스는 그런 상황에 크게 분개했고 그러다 보니 이렇다 할 성과를 거두지 못했다. 한스는 일보다는 음악 연주를 더 좋아했다.

집으로 돌아온 직후 한스는 아버지와의 관계에서 지옥불과 거센 폭풍 사이를 번갈아 오갔다. 카를은 아무리 쾌활한 분위기도 살벌하게 만드는 사람이었다. 그레틀은 개인 노트에 이렇게 썼다. "아버지는 자주 농담을 하시지만 나는 재미있기는커녕 오히려 조마조마할 뿐이다." 사람의 성격을 제대로 판단할 줄 몰랐던 카를은 장남이 사업에 탁월해 기업가와 경영자로 두각을 나타내기를, 자신의 원대한 업적을 드러내주기를 강렬하게 소망했다. 하지만 자신이 높이 날면 날수록 날지 못하는 사람이 점점 작게 보이는 법. 자신도 음악에 재능이 있었음에도 불구하고, 카를은 한스가 음악에 병적으로 집착하는 모습에 질색한 나머지 마침내 정해놓은 시간 외에는 어떠한 악기도 연주하지 못하도록 엄격하게 금했다. 카를 본인이야 젊은 시절 아버지에 대한 반항이 사업의 대성공으로 곧장 이어졌지만, 한스에게도 자신과 같은 패기가 있을 거라고 가정한 것은 현명하지 못했다. 뿐만 아니라, 아직 한창 젊고 굉장히 변덕스러우며 불안정한 사람에게 아버지로서 가차 없이 압박을 하면 어떤 식으로든 성과를 낼 거라고 본 건 근시안적인 판단이었다. 오히려 극도로 파멸적인 결과를 불러왔을 뿐이다.

여론은 한스가 1901년 어느 날 아버지를 피해 해외로 달아났음을 시사한다. 한스는 20대 초에 체중이 불었고, 쇼펜하우어 같은 음울한 염세주의 철학에 점차 사로잡혔으며, 한 기사에 따르면 "동성애자로 알려져" 있었다. 어떤 사람은 그가 26세까지 살았다고 주장한다. 어떤 소식통은 그가 플로리다 주 에버글레이즈 습지에서 죽었다고 하고, 또 다른 자료에서는 "1903년, 가족들은 그가 체서피크 만에서 보트를 타다 실종되어 이후로 목격되지 않았다는 정보를 제공받았다. 이로써 내릴 수 있는 확실한 결론은 그가 자살을 했다는 사실이다"라고 기록되어 있다.

하지만 자식이 1년 전 보트에서 노를 젓는 모습이 마지막으로 목격되었다는 소식을 듣고 자살이라고 "확실하게 결론"을 내릴 부모가 어디에 있겠는가? 그처럼 긴박하고 이례적인 상황이라면 어떤 부모라도 하루 빨리 자식이 돌아와 문을 두드리길 바라고 또 고대하며, 일각이 여삼추로 인내하며 기다리는 것이 일반적이지 않겠는가? 시체도 목격자도 없는 상황에서 아들이 단순히 가출해 숨어 지내는 게 아니라 정말로 자살을 했다는 걸 부모로서 받아들일 날이 과연 오기는 하겠는가?

온갖 변형된 이야기들이 나와 있지만, 거의 유일하게 일관된 주제는 그가 보트를 타고 항해했다는 사실이다. 한스가 보트에서 권총자살이나 음독자살을 했다고 말하는 사람도 있고, 익사하기 위해 보트에 구멍을 뚫어 가라앉혔다고 말하는 사람도 있다. 한스의 조카 가운데 한 명은 열대성 태풍이 불 때 오키초비 호수에서 보트가 뒤집힌 게 틀림없다고 믿었다. "물론 사람이 호수에서 권총을 꺼내들고 자살할 수도 있지만, 아주 취하지 않은 이상 자기가 죽을 자리로 빌어먹을 호수를 찾아다닐 사람은 아무도 없을 겁니다." 한스의 이모들 가운데 한 사람의 편지에서 가족들이 그를 찾기 위해 베네수엘라의 오리노코로 사람을 보냈다는 사실을 짐작할 수 있다. 하지만 보트 한 척, 명시되지 않은 날짜, 최소한 다섯 군데의 다른 장소들 — 이 정도 단서로는 아무래도 진실을 밝히기 어려울 것 같다.

물론 한스는 외국에서 충실하게 살면서 빈에 있는 가족들에게는 비밀로 했는지도 모른다. 그러나 가장 유력한 시나리오는 그가 오스트리아가 아닌 다른 곳에서 실제로 자살을 했다는 것, 가족들은 그의 자살 의지에 대해 사전에 어떤 암시나 직접적인 경고를 들었다는 것이다. 그가 목숨을 끊었음을 가족들이 공개적으로 밝히기로 결심하게 만든 계기는 1903년 10월 4일, 빈에서 오토 바이닝거Otto Weininger라고 하는 스물세 살 철학자의 죽음이 대대적으로 공개된 사건 때문이었다.

잠깐 바이닝거에 대해 이야기하고 넘어가겠다. 그는 열정적이고 똑똑하지만 잘못된 견해를 지닌 젊은이로, 외모는 작고 원숭이를 닮았으며 도덕관이 엄격한 집안에서 자랐다. 아버지는 금세공업자였다. 그는 자기혐오와 자기숭배 사이의 양 극단을 오가며 온전한 정신을 유지할 수 있는 안식처를 찾지 못한 채 짧은 인생을 마감했다. 그는 이렇게 썼다. "내 재능들이 매우 출중하므로 나는 어떻게든 모든 문제를 해결할 수 있다고 믿는다. 이토록 기나긴 시간 동안 내가 틀릴 수 있으리라고 생각하지 않는다. 나는 이런 특성을 지녔기에 메시아(구세주)라는 이름으로 불려 마땅하다고 믿는다."

1903년 봄, 바이닝거는 그의 대표작인 《성과 성격 *Geschlecht und Charakter*》이라는 긴 논문을 발표했다. 이 논문에서 그는 여성(그는 여성 혐오자였다)과 유대인(그 자신이 유대인이었다)에 대해 강경 노선을 취했다. 책이 인쇄기를 빠져나갈 때 그는 한 친구에게 이렇게 말했다. "나에게는 세 가지 가능성이 있네—교수대, 자살, 내가 감히 생각하지 못할 만큼 찬란한 미래." 결국 언론의 적대적인 반응이 그에게 두 번째 선택을 결정하게 했다. 10월 3일 저녁, 바이닝거는 슈바르츠슈파니어슈트라세Schwarzspanierstrasse에 위치한 어느 집에 방 하나를 빌렸다. 이곳은 오스트리아 시인 레나우Nikolaus Lehnau가 여러 해 동안 탄식했고, 1827년 3월 26일에 베토벤이 사망한 곳이었다. 주인 여자와 임대 조건에 합의하자마자 바이닝거는 두 통의 편지를 그의 집에 전해달라고 부탁했고, 오후 10시가 되자 바로 자신의 방으로 돌아와 문을 잠근 뒤 장전된 권총을 꺼내 가슴 왼편에 총열을 대고 쏘았다. 편지를 받은 그의 형이 다음 날 아침 다급하게 도착했다. 침실 문을 발로 차서 열고 들어가야 했는데, 안에 들어가 보니 오토가 정장 차림으로 피가 흥건하게 고인 방 한가운데에 쓰러진 채 아직 숨을 쉬고 있었다. 의식 불명 상태의 젊은 철학자는 서둘러 구급차에 실려 빈 종합병원으로 옮겨졌고, 그곳에서 오전 10시 30분에 사망했다.

바이닝거의 자살은 빈 사회에 커다란 동요를 일으켰다. 신문마다 그에 대한 논평으로 지면을 할애했고, 며칠 사이에 그의 평판은 무명의 논객에서 국가적인 유명인사로 치솟았다. 《성과 성격》은 엄청나게 팔리기 시작했다. 그리스도가 십자가형을 당했을 때처럼 부분일식이 일어나는 동안 마츨라인스도르프Matzleinsdorf 묘지에서 거행된 그의 장례식에 비트겐슈타인 집안사람 몇 명이 참석했다는 소문이 있다. 비트겐슈타인 집안사람들은 모두 그의 책을 읽었다.

최근 연구들은 대중의 이목을 끄는 '매체'가 소위 모방자살을 촉

발시키는 원인이 될 수 있는 상황들에 대해 기록하고 있다. 예를 들어, 마릴린 먼로가 치사량에 달하는 약물 과다복용으로 사망한 후, 1962년 8월 한 달 동안 미국 자살률이 303건으로 증가(12퍼센트 급증)했다. 이것이 새삼스러운 현상은 아니다. 1889년에 루돌프 황태자와 그의 정부 마리 베체라Marie Vetsera가 빈 근교의 마이얼링에서 선정적인 동반 자살로 생을 마감한 후에도 빈의 자살률은 급증했고, 100여 년 전에는 소설 주인공의 자살이 이탈리아, 라이프치히, 코펜하겐의 사랑에 우는 젊은이들 사이에서 모방자살을 유행시키는 원인이 된다는 결정이 내려지면서 유럽 전역의 도시에서 괴테의 소설 《젊은 베르테르의 슬픔》이 금지되어야 했다.

1903년 10월, 오토 바이닝거의 사망 후에도 빈에서 같은 현상이 일어났다. 한스 비트겐슈타인이 정말로 자살을 했다면 그 일은 바이닝거가 아직 살아 있는 동안 일어났을 가능성이 높지만, 빈에 있는 가족들이 그의 운명을 받아들이고 그것을 공표한 건 바이닝거의 공개적인 죽음에 바로 뒤이어서였다. 그리고 그 죽음의 조용한 파문은 슈바르츠슈파니어슈트라세를 훌쩍 넘어서서, 어쩌면 7개월 후 루돌프가 자신의 마지막 우유 잔을 초조하게 바라보며 앉아 있던 베를린 한 호텔의 작은 음식점 탁자 모서리에까지 전해졌을지도 몰랐다.

🙈 비트겐슈타인 저택의 파티

한스의 실종과 루디의 자살이라는 극적인 사건이 일어나는 사이, 알레가세의 비트겐슈타인 겨울 궁전에 처음 방문한 제롬 스톤버러는, 틀림없이 브로드웨이 장갑 수입업자로서 지금까지 경험했던 부와는 전혀 다른 종류의 부를 경험했을 것이다. 첫 번째 방문은 비트겐슈타인 집안에서 열린 개인 콘서트에 손님으로 간 것이었을 텐데, 아마도 그레틀의 사촌과 결혼한 의사 루돌프 마레쉬Rudolf Maresch의 새 친구로 초대되었을 것이다.

알레가세를 따라 50야드 이상 이어진 건물 정면 외관은 소박하면서도 인상적이었다. 1층은 아홉 개, 지하는 일곱 개의 구역으로 이루어져 있으며, 건물 양쪽 끝은 높은 아치로 장식되어 있었다. 제롬은 오른쪽 출입구로 들어가 오크 목재로 이루어진 육중한 문들을 통과한 다음 유니폼을 입은 문지기의 시중을 받았다. 문지기의 임무는 자기 의자에서 일어나 도착한 손님들에게 허리를 굽혀 인사하는 것이 전부였다. 앞뜰에 들어서면 크로아티아의 표현주의 작가 이반 메스트로비츠Ivan Meštrović의 거대한 분수 조각상을 만나게 되고, 천정이 높은 어두운 홀에 들어서면 정교한 모자이크로 장식된 바닥과 조각된 벽판, 셰익스피어의 《한여름 밤의 꿈》 장면들을 묘사한 프레스코 작품들, 오귀스트 로댕의 인상적인 작품들에 주목하지 않을 수 없었다. 바로 앞에는 돌로 만든 두 개의 아치가 있고 아치 사이에는 대리석 난간들이 받치고 있는 여섯 개의 계단이 유리로 만든 인상적인 이중문까지 이어졌다. 이중문에는 환영의 표시로 모자를 들어 올린 실물 크기의 독일인 조각상이 한쪽 편에 서 있고 제복을 입은 하인이 건너편에서 문을 열었다. 이 겨울 궁전을 방문한 손님은 하인이 "슈타이어마르크Steiermark 주의 오스트리아 사냥 복장을 떠올리게 하는 제복을 입고 있었다"고 기억했다. 방문자들은 이곳에서부터 긴 계단을 따라 올라갔다. 붉은 카펫이 깔린 이 넓은 대리석 계단을 올라가 (낮에는 저 위의 반구형 유리 천장을 통해 햇살이 들어와 실내를 비춘다) 휴대품 보관소에 도착하면, 하인들이 기다리고 있다가 코트를 받아주었다.

개인 콘서트는 간혹 홀에서 열리기도 했지만 주로 1층의 음악당에서 열렸다. 음악당은 비트겐슈타인 궁전의 모든 응접실 가운데 가장 훌륭했다. 사냥 장면이 묘사된 플러시 천으로 짠 태피스트리가 한쪽을 제외한 모든 벽면의 천장에서 바닥까지 드리워져 있었고, 태피스트리로 장식되지 않은 벽은 2중 건반으로 된 페달 오르간의 파이프 케이스가 전체를 차지했다. 이 파이프 케이스는 라파엘전파Pre-Raphaelites 양식으로 표현된 기사와 음유시인들의 그림들로 화려하게 장식되었다. 음악당 한가운데에는 두 대의 뵈젠도르퍼 임페리얼Bösendorfer Imperial 그랜드 피아노가 건반이 서로 마주 보이게 놓여 있었다. 조각상을 올려놓는 높은 검정색 받침대 위에는 얼굴을 찡그린 채 웅크리고 앉은 루트비히 판 베토벤 좌상이 놓여 있었다. 이 작품은 막스 클링거Max Klinger가 저 유명한 베토벤 기념상을 위해 준비했던 하얀 대리석 덩어리로 조각한 것이었다. 바닥에 세우는 열 개의 높은 스탠드는 모두 금으로 도금되어 있었는데, 음악당 곳곳에 놓여 있긴 했지만 보통은 실내를 어둡게 유지했기 때문에 램프를 켜는 일은 거의 없었다. 낮에도 덧문이 닫혀 있었고, 유일하게 빛을 밝히는 것은 각 피아노의 악보대에 고정시킨 두 개의 작은 램프가 전부였다. 만일 제롬이 '화장실'을 가야 했다면 이곳보다 편리한 곳을 찾을 수는 없었을 텐데, 저택의 주요 공간 입구마다 화장실을 두고 화려하게 금박을 입힌 수도와 세면대를 설치하도록 한 건 카를 비트겐슈타인의 집착 가운데 하나였다.

비트겐슈타인 집안의 음악회는 헤르미네의 말대로 "언제나 축제 같은 행사였고, 거의 엄숙했으며, 아름다운 음악은 필수였다." 이곳에서 연주하는 음악가들은 당대 최고의 연주자들이었기 때문에 연주되는 음악 수준은 단연 최고였다. 바이올리니스트 요제프 요아힘 Joseph Joachim은 멘델스존의 제자이며, 브람스 바이올린협주곡을 최초로 연주한 연주자였고, 카를의 사촌이었다. 그는 카를의 여러 바이올린들 가운데 유명한 1742년 과르네리 델 제수Guarneri del Gesù 바이올린을 매번 선택했고, 카를은 인심 좋게 그것을 빌려주었다. 요아힘은 이 궁전에서 매년 두세 차례 꼬박꼬박 연주를 했고, 자신이 속한 4중주단이 빈에 머물 때마다 이 음악당에서 리허설을 했다. 손님들은 과학자, 외교관, 예술가, 작가, 작곡가들로서, 그들을 즐겁게 하기 위해 모인 연주자들만큼이나 유명했다. 브람스는 자신의 클라리넷5중주 연주를 듣기 위해 이곳에 왔다. 리하르트 슈트라우스는 음악당에서 열린 여러 차례의 연주회에 참석했고, 쇤베르크, 쳄린스키, 구스타프 말러 같은 작곡가들도 마찬가지였다. 이 가운데 구스타프 말러는 "베토벤의 피아노3중주 〈대공〉을 들었으니 더이상 연주될 작품이 없겠군"이라며 언짢게 투덜대면서 뛰쳐나가 카를의 손님들을 모욕한 뒤로 다시는 초대받지 못했다. 그 밖에 고정 방문객은 바그너의 천적인 에두아르트 한슬리크Eduard Hanslick로, 그는 1904년 사망할 때까지 빈에서 가장 영향력 있고 가장 두려운 음악 비평가로 평가되었다. 그의 건강을 살피는 비트겐슈타인 부인의 편지에서 한슬리크는 죽기 직전에 이렇게 답했다.

친애하고 존경하는 자애로운 부인께

너무나 아름다운 부인의 편지에 내 마음은 따뜻한 감동으로 가득
차, 하루 종일 기쁨과 감사를 느낄 수 있었습니다. 부인에게 감사
드리고 싶은 아름다운 저녁들이 이제 생생한 추억이 되어 눈앞을
스치는군요. 현명하고 표현력이 뛰어난 당신 남편께서 베풀어주신
웅장한 음악들, 즐거운 흥분으로 기대해 마지않던 축배들, 음악과
그 밖의 모든 것에 부인께서 넋을 잃고 누리던 깊은 즐거움들이 말
입니다!

제 건강은 어느 정도 균형을 유지할 듯 보입니다. 5월이 되면 제
안부를 물어주신 친절에 대해 직접 뵙고 감사의 인사를 드릴 수 있
으리라 희망합니다.

깊은 존경을 담아, Ed. 한슬리크.

제롬이 대단히 격조 높은 빈의 환경에 불안을 느꼈다 하더라도,
당시에는 그것을 인정하지 않았을 것이다(나중에는 그렇게 되겠지
만). 대신 그는 연애 시절에 그레틀이 다른 남자들과 이야기를 나누
면, 음침한 질투심을 발작적으로 분출함으로써 거북한 심정을 대놓
고 드러냈다. 그레틀은 이런 감정을 진실한 사랑의 표시라고 해석했
지, 결혼생활을 어둡고 불안정하게 만들다 결국 파국으로 몰아갈
정신병을 예고하는 심각한 경고일 거라고는 꿈에도 생각하지 못했
다(물론 뒤늦게나마 분명하게 깨닫게 되지만). 그레틀의 아집으로 그
녀는 비트겐슈타인 일가와 전혀 관계없는 사람과 결혼하기로 마음
먹었다. 제롬 스톤버러는 비트겐슈타인 집안에서 전혀 생소한 인물
이었을 뿐만 아니라, 빈 전체에서도 생소한 인물이었고, 심지어 그
의 조국인 미국에서조차 알려지지 않은 인물이었다. 특정한 분야도

없고, 설명하기도 어려우며, 기분을 맞추기도 어렵고, 뭐라고 판단하기도 쉽지 않은 사람이었다. 카를은 사위의 누이가 구겐하임 가문과 결혼한 재력 있는 사람이라는 걸 알고 어렴풋이 만족했을지 모르지만, 미국에 있는 그의 상류층 친구들(이 가운데에는 철강 부호 앤드류 카네기와 찰스 슈워브도 포함되었다)에게 몇 가지 문의한 결과, 제롬이라는 이름은 개명한 것이고, 스타인버거는 파산했으며, 윌리엄 구겐하임은 말도 못하게 형편이 어렵다는 사실을 틀림없이 알았을 것이다.

그레틀이 트라운 호수 기슭에 아기자기한 성을 매입했을 때, 《워싱턴 포스트》지에 퐁트누아 후작부인Marquise de Fontenoy이라는 필명으로 기사를 쓰던 가십 칼럼니스트, 마거리트 컨리프-오언Marguerite Cunliffe-Owen은 그레틀의 수수께끼 같은 남편에 대해 뭔가를 알아내려고 시도했으나 성공하지 못했다.

스톤버러 박사는 어떤 사람인가? 그는 별장을 매입한 사람이자, 오랫동안 행방불명되었던 오스트리아의 요한 대공과 돌아가신 그의 어머니인 토스카나의 마리아 안토니아Maria Antonia 대공비가 소유했던 토스카나 성Chateau Toscana을 매입한 사람이다. 스톤버러 박사는 매입 공고에 "유명한 미국의 백만장자"로 소개되어 있다. 그러나 나는 어떠한 권위 있는 참고자료는 물론이고, 주요 인사들의 모임 구성원 및 미국의 주요 도시에서 활동하는 소위 최상류층 계급의 이름이 게재된 《로케이터Locator》에서조차 그의 이름을 찾을 수 없다.

그레틀의 형제자매들은 그녀의 남편을 몹시 싫어했고 해가 갈수록 더 싫어했는데, 가장 어린 두 남동생, 한꺼번에 "소년들die Buben"이라고 불리던 파울과 루트비히는 특히 더 그랬다. 제롬이 처음 소년들을 만났을 때 그들은 십대였지만, 다른 가족들에게 여전히 떨거지 식구로 취급되었다.

➷ 소년들

성년 시기에는 파울 비트겐슈타인이 동생보다 훨씬 유명했지만, 오늘날엔 정반대가 되었다. 가족들에게 루키라고 불리던 루트비히는 20세기의 우상이 되었다. 잘생기고, 말을 더듬으며, 극심한 고통에 시달렸고, 이해하기 어려운 사상을 펼친 철학자로서, 1951년 사망한 지 몇 년 후에 그의 가공할 개성을 중심으로 특별한 숭배 집단이 생겨났다. 말이 나온 김에 덧붙이자면, 루트비히를 추종하는 집단은 그의 저서들을 한 번도 들춰보지 않았거나 그의 사상을 단 한 줄도 이해하려고 노력해본 적도 없는 사람들이 대부분이었다. "어처구니없군!" 파울은 이런 모든 현상에 대해 이렇게 말했다. 하지만 그가 이렇게 비판했다고 해서 형제간의 우애가 손상된 건 아니었다. 루트비히의 책 《논리철학논고 *Tractatus logico-philosophicus*》가 처음 출판되었을 때(이 책의 서문에서 저자는 세상에서 가장 난해한 철학적 문제들 대부분에 대한 최종적인 해결책을 발견했다고 주장했다), 루트비히는 책에 이런 글을 써서 파울에게 증정했다. "친애하는 나의 형 파울에게, 1922년 크리스마스에. 이 책이 쓸모없다면 흔적 없이 얼른 없애주길."

그레틀과 제롬의 교제시기에 파울은 매력적이고, 예민하며, 박식
하고, 자연을 사랑하는, 열정적인 열일곱 살이었고, 비너노이슈타
트Wiener Neustadt의 일류 김나지움에서 막 기말시험을 치르고 있었
다. 파울보다 1년 반 어린 루트비히는 학기 중에는 지방 소도시 린
츠Linz에서 슈트리글Strigl이라는 가족의 집에 기거하며, 학생 300명
의 준일류 공립 중등학교인 국립실업고등학교에서 수업을 들었다.
그의 동료 학생들 가운데 한 명의 기억에 따르면 학교 교사들 대부
분이,

정신적으로 정상이 아니었으며, 상당수가 실제 정신병자로 생을 마
감했다. 옷깃은 아무렇게나 흐트러져 있고…… 외모에서는 불결함
이 뚝뚝 묻어났으며, 개인의 독립적인 사고라고는 전혀 찾아볼 수
없고, 전무후무한 무지함은 타의 추종을 불허하는 사람들이었다.
다행히도 지금은 과거의 것으로 사라진, 시대에 뒤진 정부 제도의
중심인물이 되기에 더할 나위 없이 알맞은 프롤레타리아 계급의 산
물이었다.

이런 말을 한 학생은 바로, 루키보다 단 6일 먼저 태어난 아돌프
히틀러였다.

당시 루트비히도 히틀러도 장차 서로의 성공 가능성에 대해 짐작
도 하지 못했을 것이다. 둘 다 학교생활에 적응하지 못했고, 둘 다
동급생들을 부를 때 보통 사람들이 일상적으로 사용하는 표현인 "너
du"가 아니라, 문어적인 표현 "당신Sie"을 사용하길 고집했다. 유전

적으로 폐가 약한 히틀러는 학교 교사들에게 장차 독일의 지도자 Führer는커녕, 최종 학년 수료증도 받지 못할 문제아에 지진아로 여겨졌다. 한편, 역시나 유전적으로 고통스러운 창자탈출증(흔히 탈장이라고 하는)을 앓고 있던 루트비히는 잘해야 평범한 모범생 정도로 인식되었고 대부분의 과목에서 염려스러울 정도의 성적을 받았다.

린츠 교외 우어파르Urfahr에 있는 집에서 히틀러의 어머니는 아들의 모든 능력을 절대적으로 신뢰하며 아들을 오냐오냐 키운 반면, 빈의 비트겐슈타인 집안은 제일 어린 두 아들의 어떠한 재능도 좀처럼 인정하려 하지 않았다. 대다수 젊은이들의 깨어 있는 사고에 영감을 주던 파울의 피아노 연주는 뻔하고 강박적이라며 묵살되었다. 가족들은 "한스만큼 뛰어나지 않다"고 말했지만, 적어도 파울은 형이 실패했던 비너노이슈타트의 아카데믹 김나지움에 입학했다. 열 살에 나무 막대기와 철사를 이용해 재봉틀의 운전 모형을 만들고, 어린 시절 학문적인 분야보다는 실용적이고 기술적인 분야에 더 관심이 많았던 루트비히는 혹독한 과외 수업을 받고서야 훨씬 덜 학문적인 실업학교Realschule의 입학시험에 간신히 합격할 수 있었다.

처음에 카를은 파울과 루트비히도 다른 자식들처럼 집에서 라틴어와 수학 과목을 개인 교습받아야 한다고 고집하며 그들의 등교를 완전히 중단시키려 했다. 나머지 과목들(지리, 역사, 과학 등)은 책을 읽어 직접 익혀야 했을 텐데, 카를의 견해로는 학교에서 이런 과목을 배우는 건 시간 낭비였다. 그러느니 자식들이 건강에 좋은 산책이나 운동을 하는 편이 훨씬 낫다고 믿었다. 비트겐슈타인 집안의 분위기가 도저히 견딜 수 없을 지경이 됐을 무렵 한스의 실종 사건이 발생했는데, 카를은 그 사건 이후에야 마침내 기세가 누그러져

제일 어린 두 아들이 공립학교 제도에 발을 들여놓도록 허락했다. 하지만 그땐 이미 너무 늦었다. 루트비히가 시험에 통과하기에도 너무 늦었고, 루트비히나 파울이 인간관계 기술을 제대로 학습하기에도 너무 늦었다. 개인 교습을 받느라 그들은 언제나 또래 아이들과 가까이 지내지 못했다. 어머니가 하인들의 자녀와 어울리도록 부추기긴 했지만, 어머니의 계획은 어느 쪽에도 즐거움을 주지 못하고 양쪽 모두에게 커다란 불쾌감만 일으켰다. 놀이 친구가 거의 없었던 비트겐슈타인 집안의 모든 자녀들은 차츰 냉담한 개인주의자가 되었고, 의미 있는 관계를 만들고 유지하기 위해 일생 동안 몸부림쳐야 했다.

어린 시절 파울과 루트비히는 대부분의 형제들이 그렇듯 서로 싸우면서 자랐다. 한번은 볼프룸Wolfrum이라는 한 소년의 관심을 서로 차지하기 위해 시기심 때문에 다투기도 했다. 천성적으로 무정부주의자에 장난을 좋아하는 파울은 동생을 곤란하게 만들며 재미있어 했지만, 둘은 나이도 비슷했고 당시에는 우애도 깊었다. 형들의 자살이 그들에게 얼마나 큰 영향을 미쳤는지는 알기 어렵다. 그러나 가장 나이 어린 식구로서 그들은 집안에서 일어난 최악의 사건으로부터 어느 정도 보호를 받았던 것이 틀림없다. 그들은 또한 한스와 루돌프보다 한참 어리기도 했다. 루트비히는 루돌프에 대해 몇 가지 좋은 기억을 가지고 있지만, 한스(루트비히보다 12살 위였으며, 그가 막 13살이 될 무렵 행방불명됐다)에 대해서는 거의 기억나는 일이 없었으리라 짐작된다. 그렇지만 소년들이 당시 집안에 흐르던 분위기를 전혀 감지하지 못했을 리 없고, 두 사람 모두 인생의 여러 국면에서 자살을 감행할 뻔한 위태로운 순간이 있었을 것이다. 어린 시절에 대해 대충 끄적인 회고록에서 루트비히는 열 살 혹은 열한 살에, 그러니까 한스와 루돌프의 비극적인 사건 이전이던 1900년이나 1901년에 처음으로 자살에 대한 생각에 깊이 빠져들었다고 고백했다.

많은 자살 사건 가운데 비트겐슈타인 집안의 자살도 빠질 수 없지만—고모 한 명과 사촌 하나도 이런 식으로 삶을 마감했다—20세기 초 빈에서 이런 방식의 죽음이 용인되었다거나, 명예로웠다거나, 심지어 정상적으로 받아들여졌을 거라고 짐작해서는 안 된다(간혹 그런 식으로 언급되는 경우가 있지만). 앞에서 보았듯이 카를은 두 아들 한스와 루돌프의 행동을 수치스럽게 여겼고, 오토 바이닝거의 아버지 역시 아들에 대해 마찬가지 심정이었으며, 바이닝거 본인조차 자살 직전에 다음과 같은 글을 남겼다. "자살은 용기의 표시가 아니라 비겁함의 표시다. 비겁한 행동 가운데 가장 덜 비겁하다 할지라도." 루트비히는 때때로 스스로 목숨을 끊지 않은 걸 부끄러워했지만, 그와 파울이 결코 그런 방식을 택하지 않은 이유는 바로 이런 형태의 비겁함이 없었기 때문이다. 루트비히는 이렇게 썼다. "나는 스스로 목숨을 끊는 것은 언제나 비열한 짓이라고 생각한다. 우리는 스스로의 파멸을 의지할 수 없으며, 실제로 그와 관계된 것을 상상한 사람이라면 자살이란 언제나 성급한 자기 방어임을 알 것이다. 그렇긴 하지만 상황이 얼마나 끔찍했으면 불시에 목숨을 끊을 수밖에 없었을까." 이런 애매모호한 태도는 파울도 마찬가지였으며, 한스와 루돌프의 자살에 대해 아버지가 느꼈던 수치심과는 크게 달랐다.

이번 장에서 주로 다룬 사건들이 일어나고 오랜 세월이 지나, 파울이 은퇴 후 뉴욕에 거주할 때의 일이다. 그는 매일 리버사이드 드라이브 지구에 위치한 자신의 19층 아파트에서 건너편 조지 워싱턴 다리까지 갔다가 다시 돌아오는 긴 산책을 하곤 했다. 한번은 산책을 하다가, 절망적인 심정으로 다리에서 몸을 던지려는 남자를 만류하기 위해 주변에 사람들이 몰려든 광경을 보게 됐다. 무슨 일인지 알게 되었을 때, 파울은 지팡이를 휘두르며 무리들 사이를 헤집고 들어갔다. "이 사람이 죽음을 원한다면 그렇게 하게 두시오. 그에게 자기 생을 이렇게 마감해라 저렇게 마감해라 말하는 건 당신들 소관이 아니지 않소?" 언쟁이 이어지는 가운데 자신이 더 이상 사람들의 이목을 끌지 못한다는 걸 알게 된 남자는 다리 위의 위태로운 곳에서 조용히 물러나 이후로 다시는 나타나지 않았고 더 이상 그에 대한 소문도 들리지 않았다.

비트겐슈타인 집안의 모든 사람들과 마찬가지로, 파울과 루트비히도 음악적인 재능이 뛰어났다. 루트비히는 바이올린과 피아노 연주를 배웠고, 나중에는 클라리넷 연주자로 교육을 받기도 했다. 하지만 그는 항상 형과 누나들의 그늘에 가려진 느낌을 받았다. 한번은 이런 꿈을 꾼 적이 있었다. 자신이 열차 승강장에 서서 파울이 헤르미네에게 제롬이 그의(루트비히의) 음악적 재능에 얼마나 깊이 감동을 받았는지 말하는 걸 엿듣는 꿈이었다. 다음 날 아침 루트비히는 이 꿈에 대해 이렇게 기록했다.

전날 멘델스존이 〈바커스 신의 여사제Bacchante〉를 연주하는 동안 나는 매우 아름답게 노래를 불렀던 것 같다.…… 그때 나는 의미를 대단히 잘 살려 특별히 표현력이 풍부한 몸짓으로 노래를 불렀다. 꿈에서 파울과 헤르미네는 제롬의 칭찬에 전적으로 동의하는 것 같았다. 분명히 제롬은 연거푸 이렇게 말했다. "대단한 재능이야!" …… 이 꿈의 내용에는 잘난 체하는 마음이 뒷받침되어 있었다. 잠에서 깬 나는 내 허영심에 짜증이 났다, 아니 차라리 부끄러웠다.

아주 어릴 때부터 파울은 아버지의 소망에 대한 완고한 반발심으로 피아니스트가 되는 것을 진지하게 고민했다. 아버지뿐 아니라 온 식구가 그를 만류하려 애썼다. 그들은 파울에게 재능이 없다고 말했고, 어머니는 이렇게 묻곤 했다. "파울은 피아노를 꼭 저렇게 쿵쾅대며 쳐야 하니?" 사람들은 파울이 연주에 재능이 있다 하더라도, 그와 같은 계층에 그런 배경을 지닌 소년이 연주자를 직업으로 삼는 건 바람직하지 않다고 말했다. 가족들의 간곡한 만류에도 불구하고 파울은 뜻을 굽히려 하지 않았다. 휴일이면 마리 바우마이어Marie Baumayer —가족들의 친구이며, 당대에 빈에서 슈만과 브람스를 가장 훌륭하게 해석하는 연주자로 평가되었던 클라라 슈만Clara Schumann의 옛 제자—에게 레슨을 받았지만, 그가 품은 가장 큰 야심은 피아노 교육학의 대가, 테오도어 레셰티츠키Theodor Leschetizky와 같은 반열에 오르는 것이었다.

이상한 일은 뛰어난 나팔수이자 바이올리니스트인 요아힘의 사촌이자, 브람스와 슈트라우스를 친구로 두고, 세상에서 가장 훌륭한 수집품들 가운데 육필 원본 악보를 수집하는 사람, 클래식 연주회에서 검지로 눈가의 눈물을 훔치고는 눈물에 반짝이는 손가락을 자랑스럽게 내밀어 아내에게 보여주는 남자인 카를 비트겐슈타인이 전체 가족들 가운데 아들이 음악가가 되는 것에 가장 격렬하게 반대했다는 사실이다. 사업적으로 뛰어난 업적을 이룬 많은 사람들이 그렇듯이, 그 역시 자기 가족 안에서 작동되는 심리에 대한 이해가 얕았고, 아들들의 성취를 자신과 비교해 평가할 때에야 비로소 아들들을 인정할 수 있었다. 자신보다 활동력이 약하거나, 능력이 없거나, 용기가 없거나, 기꺼이 위험을 감수하려 하지 않는다는 것이 확인되면 그들은 실패자로 간주되었다. 그는 비트겐슈타인 형제들—한스, 쿠르트, 루디, 파울, 루트비히—에게 자신이 설립해 훌륭하게 키워놓은 제철, 철강, 무기, 은행업에서 각자 명성을 날려야한다고 압박을 가했다. 이것은 다섯 형제 모두에게 불안하고 자기 파괴적인 긴장을 일으키는 원인이 되었다.

⁂ 어머니

비트겐슈타인 부인을 끊임없이 괴롭힌 죄는 한편으로는 아버지의 분노와 조급한 성격으로부터 아이들을 보호하지 못했다는 것이고, 다른 한편으로는 크나큰 온정, 다시 말해 어머니로서 자기만이 베풀 수 있는 관대함으로 그것을 보상하지 못했다는 것이었다. 그녀는 아담한 체구에 코는 길고 얼굴은 동그랬다. 대단히 내성적이고 신경질적인 성격이었으며, 무심하고 순종적이었다. 성인이 되면서 편두통과 정맥염, 다리의 동맥과 신경, 정맥의 합병증을 주기적으로 앓았다. "우리는 어머니를 도저히 이해할 수 없었다." 헤르미네는 개인적으로 아는 사람들에게만 배부할 목적으로 펴낸 회고록에 이렇게 기록했다. "뿐만 아니라, 어머니는 당신이 낳은 여덟 명의 유별난 아이들을 제대로 이해하지 못했다. 어머니는 인류는 사랑했지만 사람에 대한 진정한 이해는 없는 것 같았다." 그레틀은 어머니에 대해 이렇게 기억했다. "나는 어머니의 의무적인 헌신이 너무나 불편했고, 어머니의 성격이 견디기 힘들 만큼 불안하다고 생각했습니다. 어머니는 지나치게 예민한 신경 때문에 끊임없이 스트레스를 받았습니다."

성인이 된 이후 비트겐슈타인 부인은 남편과 늙은 어머니를 뒷바라지하랴, 남은 여덟 명의 자녀들을 최대한 정서적인 공허함에서 벗어나게 하랴, 온전히 자신을 희생하며 살았다.

〔헤르미네는 이렇게 기록했다〕 아주 어릴 때부터 우리 자식들은 집안에 이상한 긴장이 흐르고 있다는 걸, 순전히 아버지의 흥분으로 인해 이 긴장 상태가 제대로 완화될 새가 없다는 걸 알고 있었다. 어머니는 아버지나 외할머니를 상대할 때면 단 한 번도 차분한 호의를 잃는 법이 없었지만, 그럼에도 불구하고 어머니 역시 대단히 흥분을 잘했다.

헤르미네에 따르면 그들의 어머니는 아내로서의 의무에 대한 신경증적 강박관념으로 인해 결국 과거에 지니고 있던 본래 성격마저 흔적 없이 지워버렸다. "어머니에 대해 우리가 알고 있듯이, 나는 우리 어머니가 더는 자기 자신으로 살지 못했다고 믿는다…… 무엇보다 우리는 어머니가 왜 자기만의 의지도 의견도 거의 지니지 않았는지 이해할 수 없었다. 아버지 옆에서 어머니만의 의지와 의견을 유지하기란 불가능했으리라는 사실을 면밀히 살피지 못했던 것이다."

헤르미네는 한 가지 예를 들었다. 어느 날 저녁 비트겐슈타인 부인은 실수로 석탄산 원액에 담근 천으로 두 발을 감싸고 침대에 들어왔다. 당시 이 원액을 아주 묽게 희석시킨 용액을 이용하면 새 신발을 신을 때 발의 통증을 누그러뜨리는 데 도움이 된다고 알려져 있었다. 밤이 되자 산 성분으로 살이 타들어갔다. 아침에 일어나서 보니 몇 주가 지나도 치료가 어려울 만큼 깊고 흉측한 상처를 입었다. 하지만 그녀는 밤새도록 잠 한숨 이루지 못할 만큼 고통스러웠으면서, 남편의 잠을 방해할까 봐 감히 몸을 뒤척이거나 소리 한 번 제대로 내지 못했다.

비트겐슈타인 여덟 형제들은 이제 어머니와 의사소통 할 수 있는 최선의 (그리고 아마도 유일한) 방법은 음악을 통해서라는 걸 한 명씩 깨닫게 되었다 ― 음악은 제각기 이질적인 성향을 지닌 가족 하나하나를 어머니와, 그리고 서로와 용접하는 땜납이었다. 젊은 시절 비트겐슈타인 부인은 생활고에 시달리던 헝가리 작곡가 카를 골트마르크Karl Goldmark(오페라 〈시바의 여왕〉을 작곡해 오래전에 크게 이름을 알렸다)에게 피아노 레슨을 받았다. 그녀는 손이 작고 손가락의 움직임도 어설펐지만, 골트마르크는 우아하게 연주하는 법, 거의 어떤 곡이든 악보를 처음 보고 곧바로 연주하는 법, 긴 곡을 즉석에서 연주하는 법, 악보 없이 곡을 연주하는 법, 힘들이지 않고 조성을 옮기는 법을 가르쳐주었다. 그녀는 수줍음이 많아 사람들 앞에서는 연주하지 않았지만, 가족들과 2중주나 실내악을 즐겨 연주했고 음악 게임을 좋아했다. 말없이 함께하는 이런 활동을 할 때만큼은 그녀에게서 모성을 찾을 수 없다 해도 자식들은 거의 불안을 느끼지 않았다. "어머니는 말로 하는 복잡한 문장이라면 재빨리 이해하기가 불가능했을 테지만, 악보에 표현된 복잡한 작품을 읽는다든지, 그것을 건반으로 옮기는 일은 문제 없었다." 비트겐슈타인 부인에게는 음악적인 표현이 자연스러웠고, 연주를 할 때 "그녀의 표정은 새로운 형태의 아름다움을 드러냈다."

비트겐슈타인 형제들은 클래식 작곡가와 연주자들을 잘 알고 그들을 숭배하며 자랐다. 게다가 어머니와의 가장 좋은 의사소통 수단이 음악이라는 무언의 매체를 통해서였던 만큼, 그들 각자가 때로는 병적이다 싶을 만큼 열정적으로 음악을 추구할 수밖에 없었다는 사실은 그리 놀랄 일이 아니다. 음악을 가까이할 때, 그들은 가장 자유롭고 가장 우호적이 되었다. 파울이든 루트비히든 헤르미네든 레오폴디네든 카를이든, 이들 가족 가운데 몇 명이 함께 모여 활기에 넘쳐 열정적으로 노래를 부르거나 연주하는 모습을 본다면, 어떤 방문객이라도 불평 많고 변덕스럽고 복잡한 이 집안사람들이 합스부르크 제국에서 가장 행복하고 가장 화목한 가정을 이룬 척 가장하더라도 너그럽게 용서했을 것이다. 그들의 연주는 강렬하고 눈부시고 열정적이었다. 궁전에 초대된 적이 있는 한 열정적인 손님은 이 거대한 저택이 무너져 내려 돌무더기가 되고, 비트겐슈타인 집안사람들이 뿔뿔이 이 집을 떠난 지 오랜 세월이 흐른 뒤에 다음과 같이 회상했다. "그들은 댄스 리듬에 맞추어 몸을 흔들면서 자기들이 얼마나 음악을 즐기는지 모든 사람들에게 보여주었습니다."

ॐ 다른 형제

1903년 한스의 실종 이후, 가족들 사이에서 쿠르트Kurt라고 불리던 콘라트Konrad가 자동적으로 비트겐슈타인 집안의 장남이 되었다. 다른 모든 형제들과 마찬가지로, 그 역시 피아노와 첼로를 근사하게 연주할 줄 알았고, 어머니와의 2중주 연주를 즐긴 재능 있는 음악가였다. 그러나 다른 형제들과 달리, 그는 여러 가지 덕목들 가운데 진지함을 높이 평가하지 않았다. 루트비히나 파울보다 작은 168센티미터 키에 금발 머리, 파란 눈을 지녔으며, 왼쪽 뺨에는 눈에 띄는 흉터가 있었다. 천성적으로 약삭빠르고 유머러스하며, 가족들 사이에서는 진지하지 않고 약간 아이 같은 면이 있다고 평가되었다. 하노버 기술 대학에서 공부해 1899년 엔지니어 자격을 취득한 후, 말쑥한 제복을 입는 용기병 연대에 1년간 징집병으로 자원입대했다. 군 생활은 썩 탁월했다고 볼 수 없지만(육군사관학교 최종 보고서는 그가 현역 복무에 '적합하지 않다'고 결론을 내렸다), 그럼에도 불구하고 1903년 예비군 장교 명부에 이름을 등재하는 데 성공했다. 제대 후 곧바로 철강 산업에 뛰어들었고, 1906년에는 2만 크로넨의 수입과 아버지의 도움으로 동업자 제바스티안 다너Sebastian Danner와 함께 무르강River Mur 강둑 위 유덴부르크Judenburg에 압연 공장을 설립했다. 이 공장은 전기 아크로electric arc furnaces를 이용하는 형태로는 최초의 공장이었다. 석탄불을 이용하는 구형보다 더 일관되고 제어 가능한 열을 발생시켰으며, 열원으로부터 불순물이 방출되는 일 없이 용해된 금속을 생산했다. 쿠르트의 철강 공장은 설립 이후 100년 이상 사업을 유지하고 있으며, 유덴부르크 철강Stahl Judenburg이라는 이름은 곧 "품질, 유연성, 신뢰, 그리고 체계적인 능력 개발"을 의미한다고 인터넷 웹사이트에서 자랑하고 있다 ─ 어쩌면 설립자에게 적용될 만한 표현은 아니겠지만.

쿠르트는 한 번도 결혼을 하지 않았다. 그가 두 차례의 연애에 번번이 실패했다는 이야기도 있다. 그는 성인들과의 대화를 즐기지 않았으며, 낯선 사람이나 손님들과 함께 있을 때면 간혹 거북하거나 무례해 보였다. 그러나 피아노 연주, 사냥, 자동차 질주, 장난감, 아이들과 함께하는 시간에서 행복을 찾았다. 가족들은 그를 '덩치만 큰 아이'로 여기며 무시했다. 루트비히에게 보내는 편지에서 헤르미네는 쿠르트에 대해 이렇게 썼다. "쿠르트의 성격에 깊이라곤 없지. 하지만 뭐가 있을 거라고는 아예 기대도 하지 않기 때문에, 이해하지 못할 부분도 없어." 병든 아버지의 병상을 지키기에 쿠르트는 결코 이상적인 아들이 아니었다.

🙦 가운데 누이

1879년 8월, 쿠르트가 태어나고 15개월 뒤에 비트겐슈타인 집안에는 헬레네Helene라는 이름의 셋째 딸이 태어났다. 헬레네는 나중에 렌카Lenka라는 애칭으로 불렸다. 헬레네와 맏딸 헤르미네 사이에 어린 도라Dora가 있었지만, 생후 1개월에 합병증으로 사망했기 때문에 헬레네가 '셋째' 딸이 되었다. 카를이 죽어가는 동안 헬레네는 알레가세의 비트겐슈타인 궁전에서 얼마 떨어진 브람스플라츠Brahms-platz의 커다란 아파트에 거주했다. 솔직하고 풍만하며 잘 웃는 헬레네는 1899년에 오스트리아 개신교 지배층의 중심인물이며 재무부 장관인 막스 잘처Max Salzer와 결혼했다. 막스 잘처는 장관직에서 은퇴한 뒤 비트겐슈타인 집안의 재산 운영을 맡게 되었다. 나중에 그는 노망이 났는데, 가족들은 그에게 계속 재산 관리 업무를 맡기면서도 그의 조언은 완전히 무시했다. 막스의 형제인 한스 잘처(비트겐슈타인의 사촌과 결혼했다)는 세계적으로 유명한 폐 전문 외과의사였다. 헬레네는 네 명의 자녀를 두었다. 그녀는 노래를 아름답게 불렀고, 피아노 연주 실력이 수준급이었으며, 다른 비트겐슈타인 사람들에 비해 많이 웃었다. 겉으로는 형제들 가운데 가장 안정되고 편안해 보일지 모르지만, 그녀 역시 병적이고 신경증적인 형태의 불안 증세로 고통을 받았다. 그녀는 뇌우를 무서워했고 빈혈 증상도 있었다. 또한 자식들에게 지나치게 엄격했다. 두 아들 가운데 큰아들은 스무 살의 나이에 소아마비에 의한 급성 마비 증상으로 사망했고, 어릴 때부터 부모와 소원하게 지내던 둘째 아들 펠릭스 잘처Felix Salzer는 유명한 음악학자가 되었다.

🎵 파울의 초기 음악 훈련

합스부르크 제국의 마지막 몇 십 년 동안 오스트리아 국민들에게는 심리적으로 희한한 현상이 있었다. 그것은 젊은이들의 능력을 신뢰하지 않으려는 사회 분위기였다. 비트겐슈타인 형제들과 동시대인인 빈 출신 작가 슈테판 츠바이크는 한 사람의 젊은이가 "스스로 '사회적 기반'을 굳히기 전까지는—다시 말해 25세나 26세가 되기 전까지는"―그를 어른으로 인정하려 하지 않는 "은밀한 부정직 inner dishonesty"에 대해 불만을 토로했다. 아버지들은 딸이 아직 20대 중반인 남자와 결혼하는 걸 허락하려 들지 않았고, 고용주들은 젊은 사람들이 중요한 일을 맡기기에는 적합하지 않다고 여겼다. 츠바이크는 이렇게 썼다. "젊음의 모든 특징들―참신함, 자기주장, 대담함, 호기심, 생에 대한 신선한 열정―은 '물질'만을 필요로 하는 세대에게 미심쩍은 요소로 여겨졌다."

이런 현상의 가시적인 효과는 특이한 방식으로 나타났다. 대부분의 사회에서는 나이 든 사람들이 실제보다 더 어려 보이려 하는데 반해, 빈에서는 젊은 사람들이 어떻게든 한 살이라도 더 나이 들어 보이려고 애썼다. 텁수룩한 수염, 기다란 검정색 외투, 점잖은 걸음걸이, 살짝 나온 배, 그리고 지팡이―이것들은 빈의 젊은이들이 연장자에게 존중받기 위해 필요한 도구들이었다. 상점에서는 젊은이들에게 금테 안경(시력 교정을 위해 필요한 게 아니었다)과 "얼굴 발모 촉진제"라고 광고하는 가짜 연고병을 판매했다. 심지어 남학생들은 학생으로 보일까 봐 한사코 책가방을 들려 하지 않았다.

분위기가 이렇다 보니 콘서트에 자주 가는 대중들은 마흔 살이 안 된 음악가의 음악을 듣기 위해 티켓을 구입하는 것을 망설였다―물론 빈에서 가장 훌륭한 두 작곡가, 모차르트와 슈베르트가 그 나이에 이르지 않았다는 건 문제가 되지 않았지만. 사람들은 훌륭한 음악은 모름지기 성숙한 예술가에 의해 해석되어야 한다고 확신했다. 이런 태도는 파울이 26세라는 늦은 나이에 연주회에 데뷔하게 된 이유를 설명하는 데에 어느 정도 도움이 될 수 있다. 그러나 당시의 편견보다 훨씬 힘든 장애는 정작 그의 가족이었다. 아버지가 생존해 있었다면, 파울은 1913년 12월에 결코 데뷔하지 못했을 것이다.

파울이 직업 피아니스트가 될 것인지 아닌지, 될 수 있을지 아닐지, 되어야 할지 말아야 할지에 대해 비트겐슈타인 집안에서는 길고도 격렬한 논쟁이 벌어졌는데, 이때 한 사람이 누구보다 적극적으로 파울에게 유리하도록 흐름을 변화시켰다. 그는 그의 나이대에서 가장 훌륭한 피아노 교사로 일컬어지던 80대 폴란드인 색정광, 테오도르 레셰티츠키였다. 그의 제자들 가운데에는 아르투어 슈나벨Artur Schnabel, 이그나츠 파데레프스키Ignaz Paderewski(훗날 폴란드 수상이 되었다), 변덕스럽긴 하지만 실력이 뛰어난 이그나치 프리드만Ignacy Friedman이 있었다. 젊은 시절 레셰티츠키는 루트비히 판 베토벤의 제자인 카를 체르니Karl Czerny로부터 레슨을 받았다. 그에게 교수법이 있다면, 카멜레온처럼 변덕스러운 자신의 기질을 제자들이 경험하게 함으로써 그들로부터 장점을 끌어내 아름다운 음색을 만들도록 강요하는 것이었다. 레슨을 하는 동안 그는 독재적이고 화를 잘 내며 냉소적이고 변덕이 심했다가, 느닷없이 열렬하고 상냥하거나, 당황스러울 만큼 다정하고 관대했다.

그는 제자들의 마음속으로 들어가, 그들의 사생활과 정신적인 삶을 탐구하며, 그들의 가장 내밀한 비밀을 공유하길 좋아했다. 가장 예쁜 여제자들은 섹스에 대한 대화로 고문을 당했는데, 이런 대화를 하는 동안 그는 그녀들에게 손을 대지 않기가 어려웠다. 이처럼 뜨거운 격정 속에서 레셰티츠키는 네 명의 제자와 잇달아 결혼했고, 마지막 결혼은 그의 나이 일흔여덟 살 때였다(상대는 '레셰티츠키 부인'으로서 짧은 연주회 경력을 즐겼다.)

장차 레셰티츠키의 제자가 되어 그의 수업을 들을 자격을 얻으려면, 일단 그 앞에서 오디션을 받아야 했다. "당신은 신동이었나요? 슬라브 혈통입니까? 유대인인가요?" 지망생들이 홀에 들어서면 그는 이렇게 묻곤 했다. 세 가지 질문에 모두 "네", "네", "네"로 대답이 나오면 그는 환하게 웃었고, 이때부터 오디션이 순조롭게 진행되었다. 한번은 장래가 촉망되는 한 지망생이 베토벤 피아노소나타로 오디션을 봤는데, 연주가 다 끝났을 때 이 대가가 그에게 손을 내밀더니 훈계하는 듯한 차가운 미소를 지으며 이렇게 말하는 것이었다. "잘 가시오!" 그의 제자가 되길 바랐던 이 사람은 몹시 당황했다. "잘 가시오!" 레셰티츠키는 반복해서 말했다. "다시는 피아노로 만나지 맙시다. 그렇게 안 좋은 감정으로 연주할 수 있는 사람이라면 자기 어머니도 살해할 수 있을 거요."

이 대가는 장래가 촉망되는 지원자를 발견하면, 그를 자기 조수가 가르치는 예비수업에 1, 2년간 보내곤 했다. 조수 가운데 가장 명망 있는 사람은 말비네 브리Malwine Brée였다. 파울은 순서를 달리 해서 일을 준비했던 것 같다. 먼저 레셰티츠키에게 오디션을 받지 않은 상태에서 열한 살 때 브리 양의 수업에 등록했다. 브리 양은 젊은 시절에 레셰티츠키(그녀는 그와 사랑에 빠졌었다)에게 가르침을 받았고, 리스트에게도 가르침을 받았다. 인생의 여러 시기에 걸쳐 그녀는 바그너, 안톤 루빈스타인, 마크 트웨인을 친구로 두었으며, 빈의 의사이자 잠깐 동안 시인으로 유명했던 모리츠 브리 박사Dr Moritz Brée와 결혼했다. 파울이 처음 그녀를 만났을 때 그녀는 과부였고, 그녀의 직업적인 생활은 오로지 레셰티츠키에게 봉사하는 일에 바쳐졌다. 그녀는 레셰티츠키의 제자들이 피아노 연주기법을 익히고 대가에게 존경심을 갖도록 열정을 다해 훈련시켰으며, 1902년에 레셰티츠키에게 허락을 받아 사후 수십 년 동안 그에게 세계적인 명성을 보장해줄 그의 교수법에 관한 책을 썼다.

1910년 9월, 파울이 군 복무를 마치자 브리 부인은 파울에게 대가에게 갈 준비를 하라고 알렸다. 집안에서 파울은 이미 사촌이자 유명한 바이올리니스트인 요제프 요아힘과 함께 연주하고, 리하르트 슈트라우스가 궁전에 초대되어 오면 그와 2중주를 연주할 정도로 실력이 출중한 것으로 여겨졌다. 레셰티츠키는 파울의 경력에 기대가 컸다. 간혹 자기 학생의 냉철한 연주 기법에 싫증을 느꼈을지라도(그는 파울에게 "굉장한 건반 파괴자"라는 별명을 붙였다), 혹은 파울이 때때로 스승의 편협한 음악적 취향에 분개했다 할지라도(레셰티츠키는 바흐와 모차르트는 배울 가치가 없다고 주장했다), 두 사람의 관계는 두터운 우정으로 발전했다. 파울은 죽는 날까지 자신의 노스승에 대해 확고한 존경심을 표명했다. 그는 이렇게 회상했다. "그는 예술가인 동시에 스승이었습니다. 한 사람에게서 지성과 예술적 영감(각각 귀한 것이지요)이라는 두 가지 특징을 한꺼번에 발견한다는 건 일식과 월식이 동시에 일어나는 것만큼이나 드문 일입니다."

파울의 인생에서 아버지 같은 존재가 되어준 사람이 레셰티츠키만은 아니었다. 파울과 그의 동생 루트비히에게는 친구로 지내며 추종하고 존경했던 요제프 라보Josef Labor라는 맹인 오르간 연주자이자 작곡가가 있었다. 라보는 난쟁이까지는 아니지만 거의 난쟁이만큼 키가 작았고, 콧수염을 텁수룩하게 기르고 다녔으며, 숱 많은 머리카락을 어깨 너머로 아무렇게나 자라게 두었다. 반쯤 감긴 가느다란 눈 사이로 앞이 보이지 않는 안구가 언뜻언뜻 비쳐 사람을 당혹스럽게 만들었고, 얼굴의 피부는 약간 누르스름하면서도 회색 빛이 감돌았다. 긴 턱과 새의 부리처럼 뾰족한 코는 악몽이나 환타지 공포 영화에 나올 법한 위협적인 얼간이 같은 그의 이미지를 완성시켰다. 그러나 그는 현명하고 지적이고 인정 많은 남자였다. 루트비히는 라보를 현존하는 가장 훌륭한 작곡가이며, 여섯 명의 역대 최고 작곡가 가운데 한 사람으로—그 밖에 다섯 명은 하이든, 모차르트, 베토벤, 슈베르트, 브람스—여겼다. 파울도 그를 가장 깊이 존경하는 남자이자 음악가로 여겼다. 루트비히는 형에게 보내는 편지에 이렇게 썼다. "형과 나를 하나로 묶어주는 건 라보의 음악에 대한 공통된 관심이야."

오늘날엔 아무도 라보의 음악을 듣지 않는다. 설사 그를 기억한다 하더라도, 아르놀트 쇤베르크Arnold Schoenberg를 잠깐 가르쳤던 스승, 장차 말러의 아내가 되었으며 귀가 거의 들리지 않았던 요부 알마 쉰들러Alma Schindler의 작곡 가정교사 정도가 전부일 것이다. 알마가 알렉산더 쳄린스키Alexander Zemlinsky에게 레슨을 신청했을 때 라보는 무척 비통해했다. 알마는 그와의 마지막 수업에 대한 감정을 일기에 이렇게 기록했다.

> 라보. 그가 영원히 떠났다. 그는 나를 버렸다. "그렇게는 못하겠습니다." 그가 말했다. "쳄린스키든 나든 둘 중 한 사람을 택하십시오. 하지만 두 사람 모두는 안 됩니다." 나는 조용히 눈물을 흘리고 있었다. 그는 틀림없이 알아챘을 것이다.……그렇지 않았더라도 그는 워낙 다정한 사람이라 내 상처를 어루만져 주었다. 당시 이 일로 나는 몹시 마음이 아팠다. 나는 그에게 6년 동안 수업을 들었다—그렇게 많은 걸 배우지는 않았지만, 그가 언제나 마음이 따뜻

하고 동정심 많은 친구라는 걸 알게 됐다. 진정한 예술가라는 사실도. 소중하고 친절한 동료라는 사실도.

천연두로 세 살에 시력을 잃은 라보는 빈의 시각장애인협회에서 교육을 받았고, 나중에 빈 음악학교에서 피아노와 오르간을 공부했다. 한동안 독일의 니더작센Niedersachsen에 거주하면서 하노버의 호색한인 조지 5세의 궁중 오르가니스트로 임명되었다. 역시 앞이 보이지 않았던 조지 5세는 라보와 가까운 친구가 되었고, 1866년 그가 오스트리아로 강제로 거처를 옮겨야 했을 때 라보도 함께했다.

파울은 라보에게 '음악 이론' 수업을 들었는데, 수업은 대개 음악, 미술, 연극, 철학, 정치학, 그리고 인생에 대한 긴 대화로 이루어졌다. 라보는 앞을 볼 수 없다는 사실을 용감하게 받아들이는 한편, 때로는 주변 사람들이 동정어린 눈물을 흘리며 자신을 위해 자선을 베풀도록 자극하는 재주가 있었다.

라보는 알마 쉰들러에게 이렇게 말했다. "아시겠지만, 제가 기억하는 이래로 저는 언제나 오르간을 소망해왔지만 결코 돈을 가져본 적이 없습니다. 지금 저는 모든 희망을 포기했습니다―아마 다음 생에도 마찬가지겠지요." 알마는 그날 저녁 자신의 일기에 이렇게 썼다. "다행히 일이 잘 돼서 내가 정말 부자가 된다면―나는 제일 먼저 라보에게 오르간을 사줄 것이다!" 결국 라보의 새 리거-예거도르프Rieger-Jaegerdorf 오르간의 대금을 지불한 사람은 파울의 어머니 레오폴디네 비트겐슈타인이었고, 1912년 6월 라보의 70번째 생일에 빈의 유니버설 에디션Universal Edition에서 출판된 라보의 명곡들 가운데 상당량을 구입한 사람은 카를 비트겐슈타인이었다. 루트비히는 케임브리지의 음악가들이 라보의 음악을 연주하도록 주선했다(실패했지만). 비트겐슈타인 가족들은 빈에서 정기적으로 '라보의 밤' —라보의 작품을 연주하기 위한 콘서트—을 열었다. 이 행사에는 집안의 하인들—요리사, 정원사, 사냥꾼, 가정부—이 전부 의무적으로 참석해야 했으며, 그레틀의 작은 아들, 지Ji의 말에 따르면 "대단히 힘차게 박수를 치도록 지시했고(그들은 지시대로 했다!!!), 앞이 안 보이는 라보는 관객들이 대단히 열광적이라며 기뻐했다"고 한다.

"나는 라보의 음악을 결코 제대로 들을 수가 없었습니다"라고 헤르미네는 말했다. "음악이 너무나 감동적이라 자주 눈물이 흘렀기 때문이지요—라보가 내 눈물을 볼 수 없다는 걸 알았기에, 마음껏 뺨 위로 눈물을 흘릴 수 있었습니다." 비트겐슈타인 가족은 그에게 푹 빠져 있었다. 라보는 그들의 소유물—그들 집안의 작곡가이며, 음악에 대한 조언자이고, 그들이 베푸는 자선의 수혜자이자 친구이며, 철학과 심리학 전반의 스승—이 되었다. 라보 단체Labor-Bund라고 불리는 공공 자선단체가 설립되어 그의 여러 작품을 출판하고 연주회를 홍보하며 콘체르트하우스Konzerthaus 앞에 작곡가의 동상을 세웠을 때, 비트겐슈타인 집안사람들은 크게 질투했다.

✑ 루트비히의 곤경

남은 세 아들 가운데 카를이 후계자로 선택할 만한 아들은 아무도 없었다. 쿠르트는 경박했고, 파울과 루트비히는 걱정스러울 만큼 예민한 데다 기본적으로 사업에 관심이 없었다. 그리고 카를이 죽음을 맞을 무렵, 이들 가운데 결혼한 사람이 아무도 없었다. 카를은 아들 셋 중에 적어도 하나는 엔지니어로 성공하지 않을까 기대했고, 한동안 루트비히만은 자신의 기대를 충족시켜줄 거라 믿었다. 루트비히는 1906년 학교를 그만둔 직후에 빈의 유명한 물리학자, 루트비히 볼츠만Ludwig Boltzmann이 쓴《대중서 *Populäre Schriften*》라는 책을 읽었다. 이 책에 실린 항공학에 관한 한 에세이에서 그는, 이처럼 급성장하는 과학의 발전에는 "영웅과 천재"에 대한 관심이 필요하다고 — 전자는 비행기를 시험 비행하기 위해, 후자는 비행기의 작동 방식과 원리를 이해하기 위해 — 주장했다. 바이닝거 숭배가 한창일 때 이 책을 읽은 데다, 바이닝거가 볼츠만의 강의에 여러 차례 참석했다는 사실을 알게 된 루트비히(야심찬 젊은 영웅이자 천재)는 빈 대학에 개설된 볼츠만의 강의에 당장 수강신청을 했다. 볼츠만의 수업을 들을 수 있었다면, 루트비히는 강의실에서 에르빈 슈뢰딩거Erwin Schrö-dinger(양자역학에 관한 연구로 1933년 노벨상을 수상한 물리학자)의 옆자리에 앉았을 테지만, 두 학생의 열의를 급격히 떨어뜨리는 일이 벌어졌다. 이 위대한 물리학자는 1906년 10월 5일에 트리에스테 근처 두이노Duino의 해변 휴양지에서 아내와 딸이 따뜻한 물가에서 첨벙거리며 휴식을 즐기는 사이에 호텔 침실에서 목을 맨 것이다. 그 바람에 루트비히는 대신 열기구를 공부하기 위해 베를린 샤를로텐부르크Charlottenburg의 기술고등학교에 입학했다. 나중에 그는 이것이 완전히 시간 낭비였다고 말했다. 1년 뒤에 아버지의 격려를 받아 잉글랜드의 맨체스터로 옮겨, 처음엔 더비셔의 황야 지대에서 연을 이용한 실험을 했고, 나중에는 맨체스터 대학의 연구생이 되어 프로펠러를 연구했다. 이곳에서 루트비히는 맨체스터의 여학생들에게 질렸는데, 여학생들이 교수들에게 추파를 던지는 모습이 거슬렸던 것이다. 그는 "내가 아는 여자들은 하나같이 얼마나 멍청한지"라고 말했다.

1911년 6월에 루트비히는 당시의 프로펠러를 약간 개선해 특허를 받았지만, 공학 기술에 대한 열정(나중에 그는 여기에 "취미도 재능도" 없었다고 말했다)이 시들해지기 시작했다. 그해 말에는 자신이 철학 공부에 더 관심이 있는지 알아보기 위해 케임브리지 대학의 버트런 드 러셀Bertrand Russell을 찾아가기로 결심했다.

볼츠만, 바이닝거, 베토벤은 루트비히가 가장 존경하고 가장 본 받고 싶어한 우상들에 속했다. 루트비히에게 이들 각각은 과학적, 문학적, 예술적 성취에 국한되지 않고 오히려 그것을 뛰어넘는 가 장 순수한 형태의 전형적인 천재였다. 그는 이들 각각의 개성에 의 해 표현된 천재성의 정수를 자신의 마음속에 구현하고자 했다. 바 이닝거의 경우, 루트비히는 그의 철학의 많은 부분을 거부했음에도 불구하고 그의 천재성만큼은 지속적으로 강조했다. 한때 그는 이렇 게 말했다. "그의 위대함은 바로 우리가 동의하지 않는 부분에 있습 니다. 위대한 것은 바로 그의 거대한 실수입니다." 야심 있고, 불안 정하며, 자기 개선을 향한 신경증적 충동에 이끌린 루트비히는 스 스로 천재들 가운데 한 명으로 간주되길 열망했던 만큼, 자신이 숭 배할 수 있는 천재들이 필요했다. "스스로를 개선하라, 더 나은 세 상을 만들기 위해 우리가 할 수 있는 일은 그것뿐이다." 루트비히는 이렇게 말했다.

버트런드 러셀의 발 앞에 몸을 던진 루트비히는, 완성된 철학 저서 한 편 없는 아직 20대 중반의 나이인 자신이 케임브리지 대학의 많은 눈부신 지성인들에게 천재로 환영받고 있다는 사실을 이내 깨달았다. 훗날 러셀은 그에 대해 이렇게 묘사했다. "열정적이고 심오하며 강렬하고 압도적인, 전통적인 천재의 특징을 고스란히 지닌, 지금까지 내가 아는 가장 완벽한 천재의 전형일 것이다."

러셀이 루트비히에게 느낀 매력적인 요소는 그가 "말의 얼굴을 닮은 길고 야윈 얼굴과 불굴의 용기, 강철 같은 의지를 지닌 키가 아주 큰 [여인]"에게 보내는 재미있는 일련의 편지에서 짐작할 수 있을 것이다. 그녀는 공작의 딸이며 양조업자의 아내이자 당시 러셀의 정부였던 오톨라인 모렐Ottoline Morrell 부인이었다. 러셀은 1911년 10월 18일 편지에서 그녀에게 처음으로 루트비히를 언급하면서, "영어를 거의 할 줄 모르면서 한사코 독일어를 말하려 하지 않는, 알려지지 않은 독일인"이며, 자신의 방에서 갖는 개인지도에 끼어드는 야심만만한 젊은 철학자라고 묘사했다. 케임브리지에서 철학에 몰두해야 할지, 아니면 항공 실험을 위해 맨체스터로 돌아가야 할지 확신이 서지 않았던 루트비히는 러셀에게 그의 유명한 철학 수업에 참관할 수 있도록 허락해달라고 고집을 부렸다. 교수는 정중하게 루트비히를 받아들이긴 했지만, 루트비히가 케임브리지의 강의실이며 학부대학이며 그가 가는 곳마다 집요하게 따라다니자 이내 불안해지기 시작했다. 루트비히는 러셀이 식사를 하기 위해 옷을 갈아입거나, 늦은 밤 막 잠자리에 들려 할 때처럼 예상치 못한 순간에 느닷없이 러셀의 방에 들이닥쳤고, 오밤중에 철학에 대해 이야기하자고 고집을 부렸다. 러셀이 돌려보내려 하면 자살하겠다고 위협했다. 결국 러셀은 "마치 우리에 갇힌 사자처럼" 자기 방 주변을 서성

거리며 더듬거리는 말투로 논리학과 수학에 관해 이해할 수 없는 독백을 장황하게 늘어놓아 그의 인내심을 극한까지 시험하는 루트비히를 장시간 견뎌야 했다.

"내 독일인 친구가 나를 고통스럽게 할 듯합니다." 지친 러셀은 오톨라인 부인에게 보내는 편지에 이렇게 썼다. "그는 내 강의가 끝나면 나에게 다시 와서 저녁 식사 시간까지 언쟁을 벌이다 갑니다. 고집 세고 괴팍하지만 멍청하지는 않은 것 같습니다." 이어지는 편지들에서는 루트비히에 대해 "따지기 좋아하고 매우 성가시며…… 따분하고…… 쉽게 흥분하고, 다소 재미가 없다.…… 생기가 없을 땐 더듬더듬 느리게 말하고, 재미없는 말을 늘어놓는다.…… 내 독일인 엔지니어는 바보 같다. 그는 경험적인 것은 어떤 것도 인식될 수 없다고 생각하는데—그에게 방 안에 코뿔소가 없다는 걸 인정하라고 말했지만 그는 인정하려 하지 않았다"라고 설명했으며, 보름 후에는 다음과 같이 묘사했다. "강의 후 내 사나운 독일인 친구가 와서 나에게 따지더군요. 그는 논증을 통한 모든 공격에 대항하여 장갑을 두르고 무장하고 있습니다. 그와 이야기하는 건 정말이지 상당한 시간 낭비예요." 한편 러셀의 철학 동료인 조지 무어George Moore는 "비트겐슈타인에 대한 소회"라는 제목으로 일기를 쓸 것을 고려할 정도로 루트비히에게 강한 호기심과 당혹스러움, 흥분과 자극을 느꼈다.

러셀에게도 같은 현상이 나타났는데, 몇 달이 지나고부터는 젊은 제자에게 깊이 빠져들게 되었다. "그가 좋아지고 있습니다. 그는 문학적이고, 음악적 재능이 매우 뛰어나며, 예의 바르고, 내가 **생각하기에** 정말 똑똑합니다." 이제 루트비히는 자신이 공부하던 항공학으로 돌아가게 될까, 아니면 철학이 그 자리를 대신하게 될까? 나중에 러셀이 회고한 바에 따르면, 루트비히는 특유의 어눌한 말투로 그에게 이렇게 물었다고 한다.

첫 학기가 끝날 무렵 그가 나에게 와서 물었다. "제가 아주 명청한지 아닌지 말씀해주시겠습니까?" 나는 대답했다. "이보게, 나한테 왜 그런 걸 묻는지 모르겠군." 그가 말했다. "제가 아주 명청한 사람이라면 비행기 조종사가 될 테지만, 그렇지 않다면 철학자가 되려고 합니다." 나는 그에게 방학 동안 철학적인 주제로 글을 써서 나에게 보내면, 그가 명청한지 아닌지 알려주겠다고 말했다. 내 제안대로 그는 다음 학기 초에 나에게 글 한 편을 가지고 왔다. 나는 한 문장을 읽은 후에 그에게 말했다. "이런, 자네는 비행기 조종사가 되면 안 되겠네." 그래서 그는 비행기 조종사가 되지 않았다.

빈에 있는 카를은 막내이자 가장 어린 아들까지 다른 자식들과 마찬가지로 훌륭한 엔지니어가 될 기회를 걷어찼다는 소식을 접하고 크게 실망했다. 하지만 케임브리지는 크게 기뻐했고, 러셀은 특히 반색을 했다. 여전히 루트비히의 철학적 메시지를 명확하게 이해하지 못했지만, 러셀은 어린 제자에게 깊이 탄복했다. 러셀은 말처럼 얼굴이 긴 그의 정부에게 편지로 다음과 같이 말했다.

그는 최고 순도의 순수한 지적 열정을 가지고 있기에 나는 그를 사랑합니다. …… 그는 사람들이 원하는 바로 그런 젊은이입니다. 하지만 그런 사람들이 흔히 그렇듯, 그는 불안정하며, 어쩌면 무너질

지도 모릅니다……. 그와 토론할 때 나는 전력을 기울입니다. 그래야 겨우 그와 대등해질 수 있습니다. 다른 학생들에게 그렇게 한다면 그들은 완전히 박살났을 겁니다. 나는 그를 아낍니다. 내가 너무 늙어서 풀 수 없는 문제들을 그가 풀 것이라고 느낍니다.

러셀이 루트비히를 얻은 걸 기뻐하자 이내 케임브리지에 있는 다른 이들도 그에게 관심을 갖게 되었다. 이들 가운데에는 경제학자 존 메이너드 케인스John Maynard Keynes, 역사학자 리턴 스트레이치 Lytton Strachey, 그리고 소위 케임브리지 토론회Cambridge Conversazione Society의 다양한 회원들이 포함되었다. 주로 좌파 성향의 지적인 동성애남자들로 이루어진 이 비밀회의 회원들은 루트비히가 동료 "사도Apostle"로서 회원으로 선출되길 바랐다. 러셀(친구들 사이에서는 버티Bertie라고 알려졌다)은 루트비히와 어울려 다니는 사람들을 철저하게 감시했고, 자신도 토론회의 사도로 가입되어 있으면서 자신이 발견한 보물을 다른 사람들과 공유하게 될까 봐 몹시 불안해했다. 1912년 11월에 스트레이치는 다른 토론회 회원인 색슨 시드니 터너Saxon Sydney Turner에게 다음과 같은 글을 썼다.

그 가여운 사람[러셀]은 슬픔에 빠져 있다. 눈같이 흰 긴 머리에 더없이 초췌한 얼굴로 아흔여섯 살은 먹은 것처럼 늙어 보인다. 그에게 비트겐슈타인의 선출은 큰 타격이었다. 그는 몹시도 비트겐슈타인을 독점하기를 원했다. 케인스가 기어코 비트겐슈타인을 만나서 즉시 그가 천재임을 알고는 그를 반드시 선출해야겠다고 생각하기 전까지는……. 그 결정은 버티에게 갑자기 알려졌고, 그는 거의 기절할 지경이었다. 물론 그는 모임의 질이 너무 떨어져서 그 오스트리아인이 입회를 거부할 것이라는 주목할 만한 이유를 제외하곤 선출에 반대할 아무런 이유도 지어낼 수 없었다……. 버티는 정말로 비극적인 인물이라 그가 정말로 안됐다. 그러나 그는 또 심한 망상에 빠져 있다.

루트비히는 자기 혐오감, 정신적 고독, 자살 충동으로 평생을 불안정하게 지냈다. 1912년에는 자신의 작업이 가치를 인정받는 동안에도 또다시 자살을 고민했다. 그는 항공학을 그만두어 기뻤고, 케임브리지의 철학 분야에 영향력을 갖게 되었을 뿐만 아니라 소수지만 영향력 있는 철학자들에게 열렬한 찬사를 받게 되어 기뻤다. 트리니티 칼리지의 수학과 학생이며 똑똑하고 소탈한 데이비드 핀센트David Pinsent라는 인물에게서 처음으로 진정한 우정을 발견하기도 했다. 쓸쓸했던 그의 삶을 돌이켜 볼 때, 1912년은 아마도 루트비히의 일생에서 가장 행복한 시기였을 것이다.

ꙅꙡ 신혼부부

제롬 스톤버러와 결혼한 1905년과 아버지가 마지막으로 병환 중에 있던 1913년 사이 8년 동안 그레틀은 마냥 행복하지만은 않았다. 루돌프의 죽음 이후 그레틀은 언니 헤르미네에게 마치 탯줄로 연결된 것처럼, 인생의 길잡이와 우정뿐 아니라 정신적 지지와 모성애까지 의지했다. "[제롬과의] 결혼으로 언니와 나 사이에 무슨 변화가 있을 거라고 생각하지 않는다." 결혼식을 치른 날 저녁, 그레틀은 이렇게 썼다. "나는 전혀 달라지지 않았고…… 언제나 알레가세에서 언니와 함께 살 테니까." 그레틀은 무척 불안한 마음으로 빈을 떠났다. 긴 신혼여행 일정 가운데 제일 처음 방문한 곳은 호흐라이트 Hochreit라고 하는 비트겐슈타인 집안의 여름 휴양지였다. 아름다운 전경이 펼쳐진 이곳은 하오스트리아Lower Austria 미텔게비르게Mittel-gebirge 산지 사이, 트라이젠Traisen 계곡과 슈바르차Schwarza 계곡이 만나는 높은 산등성이에 위치했다. "작별이 너무 힘들었어." 그레틀은 헤르미네에게 이렇게 썼다. "내가 생각했던 것보다 훨씬 더. 사실 난 가족들과 헤어진 이후로 줄곧 마음이 몹시 무거워. 여행 중에 남몰래 울기도 했어……. 아무튼 최악의 첫날 저녁이었어." 그레틀과 제롬은 호흐라이트에서 베니스로 이동했고, 그곳에서 카이로로 간 다음, 배를 타고 나일강 상류로 가서 아스완Aswan과 룩소르Luxor로 향했다. 제롬은 카르나크Karnak의 스핑크스들과 거대한 신전에 전율을 느꼈지만, 그레틀은 아니었다. "이집트 유적은 나에게 아무런 감동을 주지 않고 나일강은 너무 지루해." 하지만 어쨌든 새 남편과 함께하는 시간은 즐거운 것 같았다. "그이는 많이 달라졌어. 상상해 봐, 더 이상 질투도 하지 않고 아침부터 저녁까지 내내 미소를 짓고 있어."

그레틀과 제롬은 1905년 늦은 봄 유럽으로 돌아오자마자 베를린으로 이사했다. 제롬이 그곳에서 화학을 공부하기로 결정한 것이다. 부부는 베를린 중앙의 티어가르텐Tiergarten 공원 근처에 있는 아파트를 임대했는데, 카를은 결혼 선물로 논란이 많은 실내장식가, 요제프 호프만Joseph Hoffmann과 콜로만 모저Koloman Moser에게 실내

장식을 맡기고 비용을 지불했다. 그 결과 현대풍의 삭막함과 유치원에서나 볼 수 있을 법한 유치함이 한데 뒤엉켰고, 그레틀은 이 분위기를 무척 마음에 들어했다. 그리고 아파트의 실내장식이 완성되자마자 자신도 과학 협회의 연구 과정에 등록하기로 결정했다. 빈에서는 과학에 대한 흥미를 공유할 동성同性을 거의 발견할 수 없었지만, 베를린에서는 뜻밖에도 그리고 실망스럽게도 그녀가 등록한 발생학과 조직학 수업에 열 명의 여학생이 있었다. 그레틀은 그들 모두를 혐오하며 이렇게 불평했다. "이 여자들 가운데 여섯 명은 러시아계 유대인이야. 더럽고, 조심성도 없고, 주로 속이 다 비치는 옷을 입지. 나머지 여자들은 금발의 독일인인데 내내 웃고 있어. 그들 가운데 남자들과 정상적인 관계를 맺는 여자는 아무도 없어. 모두 가난하고 못생기고 비참하고 하찮은 인간들이야."

　1906년에 그레틀은 아들 토마스Thomas(애칭은 토미Tommy)를 낳았다. 1년 뒤 스톤버러 가족은 베를린을 떠나 뉴욕의 구겐하임 시대을 방문해 오랫동안 사치스러운 생활을 누렸다. 그리고 유럽으로 돌아오자마자 스위스에 새 집을 장만했다. 같은 집에 절대로 오래 머물지 못하는 건 제롬의 신경증적 특징이었다. 그는 가족들을 데리고 끊임없이 이사를 다녔는데, 그때마다 매번 다른 대학에서 다른 교수와 다른 과학을 연구해야 한다는 구실을 댔다. 그렇게 대학이란 대학은 다 돌아다녔으면서도 자격증 하나 얻지 못했다. 스위스에 있을 땐 엽록소에 관한 연구로 1915년에 노벨 화학상을 받은 리하르트 빌슈테터Richard Willstätter 교수와 연구하기 위해 취리히에 있는 연방공과대학Federal Technical College에 입학했다. 그레틀은 취리히 대학에서 물리학과 수학 강좌에 등록하려 했지만, 먼저 아비투어

Abitur(독일의 고등학교 졸업시험)에 통과해야 한다는 말을 들었다. 그레틀은 시험에 통과했지만, 학교에 입학하자마자 제롬이 또 이사를 하고 싶다고 밝혔고, 이번엔 파리였다.

프랑스의 수도에서 그들은 라 프장드리 거리Rue de la Faisenderie의 호화로운 아파트를 임대했고, 그레틀은 다른 과학 강좌에 등록했다. "배운다는 건 정말 즐거운 일이야." 그레틀은 헤르미네에게 보내는 편지에 이렇게 썼다. "모든 인간에게 공부를 하도록 처방을 내릴 수 있다면 좋을 텐데 말이야. 공부는 온갖 불만에 대한 일반적인 해결책이며 남편과 아이를 충분히 대신할 수 있다고 확신해!" 토마스가 태어난 지 6년이라는 오랜 시간이 지난 후, 그레틀과 제롬은 둘째 아들을 낳았다. 이름은 존 제롬John Jerome이고, 가족들은 지 혹은 지지Ji-Ji라는 애칭으로 불렀다.

✂ 카를, 의식을 잃다

이제 앞에서 언급한 임종 장면으로 돌아가 보자. 1912년 크리스마스, 비트겐슈타인 궁전의 2층 방. 카를은 사경을 헤매고 있고, 헤르미네는 아버지 곁에 앉아 자서전을 받아쓰고 있었다. 누군가의 죽음이 엄연한 사실이 되고, 주변의 모든 사람이 그 사실을 알고 있을 때, 아무리 그를 사랑하는 사람들이라 할지라도 이제 그만 마지막 막이 내려지길 바라게 된다. 비트겐슈타인 집안사람들은 차츰 인내심을 잃어갔다. 루트비히는 케임브리지로, 자신의 새 친구들에게, 무엇보다 자신의 철학으로 돌아가고 싶었다. "이곳에 도착해 아버지가 몹시 편찮으시다는 걸 알게 됐습니다." 그는 러셀에게 보내는 편지에 이렇게 썼다. "회복되실 가능성은 없습니다. 그러지 않으려고 몸부림치고 있지만, 이런 상황들은—유감스럽게도—내 사고들을 다소 불완전하게 만듦과 동시에 나를 혼란스럽게 하고 있습니다." 그러나 카를은 오늘내일 하면서도 어쨌든 크리스마스와 그다음 날을 넘기고 다음 해에도 살아 있었다. 1913년 1월 6일에 루트비히는 새 학기를 시작하기 위해 케임브리지로 돌아갈 수 없다는 걸 인정해야 했다. "불쌍한 아버지의 병세가 아주 빠르게 악화되고 있었기 때문" 이었다. 그는 나흘 뒤 윤리학 강사에게 다음과 같은 편지를 썼다. "아버지가 회복되지 않으리라는 건 분명하지만, 병세가 빠르게 수순을 밟게 될지 그렇지 않을지는 아직 아무도 알 수가 없습니다. 그러므로 저는 이곳에 열흘 정도 더 머물러야 할 것 같습니다. 그때쯤엔 케임브리지로 돌아가게 될지 끝까지 빈에 남아야 할지 결정할 수 있길 바랍니다." 같은 날 그는 러셀에게도 편지를 썼다.

아버지는 아직 크게 고통스러워하시지는 않지만, 계속해서 고열에 시달리느라 대체로 몹시 힘들어하십니다. 그 바람에 무척 냉담해지셔서 누가 아버지 곁을 지킨다고 해도 별 도움이 되지는 않습니다. 게다가 제가 아버지를 위해 할 수 있는 일이라고는 곁을 지켜드리는 것뿐이라, 사실상 지금 저는 이곳에서 전혀 쓸모가 없습니다. 그러므로 제가 이곳에 얼마나 머무르느냐는, 과감히 빈을 떠날 수 없을 만큼 아버지의 병세가 얼마나 신속하게 진행되느냐에 전적으로 달려 있습니다.

지겹도록 오래 이어지는 병문안과 병상 곁의 간호로 이루어진 헛되고 무익한 한 편의 희극은 1월 20일까지 한 주를 더 이어갔다. 카를은 마침내 의식을 잃었고, 불가피한 운명을 받아들이며 품위 있게 숨을 거두었다.

러셀 선생님께

사랑하는 아버지께서 어제 오후 돌아가셨습니다. 아버지는 내가 상상할 수 있는 가장 아름다운 죽음을 맞았습니다. 아무런 고통도 없이 잠에 떨어진 아이처럼! 마지막 몇 시간 동안 나는 한 번도 슬픔을 느끼지 않았습니다. 오히려 아주 기뻤으며, 이 죽음이 전 생애만큼 가치가 있다고 생각합니다. 나는 25일 토요일에 빈을 떠나서 일요일 밤이나 월요일 아침에 케임브리지에 도착할 것입니다. 당신을 다시 만나기를 고대합니다.

안녕히 계십시오.

루트비히 비트겐슈타인

❧ 카를 비트겐슈타인을 기리며

당시 부고기사들의 경향에 따라 카를 비트겐슈타인의 부고기사들 역시 칭찬 일색으로 고인의 품위를 지켜주었다. 가격 담합이라든지 카르텔, 직원들에게 가한 압력 등, 그가 화려하게 은퇴하던 당시 좌파 언론들을 크게 분노하게 만든 문제들은 어디에도 언급되지 않았다. 대신 기사들은 그의 자선 행위에 대해 자세하게 다루었다.

특히 예술 분야의 후원자로서 그가 남긴 유산에 집중하면서, 그의 자발적인 후원이 없었다면 프리드리히슈트라세Friedrichstrasse의 유명한 분리파 예술회관은 결코 건립되지 않았을 거라고 강조했다. 《신자유신문》은 이렇게 보도했다. "카를 비트겐슈타인은 대단히 창조적인 에너지와 조직적으로 뛰어난 재능을 지닌 사람이었다. 30년 전만 해도 선진국 수준에 미치지 못했던 오스트리아 철강 산업이 극적인 발전을 이루게 한 그에게 감사한다." 마지막 단락은 고인에게 바치는 조사弔詞로 이루어졌다.

카를 비트겐슈타인은 성격이 거칠었고, 문제를 대단히 신속하게 파악했으며, 논의를 할 때면 두뇌 회전이 놀랍도록 빨랐을 뿐만 아니라, 근사한 유머 감각을 소유했다. 화를 잘 냈지만 결코 뒤끝은 없었고, 언제나 기꺼이 친구들을 도왔다. 그와 다른 견해를 지닌 사람들조차 그의 성격 특성들을 높이 평가했다. 그의 관대한 기부 행위는 종종 은밀히 이루어졌고, 젊은이들의 재능을 장려했으며, 언제나 기꺼이 예술적인 노력을 지지했다.

카를이 자서전을 위해 헤르미네에게 받아 적게 했던 기록들은 출판에는 적합하지 않았다. 대신 가족들은 정치 경제에 관한 그의 기록들과 여행에 대해 쓴 글들을 비공개로 발간해 그를 추모하기로 했다. 카를은 1913년 1월 25일, 자신과 가족을 위해 오래전에 마련해둔, 각계각층의 묘로 이루어진 웅장한 묘지이자 관광지인 첸트랄프리트호프Zentralfriedhof(중앙묘지)에서 최고의 자리에 묻혔다. 한때 현대적인 디자인으로 지어졌지만 지금은 허물어져 가는 8각형 건물지하에 자리 잡은 비트겐슈타인 가족 묘지는 베토벤, 슈베르트, 브람스, 요한 슈트라우스의 무덤으로부터 40걸음 떨어진 거리에 위치한다. 카를이 사망한 후 그의 아들 루디의 유해도 곧 처음 안장된 곳에서 아버지 곁으로 이장되었다. 루디는 비트겐슈타인 집안의 다섯 아들 가운데 이곳에 매장된 유일한 아들이다. 현재 카를의 옆에는 아내 레오폴디네의 유해가, 건너편에는 로잘리Rosalie라는 이름으로 불리던 매부리코 하녀의 유해가 있다.

♬ 파울에 대한 비평

이 이야기의 처음에 소개한 1913년 12월 1일에 열린 파울의 연주 데뷔 무대는 그의 가족과 친구들은 물론 아마도 궁전의 하인들까지 동원한 덕분에, 신문에 비평이 실리기도 전에 이미 엄청난 성공을 거둔 것으로 여겨졌다. 억만장자인 괴짜 사촌, 알베르트 피크도어 Albert Figdor는 연주회가 끝난 후 파울에게 쓴 편지에서, 연주회가 성공해 매우 기쁘게 생각하며 빈 사람들 모두가 그를 칭찬하고 있다고 말했다. "동봉한 농담을 내 작은 애정의 표시로 받아줘." 그의 선물은 펠릭스 멘델스존이 작곡한 익살스러운 카논canon의 원본 악보로, 작곡가의 서명이 새겨져 있었다.

파울은 다른 사람들의 의견에 대단히 민감했다. 과분하다고 생각되는 칭찬에는 크게 화를 냈고, 종류를 막론하고 부정적인 비평에는 분개했다. 차라리 자신의 연주가 일체 논의되지 않는 걸 더 좋아했다. 무엇보다 파울은 동생의 견해를 끔찍하게 싫어했는데, 루트비히는 파울의 연주 기법에는 감탄을 보냈지만 해석 방식에 대해서는 좀처럼 열광적인 찬사를 보내지 않았다. 루트비히는 최고의 음악가를 비롯해 모든 음악가를 가차 없이 혹평했는데, 한번은 로제 현악4중주단Rose String Quartet의 리허설 도중 그들이 슈베르트 현악4중주를 완전히 잘못 연주하고 있다고 평가하며 연습을 방해한 일까지 있었다. 루트비히 특유의 깐깐한 성격을 익히 알고 있었음에도, 파울은 루트비히가 자신의 음악가적 자질을 낮게 평가하는 것을 견딜 수 없이 불안해했다. 어느 날 저녁 파울은 집에서 연습을 하다 말고 갑자기 벌떡 일어나 옆방으로 성큼성큼 걸어가더니, 앉아서 자기 일에 몰두하고 있는 루트비히에게 다짜고짜 고함을 질러댔다. "네가 집에 있으면 내가 연주를 할 수가 없어. 네 회의적인 태도가 문 밑에서부터 나를 향해 기어오는 것 같단 말이야."

"형의 연주에 대한 내 의견은 본질적으로 **전혀 중요하지 않아.**" 루트비히는 이렇게 주장했지만, 파울은 동생의 의견을 결코 흘려버리지 못하고 동생이 자신의 연주를 견디지 못한다고 결론을 내리게 됐다.

언젠가 루트비히는 부르크링Burgring의 폭스가르텐 카페Volksgarten Café에서 자신의 견해를 설명한 적이 있었다. 그는 훌륭한 배우의 연기와 파울의 연주를 비교하면서 최대한 재치 있게 이야기를 시작했다. 훌륭한 연극배우는 대본을 자기 개성의 여러 가지 양상을 관객에게 표현할 수 있는 발판으로 여기는 반면, 파울의 음악적 해석은 음악 안에 너무나 많은 자아를 개입시키는 바람에 엉망이 돼버렸다(적어도 그의 경우에는)는 것이다. "형은 음악의 구성 뒤에 모습을 감추려 하지 않고, 오히려 그 안에 자기 모습을 그려넣고 싶어하는 것 같아. 만일 내가 작곡가가 하려는 말을 듣고 싶다면(나는 종종 그러는데) 형한테는 가지 않을 거야."

　대부분의 연주자들과 마찬가지로 파울 역시 나중에는 전문 비평가가 되었지만, 당시에는 그들의 비평을 대수롭지 않게 여기는 척했다. "예술적인 견지에서 보면 그들의 의견은 중요하지 않습니다." 그는 자신의 에이전트에게 이렇게 편지를 썼다. "아무개가 무슨 생각을 한들 혹은 무슨 생각을 하는 척한들 그게 무슨 상관입니까? 유감스럽게도 현실적인 측면에서는 그들의 의견이 상당히 중요하긴 하겠지만 말입니다." 하지만 그가 무지크페라인에서 처음 데뷔 무대를 계획했던 건 바로 언론에 좋은 평을 받길 원했기 때문이었다. 제일 처음 과장된 평론을 가지고 등장한 사람은 63세의 유명한 비평가이자 브람스 연구가인 막스 칼베크로, 12월 6일자《신빈일보》에는 다음과 같은 글이 실렸다.

　　1913년에 상류사회 출신 젊은이가 존 필드의 피아노협주곡을 가지고 피아노 명연주자로 대중 앞에 처음 선을 보인다면, 그는 열렬한 팬이거나 자신만만한 애호가임에 틀림없다. 그러나 파울 비트겐슈타인 씨―우리는 바로 이 사람에 대해 이야기할 것이다―는 전자도 후자도 아닌(우리가 보았을 때) 그보다 훨씬 뛰어난 진지한 예술가다. 그는 이 행위가 얼마나 위험한지 알지 못한 채, 연주를 향한 순수한 사랑에 고취되어, 또한 믿을 만하고 보기 드문 탁월한 기술을 대중 앞에서 시험하고자 하는 고결한 목적에 인도되어 이 모험에 뛰어들었다.

칼베크의 평론은 오늘날에는 신문에 싣기에 부적당할 정도로 장황하고 과장된 산문으로 되어 있다. 1898년에서 1913년 사이 15년 이상 성실하고 상세하게 기록한 여덟 권의 브람스 전기가 여전히 브람스 학문의 중요한 자료가 되고 있음에도 불구하고 결코 영어로 번역되지 않은 건 아마도 바로 이런 이유 때문일 것이다. 파울의 연주회에 대한 훌륭한 비평은 계속해서 이어졌다.

희미해져 가는 감정의 빛 아래에서 우리의 사랑을 받는 고대의 인물들이 우리 앞을 맴돌며 우리에게 시적인 해질녘의 비밀을 알려주었고, 그리하여 무미건조한 작곡은 뜻밖에 한 편의 시로 꽃피웠다. 오늘 우리에게 무기물처럼 차분한 분위기를 느끼게 해준 흠 없이 깨끗한 연주 속에는 다정하고 섬세한 영혼이 살고 있으며 우리는 그 따뜻한 숨결을 느꼈다.

칼베크는 비트겐슈타인 집안의 친구였으므로—알레가세에서 열리는 저녁 음악회의 고정 손님이었다—파울의 연주에 대한 그의 호평에는 선입견이 개입되었을 수 있다. "흠 없이 깨끗한 연주"라든지 "피아니스트의 섬세하고 부드럽고 활기찬 터치에서 표현되는 순수하고 티 없는 광채"라는 칼베크의 묘사는, 12월 10일자《다스 프렘덴블라트Das Fremdenblatt》에 게재된 서명이 없는 다른 비평과 대비될 수 있을 것 같다. 이 비평에서는 "더 많은 연습이 이루어졌다면 그의 재능이 더할 나위 없이 완벽하게 마무리되었을 테고 연주가 한결 세련되었을 것"이며, 그의 연주가 "대단히 세심하고 극도로 조심스러웠다"고 언급되었다. 그런데 이 비평가는 뒤이어 이렇게도 진술했다. "건반에 가해진 힘과 건강한 리듬감에서 오는 겸손한 정확성은 대중 앞에서 그의 연주를 정당하게 만들었고"("조심스러움"에 대한 그의 지적과 거의 모순된다), 프로그램의 상당한 난관들은 "곡을 장악하는 연주자의 매우 확고한 태도로 깔끔하게 제거되었다."

《신자유신문》의 대단히 저명한 비평가, 율리우스 코른골트는 이상하게도 첫 곡만 듣고 연주회장을 빠져나왔는데, 이런 자신의 행동을 해명하기 위해 자신이 속한 신문에 짧은 글을 게재했다. "젊은 피아니스트 파울 비트겐슈타인의 데뷔 무대는 활발한 관심을 불러일으켰다. …… 새롭게 습득한 [그의] 연주 기법, 음악을 연주하면서 느끼는 그의 순수한 기쁨, 고전적 스타일로 훈련된 그의 감성은 더 듣지 않더라도 충분히 공감하며 몰입할 수 있었다." 연주회를 마친 지 꼬박 3주가 지난 뒤에 실린 코른골트의 평론은 젊은 피아니스트에게 다시금 자신감을 불어넣어주었고, 자신이 선택한 진로를 계속해서 추구할 새로운 근거를 탄탄하게 다져주었다. 파울은 때로는 아버지의 독재에 저항하고 때로는 양보하면서 가족의 반대에 맞서 힘겹게 싸워왔다. 카를의 고집대로 1910년에 빈 공과대학에 입학했고, 곧바로 (매우 분개하며) 베를린 은행의 견습생 자리를 얻었다. 그리고 이제야 비로소 자신의 피아노 연주 기법으로 승리를 거두었다. 코른골트의 비평은 뒤늦은 것이었을 수도 있고 엉성하게 작성된 감도 있지만 그것은 중요하지 않았다. 그의 비평은 파울 비트겐슈타인의 재능에 대한 결정적이고도 매우 공개적인 옹호로서, 파울에게 희망과 자신감을 잔뜩 채워주었을 뿐만 아니라 그해 크리스마스에 가족 모두를 몹시도 두렵게 만들던 침울한 분위기를 누그러뜨리는 데에도 성공했다.

파울의 성공적인 데뷔 이틀 후인 1913년 12월 3일, 미국에 망명한 세르비아인을 대상으로 하는 시카고 저널 《스르보브란 *Srbobran*》에는 다음과 같은 짧은 글이 게재되었다.

오스트리아의 법정 상속인이 내년 초 사라예보를 방문할 의사를 발표했다. 모든 세르비아인은 이 사실에 주목해야 한다.…… 세르비아인이여, 나이프든 소총이든 폭탄이든 다이너마이트든 손에 쥘 수 있는 것은 모두 쥐어라. 신성한 복수를 하자! 합스부르크 왕조에게는 죽음을, 그들에 맞서 공격하는 영웅들에게는 영원한 기억을.

끔찍한
혼란

오늘 여러 통의 편지를 받았는데, 그 가운데 파울 형이 중상을 입었고 러시아에 포로로 잡혀 있다는 슬픈 소식이 있었다 — 하지만 다행히 보살핌을 잘 받고 있다고 한다. 불쌍한, 아, 불쌍한 엄마!!! …… 마침내 노르웨이에서 보낸 편지를 받았는데, 1000크로넨을 보내달라고 한다. 내가 그에게 그 돈을 보낼 수 있을까? 노르웨이는 우리 적군과 한통속이 되었는데!!! 어쨌든 이건 대단히 슬픈 일이다. 나는 갑자기 직업을 잃게 된 불쌍한 파울 형을 줄곧 생각하지 않을 수 없었다! 어떻게 이런 끔찍한 일이 있을 수가. 이 상황을 극복하려면 어떤 철학이 필요할까! 파울 형이 자살이 아닌 뭔가 다른 방법으로 이 일을 잘 극복할 수 있으면 좋으련만!! …… 주여, 당신 뜻대로 이루어지소서.

Nasty Mess II

🌀 돈 문제

카를 비트겐슈타인의 재산은 그의 아내와 살아 있는 여섯 자녀에게 똑같이 배분되었다. 그레틀은 막대한 현금을 증여받기로 했고, 오스트리아 화폐로 33만 5000천 크로넨을 들여 그문덴Gmunden에 저택과 성, 그리고 약간의 땅을 즉시 구입했다. 하지만 건축업자와 실내장식가들에게 집을 꾸미도록 부탁한 지 얼마 되지 않아, 늘 그렇듯이 한 자리에 가만히 정착하지 못하는 제롬이 잉글랜드로 이사하자고 고집을 부렸다. 그리하여 1914년 4월, 스톤버러 가족은 짐을 꾸려 옥스퍼드 주 애빙던Abingdon 근처 베셀슬레이Besselsleigh에 자코비언 양식으로 지은 영주의 저택으로 이사를 했다. 아내보다 사업 경험이 약간 더 많은 제롬은 아내 소유의 유동자산 대부분을 미국 주식시장에 넘기는 등, 아내의 막대한 투자액을 관리했다. 파울과 다른 형제들은 돌아가신 아버지의 오스트리아 소재 부동산뿐 아니라, 뉴욕

소재 하노버 중앙은행에 보유한 외국 주식, 취리히에 있는 크레디탄슈탈트Kreditanstalt 은행과 블랑카르트Blankart 은행 예금, 암스테르담에 있는 네덜란드 은행 호프앤컴퍼니Hope&Co. 예금 등 엄청난 유가증권을 나누었다.

아버지의 죽음으로 형제들은 각자 엄청난 부자가 되었다. 하지만 사회윤리에 집착하는 가족에게 돈은 부와 더불어 많은 문제들을 안겨주었다. 각자 예술과 의학 분야에, 친구들에게, 그 밖에 가치 있는 일들에 종종 남몰래 거액의 돈을 기부하는 등 아낌없이 돈을 썼다. 루트비히는 오스트리아의 여러 '예술가들'에게 10만 크로넨을 나누어주었다. 이들 가운데에는 건축가 아돌프 로스Adolf Loos, 화가 오스카어 코코슈카Oskar Kokoschka, 그리고 시인 라이너 마리아 릴케Rainer Maria Rilke와 게오르크 트라클Georg Trakl이 포함되었다. 게오르크 트라클은 다음 해에 다량의 코카인 복용으로 자살했다. 그 밖에 열일곱 명의 수혜자들이 루트비히에게 감사 편지를 보냈는데, 루트비히는 "비열하고 거의 기만적인 말투"라는 이유로 "극도로 불쾌하다"면서 대부분의 편지들을 거부했다. 헤르미네는 개똥철학자 같은 모호한 방식으로, "윤리적"이라고 부르는 돈의 종류와 "부르주아적"이라고 부르는 돈의 종류를 어느 정도 구분하려 애썼다. 그레틀은 돈이 전혀 없는 삶을 간절히 꿈꾸었다. 그녀는 일기에 이렇게 썼다. "그런 삶은 건강할 것이다. 나 스스로는 절대 자발적으로 떠날 수 없으니, 운명이 나를 이 상류사회로부터 쫓아낸다면. 그렇게 되면 어쩌면, 정말로 어쩌면, 그제야 나는 비로소 인간이 될 수 있을 것이다. 하지만 그러기에는 난 용기가 없다. 내 앞에 놓인 올바른 길이 무엇인지는 분명하게 내다볼 수 있지만, 지금 상태로는 그 길을 택하겠다는 결단은 내리지 못하겠다."

파울은 개인의 막대한 부보다 강한 정부가 더 중요하다고 믿었기 때문에, 반공주의 및 반무정부주의 정치 단체에 거액의 돈을 기부했다. 전문 피아니스트로 출세하길 원하는 부유한 젊은이에게 상황은 보기보다 녹록치 않았다. 클래식 음악계 사람들은 돈 냄새를 맡으면 (흔히 있는 일이 아니므로) 꿀단지에 몰려드는 말벌 떼처럼 돈에 접근해 온다. 어떤 연주자가 자기 힘으로 연주회를 열 정도로 돈이 많으면, 그의 연주 실력이 아무리 훌륭하다 하더라도 입장료를 무료로 해야 한다는 조건이 붙거나, 후원을 하는 조건으로만 연주를 요청받아 의기소침한 상태에 처해지기 일쑤다. 평생 연주자로서 삶을 이어갈 파울에게도 같은 문제가 나타났다. 데뷔 이후 몇 달이 지나자, 기획사와 대행사들은 파울의 재산에 덤벼들려 혈안이 되어 그의 주변을 부산하게 돌아다녔다. 그러나 현명한 맹인 스승 라보 박사의 충고에 따라 파울은 그들의 접근을 막았다.

〔라보는 알마 쉰들러에게 이렇게 말했다〕재능 있는 젊은이에게 원숙해지지 않은 상태보다 더 위험한 것은 없습니다. 루빈스타인 Rubinstein과 골트마르크의 예는 모든 젊은 예술가들에게 대단히 심각한 경고를 전하고 있는 바, 재능이 뛰어난 이 두 사람은 준비가 될 때까지 기다리지 않았기에 파산한 겁니다. 루빈스타인은 우리 모두에게 그의 새싹을 보여주었지만 결코 열매를 맺지 못했어요.

데뷔한 지 6개월 동안 파울이 연주회 무대에서 연주한 것은 몇 차례 되지 않는다. 그 가운데에는 멘델스존과 라보가 개최하고, 유명한 바이올리니스트이며 가족들의 친구인 마리 졸다트-뢰거Marie Soldat-Roeger와 협연한 실내악의 밤이 있었다. 어머니와 여동생들과 함께 참여한 헤르미네는 루트비히에게 보내는 편지에서 파울이 "매우 아름답게 연주했으며 도처에서 찬사를 받았다"고 알려주었다. 파울은 1914년 2월에 그라츠Graz에서 독주회를 열었으며,《그라츠 타게스포스트 Grazer Tagespost》의 깐깐한 비평가들에게 찬사를 받았다. 3월에 한 차례 더 실내악 연주회를 연 다음, 3주 후 빈의 무지크페라인에서 세간의 이목을 끄는 두 번째 연주 여행이 이어졌다. 이번 무대에서는 슬로바키아 피아니스트이며 작곡가인 루돌프 레티Rudolph Réti가 지휘하는 빈 심포니 오케스트라와의 협연으로, 요제프 라보의 체르니 주제에 의한 변주곡과, 감정을 차분히 가라앉히는 필드의 녹턴, 그리고 쇼팽의 연습곡 몇 곡을 연주했다. 이처럼 드문드문 열리는 연주회가 다른 사람들에게는 대수롭지 않게 보일지 모르지만, 파울에게는 오랫동안 소중히 간직해온 세계적인 연주자가 되겠다는 목표를 위해 경력의 사다리를 올라갈 때 꼭 필요한 단계였다. 그러나 파울도, 자족적이고 느긋한 빈의 커피하우스 분위기를 즐기던 합스부르크 제국의 어느 누구도 그해 여름에 닥칠 비극적인 방해 요인을 전혀 예상하지 못했다.

༂ 전쟁의 서막

1914년 6월 28일, 합스부르크 왕가의 후계자 프란츠 페르디난트 대공Archduke Franz Ferdinand이 사라예보의 보스니아 마을에서 한 청년 무정부주의자의 총에 목을 맞았다는 소식이 전해졌을 때, 빈에서는 탄식의 울부짖음도 베일을 찢는 일도 없었다. 왕가의 조카가 전혀 인기가 없었기 때문에, 오스트리아인들은 이 사태를 그럭저럭 받아들이는 편이었다. 그 이유는 정치와 관련이 있거나 깊이 숙고된 것이 아니라, 본능적이고 감정적인 것이었다—사람들은 오래전부터 그가 뚱뚱하고 못생겼으며 무례하다고 생각해왔던 것이다. 대공은 귀천상혼貴賤相婚을 했는데, 다시 말해 합스부르크 왕실 법규에 따르면, 지나치게 신분이 낮아 국가적인 행사에 참여할 수 없고, 지나치게 신분이 낮아 황제의 장래 후손을 낳을 수 없다고 여겨지는 여인을 아내로 맞았다. 프란츠 페르디난트는 그녀와 결혼하기 위해 장차 자손들의 오스트리아 왕위권을 박탈당하는 조건을 감수해야 했다. 대중들은 황제(프란츠 요제프Franz Joseph)가 조카를 몹시 못마땅하게 여긴다는 걸 알고 있었고, 이 노인의 인생 전반이 워낙 비통한 사건들로 가득 찼기 때문에—동생은 멕시코에서 총살형을 당했고, 동생의 부인은 정신을 놓았으며, 아내는 거친 폭군들에게 암살당했고, 하나밖에 없는 아들 루돌프Rudolf 황태자는 아마도 애인과 총으로 동반자살을 한 것으로 짐작되었다—육중하고 고압적인 후계자에게 등을 돌리고 황제에게 모든 동정심을 쏟아부었다. 극장 지정석에 앉아 있는 대공의 모습을 여러 차례 목격한 슈테판 츠바이크는 대공의 앉은 모습에 대해 "어깨가 넓고 건장하며, 뚫어질 듯 바라보는 시선은 차가웠다"고 회상했다.

그는 결코 미소를 보인 적이 없고, 어떤 사진에서도 그가 편안하게 있는 모습을 볼 수 없었다. 그는 음악에 대한 감각도 유머 감각도 없었으며, 그의 아내 역시 우호적인 사람이 아니었다. 두 사람 모두 냉랭한 공기에 둘러싸여 있었다. 사람들은 그들이 친구가 없다는 사실은 물론이고, 그가 왕위를 계승하고 싶어 안달이 나 있다는 걸 감출 만큼의 요령도 없어 늙은 황제가 그를 진심으로 싫어한다는 사실도 알고 있었다.

운명의 날 사라예보에서 찍힌 사진에서 대공과 그의 아내는 둘 다 츠바이크의 회상과 반대로 얼굴 가득 환하게 웃고 있는 모습이었다. 하지만 그들의 마지막이자 어쩌면 유일한 이 미소가 빈의 차가운 마음을 따뜻하게 감싸기에는 이미 너무 늦었다. 프란츠 페르디난트의 마지막 발언에 관한 뉴스가 뒤늦게 보도된 것처럼. 페르디난트는 차량 뒷자리에 어두운 얼굴로 꼿꼿하게 앉아 있는 대공비를 보고는 숨을 헐떡이며 말했다. "조피! 조피! 죽지 마! 아이들을 위해 살아야지……. 아무 일도 아니야! 아무 일도 아니야! 아무 일도 아니라고!" 조피는 그의 목소리를 들을 수가 없었다. 그녀는 이미 죽어 있었던 것이다.

역사가들은 모든 독일어권 지역의 남자와 여자의 마음 안에는 전쟁의 의지가 있었으며, 예술가와 작곡가, 작가들이 자국의 파괴를 바라는 간절함을 끊임없이 표현하고 있었음을 시사해왔다. 이러한 본능은 그들을 인간 본래의 원시적인 야만성으로 이끌었다. 전쟁 발발 직후 독일 작가 토마스 만Thomas Mann은 당시 상황을 이렇게 묘사했다.

이제 세계 평화는 귀청이 떨어질 것 같은 천둥소리와 함께 무너졌다. 우리 모두 충분할 정도로 평화를 누리지 않았는가? 그 모든 안락한 생활에 구역질이 나지 않았는가? 평화로운 세계는 문명의 해체와 더불어 곪아서 악취가 풍기지 않았는가? 도덕적으로 심리적으로, 나는 이런 재앙이 필요하다고 생각했고, 정화되고 고양되며 해방된 느낌이 내 안에 가득 차오르는 걸 느꼈다. 사실상 이것들 가운데 어떠한 감정도 불가능하리라 생각했던 순간에 말이다.

그러나 대중들은 사라예보 암살 사건의 직접적인 여파로 전쟁이 일어날 가능성이 있느냐보다는, 왕실의 장례식에—특히 대공비의 유해가 카푸친 납골당Kapuzinergruft, 즉 황실 묘지에 남편의 유해와 함께 묻힐 정도로 위엄 있는가 하는 곤란한 문제에—더 많은 관심이 있었다. 그러나 좀 더 높은 정부 차원에서는 사정이 조금 달랐다. 오스트리아-헝가리 제국의 참모총장 프란츠 콘라트 폰 회첸도르프 Franz Conrad von Hötzendorf와 외무장관 레오폴트 베르히톨트Leopold Berchtold는 세르비아에 굴욕감을 주고 발칸 지역에서 오스트리아-헝가리의 영향력을 강화할 기회로 삼기 위해 대공의 암살 사건에 매달렸다. 그들은 이 암살 사건에 세르비아 정부가 개입되었으니 그에 따른 처벌을 받아야 한다고 주장했다. 7월 25일, 오스트리아의 최후통첩을 받아들일 수 없었던 세르비아는 불가피하게 이를 거부해야 했고, 이에 빈은 28일 세르비아에 선전포고를 했다.

나머지 이야기는—국가 간에 간혹 나타나는 사소한 충돌이 명예라는 이름하에 전투로 커졌다는—역사에 기록된 그대로다. 7월 31일에 독일은 러시아에 선전포고를 했고, 러시아는 세르비아를 방어하기 위해 병력을 동원했다. 프랑스는 러시아와의 협약에 따라 독일을 향해 진격했고, 독일은 프랑스로부터 자국을 보호하기 위해 벨기에를 침략했으며, 그 결과 영국(세르비아의 분쟁에는 조금도 관심이 없었다)은 벨기에의 중립을 보호하기 위해 독일에 선전포고를 했다. 8월 5일에는 오스트리아-헝가리가 러시아에 선전포고를 했고, 6일에는 세르비아가 독일에 선전포고를 했으며, 그 다음 날엔 몬테네그로가 오스트리아-헝가리와 독일에 대항할 것을 공표했다. 10일에는 프랑스가, 12일에는 대영제국이 오스트리아-헝가리에 선전포고를 했다. 오스트리아-헝가리가 동맹국을 보호하기 위해 일본에 전쟁을 선포하자, 23일에는 수천 마일 떨어진 일본이 전쟁에 가담해 독일에 대항했다. 8월 28일, 사라예보에 총격 사건이 일어난 지 두 달이라는 짧은 기간이 지난 뒤, 오스트리아-헝가리는 벨기에에 전쟁을 선포했다. 사태가 무서운 속도로 진행되는 바람에 더 많은 나라들이 뒤를 이었지만, 교전국들 가운데 마지막 나라가 이 야단법석 속에 뛰어들기 전부터 비트겐슈타인 가문에는 재앙이 들이닥치기 시작했다.

✌ 군입대

징병에 관해서는 비트겐슈타인의 살아남은 세 형제—쿠르트, 파울, 루트비히—의 상황이 저마다 크게 달랐다. 전쟁 발발 당시 쿠르트는 서른여섯 살이었고 뉴욕에 살고 있었다. 그는 미국과 캐나다의 철강 산업 투자 기회를 모색할 목적으로 신형 독일 여객선 '임페라토어Imperator' 호를 타고 1914년 4월 9일에 뉴욕에 도착했다. 한동안 월도프 호텔Waldorf Hotel에 머무르다가 이후 이스트 62번가에 위치한 니커보커 클럽Knickerbocker Club 호텔로 옮겼다. 상류 사회 친구들을 사귀었고, 고급 승용차를 구입했으며, 버지니아 주 서부의 온천 휴양지 핫 스프링스Hot Springs에서 여러 차례 휴가를 보내는 등 자신의 신세계New World 생활양식에 아주 쉽게 정착했다. 유럽의 전쟁 소식이 전해졌을 때, 그는 캐나다 브리티시컬럼비아 주의 철강 마을 크랜브룩Cranbrook에서 뉴욕으로 돌아오는 길이었으며, 7월 초 오스트리아로 귀향할 의향을 갖고 있었다. 그러나 미국 정부 당국은 그를 떠나게 두지 않았다. 쿠르트는 맨해튼에 있는 오스트리아 영사관에 출두했는데, 이곳에서 선전부에 소속된 총영사 알렉산더 폰 누버Alexander von Nuber에게 임무 하나를 부여받았다. 미국인과 미국 언론, 그리고 무엇보다 미국 행정부를 설득해 전쟁에서 오스트리아-헝가리를 지지하도록 만드는 것이었다.

파울과 루트비히는 호흐라이트의 가족 산장에서 누나들과 어머니와 함께 지내는 동안 전쟁 소식을 들었다. 열렬한 애국심으로 서둘러 빈에 돌아온 그들은 거리거리마다 광적으로 흥분해 있는 대중들의 분위기를 읽을 수 있었다. 정육점 주인도 구두 수선공도 의사도 교사도 모두가 스스로를 영웅으로 여기며, 슈테판 츠바이크의 말마따나 "자아의 고양"을 경험하고 있었다. 여자들은 자기 남편에게 군복을 입으라고 다그쳤고, 계층 간의 장벽은 허물어지고 있었다. 상점에서는 사람들이 처음 보는 이에게 따뜻하게 말을 건넸으며, 곧 눈앞에 닥칠 세르비아의 종말에 대해 신나게 농담을 해댔다.

루트비히는 노르웨이를 향해 출항하길 원했으나, 오스트리아로부터 나가는 길이 막혔다는 걸 확인하고 대신 민간 복무에 자원했다. 그는 형 파울과 쿠르트와 달리 용케 군 복무가 면제된 상태였다. 1868년에 오스트리아 정부는 모든 젊은 남자들은 3년 동안 병역에 복무해야 한다는 의무징병제를 도입했지만 비용이 만만치 않게 든다는 점이 확인되었다. 정부는 법을 폐지하는 대신 온갖 종류의 대책안을 고안했으며(추첨제를 비롯해), 덕분에 남자들은 잘만 하면 이 귀찮은 임무에서 빠져나올 수 있었다. 그렇게 해서 결국 자격을 갖춘 남자 다섯 명 가운데 한 명만이 군복을 입게 되었고, 이 가운데에서도 법에서 요구하는 3년을 꼬박 채워 복무하는 사람은 소수에 불과했다. 과거의 복무 기록이 없는 루트비히는 보고할 수 있는 연대도 없는 데다 전해에는 두 차례의 서혜부 탈장까지 앓았던 터라, 어쨌든 현역 복무가 부적합한 것으로 판정됐다. 그러나 자신의 본분을 다하기로 마음먹은 그는 지원병에 입대하기로 결정했고, 8월 7일에 요새 포병 부대에 이등병으로 징집되었다. 이 부대는 갈리치아 전선으로 알려진 합스부르크-폴란드와 러시아 국경지대로 향하는, 오스트리아-헝가리 제1군의 일부를 이루었다.

1914년 독일의 많은 젊은이들과 마찬가지로, 루트비히 역시 정신적으로 지친 상태라 어떤 극적인 사건이 필요했다. 그해 초, 루트비히는 버트런드 러셀과 사이가 틀어져 우정을 끝내자는 편지를 썼다. "지금까지 내 삶은 형편없이 엉망이었습니다—하지만 언제까지 그래야겠습니까?" 뿐만 아니라 그는 예의 극도로 흥분하는 태도 때문에 케임브리지 철학자 조지 무어와의 우정도 잃었고, 가장 친한 친구 데이비드 핀센트와의 관계도 앞날을 확신할 수 없게 되었다. 그는 이렇게 썼다. "내가 다른 사람이 될 수 있도록, 마지막으로 딱 한 번만 뭔가 일이 벌어지길 줄곧 바라고 있습니다." 6월 28일에만 해도 그에게 귀찮은 일 정도로만 여겨지던 전쟁이 며칠 사이에 도전과 개인 해방을 위한 반가운 기회로 바뀌었다. 헤르미네는 이렇게 썼다. "루트비히는 조국을 지키는 데에 관심이 있기도 했지만, 고생을 겪으면서 단지 정신적인 일이 아닌 뭔가 다른 일을 해내고 싶은 간절한 열망이 있었음을 나는 잘 알고 있었다."

교전이 발발하면서 루트비히는 생기를 되찾긴 했지만, 충돌 중인 양국의 일반 대중들이 "크리스마스쯤이면 끝나겠지"라고 자주 되풀이하며 예측하던 것과 달리, 오스트리아-헝가리의 대승을 거의 기대하지 않았다. 전쟁 발발 직후에 끄적인 그의 메모에서 루트비히는 다음과 같이 고백했다. "정말 슬프다.""내가 보기에 우리는 확실히 영국보다 우세하지 못하다. 세계 최고의 민족인 영국은 결코 패할 리가 없다. 하지만 우리는 올해 아니면 내년에 패할지도 모르고 패하게 될 것이다. 우리 민족이 이길 수 없을 거라고 생각하면 몹시 우울해진다."

데이비드 핀센트는 그의 일기에 루트비히의 자원입대에 대해 다음과 같이 썼다. "그가 입대한 건 대단히 훌륭한 일이라고 생각한다 ─ 하지만 무척 슬프고 비극적이다. …… 그는 우리가 언젠가 다시 만나길 기도한다고 말한다. 가여운 친구 ─ 나 역시 우리가 그렇게 될 수 있길 신에게 빈다." 하지만 그들은 다시 만나지 못했다. 핀센트는 1918년 5월 프랑스에서 항공기 추락 사고로 사망했다.

ꙮ 재앙들

파울은 오스트리아-헝가리 제국을 지지하는 대다수의 오스트리아 동포들과 의견을 함께했다. 그는 자신의 도덕적 의무이자 시민의 의무는 합스부르크 왕가의 명예를 지키는 것이며, 그것을 위해 필요하다면 목숨도 바칠 수 있다고 확신했다. 하지만 동생 루트비히와 마찬가지로 파울 역시 전국적인 낙관론의 흐름에 쉽게 휩쓸리지 않았다. 그 역시 오스트리아의 전세에 숙명적인 견해를 갖고 있었고, 황제가 선전포고문에 서명하기 바로 며칠 전에 참모총장에게 은밀히 했던 말, 즉 "군주제가 무너져야 한다면, 최소한 품위 있게 무너져야 한다"는 말을 공공연하게 주장했다. 파울에게 전쟁은 자아개선을 위한 기회 제공이 아니라, 오히려 개인적, 국가적 명예에 관한 문제였다. 그러나 누나 그레틀은 파울을 위해 이 세계적인 위기 상황을 환영했다. 그녀는 8월 22일 헤르미네에게 보내는 편지에 이렇게 썼다. "뜻하지 않은 부분에서 우리에게 도움의 손길이 뻗치고 있어. 그들이 다친 데 없이 무사히 돌아온다면, 이 전쟁은 내가 아는 많은 이들에게 아주 큰 도움이 될 거야—그리고 여기에는 파울과 〔내 친구〕 빌리 치트코프스키Willi Zitkovsky도 포함될 테고."

파울은 교전이 발표되기 5년 전에 이미 군복무를 마쳤다. 이때 그는 예비군 하급 장교를 지냈고 형 쿠르트와 동일한 기병 연대에 배속되었다. 그에 대한 군사 보고서는 전반적으로 훌륭했다. 1907년 겨울에는 벌점 4점을 받았고, "승마학교에서 주의 부족, 이론 교육에서 불성실"에 대해 벌금을 부과 받았지만, 1909년 최종 보고에는 사관후보생—"독신, 매달 600크로넨의 수당으로 재정상태 양호"—

으로서 "매우 고결하고 확고한 성격, 차분하고 진중하며 온화한 사람"으로 평가되었다.

오스트리아가 세르비아에 전쟁을 선포하고 나흘간의 정신없는 시간을 보낸 후, 파울은 또다시 제6기병 연대의 화려한 군복을 입게 되었다. 소위가 된 그는 놋쇠로 다듬어 만든 검정색 볏을 달고, 앞면에는 독수리 휘장을, 뒷면에는 뱀과 맹렬하게 싸우는 사자의 형상을 양각으로 새겨 넣은 투구를 쓸 자격을 얻었다. 바지는 연지색이고 튜닉은 담청색이지만, 장교로서 지위를 나타내는 붉은색 구슬이 장식되었다. 붉은색 탄약띠를 둘렀고(장교라는 또 다른 표시), 허벅지까지 오고 끝을 접지 않는 검정색 가죽 부츠를 신었으며, 단추가 두 줄로 장식된 짙은 갈색의 커다란 그레이트코트great-coat(군인들이 입는 길고 무거운 외투-옮긴이)를 입었다. 그가 소지하는 무기류에는 로트-슈타이어Roth-Steyr 권총, 만리허Mannlicher 카빈 소총, 강철 소재의 칼집에 들어 있는 군도, 총검 등이 있었고, 군복과 마찬가지로 그의 지위를 나타냈다. 파울과 그의 동료 장교들이 이처럼 화려한 제복을 갖추고 말안장 위에 앉아 있는 모습은 대단히 인상적으로 보일지 모르지만, 남자와 동물로 이루어진 이 조합은 지난 세기의 유물로서 급박하게 진행되는 현대 전투에는 적합하지 않았다. 반짝반짝 빛나는 금속 배지와 밝은 색상은 적의 눈에 쉽게 띄었고, 라이플총과 군도는 너무 무거웠으며, 재킷과 코트는 (적들의 그것과 대조적으로) 바느질 상태가 불량한 데다, 안장조차 생각 없이 만들어졌다. 안장은 기병대가 가두 행진을 할 때 근사한 자세가 나오도록 설계된 까닭에 말 등의 피부와 심하게 마찰했다. 그 바람에 수백 명의 장교들이 고삐로 말을 끌고 걸어서 되돌아와야 했기 때문에, 오스트리아 기병대의 대부분이 교전에 나선 지 첫 주도 안 돼 전투력을 상실했다.

1914년의 오스트리아-헝가리 군대는 장비도 부족하고 실력도 부족한 데다, 훈련은 되어 있지 않고 규모도 작아 출격할 준비가 안 된 상태에서 전투 의욕만 지나치게 높았다. 전투에 나서려는 군인들의 열의는 삽시간에 전염되어 곧바로 수많은 중대한 실수로 이어졌다. 교전이 시작되고 며칠이 지났을 때 그들은 아군 항공기 석 대를 격추시켰고, 그 바람에 어떠한 비행기에도 총을 발사해서는 안 된다고 반복해서 명령을 내려야 했다. 8월 20일에 폴란드 자로슬라비체Jaroslawice에서는 오스트리아의 두 기병대 사단이 평행으로 진군하다가 갑자기 휙 돌아서더니 자기들끼리 싸우기 시작했다. 그만두기에는 자존심이 허락하지 않았는지 또는 흥분이 지나쳤는지 오스트리아 군대는 계속 싸우다가, 결국엔 러시아 보병 부대가 도착해 달아나야 할 상황이 되어서야 싸움을 중단했다. 그러나 군대를 동원해놓고도 처음 며칠 동안 이 군대를 어디로 파견해야 할지 결정하지 못한 채 미적대던 프란츠 콘라트 폰 회첸도르프에 비하면 이런 일은 아무것도 아니었다. 그가 직면했던 문제는 해결하긴 어려웠어도 최소한 설명하기는 쉽다. 오스트리아는 양면 전쟁을 펼쳐야 했다. 북동쪽으로는 오스트리아에 반대하는 러시아 50개 보병 사단이 포진해 있었고, 남쪽으로는 세르비아의 11개 보병 사단이 지키고 있었다. 한편 오스트리아-헝가리의 총 병력은 고작해야 48개 사단이었다. 이처럼 회첸도르프 군대는 그가 싸우기로 결정한 전투에 비해 규모가 너무 작았다—심지어 프로이센에 대패한 1866년 당시의 규모보다 훨씬 작았는데, 그 시기 이후 총 인구가 2000만 명이 증가했음에도 불구하고 그랬다. 따라서 회첸도르프는 가령 스무 개 사단으로 먼저 세르비아를 쳐부수고 나머지 사단을 갈리치아에 배치해 러시아를 방어하든지, 아니면 러시아에 더 많은 병력을 파견하고 남쪽에 적은 수의 방위군을 남겨두어 세르비아를 막든지 결정해야 했다. 결국 그는 두 번째 방침을 선택했지만, 그러기 전까지 수차례 결정을 번복했고, 그 바람에 오스트리아–헝가리 제국의 모든 철도 시스템이 완전히 혼란에 빠져버렸다.

파울과 루트비히 둘 다 북쪽의 갈리치아 전선으로 파병되었는데, 파울은 제4군에, 루트비히는 제1군에 소속되었다. 그러나 회첸도르프의 우유부단함 때문에 둘 다 예정보다 거의 일주일이 지난 뒤에야 하역지에 도착했다(그나마도 파울의 부대는 잘못된 장소에 도착했다). 일부 기차는 걷는 속도보다도 느리게 선로를 바꾸었다. 나머지 기차들은 고장이 났다. 빈에서 잔San강까지 평소보다 세 배나 되는 40시간이 걸렸는데, 기차 안에 이동식 주방들이 있는데도 여섯 시간의 점심시간을 갖느라고 몇 번이나 기차가 멈추었다. 이 와중에 적어도 한 명의 통신대원이 자살을 했고, 군인들로 가득 찬 기차 하나는 며칠 전 트럼펫에, 깃발에, 흔드는 손에, 다정한 작별인사에 온통 난리법석을 떨면서 떠나왔던 바로 그 장소로 되돌아갔다.

8월 19일에 루트비히는 군 주둔지에 도착하자마자 사소한 임무를 배정 받았다. 그가 할 일은 폴란드의 비스툴라Vistula강을 순찰하다 억류된 러시아의 배, 고플라나Goplana 호에 오르는 것이었다. 파울은 8월 12일에 폴란드의 르보프Lwów, 혹은 렘베르크Lemberg 근처 주키에프Zólkiew에 도착하기로 되어 있었지만, 혼란스러운 상황으로 인해 20일이 되어서야 잔강의 야로슬라프Jaroslaw 서쪽으로 약 60마일 떨어진 곳에 내리게 되었다. 그곳에서 말을 타고 오토 슈베어 폰 슈베어테네크Otto Schwer von Schwertenegg 소장의 지휘하에 제5기병여단 군인들과 함께 북동쪽 방향으로 진군한 뒤, 20일 오전에 루바추프 Lubaczów에, 이틀 뒤인 22일 저녁에 자모시치Zamość에 도착했다. 회첸도르프는 벤첼 폰 플레베Wenzel von Plehve(독일 혈통의 러시아 사령관)가 그들을 막기 위해 러시아 제5사단 군인 35만 명을 서쪽에 집결시키고 있다는 사실을 알면서도, 오스트리아-헝가리 군대가 러시아 영토로 신속하게 진군할 거라고 여전히 태평스럽게 예측하고 있었다.

8월 23일, 파울이 갈리치아에 도착한 지 나흘째 되는 날, 파울과 그의 수하에 있는 여섯 명의 군인들은 이즈비카Izbica마을을 향해 수목이 우거진 파상형 지형을 가로질러 북쪽으로 진군하라는 명령을 받았다. 그들의 임무는 적의 위치를 정찰한 다음, 이즈비카와 크라스니스타프Krasnystaw 사이의 야전 캠프에 주둔해 있는 기병대 지휘관, 에르빈 샤프고트셰Erwin Schaafgotsche 대위에게 다시 보고하는 것이었다. 몇 마일 지나 파울과 그의 군인들은 동쪽을 향해 토폴라Topola까지 간 다음, 러시아 국경을 향해 그리고 신속하게 집결 중인 적군을 향해 신중하게 이동해나갔다.

토폴라 외곽의 숲에서부터 그라보비에츠Grabowiec 평원을 가로질러 동쪽으로 수마일까지 전경이 펼쳐진다. 이곳에서는 수많은 러시아 군인들이 자모시치를 향해 남서쪽 방향으로 신속하게 집결하는 모습을 주시할 수 있었다. 파울과 그의 부하 군인들은 적군의 수와 그들이 소지한 무기, 진군하는 방향에 세심하게 주의를 기울였다. 파울은 이 작전에서 그가 맡은 역할로 여러 개의 훈장을 받았는데,

훈장의 문구는 그가 어렵사리 구한 정보의 유용성에 대한 보상으로서뿐만 아니라 타의 추종을 불허하는 개인적인 용기로 훈장을 받게 되었음을 시사했다. 파울은 앞에 배치된 러시아 정찰병들이나 저격병들로부터 폭격을 받을 때 부하 두 명을 용감하게 구했고, 러시아 군의 위치를 살피는 동안 그들의 움직임을 지체시키기 위해 반격을 하도록 명령했다. 파울은 나중에 어머니에게 보낸 편지에 이렇게 썼다. "사람들은 그런 제 행동들을 영웅적이니 뭐니 말하지만, 그런 건 전혀 없었어요. 어머니는 믿지 않으시겠지만 제가 알잖아요."

전투 중에 파울은 부상을 당했다. 총알에 맞아 오른쪽 팔꿈치가 부서진 것이다. 나중에 그는 참을 수 없을 만큼 날카로운 통증을 느낀 시점과 야전 병원 막사에서 깨어난 시점 사이에 무슨 일이 있었는지 전혀 기억하지 못했다. 그 사이 그의 병사들은 숲을 빠져나와 적의 포화에서 벗어난 곳까지 재빨리 후퇴해 안전한 곳으로 그를 대피시켰다. 이때 그들은 출혈을 멎게 하기 위해 파울의 상박上膊에 임시변통으로 만든 지혈대를 댔다. 이즈비카까지 돌아가려면 수마일이 걸렸기 때문에 가는 길에 야전 의무대나 야전 병원을 찾는 것이 시급했다. 파울과 부하 일부는 토폴라에서 수집한 결정적인 군사 정보를 적절한 시점에 샤프고트셰 대위에게 전달하는 데 성공했고, 나중에 이 정보가 오스트리아가 자모시치를 방어하는 데 대단히 중요한 역할을 했음이 드러났다.

야전 병원은 이즈비카 북쪽으로 6마일 떨어진 크라스니스타프 요새 마을의 성벽 안에 위치했는데, 이곳에 옮겨졌을 때 파울은 이미 의식을 잃은 상태였다. 그 때문인지 충격 때문인지 사고에 대한 부분은 나중에 파울의 기억에서 완전히 지워졌고, 의료 상담 내용이나 오른쪽 팔의 대부분을 절단해야 한다는 경고에 대해서도 파울은 전혀 기억하지 못했다. 그가 기억하는 건 의식을 회복했을 때 이미 팔이 절단된 걸 발견하고 충격을 받았다는 것과, 아마도 그 못지않게 혼란스러운 다른 충격으로 이 충격이 더욱 악화되었다는 것이 전부였다. 수술 도중 의사들이 그의 폐에 모르핀, 스코폴라민, 아산화질소, 염화에틸 같은 마취제를 주입할 때, 그들이 상완 피부 주위를 원형으로 절개할 때, 나중에 이식할 피부 조직을 남겨놓기 위해 살을 걷어 올릴 때, 드러난 뼈를 톱으로 자르고 절단된 팔을 폐기하고 남겨놓은 피부 조직을 남은 팔 끝에 감싸 꿰맬 때—이 모든 일이 진행되고 있을 때, 러시아 제5군이 합스부르크-폴란드 영토 대습격 작전의 첫 번째 공격으로 크라스니스타프 성벽을 급습했다. 파울이 의식을 회복할 때쯤엔 적군이 이미 마을을 점령한 상태여서 병원 복도와 병실 곳곳은 장전된 총들과 거칠고 신경질적인 목소리들로 가득 찼던 것이다. 파울과 다른 환자들, 외과 전문의들, 일반 의사들, 병원의 잡역부들, 간호사들은 이제 적군의 세력 안에서 전쟁 포로가 되어 총부리로 위협을 당하고 있었으며, 곧 적진을 가로질러 집에서 수천 마일 떨어진 러시아와 시베리아의 포로수용소로 서둘러 움직여야 할 터였다.

러시아 포로수용소

크라스니스타프로부터 동쪽으로 이어진 광활하게 노출된 지역에는 철도는커녕 도로도 거의 없었다. 걸을 수 있어 보이는 포로들은 행군을 해야 했는데, 때로는 하루에 15마일까지 걸었다. 때때로 코사크 병사들의 총검에 위협을 받으며, 매일 아침 제공되는 빵 한 조각과 양배추 수프 한 사발로 겨우 하루를 버텨야 했다. 포로들은 철도 수송이 시작되는 어느 작은 역에 도착할 때까지 2, 3주 동안을 계속해서 행군해야 했다. 러시아군은 최초의 갈리치아 공격에서 10만 명의 오스트리아-헝가리인을 포로로 잡아들였다. 이들 전쟁 포로에, 부상당한 상당수의 러시아 군인들에, 먹을 것과 쉴 곳을 찾아 이리저리 떠도는 폴란드 난민들까지, 엄청난 수의 절망적인 사람들이 우후죽순 유입되는 바람에 러시아는 그 많은 인원에게 음식을 제공할 준비도 그럴 만한 장비도 제대로 갖추지 못했다.

내륙으로 이어지는 긴 행군에서 살아남은 이들은, 러시아 의사들의 친절과 배려, 후줄근한 행색의 오스트리아인과 독일인 포로들이 마을을 지나갈 때 그들을 가엾게 여겨 종종 빵과 옷가지를 챙겨준 러시아 농부들의 도움에 대해 증언하고 있다. 하지만 많은 이들이 러시아 일반 사병들의 잔혹 행위, 부정과 탐욕에 대해서도 보고하고 있다. 모든 교전국들이 지킬 의무가 있는 헤이그 협약 제4조에는 전쟁포로들을 인도적으로 다루어야 한다고 명시되어 있었다. 포로들은 그들을 잡아들인 개인이나 군대의 억류가 아니라 적군의 정부 통제하에 억류되어야 했다. 무기, 말, 병역 관련 서류를 제외하고, 개인 소지품은 모두 포로로 억류된 병사 본인이 소지하고 있어야 했다. 하지만 현실적으로 스스로도 충분한 보수를 받지 못하는 데다 제대로 먹지도 못하고 두려움에 떨기까지 한 러시아 병사들은 포로들의 주머니를 뒤져 돈과 편지, 시계, 공책, 날붙이 등, 마음에 드는 것이면 닥치는 대로 빼앗았다. 포로수용소 병원에서는 러시아 보초병들이 손에 넣을 수 있는 옷가지들을 죄다 훔쳐왔는데, 환자 병실에 있는 외투, 셔츠, 부츠, 심지어 담요까지 없어졌다. 게다가 병원들은 들고 나는 환자 수를 기준으로 지불금을 받았기 때문에, 정직하지 못한 사무원들은 환자들을 쓸데없이 이 병원에서 저 병원으로 옮겨 다니게 했다. 심지어는 아무리 아픈 포로들이라 할지라도 맨발로, 그것도 한밤중에 (러시아 민간인들 눈에 띄지 않도록) 얼음장 같이 차가운 철로와 철도역까지 기게 하거나, 몇 주 동안 러시아의 도시와 도시 사이를 끌고 다니다 결국엔 처음에 입원해 있던 병원으로 돌아오는 경우도 있었다.

이렇게 파울은 포로로 잡힌 후 몇 달간의 긴 시간 동안 포화 상태로 숨이 막히고, 악취가 진동을 하며, 해충이 득실거리는 포로 수송 열차를 타고 폴란드의 헤움Chelm에서부터 벨라루스 공화국의 민스크, 우크라이나 공화국의 키예프, 러시아의 오룔Orel, 모스크바, 페트로그라드Petrograd를 거쳐 옴스크Omsk까지 이동했다. 유개차, 화물차, 가축 운반용 무개차를 사오십 대 연결해 만든 전형적인 전쟁포로 수송열차였다. 각 칸의 한가운데에는 철제 난로 하나와 변기로 사용할 양동이 하나가 놓여 있었다. 양쪽에는 널빤지로 만든 침상이 두 줄씩 고정되어 있고, 침상마다 독립된 공간에 무장한 경비병이 배치되어 있었다. 일반적으로 각 칸마다 서른다섯 명에서 마흔다섯 명의 포로들이 수용되어 있고, 대개 침상 하나에 여섯 명이 잠을 잤다. 한 오스트리아 전쟁포로는 당시 상황을 이렇게 회상했다. "모두들 다닥다닥 붙어서 왼쪽 아니면 오른쪽을 향해야 했습니다. 우리의 몸이 정확하게 평행을 유지해야만 전부 자리에 맞추어 누울 수 있었기 때문에, 몸을 뒤집으려면 다 함께 일제히 움직여야 했습니다."

낯선 지역을 7000마일이나 가로지르며 느릿느릿 굴러가는 포로 수송열차의 맨바닥에 누워 있는 파울에게 기운을 북돋을 만한 것이라곤 어디에도 없었다. 해충이 버글거리는 객차 안에서 다른 포로들과 몸을 부대끼며 여러 날을 지내는 동안, 팔의 상처는 곪고 눈은 때꾼해졌다. 파울은 쥐들이 몸을 훑고 지나다니던 상황을 아주 역겹게 기억했고, 몇 년 뒤에 친한 친구에게 이렇게 털어놓았다. "지금도 가끔 그 쥐들이 나오는 악몽을 꿔. 그 당시 벌레들이 피를 빨아먹지 못하게 한 건 정말 다행이라고 생각해. 다른 포로들은 벌레 며 이 때문에 견디질 못했는데, 나는 손으로 쓱 털어내 물리지 않았지."

수술 후 몇 주 몇 달 동안 파울은 육체적 정신적 트라우마를 떨치기가 더욱 힘들었다—장애를 겪으며 일상생활에 적응해야 하는 실질적인 어려움들 때문에 트라우마가 더욱 깊어진 것이다. 하루아침에 별안간 자기 신발끈도 묶지 못하고, 음식을 자르지도 못하며, 아침에 옷을 입지도 못하게 됐다. 열다섯 살에 사냥을 하다 사고를 당해 오른팔을 잃은 파울의 지인, 게자 지치Géza Zichy는 처음 옷을 입으려고 시도하던 때를 회상하며 말했다. "세 시간이 걸렸지만 그렇게 해서 옷을 입었어. 어떻게든 옷을 입기 위해 문손잡이며 가구며 발이며 이빨까지 동원했지. 식사 땐 음식을 자를 수가 없어서 먹질 못했어. 하지만 지금은 사과도 깎고, 손톱도 깎고, 말도 타고, 사격도 잘하고, 심지어 피아노도 조금 칠 수 있게 됐다고."

사지절단 수술을 받은 모든 사람에게는 환상지통幻想肢痛(절단된 부분에서 느껴지는 통증 - 옮긴이)이라는 이상증상이 나타나는데, 그 원인에 대해서는 의학 전문가들도 아직 정확하게 파악하지 못하고 있다. 신체의 일부가 제거된 상황에서도 우리 뇌는 전신의 청사진을 통해 여전히 과거와 똑같이 작동하기 때문이라는 주장도 있고, 절단된 사지로부터 아무런 반응을 얻지 못해 좌절한 뇌가 이곳에 과도하게 신호를 쏟아부음으로써 원래 이곳에 전달했던 신경을 더욱 예민하게 만들기 때문이라는 주장도 있다. 절단된 사지가 타는 듯한 통증, 존재하지 않는 주먹이나 팔꿈치가 터지기 일보 직전이 될 때까지 점점 꽉 쥐어지는 느낌, 사지 전체가 한데 뒤엉켜 뒤틀리거나 구부러지는 느낌 등, 그 원인이 무엇이든 증상은 몹시 고통스럽다. 더 이상 그 자리에 팔이 없다는 사실을 인정하도록 한다고 해서 환자의 고통이 제거되는 건 아니다. 팔이 제자리에 없다는 걸 두 눈으로 아무리 확인해도 통증은 계속될 테니까.

파울은 포로로 잡힌 지 3주가 지나서야, 처음으로 집에 편지를 쓸 수 있었다. 포로들의 편지는 전부 러시아군의 검열을 받아야 했지만, 그들의 편지가 대체로 쾌활한 분위기였던 것은 꼭 검열 때문만은 아니었다. 자신들이 처한 절망적인 상태를 자세하게 알려 가족들을 가슴 아프게 만들고 싶지 않다는 분명한 이유가 있었고, 이와 별개로 많은 포로들은 전선을 떠남으로써 가족과 전우를 배신하거나 명예를 손상시킨 것에 수치심 혹은 심지어 죄책감까지 느끼고 있었던 것이다. 스웨덴 적십자의 간호사이며 시베리아의 천사로 알려진 엘자 브랜트스트룀Elsa Brändström은 오스트리아-헝가리 전쟁포로들의 고통을 경감시키기 위해 누구보다 많은 애를 썼다. 그녀는 자신의 회고록에 한 오스트리아 사관후보생의 안타까운 이야기를 기록했다. "한 젊은이가 구석에 누워 있었다. 그의 아버지 농장에 있는 말 못하는 짐승도 이처럼 더러운 오물 속에서 죽어가지는 않았으리라. 젊은이의 마지막 말은 이랬다. '제 어머니에게 안부 전해 주세요. 하지만 제가 얼마나 비참하게 죽었는지는 절대 알리지 마세요.'"

외부로 발송되는 모든 우편물은 러시아뿐 아니라 빈에 있는 전쟁청의 검열 부서에서도 검열을 받았기 때문에, 포로들이 수용소의 고통스러운 환경을 사실대로 알리려 하지 않는 이런 현상은 우편물 전달 문제로까지 이어졌다. 러시아에서 도착한 엄청난 양의 유쾌한 편지들(12월 한 달 동안 7만 5000통) 때문에, 1914년 크리스마스에는 다음과 같은 지시가 내려졌다.

최근 적국에 있는 우리 전쟁포로들로부터 편지들이 도착하고 있다. 이 편지들 가운데 일부에서 억류 생활이 매우 호의적으로 묘사되고 있다. 군대와 신병들 사이에 이런 소식이 확산되는 것은 바람직하지 않다. 따라서 내용상 해로운 영향을 미칠 수 있는 우리 전쟁포로들의 편지들을 몰수하여, 수신인에게 전달하지 못하도록 군 검열관들에게 지시를 내릴 예정이다.

8월 중순부터 10월 첫째 주까지, 비트겐슈타인 부인은 불안한 상태로 지내야 했다. 최근에 부인은 정맥염이 갑자기 발병해, 다리를 항상 수평으로 유지해야 한다는 처방을 받았다. 그 바람에 부인은 신경 안정을 위해 그녀가 할 수 있는 최선의 방법인 피아노를 칠 수 없게 되었다. 부인은 부인대로 6개월 동안 파울의 소식을 전혀 듣지 못했고, 파울은 파울대로 마지막 편지에서 어머니의 편지를 한 통도 받지 못했다며 불평했다. 부인은 10월 4일이 되어서야 겨우 알아볼 수 있게 휘갈겨 쓴 글씨체로 파울이 아직 살아 있다는 편지를 받았다. 파울이 어머니에게 보낸 편지는 분실되었지만, 루트비히에게 이 소식을 전한 비트겐슈타인 부인의 편지는 남아 있다.

사랑하는 루트비히

편지와 전보를 보내주어 고맙구나. 나도 네게 편지와 카드를 보냈단다. 아무쪼록 네게 잘 전달되길 바란다. 편지와 엽서에는 이 엄마의 애정이 담뿍 담긴 안부와 키스가, 그리고 네 누이들의 사랑이 담겨 있단다. 이곳과 그문덴에서 우리는 모두 잘 지내고 있으니 안심하렴. 하지만 우리 불쌍한 파울에게 끔찍한 불행이 닥쳤단다. 8월 말에 전투에서 오른쪽 팔을 잃었다는구나. 9월 14일에 민스크에 있는 군인 병원에서 왼손으로 직접 내게 편지를 썼는데, 사흘 전에야 도착했다. 그곳에서 아주 잘 돌봐준다고 한다. 파울에게 가지 못하는 내 심정을 네가 상상할 수 있을까. 사랑하는 아들, 하느님이 널 보호하신단다. 내가 널 생각할 때마다 너도 그걸 느낄 수 있길 바란다. 소중한 네 편지에 대한 보답으로 따뜻하게 너를 안아주며, 엄마가.

루트비히는 배를 타고 강을 지나던 중이었기 때문에 레오폴디네의 엽서를 10월 28일이 되어서야 받아볼 수 있었고, 그때쯤 그녀는 엽서를 한 장 더 보냈다. 그녀는 이렇게 썼다. "4일 이후로 파울에게 더 이상 소식을 듣지 못했다. 파울이 민스크에서 중상을 입었다는 편지를 보낸 이후로 6주를 기다렸지만 허사구나. 불쌍한 네 형이 오른팔을 잃었다고 전한 내 엽서는 받았을 테지." 10월 28일 루트비히의 일기에는 그가 즉시 답장을 했다고 기록되어 있다.

오늘 여러 통의 편지를 받았는데, 그 가운데 파울 형이 중상을 입었고 러시아에 포로로 잡혀 있다는 슬픈 소식이 있었다 — 하지만 다행히 보살핌을 잘 받고 있다고 한다. 불쌍한, 아, 불쌍한 엄마!!! ······ 마침내 노르웨이에서 보낸 편지를 받았는데, 1000크로넨을 보내달라고 한다. 내가 그에게 그 돈을 보낼 수 있을까? 노르웨이는 우리 적군과 한통속이 되었는데!!! 어쨌든 이건 대단히 슬픈 일이다. 나는 갑자기 직업을 잃게 된 불쌍한 파울 형을 줄곧 생각하지 않을 수 없었다! 어떻게 이런 끔찍한 일이 있을 수가. 이 상황을 극복하려면 어떤 철학이 필요할까! 파울 형이 자살이 아닌 뭔가 다른 방법으로 이 일을 잘 극복할 수 있으면 좋으련만!! ······ 주여, 당신 뜻대로 이루어지소서.

다음 날 루트비히는 이렇게 기록했다. "아침에 두통과 피로가 밀려옴. 파울에 대해 많이 생각함." 한편 빈에 있는 어머니와 누이들은 파울이 자살 시도라도 하면 어쩌나 하는 걱정으로 하루하루를 노심초사하며 보내야 했다.

ꙮ 미국의 쿠르트 비트겐슈타인

비트겐슈타인 부인은 한편으로는 두 아들의 안녕을 걱정하면서도, 다른 한편으로는 비트겐슈타인 집안의 명예가 변함없이 유지되어야 한다는 점도 간과할 수 없었다. 그녀는 루트비히가 군대에 자원한 것과 헤르미네와 스톤버러 부부가 병원 일에 자원한 것을 자랑스럽게 여겼다. 파울의 영웅적 행위를 처음 들었을 때도, 그가 언젠가 훈장을 받으리라는 기대로 그녀의 자부심은 한껏 고무되었다. 이 점에 대해 그녀는 파울의 전 부대장인 폰 레티히von Rettich 대령에게 격려를 받기도 했다.

1914년 11월 11일

친애하는 비트겐슈타인 부인

에르빈 샤프고트셰로부터 부인의 주소를 알게 되었습니다. 제6기병대의 전 대령으로서, 아드님의 중상에 대해 부인께 진심 어린 동정을 표하는 바입니다. 또한 아드님이 정찰대 지휘관으로서 획득한 정보 덕분에 자모시치에서 우리를 공격하려던 러시아군의 노력이 좌절되었으니, 부인께서는 아드님을 자랑스럽게 여기셔도 좋을 듯합니다. 아드님은 탁월한 공을 세웠으니, 마땅히 공식적으로 인정을 받게 되리라 진심으로 기대합니다. 그러하오나 아드님이 부상으로 포로가 되었음에도 불구하고 본인의 과실이 아님을 증명해야 하므로, 지금 당장 그 절차가 이루어지기는 불가능합니다. 하지만 이 내용은 이미 확실한 것으로 보이므로, 아드님의 복귀에 더 이상 아무런 장애가 없어야겠습니다. 아드님의 부상 치료가 만족스럽게 진행되고 있다고 들었습니다.

깊은 존경을 보내며, 당신의 진실한 벗, 알프레트 폰 레티히.

골칫거리는 쿠르트였다. 어머니가 늘 "참전도 못하는 불쌍한 쿠르트"라고 언급한 그는 전선에서 제 임무를 다하지 못했다. 그가 미국에서 안전하게 지내는 것은 빈에 있는 어머니나 누이들에게 아무런 위안이 되지 못했다. 쿠르트는 집에 편지를 보낼 때마다 오스트리아로 돌아가 군대에 재입대하기 위해 힘닿는 대로 애를 쓰고 있다는 인상을 주었다. 그의 나이나 흡족하지 못한 병역 기록이 그에게 불리하게 작용된 건 아니었다. 유럽의 무력 충돌에 대해 미국이 공식적으로 중립적인 입장을 취했기 때문에, 미국 거주자들(기간과 관계없이)은 유럽의 전쟁에 적극적으로 가담하는 것이 금지되었던 것이다. 오스트리아-헝가리의 제6기병대 예비역 장교로서 쿠르트는 오스트리아 군대에 다시 합류하고자 한다는 입장을 분명하게 밝혔지만, 결국 미국 출국이 금지되었다.

대신 쿠르트와 오스트리아 총영사관에서 일하는 그의 동료들은 쿠르트처럼 대서양의 그릇된 입장 때문에 옴짝달싹 못하는 미국 거주 오스트리아인들을 본국으로 송환할 수 있도록, 외국 여권을 위조하는 은밀하고 불법적인 일에 관여했다. 쿠르트는 집으로 보내는 편지에 이와 관련된 사실을 일체 밝히지 않았으며, 미국에서의 일은 따분하며 조국을 위해 형제들처럼 유럽에서 싸울 수 있길 하느님께 기도드린다고만 말했다. 그의 어머니와 누이들, 특히 헤르미네는 쿠르트가 참전하지 않은 사실을 대단히 수치스럽게 여겼다. 헤르미네는 루트비히에게 보내는 편지에서 이렇게 말했다. "요즘 나는 쿠르트가 몹시 염려돼. 자신을 제외하고 모두가 저마다 제 몫을 다하며 힘든 시절을 겪고 있으니 그가 얼마나 괴롭겠어! 아마 평생 낙오자가 되었다고 생각하겠지." 나중에 보낸 편지에는 이렇게 언급했다. "나는 언제나 가여운 쿠르트에 대해 생각하지 않을 수가 없어. 우리와 똑같이 이 시대를 경험하지 못하다니, 얼마나 참담할까. 그의 미국 생활을 제대로 살고 있는 거라고 말하긴 어려울 거야."

하지만 쿠르트의 미국 생활은 그의 누이가 생각한 것보다 훨씬 적극적이었는지도 모른다. 그의 임무 —《프로비던스 저널Providence Journal》에서 "스파이와 사기꾼들이 모인 총영사 폰 누버의 뉴욕 사무실"이라고 묘사한 곳에서 이루어진—는 그에게 다양한 기회를 제공했다. 예를 들어, 그는 이올리언 홀Aeolian Hall에서 열린 오스트리아와 독일 민속 음악 연주회에서 피아노를 치기도 했고, 해외 거주 오스트리아인을 격려하기 위한 캠페인 기금 마련을 목적으로 니커보커 클럽에서 만찬 모임을 열기도 했으며, 미국의 여러 신문사와 인터뷰를 하기도 했다. 하지만 그의 열성적인 노력에도 불구하고 미국의 여론은 계속해서 협상국 편으로 기울었고, 독일을 비롯한 동맹국과는 점차 멀어져갔다. "미국은 영국에 우호적입니다. 그러한 정서의 원인을 찾기는 어렵지 않습니다." 1915년 1월에 쿠르트는《워싱턴 포스트》의 한 기자와 인터뷰를 할 때 분개하며 이렇게 말했다. "이곳에서 영국은 다양한 방식으로 정서를 만들어왔습니다.…… 하지만 나는 미국이 자신의 실수를 깨닫게 되리라 믿습니다."

그러나 이들 가운데 한 명, 맨해튼의 어퍼 이스트 사이드Upper East Side에 거주하는 델리아 스타인버거Delia Steinberger(남편을 여읜 제롬의 어머니)라는 이름의 독일 태생 중년 여인은 그렇게 생각하지 않았다. 친영국 반독일 분위기를 강하게 느낀 그녀는 자신의 부모가 모두 영국에서 태어났다고 허위 주장을 하면서, 보다 영국 이름처럼 들리도록 하기 위해 성을 스톤버러로 바꾸어 미국 국세 조사보고서에 기재했다(그리고 15년 뒤에 그녀의 아들도 같은 성으로 바꾸었다).

쿠르트는 미국의 반독 정서라는 강한 물살을 거스르며 용감하게 노를 저었다. "본국에서 보내온 소식들은 대단히 만족스럽습니다." 그는 《포스트》에 이렇게 말했다. "그리고 나는 우리가 반드시 승리 하리라 확신합니다." 러시아는 '사실상 난공불락'의 요새인 폴란드 의 프셰미실Przemyśl을 몇 달 동안 '집요하게 공격'했으나 아무런 성 과를 얻지 못했고, 프셰미실이 계속해서 완강하게 버티는 한 적군은 '승리할 승산이 없었다.' 하지만 그의 애국적인 낙관론은 근거가 빈 약했다. 그가 이 말을 하던 당시, 오스트리아-헝가리군의 초기 보병 부대 사상자 비율은 82퍼센트였다. 2개월 뒤인 3월 22일, 오스트리 아-헝가리의 사령관 헤르만 쿠스마네크Hermann Kusmanek는 프셰미 실 요새를 넘겨주었고, 11만 9000명의 부하 군인을 이끌고 러시아 포로수용소를 향한 기나긴 행군을 시작했다.

영사관에서 일하는 쿠르트와 그의 동료들을 미국에서 추방해야 한다는 여론의 압력이 쇄도했지만, 쿠르트는 뉴욕에서 2년을 더 일 했다. 먼저, 위조 여권에 관한 소문이 돌았다. 이어서 독일인들이 오스트리아 외교관들에게 비밀리에 수백만 달러를 대주어 미국에 서 선전전을 펼치게 했다는 사실이 드러나자, 여론은 분개하며 들 고 일어났다. 다음으로, 오스트리아 영사관이 미국 군수 공장에서 일하는 오스트리아 노동자들의 생계를 위협하는 광고를 내고 대금 을 지불하는 일이 있었다. 이 광고는 미국 수십 개의 신문에 인쇄되 었으며, 내용은 다음과 같았다.

오스트리아-헝가리 제국과 본국의 정부 지시하에 움직이는 오스 트리아-헝가리 대사관은 이 발표를 통해 오스트리아와 헝가리의 모든 시민에게 통보하는 바다. 이 나라의 무기 및 탄약 제조 공장에 고용된 모든 노동자들은 조국의 군사 안전을 위반하는 범죄를 저지르고 있다. 이 범죄는 10년 내지 12년의 징역에 처해질 수 있으며, 특히 가중처벌 요건에 해당하는 경우 사형에 처해질 수 있다. 이 지시를 어기는 자가 본국으로 돌아올 경우 법이 가할 수 있는 모든 영향력이 가해질 것이다.

각각의 스캔들이 잇따를 때마다 오스트리아-헝가리의 모든 외교관들을 미국에서 추방하라는 요청이 거듭되었다. 1915년에 워싱턴 주재 오스트리아 대사, 콘스탄틴 둠바Konstantin Dumba가 추방당했다. 그러나 나머지 외교관들에 대해서는 아무런 조치가 내려지지 않다가, 1917년 봄에 미국이 전쟁에 합류하면서 마침내 양국 간의 모든 외교 관계가 단절되었다.

그해 5월 4일 오후 호보켄 부두Hoboken Pier에서, 쿠르트는 둠바의 후임으로 대사직에 오른 아담 타르노프스키Adam Tarnowski 백작, 뉴욕에서 온 총영사 알렉산더 폰 누버, 그리고 미국 정보 기관의 감시하에 있는 206명의 이른바 '적국 관리들'과 함께 네덜란드와 미국을 오가는 여객선 라인덤Ryndam 호를 타고 네덜란드로 향했다. 영국의 정보장교들이 승객 전원을 일일이 심문하는 바람에, 핼리팩스Halifax에서 닷새 동안 출항이 지연되었다. 그 후 라인덤 호는 안전 통행 허가를 받아 로테르담을 향해 출발할 수 있었고, 잠수함과 지뢰 매설 지역을 피하기 위해 페로 제도Faroe Islands 북부로 향했다.

비트겐슈타인 부인은 아들이 미국에서 추방되었다는 사실에 대해 아무것도 몰랐던 것 같다. 게다가 몇 달 동안 아들에게 소식 한

장 받지 못했던 터라, 아들의 5월 17일자 전보를 받았을 땐 대단히 기쁜 한편 그만큼 놀라기도 했다. "오늘 건강히 로테르담에 도착. 수요일 빈 도착 예정. 쿠르트."

외래환자 진료소의 관리자로 자원봉사를 하며 안 그래도 따분해 죽을 지경이었던 헤르미네는 동생이 돌아온다는 소식에 열광적인 반응을 보였다. 헤르미네는 루트비히에게 보내는 편지에 이렇게 썼다. "방금 쿠르트가 로테르담에 도착했다는 소식을 들었어. 그의 소식을 듣게 되어 얼마나 기쁜지 몰라! 전쟁 이후 쿠르트의 입장이 얼마나 난처했겠어!"

🎵 시베리아 도착

1914년 11월 5일, 스물일곱 번째 생일에 파울은 얼어붙을 정도로 춥고 답답할 정도로 느릿느릿 움직이는 가축차 안에 갇혀 있었다. 한 팔로 죽을 만큼 고통스러운 상태에서 거의 석 달 동안 이 병원에서 저 병원으로 옮겨 다녔고, 그러는 사이 우랄산맥 지역을 지나 텅 비고 광활한 서부 시베리아 스텝 지대에 들어섰을 무렵엔 어느덧 겨울이 되어 살을 에는 듯한 추위가 들이닥쳤다. 기온이 영하 76도까지 떨어져, 초가을 오전에 옆으로 밀어 열어놓았던 ― 시원하게 환기를 시킬 수도 있고, 볼가강 옆 드넓은 해바라기 평원의 근사한 광경을 볼 수도 있었다 ― 포로 수송열차의 미닫이문이 지금은 굳게 닫혔다. 어두운 내부에는 질병과 절망과 불결한 악취가 가득 배었다. 사람이 죽으면 시체는 다음에 경비대가 교대할 때까지 ― 어느 땐 몇 주가 지나도록—열차 안에 그대로 있었다. 1915년 2월에 러시아 남동쪽에 위치한 도시 사마라Samara에 판자로 둘러친 두 대의 객차가 도착했는데, 그 안에 있는 예순다섯 명의 포로들 가운데 아직 살아 있는 사람은 고작 여덟 명에 불과했다. 객차들은 마을 1마일 밖으로 선로를 바꾸었고, 그곳에서 러시아 경비병이 도끼와 삽으로 꽁꽁 언 시체 쉰일곱 구를 치운 다음 선로 옆에 판 구덩이 안에 던져 넣었다. 이런 일이 드물지 않았다. 판자로 둘러친 화물열차가 모스크바와 옴스크에 도착했을 때, 고가의 화물이 들어 있지 않을까 해서 수색했지만 역시나 꽁꽁 언 시체들만 가득 차 있었다.

헤이그 협약 17조에 따르면, 파울은 하급 장교로서 음식과 비누, 기타 생필품을 구입할 수 있도록 한 달에 50루블을 지급 받을 권리가 있었다. 하지만 실제로 돈이 지급되는 일은 거의 없었다. 러시아 장교들은 보수를 지급하지 않으려고, 지급일 전날 포로들을 수용소 밖으로 이동하도록 조치했다. 수송 중인 포로들에게 현금을 나누어 주는 의무는 각 기차의 수송사령관이 담당했다. 일부 사령관은 정직했지만, 대부분은 적당한 환전소를 찾기도 힘들지 않느냐고 우기면서 돈을 횡령하려 했다. 그런 경우 포로들은 음식조차 얻지 못했는데, 어느 땐 며칠 동안 계속 키피아톡kipiatok—중간에 각 역에서 무료로 제공하는 끓인 물—외에 아무것도 먹지 못한 채 근근이 버텨야 했다.

하급 장교인 파울은 일반 사병에 비해 적군에게 아주 약간 더 인간적인 대우를 받았다. 전쟁포로 장교들은 러시아인을 위해 일을 해야 하는 의무가 없었지만, 사병들은 육체노동에 시달려야 했다—그들 가운데 2만 5000명은 1914~15년 겨울에 무르만스크 철도Murman

Railway를 건설하다 비명횡사했다.

옴스크는 서부 시베리아의 수도로서, 모스크바 동쪽으로 약 1600 마일 떨어진 아크몰린스크Akmolinsk라는 구베르니아gubernia(1930년 대 이전 소련 행정구역 단위 - 옮긴이)의 옴Om강과 이르티시Irtysh강 합류 지점에 위치한다. 1914년 거주 인구는 13만 명이었는데, 4년 내에 전쟁포로 9만 6000명이 증가했다. 그리고 1915년 8월까지 10개월 동안 이들 가운데 1만 6000명이 이곳에서 사망했다. 파울은 옴스크 주에 도착하자마자 기차에서 끌려내려와 눈보라 속에 던져졌고, 무장 경비병의 감시하에 최근 전쟁포로 병원으로 개조된 근대식 보드카 양조장으로 호송되었다. 같은 기차 안에 있던 다른 사람들은 30마일 정도 떨어진 마을 외곽의 포로수용소로 호송되었다. 추위와 향수병과 헐벗음으로 이들 가운데 많은 수가 목적지에 도착하기 전에 사망했다.

병원 입구에서 파울은 비어 있는 엽서 한 장을 받아 가족들에게 자신의 새 위치를 알린 다음, 지하에 있는 공동 목욕탕으로 끌려가 수염과 머리카락이 깎이고 살균을 위해 옷이 벗겨진 후 목욕을 하라는 지시를 받았다. 매섭게 추운 날씨였지만, 옴스크의 병원은 지금까지 파울이 거쳐온 많은 억류 장소들보다 나았다. 러시아의 모든 병원이 반창고와 약이 부족해 어려움을 겪고 있었지만, 적어도 옴스크는 오룔에 있는 병원(이곳에서 파울은 장티푸스와 디프테리아 환자들과 같은 병실에 있었다)보다 깨끗했고, 모스크바의 병원(4000명의 환자를 수용했다)보다 덜 붐볐으며, 경비병들이 미친 듯이 잔혹하게 굴던 페트로그라드의 니콜라이Nikolai 병원보다 안전했다. 니콜라이 병원의 장교 병동에서 한 오스트리아 대위가 화장실에 가려다 등 뒤에서 총검에 찔린 일이 있었다. 보초병의 칼이 그의 폐를 찔렀는데도, 경솔한 법원은 그(보초병)의 범법 행위에는 무죄를 선고한 반면, 중상을 입은 장교와 장교의 편에서 증언한 세 명의 병약한 포로들에게는 각각 6년의 강제 노역을 선고했다.

ℰℴ 영감의 세 가지 원천

오른쪽 팔을 잃었지만 직업 피아니스트로서 경력을 이어가려는 파울의 결심은 옴스크 병원에 도착하기 훨씬 이전인 수용소 생활 초기부터 시작되었다. 파울은 성공 아니면 실패가 아니라, 성공 아니면 죽음이라고 생각했다. 어머니와 누이들은 그에게서 자살을 기도하려는 암시가 없는지 불안해하며 러시아에서 온 편지들을 꼼꼼하게 읽었다. 하지만 절망적인 상황이 만들어낸 트라우마는 오히려 본국으로 돌아가 연주 경력을 재개하겠노라는 그의 결심을 어느 때보다 확고하게 다지게 했다. 파울은 아버지로부터 두려움에 맞서고 자기 연민을 경멸하도록 훈련받았으며, 이 교훈들을 마음에 새겼다. 고독 속에서 의지력을 발휘하며 스스로를 단련해온 그는 자신의 심각한 상태를 대수롭지 않게 말했고, 친구들의 동정과 도와주겠다는 선의를 종종 아주 무례한 태도로 묵살했다. 다섯 손가락으로 연주하는 피아니스트로서 어느 단계에선가는 자신의 미래를 두려워했다 할지라도, 적어도 두려움을 제압할 기회를 기꺼이 반겼을 것이다. 그가 자신의 용기를 시험하는 방식은 친구들을 자주 당황하게 만들었다. 파울은 번개가 치고 폭풍이 몰아치는 날씨에 바다 저 멀리까지

한 팔로 수영을 하고, 도버 해협의 거대한 절벽 위 가장자리를 성큼성큼 걷고, 사우스올드Southwold 습지를 가로지르는 철골 구조물 위의 높은 철로를 균형을 유지하며 걸어가 주변 사람들을 경악하게 했다. 한번은 비서가 파울이 거주하는 뉴욕 아파트에 들어섰다가 그가 발코니의 가느다란 난간을 따라 줄타기 곡예를 하는 걸 보고 비명을 지른 적도 있었다. 저 아래 콘크리트 보도까지의 낙하거리는 60미터였다.

물론 파울에게는 아버지 외에도 다른 역할 모델들이 있었다. 파울은 그들의 선례에서 자극받아 피아노 연주를 계속할 수 있다는 결심을 굳힐 수 있었다. 그 가운데 한 사람은 맹인 스승 요제프 라보였고, 다른 한 사람은 게자 지치였다. 파울은 아직 이 유별나고 패기만만한 헝가리 귀족을 만난 적이 없었지만, 평판을 들어 그에 대해 익히 알고 있었다. 리스트는 한 팔로 연주하는 지치의 피아노 연주에 감탄했고, 평론가 에두아르트 한슬리크 역시 빈의 언론에 "현대 피아노계의 가장 경이적인 인물"이라고 묘사하며 그를 극찬했다. 사지가 절단된 채 전선에서 돌아온 많은 사람들과 그들의 비참한 처지에 마음이 움직인 지치는 1914년에 사진까지 완벽하게 실은 실용서를 집필했다. 이 책에서 그는 팔이 절단된 사람들을 위해 이빨을 이용해 가재 요리를 먹는 법, 고기를 자르기보다 분쇄하는 방법, 턱에 비누를 대고 한 손으로 비누를 문지르는 법, 팬티를 입고 벗는 방법 등을 알려주었다. "혼자 힘으로 바지 입는 법을 배워야 합니다." 그는 이렇게 주장했다. "다른 사람에게 도움을 요청해야 한다는 건 너무나 굴욕적인 일일 것입니다." 지치의 안내서에는 1912년 11월 카를의 종양을 수술했지만 성공하지 못한 외과의사, 폰 아이젤스베르크 박사의 서문이 실렸다. 아이젤스베르크는 다음과 같이 썼다. "이 책은 팔을 잃은 사람들에게 위안을 줄 것이다. 또한 굳센 의지가 있다면 팔을 잃은 괴로운 현실을 보다 쉽게 견딜 수 있다는 걸 알려줄 것이다." 1915년 5월 게자 지치 백작은 베를린에서 외팔의 병사들로만 이루어진 관객 앞에서 피아노 리사이틀을 열었다. 파울은 이 사실을 알지 못했지만, 러시아에 있는 그에게 지치의 책 한 권이 보내졌다. 나중에 마침내 지치를 만났을 때 파울은 그의 예술성에 대해서는 혹평을 했지만 그의 에너지와 열정에 많은 영감을 받았다.

포로로 억류되어 있던 가장 암울한 시기에 파울에게 중요한 영감의 원천이 된 인물은 레오폴드 고도프스키Leopold Godowsky였다. 그는 리투아니아 출신의 명연주자로서, 많은 사람들이 그를 살아 있는 피아니스트 가운데 가장 훌륭한 연주자라 생각했다. 고도프스키는 1904년 빈 데뷔 무대에서 요한 슈트라우스의 왈츠곡 〈푸른 도나우 강〉을 자신만의 격정적인 방식으로 연주했을 뿐만 아니라, 쇼팽 연습곡의 짧은 연속곡들을 왼손만으로 연주하도록 화려하게 편곡해 선풍을 불러일으켰다. 아마 파울은 이 연주회에 참석했을 것이다. 그렇지 않았더라도 이 연주회에 대해 틀림없이 들었을 것이다. 고도프스키는 한 친구에게 편지로 이렇게 말했다. "확실히 내가 빈에서 화제가 됐나 봐. 오스트리아에서 가장 중요한 일간지인 《자유신문》에 내 연주에 대한 평론이 실렸어. 이 평론가는 빈에서 대단히 영향력 있는 사람이래. 그가 쓴 기사를 보고 내 친구들 모두가 몹시 기뻐하고 있어. 그들 말로는 이 기사 덕분에 이제 이곳에서 내 이름이 자리를 잡을 거라는군."

이후 고도프스키는 빈으로 수차례 초청을 받았고, 1909년 초에는 유럽의 여느 피아노 교사들 가운데 가장 높은 급여를 받으며 왕립 음악 학원의 피아노과 학과장이라는 권위 있는 자리를 수락했다. 고도프스키가 왼손을 위해 편곡한 쇼팽의 연습곡 악보는 1894년과 1914년 사이에 출판되었으며 많은 논란을 일으켰다. 전쟁 전에 파울은 이 악보를 갖고 있지는 않았지만 그에 대해 알고 있었다. 옴스크 병원에서 회복 중이던 어느 날, 그는 빈 나무 상자 위에 석탄으로 신중하게 피아노 건반을 그려넣었다. 그러고는 처음으로, 고도프스키가 쇼팽의 격정적인 연습곡 〈혁명〉을 왼손으로만 연주할 수 있도록 얼마나 근사하게 편곡했는지 확인해보았다.

　파울은 레셰티츠키와 함께 두 손으로 연주하는 원래 형태로 이 곡을 연습한 적이 있었고, 대중 앞에서도 최소한 두 번은―한 번은 1914년 2월에 그라츠에서, 또 한 번은 3월에 빈의 무지크페라인에서―연주를 했던 터라 악보를 외우고 있었다. 그가 이해할 수 없는 건, 쉴 새 없이 이어지는 격정적인 오른손 주제음이 왼손의 빠른 반주 음형과 어떻게 합쳐질 수 있는가, 어떻게 주선율과 반주가 한 손의 다섯 개 손가락만으로 동시에 연주될 수 있는가 하는 것이었다. 많은 피아니스트들이 이것을 불가능한 것으로 일축하려 했지만, 고도프스키가 이미 10년 전에 해낸 걸 알고 있는 파울은 방법을 찾아내기로 결심했다.

　파울은 나무 상자 위에다 꽁꽁 언 손가락을 두드리고, 머릿속에서 울리는 상상의 음악 소리에 주의 깊게 귀 기울이며, 날마다 오랜 시간 고되고도 희한한 과제에 전념했다. 썩어가는 상처에 고통스러워하는 환자들로 득시글거리는 병동 한구석에서 동료 포로들과 병원 직원들의 동정심과 호기심을 자아내는 희비극적인 광경을 연출하면서.

ぞ 희망의 빛

병원을 정기적으로 방문하던 서른두 살의 덴마크 외교관 오토 바드스테드Otto Wadsted는 어느 날 병원에 왔다가 파울이 쉴 새 없이 손가락을 두드리는 모습을 눈여겨보게 되었다. 중립국인 덴마크는 옴스크에 영사관을 두어, 포로들의 환경을 감시하고 덴마크 적십자에 보고할 수 있었다. 바드스테드 영사는 전용 사무소를 운영하면서, 시베리아 정부가 허용하는 한 정기적으로 수용소를 방문하는 수고를 아끼지 않았고, 그곳에 수용된 많은 오스트리아-헝가리인과 독일인을 도와주며 그들과 친구가 되어주었다. 그는 무척 교양 있는 사람으로 프랑스어와 독일어에 유창했고, 책을 많이 읽었으며, 진지한 아마추어 화가이자, 열렬한 바이올리니스트였다. 그는 파울의 처지에 마음이 끌려 그의 육체적 정신적 건강을 염려했다. 옴스크의 군정장관인 모리츠Moritz 장군에게, 파울이 퇴원하는 즉시 반드시 피아노가 있는 수용소로 이송될 수 있도록 선처를 호소했다. 전쟁 후 처음 몇 년 간 옴스크에는 서방에서 갑자기 밀려든 엄청난 수의 포로들을 억류할 만한 시설이 마련되지 않았기 때문에, 마을 외곽에 강제수용소를 짓는 동안 포로들은 어디든 사용할 수 있는 곳에 수용되었다. 1915년 1월에는 이런 수용소들 가운데 서커스장, 지하 저장고, 유곽, 폐기된 도살장뿐 아니라 호텔과 개인 주택들도 있었다.

한편 빈에서는 비트겐슈타인 부인이 덴마크 코펜하겐에 있는 오스트리아 대사관에서 외교관으로 근무하는 조카 오토 프란츠Otto Franz를 통해 파울과 연락할 방도를 마련하는 데 성공했다. 프란츠는 덴마크 외무부와 직접 접촉했으며, 덴마크 외무부는 바드스테드가 있는 옴스크의 영사관으로부터 정기적으로 기관지를 받았다. 이렇게 해서 프란츠는 1915년 2월 20일에 빈에 있는 숙모에게 전보를 칠 수 있었다. "파울, 1월 하반기 현재 옴스크의 작은 호텔로 이송. 마을 내 이동이 자유로움. 일주일에 3회 보고해야 함." 파울은 이미 어머니에게 편지를 써서 같은 내용을 전했지만, 2월 2일에 쓴 편지는 3월 28일 되어서야 빈에 도착했다.

그립고 사랑하는 어머니

건강이 좋아져서 벌써 며칠 전에 퇴원했고, 덴마크 영사의 중재 덕분에 이곳에 머무르며 마을에서 살 수 있다는 허락을 얻게 되었어요. 이 모든 일이 얼마나 기쁜지 모릅니다. 그러니 이제부터는 등기 우편으로 코펜하겐을 경유해 아래 주소로 편지를 보내시는 것이 가장 좋을 거예요: 옴스크, 노메라 스테파노프스카야Nomera Stepanov-skaya, 전쟁포로 수용소, P.W. 중위.…… 저는 잘 지내고 있어요. 피아노도 치고 있는 걸요. 집에서 들려오는 모든 소식들이 대단히 기쁘고, 저에게 편지를 써준 모든 가족들에게 진심으로 감사합니다. 모두에게 안부 전해주세요! 그리고 사랑하는 어머니에게는 아들 파울의 가장 다정한 포옹을 보냅니다.

스무 명의 장교들이 같은 호텔에 배정되었고 한 방에 네 명이 함께 사용했다. 그들 가운데 두 명을 제외하고 모두가 오스트리아-헝가리인이었다. 이곳의 포로들은 마을을 방문할 수 있도록 허용되었다. 처음에 포로들은 돌아오겠다고 약속만 하면 언제든지 마을을 드나들 수 있었지만, 워낙 엄격한 명예의 불문율 때문에 호시탐탐 탈출을 꾀했다. 너무 많은 포로들이 탈출을 시도한 바람에 크게 노한 시베리아 관리들은 결국 무장 경비병의 삼엄한 감시하에 여섯 명씩 짝을 지어 일주일에 2회만 마을에 갈 수 있도록 제한했다.

파울은 낡고 조율이 되지 않은 업라이트 피아노upright piano 앞에서 석 달 동안 매일같이 연습을 했다. 동정심 많은 러시아 보초병이 이 피아노를 호텔까지 가지고 왔다는 말도 있고, 사용하지 않은 채 호텔 벽장에 보관되어 있던 것이라는 말도 있었다. 파울의 목적은 그가 기억하는 한 최대한 많은 곡을 편곡해 왼손으로 연주할 수 있는 형태로 만드는 것이었다. 2월 말에 파울은 어머니에게 쓴 편지에서 무척 "황홀한" 기분이며, 이 호텔에 머무를 수 있다면 더 이상 행복할 수 없을 거라고 말했다. 비트겐슈타인 부인은 막내아들에게 이렇게 썼다. "파울은 부지런히 연습하는 것 같다. 그 아이에게 얼마나 다행인지!" 하지만 헤르미네는 마음을 놓을 수 없었다. 피아니스트로 성공하지 못한다면 파울에게 엄청난 충격만 주게 될 거라고 염려했기 때문이다. 그녀는 루트비히에게 이렇게 썼다. "파울이 자신의 불행에 대해 이미 입장을 정했을 거라는 네 추측은 아주 정확했어. 그의 유일한 목표가 여전히 명연주자가 되는 것이라는 사실이 염려스럽긴 하지만, 그럼에도 불구하고 파울이 전혀 새로운 활동 분야를 찾을 필요가 없다는 점은 정말 다행이라고 생각해."

1915년 4월 초 파울은 바드스테드 영사를 거쳐, 덴마크 외무부를 경유한 다음, 오토 프란츠를 통해, 어머니에게 요제프 라보가 왼손을 위한 피아노협주곡을 작곡해줄 수 있는지 알아봐달라고 부탁하는 편지를 보낼 만큼 피아노 연주에 자신이 붙었다. 빈에서 복무 중이던 루트비히는 1월 4일과 5일 이틀을 키르헨가세Kirchengasse에 있는 자신의 아파트에서 라보와 함께 보냈다. 어쩌면 이때 이미 작곡가와 철학자 사이에서 왼손을 위한 피아노협주곡을 작곡하는 계획(지금까지 해본 적이 없는 일)에 대해 말이 나왔을지도 모른다. 비트겐슈타인 부인이 라보에게 파울의 메시지를 전했을 때, 이미 얼마 전부터 작곡을 하고 있었노라고 말한 걸 보면 말이다.

라보는 앞을 볼 수 없기 때문에 자신의 음악을 악보에 적을 수가 없었다. 그래서 대신 손으로 피아노 건반을 더듬더듬 두드리며 각 파트를 외운 다음, 대필자에게 다시 연주를 들려주고 곡을 듣고 받아 적도록 하는 식으로 작곡했다. 처음에는 작곡가의 어머니가 대필자 역할을 하다가, 나중에는 그의 누이 요제피네Josephine가 넘겨받았고, 이후부터 1900년까지 로지네 멘첼Rosine Menzel이라는 그가 아끼는 제자 한 사람이 쭉 이 일을 도맡았다. 5월 중순 무렵, 비트겐슈타인 부인은 "친애하는 라보가 파울을 위해 작곡에 깊이 몰두하고 있"는 모습을 발견했으며, "그가 사랑과 환희에 가득 차 자신의 일에 착수하는 모습에 감동을 받았다." 라보가 계획한 곡은 콘체르트슈튀크Konzertstück, 즉 소협주곡과 유사한 형식이었다. D장조의 이 곡은 도입부와 하나의 원주제에 의한 다섯 개의 변주곡, 간주곡, 그리고 즉흥적인 형식의 카덴차로 이루어져 있었다. 그의 목적은 곡이 준비되는 대로 즉시 시베리아에 있는 파울에게 전하는 것이었다. 그러나 상황이 바뀌어 1915년 6월에 완성된 작품은 파울이 돌아올 때까지 빈에 남아 있었다.

3월 말경, 바드스테드 영사가 페트로그라드의 덴마크 대사관에 보내는 편지를 러시아군이 가로채고 말았다. 편지에는 옴스크에 있는 오스트리아-헝가리 포로들이 부당하게 취급되는 상황에 대한 불만들 — 바드스테드가 옴스크의 포로수용소 사령관, 알렉세이 플라프스키Alexei Plavsky 앞에서 이미 이야기한 바 있는 불만들 — 이 담겨 있었다. 욱하는 성격의 노장군 플라프스키는 포로들을 난폭하고 불법적으로 대한 것이 위에 알려질까 봐 두려워, 음모를 꾸며 바드스테드가 독일군 스파이로 활동하고 있다고 고소했다. 허위 증언들이 제기되었다. 파울과 같은 호텔에 감금되어 있던 한 젊은 오스트리아 장교는 바드스테드와 공모했다는 이유로 사형을 선고받았다. 상트페테르부르크의 덴마크 대사관에는 옴스크에 있는 영사관을 폐쇄하고 바드스테드 영사를 소환하라는 압력이 가해졌다. 우연히도 이 사건은 적십자에서 전쟁포로 수용소 감독관으로 자원해 일하고 있던 집요한 독일인 귀족, 쿠니군데 폰 크로이-뒬멘Cunigunde von Croy-Dülmen 왕녀의 관심을 끌게 되었다. 왕녀는 자신의 임무 소관을 넘어서 캠페인을 벌이고, 사비를 털어 유명한 러시아 변호인을 고용해서 결국 플라프스키의 음모를 밝혀내고 오스트리아 장교의 사형을 2개월 감금으로 감형했다.

그러나 불행히도 작은 호텔에 머물던 파울과 동료 장교들이 옴스크 한가운데에 위치한 더 깐깐하고 훨씬 지저분한 수용소로 이송되는 것은 제때에 막지 못했다. 러시아는 정책상 슬라브 혈통의 포로들을 독일 혈통의 포로들보다 훨씬 관대하게 대하도록 지시했다. 그렇게 하면 슬라브족이 태도를 바꾸어 러시아 군대를 위해 합스부르크 세력과 맞서 싸우도록 분위기를 조성할 수 있을 거라 기대했던 것이다. 애초의 계획은 갈리치아 전선에서 슬라브족 가운데 반역자들이 신속하고도 수월하게 오스트리아에 대항할 수 있도록, 슬라브족 포로 전부를 서부 러시아에 억류시키는 것이었다. 러시아인들이 게르만스키germanskis라고 부르던 독일과 오스트리아 전쟁포로들은 모두 시베리아와 그보다 더 동쪽에 위치한 마을로 이송되어야했다. 하지만 포로의 수가 엄청나게 많은 데다 러시아 시스템이 무능하고 부정했기 때문에, 수천 명의 슬라브족 포로들도 결국 게르만스키들과 함께 시베리아에 억류되었다. 바드스테드에 대해 음모를 꾸미던 당시, 그 지역 군정 장관인 모리츠 장군은 오스트리아와독일 장교들은 가장 좋은 장소에 억류한 반면 슬라브족 포로들은 (공식 방침과 반대로) 더 잔혹하고 가혹한 수용소에 밀어넣었다는 등의 일로 덴마크 영사관과 한통속이 아니냐는 비난을 받은 바 있었다. 모리츠는 독일식 성姓이며 바드스테드의 영사관과의 우호적인관계며, 러시아 당국이 자신에게 혐의를 둘 만하다고 염려했다. 그래서 호텔과 사택에 억류되어 있던 모든 게르만스키들을 더 가혹한수용소로 이송시키고, 슬라브 혈통의 전쟁포로들을 그 곳에 머물게하라고 서둘러 지시를 내렸다. 이 조치는 노메라 스테파노프스카야에 머물던 파울과 다른 장교들에게 엄청난 타격이었다.

ꕔ 크레포스트에 묻혀 지내다

파울은 모리츠 장군이 슬라브족 편에서 개입을 했든 하지 않았든 상관없이 자신이 옴스크의 호텔에서 나와 이송될 수밖에 없었다는 사실을 알 수 없었을 것이다. 당시 플라프스키 장군은 불구가 된 전쟁 포로들을 거리 밖으로 몰아내달라는 옴스크 마을 주민들의 요구에 시달렸기 때문이다. 다리가 없고, 팔이 없고, 귀가 없고, 코가 없는 게르만스키들이 매일 거리를 돌아다니는 광경이 주민들을 불안하게 만든다는 것이었다. 따라서 파울은 (팔이 절단된 800명의 포로들과 함께) 예민한 옴스크 주민들 눈에 띄지 않게 교도소로 이송되었다.

러시아어로 요새라는 뜻의 크레포스트Krepost는 시베리아에서 유형 생활을 하던 표도르 도스토예프스키가 19세기 중반에 갇혀 있던 범죄자 지하 감옥이다. 오늘날에도 《지하생활자의 수기》, 《죽음의 집의 기록》 등 다양하게 번역된 그의 소설 배경으로 유명한 곳이다. 이곳에 대한 인식은 도스토예프스키 시절 이후로 거의 달라지지 않았다. 1914년 당시 이곳은 전쟁포로들에게 "거대한 쥐덫"이라고 불릴 정도로 매우 공포스러운 장소였다. 18세기에 육군 병영시설로 지어졌지만 원래 구조물의 흔적은 거의 남아 있지 않았다. 파울이 도착했을 때 이곳은 21피트 높이의 말뚝 울타리에 둘러싸여 있었으며, 목재와 벽돌로 지어진 낮은 판자 건물 몇 채와 운동장이 전부였고, 여섯 개의 망루에서 무장경비병들이 지키고 있었다. 각 판자 건물은 비가 새고 난방이 되지 않는 좁은 방 하나로 되어 있었다. 판자 건물 하나에 70명의 포로들이 수용되었는데, 여기 말고는 달리 갈 데가 없었다. 파울이 이곳에 있을 때 크레포스트를 시찰한 간호사 브랜트스트룀은 제네바 적십자에 다음과 같이 보고했다. "최고 수준의 교육을 받은 남자들이 몇 주 몇 달이 지날수록 향수병에 시달리고 있으며, 70년 전 러시아의 가장 악랄한 범죄자들처럼 취급받고 있다." 그녀의 보고에 따르면 "시베리아에서조차 옴스크의 크레포스트는 유례가 없다는 것이 일반적인 의견"이었다. 독일 장교 율리우스 마이어 그레페Julius Meier-Graefe는 그의 회고록(1918년 봄, 베를린에서 출간)에서 이곳에 대해 "똥 같은 판자 건물, 얼음 구덩이, 장티푸스와 별의별 질병에 걸리는 곳, 이들louse의 집합소다. 크레포스트는 러시아 최악의 비열함과 치욕의 장소다"라고 묘사했다.

러시아 포로수용소가 전반적으로 도무지 견딜만한 환경이 못 되었던 만큼, 수용소 사령관nachalnik과 부사령관praporshchik은 친절함과 유능함 같은 자질이 필요했다. 그러나 다른 수용소에서는 이따금 그런 경우도 있었지만, 크레포스트에서는 아니었다. 이곳의 사령관은 자신이 맡고 있는 학식 있는 포로들에게 사회적인 열등감을 느껴, 순전히 그들에게 위세를 부릴 목적으로 의미 없고 가학적인 명령을 내리기 일쑤였다. 그는 포로들 모두를 "독일인 돼지새끼"라고 불렀고, 옷을 벗기고 채찍을 휘둘렀으며, 끊임없이 몸수색을 했다. 경미한 범죄에도 코사크 채찍으로 태형을 가했으며, 온갖 종류의 기본 생필품을 지급하지 않았다. 한 장교는 독일에도 러시아 포로들을 수용하기 위해 크레포스트 같은 끔찍한 장소가 지어져야 한다고 빈정대며 말한 바람에, 30일 동안 불도 없고 난방도 되지 않는 감방에 갇혀 지내야 했다고 적십자 조사관에게 보고했다. 또 다른 장교는 유화 물감으로 수용소를 스케치했다는 이유로 두들겨 맞고 석 달 동안 독방에 갇히는 벌을 받았다. 파울이 도착할 당시엔 모든 악기들이 압수되었고, 포로들이 노래를 부르거나 휘파람을 부는 것도 금지되었다. 파울은 당시 상황을 "순전한 악의"라고 말했다. 그는 사령관에게 은밀히 욕을 퍼부었고, 피아노 연주 대신 동료 포로들에게 프랑스어를 가르치기 시작했다.

원래 300명의 형사범을 수용하기 위해 지어진 크레포스트는 1000명이 넘는 수감자들로 비좁기 이를 데 없었다. 딱딱한 침상이나마 누울 자리를 찾지 못한 이들은 아스팔트 맨바닥에서 잠을 자야 했다. 침상은 한 사람이 겨우 지나갈 정도로 좁은 통로만 남겨두고 다닥다닥 붙어서 배치되었다. 앉을 자리도 없었고 물건을 넣어둘 가구도 없었다. 포로들은 누워서, 혹은 2단 침상으로 올라가는 사다리 단에 걸터앉아 식사를 해야 했다. 음식은 혐오스러울 정도였는데, 포로들이 직접 식사를 준비했지만 고기의 하루 배급량을 정하는 권한은 각 수용소 장교에게 있었다. 그들은 이익을 남기기 위해 이 배급량을 수용소 경비병에게 판매하고, 대신 고기의 목덜미 부위나 삶은 머리, 귀, 발 부위로 대체했다. 심지어 크레포스트의 어떤 미친 사령관은 포로들에게 마을의 온갖 오수가 배출되는 하천에서 양동이로 물을 박박 긁어 오라고 억지를 부리고는 그 물로 차를 끓여 마시게 했다. 화장실은 땅에 구멍을 파서 이용해야 했다. 한쪽 혹은 양쪽 다리가 절단된 포로들은 화장실을 이용하기 위해 동료들의 부축을 받아야 했다. 포로 대표단이 나무 상자로 화장실 좌석을 만들 수 있게 해달라고 요청하려고 나섰지만, 가학적이고 변태적인 취급을 당하며 거부되었다.

향수병과 수모와 절망으로 가득한 상황에서도, 불구가 된 크레포스트의 포로들 가운데 일부는 가느다란 희망에 매달리고 있었다. 파울도 그 가운데 한 사람이었다. 파울은 중상을 입었거나 장애가 있는 포로들을 교환하는 문제에 대해, 교황 베네딕토 15세의 주도하에 상대 교전국 지도자들이 합의를 모으고 있다는 소식을 들었다. 처음에는 크리스마스 즈음엔 일부 포로들이 집으로 귀환할 수 있으리라 예상되었지만, 협상은 질질 늘어졌고 몇 달 동안 아무런 뾰족한 소식도 들리지 않았다.

파울은 크레포스트로 이송되기 최소한 2개월 전부터 포로 교환이 있을 수 있으며 그 역시 고려 대상이라는 소식을 들었다. 1월 3일 이후로 파울에게서 전혀 소식을 듣지 못한 빈의 어머니는 아들의 소식을 알려달라고 계속해서 조카를 졸라댔다. 바드스테드 영사는 프란츠의 편지를 받은 즉시 답전을 보냈다. "좋은 소식. 교환 포로 예비명단에 이름이 있음. 곧 최종 결정 예정. 행운을." 비트겐슈타인 부인은 즉시 루트비히에게 편지를 보냈다. "내가 얼마나 기쁜지 상상할 수 있겠니! 여전히 상당한 인내심이 필요하겠지만, 일단 일이 추진되고 있는 한 가까운 시일 내에 파울을 다시 볼 수 있으리라는 희망을 가져봄직하구나."

몇 달이 지나도록 바티칸에서 아무런 발표를 하지 않자, 비트겐슈타인 부인의 인내심은 점차 바닥을 보이기 시작했다. 5월 말에 그녀는 이렇게 기록했다. "파울에게서 좋은 소식을 받았다. 그 아이의 건강에 관해서는 말이다. 그렇지만 포로 교환에 대해서는 한 마디도 언급되지 않았다. 사람 피를 말리는 것도 아니고!" 파울이 수용소 사령관 앞에 소환되어 한 달간 감금 명령을 받았다는 사실을 알게 됐을 땐, 흥분한 나머지 이성을 잃었다. 징계 사유에 대해서는 알려진 바가 없지만, 파울은 당시 탈주 시도를 보고하지 않아 처벌을 받은 열한 명의 장교 가운데 한 명이었을 가능성이 있다. 이유야 어떻든 피아노도 없고, 크레포스트는 낯설고, 사기가 떨어질 대로 떨어진 파울은 이 상황을 좀처럼 받아들이지 못했다. 헤르미네는 루트비히에게 다음과 같이 털어놓았다.

> 물론 엄마는 이 일로 몹시 화가 나 있어. 그렇지만 파울이 덴마크 영사의 친절 덕분에 엄청난 특혜를 받고 있다고 전한 데다, 편지 내용 대부분이 가볍고 편안해서 정말 다행이야. 덕분에 전반적으로 슬픈 기분이 조금이나마 누그러진 것 같아.

가족들을 걱정시킨 또 하나의 이유는 파울이 집에 보내는 편지의 논조 때문이었다. 파울이 위험할 정도로 불온한 발언을 하기 시작하자, 비트겐슈타인 부인은 아들이 수용소 관리들에게 더욱 골칫거리로 여겨지지 않을까 걱정이 되었다. 천만다행히도 러시아 검열관의 주의를 피한 듯한 편지들 가운데 한 통에서 파울은, 자신의 유일한 관심은 전쟁에서 오스트리아가 승리하는 것이며, 오스트리아의 병력을 지원하기 위해 기꺼이 100만 크로넨의 금화를 기부하겠노라고 말했다.

어머니가 몹시 괴로워할 걸 잘 알기에, 집으로 보내는 편지에서 파울이 따로 언급하지 않은 내용이 있었는데, 바로 포로들 사이에서 유행성 발진티푸스가 발생했다는 사실이었다. 이 질병은 말로 형언할 수 없는 공포가 되어 크레포스트 일대를 떠다니며 닥치는 대로 목숨을 빼앗았다. 파울은 이에 의해 전염되는 이 질병에 자신은 면역이 되어 있다고 믿었다. 초기 증상 — 심한 근육통과 관절통을 동반하는 고열 — 이 지나면 인체 아래에서부터 어깨를 향해 온몸으로 빠르게 암적색 발진이 번진다. 감염된 사람은 2주 후에는 배

변을 통제할 수 없고 의식이 혼미해지며, 며칠 내에 사망할 가능성
이 높다. 전염병이 절정에 달하던 1915년 부활절 무렵엔 매일 스무
명에서 서른 명 정도가 크레포스트에서 내보내져 병원으로 이송되
었다. 그들 가운데 돌아온 사람은 아무도 없었다. 의사, 간호사, 간
병인조차 발진티푸스에 걸리기 시작했기 때문에, 옴스크에 있는 두
곳의 병원 가운데 어느 곳도 이 지역 수용소에서 환자들이 매일같이
실려 오는 것에 대처할 수가 없었다. 크라스노야르스크Krasnoyarsk 지
역에 수용되어 있던 오스트리아 장교, 한스 바일란트Hans Weiland의
일기에는 분통 터지는 특별한 사건 하나가 기록되어 있다.

사람들은 줄지어 늘어선 침상 위에 다닥다닥 달라붙어 나란히 누
워 있다. 역겹고 지독한 악취가 나는 공기가 숨이 막힐 만큼 무겁
다. 천장에서는 계속해서 물이 떨어진다……. 저녁 늦게 경비병
한 명이 수용소 사령관의 지시를 갖고 나에게 왔다. 우리 중대에서
다섯 명의 간병인을 즉시 발진티푸스 병원으로 보내야 한다는 것
이다. 다른 간병인들은 모두 아프거나 죽었다고 한다……. 갑자기
침묵이 흐른다. 모두가 이 문제에 대해 생각하고 있고, 모두가 망
설이고 있다. 이 메시지는 가족과 아내, 아이들, 그리고 삶과의 고
의적인 작별, 다시 말해 죽음으로 가는 길이나 다름없다. 아무도
자원하지 않는다. 나는 반복해서 요청하고, 이 임무가 수행되어야
할 필요성에 대해 설명한다. 흐릿한 공기 때문에 방 안을 둘러보기
가 어렵다. 옆 사람의 얼굴도 겨우 볼 수 있을 정도다. 그때 주데텐
란트Sudetenland 출신의 한 젊은이가 침상에서 외친다. "제가 갈게
요. 제가 가야 해요." 그는 내 앞에 서서, 자신이 죽어야만 전쟁터

에 있는 동생이 집에 돌아가 늙으신 어머니를 돌볼 수 있을 거라고
차분하게 말한다. 이후로 네 명의 남자들이 거의 아무 말 없이 그
의 뒤를 잇는다. 다섯 명은 병원으로 가 간호 임무를 인계받고, 병
에 걸려 모두 사망한다. 진정한 영웅들!

৯০ 탈출 기회

몇 달 동안 질질 끌던 말 많은 협상 끝에 1915년 여름, 질병을 앓
고 부상을 입은 포로들을 대상으로 마침내 러시아를 벗어나는 첫
교환이 이루어졌다. 하지만 1월부터 명단에 올라 있던 파울 비트겐
슈타인의 이름은 빠져 있었다. 그의 어머니는 그에게 우편으로 상
당한 액수의 돈을 보내주었는데, 중간에서 돈을 가로채온 러시아
군인들이 자기들의 수입이 끊기지 않길 바랐던 것이다. 한편, 크레
포스트에서 파울과 함께 지내다가 교환에 성공해 옴스크로부터 벗
어난 두 명의 포로들이 빈의 비트겐슈타인 부인을 찾아왔다. 이들
가운데 카를 폰 리엘Karl von Liel 대위는 1914년 9월에 부상을 입어
꼼짝할 수 없는 상태로 바다에 누워 있다가 적군에 의해 불구가 되
었다. 오른손 손가락 두 개와 왼손 손가락 네 개가 절단된 것이다.
레오폴디네는 루트비히에게 편지로 이렇게 말했다. "이 놀라운 사
람은 정신력이 대단하더구나. 이곳에서 인공기관을 부착하기 위해
온갖 수술을 받아야 했을 텐데도 말이야." 폰 리엘 대위는 비트겐슈
타인 부인에게, 마지막으로 만났을 때 파울의 모습은 건강하고 쾌활
하며 좋아 보였고, 러시아어를 잘 모르는 동료들을 위해 신문을 번

역해줄 정도로 지금은 러시아어에 상당히 능숙한 데다, 그가 예전에 다니던 학교의 동급생들에게 프랑스어도 가르치는데 선생과 학생 모두 아주 진지하다고 전했다.

> [비트겐슈타인 부인은 다음과 같이 썼다] 교환된 장교들 둘 다 깊은 존경과 애정으로 파울에 대해 말했고, 파울의 친절과 점잖은 태도와 이상주의에 대해 칭찬해주어 대단히 기뻤다. 폰 리엘 대위가 파울에게 만일 전쟁이 일어나지 않고 팔도 잃지 않았다면 뭘 하고 싶으냐고 묻자, 파울은 지금 상황 이대로가 좋다고 말했다고 한다. 정말 훌륭한 생각이다!

옴스크에서 온 다른 장교, 귀르틀러Gürtler 중위가 비트겐슈타인 부인에게 파울이 교환되지 않은 이유로 돈 문제를 언급하자 부인은 속으로 이렇게 생각했다. "정말로 이것 때문에 파울의 석방에 지장이 있는 거라면 틀림없이 뭔가 합의를 볼 수 있겠어." 그러나 부인의 계획이 성공한다 하더라도 이 과정은 분명히 시간이 걸릴 터였다. 10월 초에 부인은 파울이 교환 대상에 포함되지 않고, 옴스크 서쪽의 다른 포로수용소로 이동할 예정이라는 정보를 들었던 것이다. "어쩌면 우리는 이 사실에 감사해야 할지도 모르겠다." 부인은 루트비히에게 이렇게 썼다. "하지만 여전히 파울이 당장이라도 교환 대상자로 검토되길 기대하고 있기에, 이런 소식은 끔찍한 실망만 안겨줄 뿐이구나!"

그달 말일이 되어서야 부인은 오토 프란츠로부터 기쁜 소식이 담긴 전보를 받게 되었다. 파울 외에 여섯 명의 부상을 입은 장교들이 위원회 앞에서 조사를 받으러 모스크바로 보내졌다는 것이다. "어쨌든 일말의 희망이 보인다!" 부인은 이렇게 썼다. 물론 비관적인 생각을 할 여지는 아직도 많았고, 헤르미네는 그걸 강하게 느꼈다. "과연 파울이 교환이 될까? 사실 난 거의 기대하지 않는다. 엄마가 실망할 걸 생각하면 정말 끔찍하다."

포로 교환 대상자들이 찾아간 의료위원회는 저열한 방식으로 업무를 처리하고 있었다. 낙관적인 기대를 품고 동쪽의 수용소에서부터 수천 마일을 이동해 이곳에 도착한 병자들은 교환 대상자가 될 만큼 병이 심각하지 않으므로 왔던 수용소로 되돌아가야 한다는 통보를 받았다. 카잔Kazan에 있는 수용소 의사들은 상이군인의 귀로 여비를 지급해야 할 법적 책임이 있었으므로, 당연히 누구를 막론하고 처음부터 교환 대상자로 추천하길 꺼렸던 것이다. 모스크바나 페트로그라드에 도착한 포로들은 공포정치를 휘두르는 부도덕한 의무하사관들에 의해 자신들의 거취가 좌우된다는 사실을 확인했다. 페트로그라드 군용 병원 108호에 있던 시베리아의 천사 브랜트 스트룀은 다음과 같이 보고했다.

그들은 환자가 먹을 음식을 팔았다. 아직 결혼반지와 시계 등을 지니고 있던 포로들은 그것들을 내주어야 했다. 거절해서 눈밖에 난 사람들은 그에 대한 처벌로 위원회가 이따금 실시하는 중요한 검사에서 제외되었다. 이런 식으로 남자들은 최대 10개월까지 병원에 남게 되고, 그동안 교환 포로들은 전체 정원의 절반 혹은 3분의 1가량과 작별을 했다.

파울은 모스크바에 도착하자마자 "전쟁 중 중상이나 장애를 입어, 그 장애로 인해 군복무가 영구적으로 불가능한 포로"로서 적합한지 확인하기 위해 의사들에게 검사를 받았고, 군 심문관들에게 질문을 받았다. 또한 만에 하나 오스트리아-헝가리 사병으로 복귀해 전투에 참가했다가 러시아군에 다시 붙잡히면 즉결처형에 처해질 것이라는 경고를 받았다.

파울이 교환 심사위원회 앞에 선다는 사실을 안 순간부터 비트겐슈타인 부인은 몹시 불안해졌고, 보름을 안절부절못하면서 지냈다. 그 기간 동안 부인의 다리 통증은 더욱 심해졌고, 절친한 벗이자 전 하인인 로잘리 헤르만은 걱정스러울 정도로 요란하게 기침을 하기 시작했다. 그렇지만 부인은 억류된 아들의 소식이 마침내 빈에 도착할 때까지 기다리고 또 기다렸다. 부인의 반응은 루트비히에게 보낸 편지에서 자세히 볼 수 있다.

내 착한 아들 루트비히
상상해보렴. 파울이 모스크바에서 심사를 받게 됐다는 소식을 끝으로 오랫동안 아무런 소식을 듣지 못했는데, 9일 오전 아주 오랜만에 파울이 교환 대상자에 포함되었다는 편지를 받았단다. 8일에 하파란다Haparanda의 핀란드-스웨덴 국경 검문소에 도착했다는구나. 9일 오후에는 스웨덴 유스달Ljusdal에서 보낸 파울의 전보도 받았다. 그리고 어제는 교환 포로들이 독일 자스니츠Sassnitz를 통과했고, 오늘은 파울이 벌써 오스트리아 라이트메리츠Leitmeritz에 와 있다는 사실도 알게 됐단다. 오늘 슈트라델스Stradels와 볼프람스Wolframs로부터 전갈을 받았는데, 두 사람은 파울을 맞이하기 위해

자정에 역에 도착해, 파울이 아주 근사한 모습에 몸도 건강하고 기
분도 최상이라는 걸 알려주겠다는구나. 파울은 지금쯤 라이트메리
츠의 검역소에서 시간을 보내겠지. 이 기간이 상당히 오래 지속될
경우, 헤르미네가 파울을 만나러 그곳에 가게 될 것 같다. 착한 내
아들 루트비히야, 네가 다시 올 수 있다면 얼마나 좋을까. 그럼 이
엄마에게 정말로 큰 축복이 될 텐데. 가엾게도 전쟁에 참전하지 못
한 쿠르트는 이곳에 없겠지만, 조만간 너라도 집에 돌아올 행운을
얻길 기대하마. 카타르성 염증이 몇 차례 발병하고 발목이 아픈 걸
제외하면 우리는 모두 건강하게 잘 있다.

다정한 포옹을 보내며, 엄마가.

✆ 가족의 재회

1915년 11월 21일에 파울이 수용소에서 풀려나 집으로 돌아왔을
때, 살아 있던 파울의 두 형제들은 아무도 빈에 없었기 때문에 귀환
을 환영해주지 못했다. 쿠르트는 아직 뉴욕에 머물러 있었고, 루트
비히는 자모시치 동쪽으로 50마일 떨어진 우크라이나 마을 소칼
Sokal의 기차역에 있는 포병대 작업장에서 엔지니어로 군복무 중이
었다. 비트겐슈타인 부인은 다리의 정맥들이 불거져 나온 데다, 빈
에서부터 파울이 열흘 동안 억류되어 있는 라이트메리즈의 격리소
까지 400마일에 달하는 왕복 여행을 하기에는 통증이 너무 심해져
헤르미네만 마중을 갔다. 헤르미네는 여행을 떠나면서 우울하고 야
위고 아무래도 피폐해진 파울을 맞게 되리라 예상하며, 동생을 보

고도 알아보지 못하면 어쩌나 걱정이 됐다. 하지만 뜻밖에도 활기찬 파울의 모습에 안심이 되어 즉시 어머니와 형제들에게 소식을 전했다. "파울의 외모와 성격은 전혀 달라지지 않았어(물론 팔은 제외하고). 파울을 다시 보자 마치 파울이 긴 여행을 떠났다 돌아와, 서로 최근 소식을 전하느라 쉴 새 없이 이야기를 나누는 것 같은 기분이 들었어."

마이어 그레페는 크레포스트가 한 남자에게 평생 상처를 남겼다고 기록했다. 파울은 시베리아에서 겪은 시련으로 많이 변했지만, 적어도 한동안은 가장 최악의 모습만큼은 용케도 가족들에게 감출 수 있었다. 비트겐슈타인 부인은 그들의 재회에 대해 이렇게 썼다. "파울이 차분하고 침착한 모습을 보여주어 무척 기뻤다…… 파울은 정말로 아주 건강해 보이며, 놀랍도록 쾌활하고, 장난기를 조금도 잃지 않았다." 헤르미네는 "파울은 자신의 불행에 대해 아주 태연하게 말한다. 이런저런 이야기로 상처를 줄까 봐 염려하면서 신중하게 말해야겠다는 생각이 전혀 들지 않는다. 그래서 대화하기가 굉장히 편하다"라고 썼다.

그러나 파울은 겉으로는 편안한 태도를 보였지만, 극심한 신체적 불편을 겪고 있었다. 크라스니스타프의 의사들은 그들의 임무를 완벽하게 해내지 못했다. 러시아 군대의 동태에 불안해하느라 파울의 오른쪽 팔에 드러난 뼈를 충분히 덮을 만큼 피부판을 크게 절개하지 못했던 것이다. 그 결과 잘린 팔 끝 부분의 흉터가 지나치게 팽팽하게 당겨져 뼈에 달라붙기 시작했고, 뼈와 피부 사이에 갇힌 신경 말단이 무척 예민해졌다. 파울은 빈에 도착하자마자 당장 링슈트라세Ringstrasse 근처의 다 허물어져가는 18세기 건물 1층에 위치한 폰 아이젤스베르크 박사의 진료소를 찾아갔다. 직원들 가운데에는 여덟 명의 무보수 자원봉사자가 있었는데, 최근 대머리에 변덕이 심한 미국인 매형, 제롬 스톤버러가 합류했다.

파울의 수술은 제롬이 그의 장모에게 설명한 것처럼 그렇게 간단하지도, 그가 주장한 것처럼 단순히 군더더기 상처를 제거하는 것으로 끝나지도 않았다. 의사는 상처를 다시 열어, 뼈의 말단에서 뼈막이라고 하는 두껍고 치밀한 세포막 가운데 일부를 절개한 다음, 큐렛curette(몸속에서 무언가를 긁어내는 데 사용되는 외과 기구 – 옮긴이)을 이용하여 약 0.5인치가량의 골수를 긁어내야 했다. 그런 다음에야 잘린 팔의 끝부분에 있는 부드러운 조직들이 뼈의 말단에서 자유롭게 움직일 수 있도록 상처를 다시 꿰맬 수 있었다. 파울은 식욕을 잃고 잠도 이룰 수 없을 만큼 몹시 고통스러웠다. 의사들은 마취제 때문이라고 말했지만 우울증도 마찬가지로 영향을 미쳤을 것이다. 파울은 절단된 팔이 치료되면 즉시 의수를 맞추려 했으나 한 번도 실천한 적은 없다. 대신 평생 동안 재킷의 비어 있는 한쪽 소매를 바지 오른쪽 뒷주머니에 깔끔하게 밀어넣고 다녔다.

다시 생활에 뛰어들 수 있을 만큼 기운을 차리게 되자, 파울은 매일 아침 바움가르트너 숲과 노이발데크Neuwaldegg에 있는 비트겐슈타인 사유지의 가파른 대정원을 산책하며 활기찬 생활을 시작했다. 그는 왼손으로 타이와 구두끈을 매고, 단추를 잠그고 풀고, 고기를 썰고, 사과를 깎고, 수영과 승마를 하고, 글을 읽고 쓰는 연습을 했다. 매달 팔다리가 잘린 채 전선에서 돌아오는 수천 명의 상이군인들을 위해 출간된 자기계발 서적들을 탐독했고, 자신의 당번병 프란츠와 작업 계획을 세웠다. 오후에는 오랜 시간 피아노를 연습했다.

한편으로는 오스트리아 군대에 100만 크로넨을 기부할 계획을 준비하기 시작했으며(크레포스트에서 편지로 맹세했듯이) 재입대해—모스크바 조사위원회에서 즉결처형의 위협을 받았음에도 불구하고—다시 한 번 군복을 입고 동부 전선의 아수라장 속으로 뛰어들기 위한 조치를 취했다.

✑ 변화

루트비히는 1915년 크리스마스에 휴가를 얻지 못해 가족과 함께할 수 없었다. 최근 장교로 승진한 루트비히는 대신 우크라이나의 소칼에 남아 장교 식당에서 〈고요한 밤〉을 부르고 있었다. 작업장에서 갑작스러운 폭발 사고가 난 후 7월에 그는 이미 3주 동안 휴가를 보냈다(충격을 받긴 했지만 크게 다치지는 않았다). 아직 전선에 배치되지는 않았는데, 전쟁에 참여하길 간절히 원했고 위험한 전투에 지원해 상급 지휘관들을 놀라게 했다. 그리고 마침내 강을 운항하는 함선 고플라나 호에 올라 탐조등을 조작하는 임무를 맡으면서 대략 '소규모 접전'이라고 할 수 있는 전투에 참여했다. 그러나 전쟁이 발발한 지 6주 후에 러시아군이 갑자기 진군하자 그와 동료 승무원들은 배를 포기하고 달아나야 했다. "총에 맞는 것은 두렵지 않다." 비트겐슈타인은 이렇게 썼다. "하지만 내 임무를 제대로 수행하지 못하는 것은 두렵다. 신이여, 내게 힘을 주소서! 아멘. 아멘. 아멘." 적군은 계속해서 밀려들었다. 루트비히와 전우들(그가 일찍이 "상스럽고 어리석고 악의적인…… 돼지들"이라고 묘사한 남자들)은 30시간 동안 잠시도 눈 붙일 사이 없이 후퇴하기에 바빴다. 그는 이렇게 썼다. "참혹한 상황이다. 너무나 지치고 어디에도 희망이 보이지 않는다. 나의 최후가 다가오고 있다면 스스로를 돌보며 바람직한 죽음을 맞이하길. 결코 스스로를 놓아버리는 일이 없길." 이틀 후 그는 이렇게 덧붙였다. "우리와 적들 사이에는 아무것도 없다……. 이제 나는 죽음과 마주하고 서 있으니, 품위 있는 인간이 될 기회를 가져야 한다. 영혼이 내게 빛을 가져다주길……."

마이어 그레페는 회상록에서 한 러시아 경비병에게 자신이 시베리아로 이송되는 중이라고 말했던 때를 상기했다. 경비병은 그를 측은하게 바라보면서 몸서리를 치며 말했다. "시베리아에서는 모든 남자들이 신을 찾습니다." 파울의 경우에는 신의 존재를 상정할 필요가 없었다. 가톨릭 집안에서 자랐지만, 그의 종교적인 경향은 대체로 자신의 우상인 아르투어 쇼펜하우어를 따랐고, 그의 많은 철학 저작물들을 외울 정도였다. "종교는 최고의 동물 훈련 기술이다. 사람이 어떻게 사고해야 하는지를 훈련시키니 말이다." 파울은 이같은 입장에서 조금도 흔들림이 없었다.

반면 논리와 언어의 철학자 루트비히는 이제 무신론자인 버트런드 러셀과 조지 무어와의 우정이 재개되었고, 전쟁 초기 처음 몇 달 동안은 의식적으로 신을 찾지 않는 길 잃은 영혼이었다. 그러다 그는 폴란드 크라쿠프Kraków 동쪽으로 25마일 떨어진 바로크 도시 타르누프Tarnow의 작은 서점에서 우연히 신을 발견했다. 이곳에서 그는 단지 서점에 있는 유일한 책이라는 이유로 책 한 권을 샀는데, 그 자체를 일종의 계시라고 믿었다. 이 책은 레프 톨스토이가 쓴 《요약 복음서*The Gospel in Brief*》의 독일어 번역본으로, 신약성서 4대

복음서 원본 가운데 톨스토이가 인정하지 않는 부분들—예수의 탄생과 가계도, 예수의 기적(물 위를 걸음, 물을 포도주로 만듦, 죽은 이를 일으켜 세움 등), 무화과나무를 저주함, 구약성서의 예언들을 실행함, 예수의 부활에 대한 부분들—을 제외한 나머지 내용을 편집한 책이었다. 루트비히는 이 책에 깊은 영향을 받아 거의 집어삼킬 듯 열심히 읽었고, 어디를 가든 가지고 다녔다. "사실상 이 책이 나를 살아 있게 해주었지." 나중에 그는 한 친구에게 이렇게 말했다. 당시 그의 전우들은 그의 이런 별난 행동을 보고 그에게 '복음서를 가지고 다니는 남자'라는 별명을 지어주었다.

톨스토이의 시각은 (이런 용어를 사용할 수 있다면) 대체로 반反교회적이었다. 그는 그리스도가 설파한 메시지는 성서 해석자들에 의해 변질되었고, 기독교(그러니까 톨스토이 자신의 견해에서 본 기독교)는 "순수한 계시도 역사의 한 단계도 아닌, 인생의 의미를 알려주는 순수한 교리일 뿐"이라고 믿었다. 이 책이 전하는 메시지는 간단했다—인간은 신성, 다시 말해 모든 인간 생명의 원천인 "하느님 아버지의 의지"를 지니고 있다. 인간은 이 신성을 위해 쓰여야 한다. 자신의 욕망을 만족시키려는 어떠한 욕망도 배제시키는 행위야말로 지금도 앞으로도 우리를 "살아가게 하는" 과정이다. 그러므로 진정한 기독교인은 예수가 살아온 방식을 따르고, 육체적인 만족을 포기하며, 자신을 낮추고, 스스로를 영혼 가까이 이끌어야 한다. 루트비히는 바로 이러한 내용을 실천하려 했지만 항상 성공한 것은 아니었다.

〔그는 공책에 이렇게 썼다〕이따금 나는 동물이 된다. 그럴 때 나

는 먹고, 마시고, 자는 것 외에는 아무것도 생각할 수가 없다. 끔찍하다! 그럴 때 나는 내면의 구원에 대한 가능성 없이 동물과 똑같아지며, 좋고 싫은 내 기호에 지배된다. 그럴 때 진정한 삶은 생각할 수 없다.

그의 얇은 철학책 《논리철학논고》 서문에서, 루트비히는 자신의 사상 가운데 일부는 다른 작가들로부터 유래되었을 거라고 인정하면서 다음과 같이 덧붙였다. "내 사상들이 다른 이들에 의해 이미 논의된 것인지 여부는 나에게 관심 없는 문제다." 이 책과 톨스토이의 《요약 복음서》 사이에는 유사한 점들이 많다. 두 책 모두 여섯 개 부분으로 구성되어 있고(루트비히는 《논고》에 "말할 수 없는 것에 대해서는 침묵해야 한다"는 단 한 줄의 유명한 선언이 포함된 7장을 덧붙였지만), 두 책 모두 관련된 순서대로 번호가 매겨진 금언들로 이루어져 있다. 톨스토이의 책을 살펴보자.

1.1 모든 사물의 근원과 시작은 인생을 이해하는 것이다.
1.2 인생을 이해하는 것이 신이다.
1.3 모든 것은 인생에 대한 이해 위에 지어지며, 인생을 이해하지 못한다면 삶이란 있을 수 없다.
1.4 이 안에 진정한 삶이 있다.
1.5 이러한 이해는 진리의 빛이다.

다음은 루트비히의 《논고》 시작 페이지다.

1.1 세계는 경우인 것 모두이다.

1.1 세계는 사물이 아닌 사실들의 총체이다.

1.11 세계는 사실들에 의해, 그것이 모든 사실임에 의해 결정된다.

1.12 왜냐하면 사실들의 총체는 경우인 것을 결정하기 때문이다.

1.13 논리적 공간 속의 사실들이 세계이다.

두 텍스트에 공통적인 것은 영원한 삶은 오직 현재에만 속한다는 관념이다. 톨스토이는 이렇게 말한다.

7. 시간 속의 이 현재의 삶은 참된 삶의 양식이다.

8. 그리고 따라서 진정한 삶은 시간의 바깥에 있다. 왜냐하면 그것
   은 현재 속에 있기 때문이다.

9. 시간은 삶 속의 환상이다. 과거와 미래의 삶은 현재의 진정한
   삶에서 벗어나 걱정으로 우울하게 만든다.

루트비히의 《논고》는 같은 생각을 약간 더 간결하게 표현한다.

6.4311 우리가 영원을 시간의 무한한 지속이 아니라 무시간성으로
       이해한다면, 현재 속에 사는 사람은 영원히 사는 것이다.
       우리의 삶에는 끝이 없다. 우리의 시야에 한계가 없듯이.

루트비히의 가족들은 그의 갑작스런 개종에 놀라고 당황스러웠으며, 어쩐지 그와 멀어진 느낌이 들어 난처해했다. 헤르미네와 그레틀, 파울은 루트비히를 더 잘 이해하기 위해 톨스토이의 《요약복음

서》를 읽었다. 루트비히의 지성에 자주 위축되었던 헤르미네는 톨스토이의 다른 저서들도 함께 읽으며 동생의 생각을 따라잡으려 애썼다. 그레틀은 에르네스트 르낭Ernest Renan의 대단히 인기 있는 저서 《예수의 생애Life of Jesus》를 탐독하며 이 책이 톨스토이와 양립할 수 있는지 알아보려 했다. 파울은 루트비히를 놀리거나 논쟁을 벌이면서, 결코 루트비히에 동조하는 입장을 취하지 않았다. 그레틀은 헤르미네에게 이렇게 말했다. "루트비히와 우연히 같은 책을 좋아하게 된다 하더라도, 파울은 반드시 그 안에서 근본적으로 다른 점을 찾아내고 말거야." 그레틀은 루트비히의 형제들 가운데 그의 새로운 영성과 가장 가까운 영성을 공유했지만, 교감을 나눈다는 의미에서 톨스토이식 기독교는 종교라고 볼 수 없었다. 나르시시즘과 자기혐오라는 상반된 충동에 의해 무기력해진 젊은이 루트비히에게 《요약 복음서》는 그가 오랫동안 찾아 헤매던 철저한 자기수양—그의 성격의 모든 부분을 완벽하게 정화하는—의 기회이자, 한낱 평범한 인간에서 예수처럼, 예언자처럼 완벽한 인간으로 향하는 의식적인 자기고양과 변형의 기회를 제공했다. "두 개의 신격神格이 있다. 세계와, 나의 독립된 나my independent I." 루트비히는 1916년 7월 자신의 공책에 이렇게 기록했다. "현재 속의 삶에는 죽음이 없다." 1915년 가을에 소칼에서 루트비히와 함께 복무하던 장교, 막스 빌러Max Bieler 박사에 따르면 "루트비히는 예언자의 모든 특성을 지녔다."

전쟁 후 루트비히의 《논고》가 출판되었을 때, 이 책은 논리학에 관한 그의 사상에 감탄하던 소수의 기대를 뒤집었다. 버트런드 러셀을 비롯한 많은 이들은 철학 논문이라기보다 마치 불가해한 복음서처럼 이해하기 어렵고 우울한 "신비주의를 향한 욕망"을 발견했다. 가령 이런 식으로 말이다.

6.521 인생의 문제의 해결은 이 문제의 소멸에서 감지된다.
(이것이 오랜 회의 끝에 삶의 의미가 분명해진 사람들이 그 의미가 무엇으로 이루어졌는지 말하지 못하는 이유가 아닐까?)

✑ 그레틀의 문제들

전쟁이 발발했을 때, 스톤버러 부부는 영국으로 돌아가길 바랐다. 그레틀은 제롬과 결혼하면서 미국 시민이 되었지만, 비트겐슈타인 가문의 사람으로서 오스트리아를 위해 자신의 의무를 다하고 싶은 강한 애국적인 욕망이 일었다. 그레틀은 어떤 식으로 나라를 돕든 대대적으로 지원하길 원했다. 그녀는 자신의 관대함과 창의력, 엄청난 부를 이용해 단순히 도움을 주는 것으로 그치는 것이 아니라 오스트리아의 승리에 상당한 영향을 끼치길 바랐다. 그레틀은 "전력을 다해 몰두한다는 느낌, 육체적 정신적으로 최선을 다하고 있다는 느낌"이 필요했기 때문에, 이슐Ischl에 위치한 작은 병원에서 하루에 80명에서 100명 가까이의 남자들을 위해 음식을 준비하는 자원봉사 정도로는 성에 차지 않았다.

〔그레틀은 헤르미네에게 이렇게 썼다〕 이 전쟁은 언니와 마찬가지로 나에게도 충격을 주고 있어. 그렇지만 내가 할 수 있는 일이 아무것도, 정말이지 아무것도 없네. 하지만 난 이 전쟁에서 반드시

뭔가 기여할 수 있으면 좋겠어. 그런 기여를 할 수 있었으면서도, 실제로는 그러지 못했다는 것은 너무나 끔찍한 것 같아.

그레틀은 돌보던 환자에게 감염되어 병원을 떠났고, 주치의에게 다시는 병원에 돌아와서는 안 된다는 조언을 들었다. 이제 그레틀은 더 큰 일에 전념할 수 있었지만, 그보다 먼저 삐걱거리는 결혼생활이라는 무거운 짐과 싸워야 했다. 그레틀의 문제는 주변 사람들을 짜증나게 만든다는 것이었다. 그녀의 의견, 표현 방식, 옷차림 모두가 사람들—그녀의 어머니, 루트비히, 파울, 특히 남편 제롬—의 신경을 거슬리게 하는 경향이 있었다. 헤르미네는 이따금 그레틀의 따귀를 한 대 때려주고 싶을 때가 있다고 고백했지만, 그럼에도 불구하고 동생의 가장 충실한 동지로서 다른 사람들에게 항상 동생의 "내면의 위대함"을 상기시켰다.

[헤르미네는 루트비히에게 보낸 편지에 이렇게 썼다] 나는 말로다 할 수 없을 만큼 그레틀을 사랑하고 존경해. 그런데 하필이면 왜 그런 특성들을 지녀서, 더 중요한 사안에 있어 그레틀만큼 훌륭하고 관대하게 처신하지 못하는 많은 사람들에게 가해지는 혹평보다 더 신랄한 혹평을 들어야 하는지 모르겠어. 그런 면들을 볼 때마다 얼마나 가슴 아픈지 몰라.

그렇지만 단지 그레틀의 행동이나 성적인 측면에서 소극적인 태도가 결혼생활을 실패로 이끈 데 전적으로 책임이 있다고 보기는 어려웠다. 뚱하고, 욱하고, 편집증적이고, 과대망상에 잘 빠지는 제롬 역시 남편으로서 참아주기 힘든 상대이기는 마찬가지였기 때문이다. 1916년 초에 제롬의 상태는 특히 심각했다. 그는 미국이 오스트리아의 적국으로 전쟁에 참가할 거라는 생각에 사로잡혀 두려움에 떨고 있었다. 그는 이 문제 외에 다른 문제에 대해서는 거의 말도 하지 않고 생각도 하지 않았다. 뿐만 아니라 이따금 며칠 동안 사라졌다가 한밤중에 돌아와서는 몸을 부들부들 떨거나, 악마처럼 잔인한 표정으로 허공을 응시하거나, 말없이 움직이지도 않고 가만히 정지해 있거나, 갑자기 공격적으로 분노를 터뜨리기 일쑤였다. 제롬의 행동은 그레틀의 신경을 극단까지 시험했다. 그레틀은 이 문제에 어떻게 대처해야 할지 몰라 쩔쩔매다가 나름대로 지적인 방법으로 해결하려 했다. 다시 말해 남편에 대해 "한때는 분명했지만 지금은 혼란에 빠진 내적 생활"과 "(예전처럼) 더 이상 사물들 사이에서는 아무 일도 일어나지 않고 이제는 사람들 사이를 향하는 외적 생활"을 지닌 정신분열증으로 보았던 것이다. 이런 난해한 주장은 상황을 거의 개선시키지 못했고, 1915년 10월 그문덴을 떠나 크루거슈트라세에 있는 에르되디 궁전Palais Erdödy의 우아한 임대 아파트로 이사한 것 역시 도움이 되지 않았다. 물론 그레틀은 이혼소송을 제기할 수도 있었지만, 그런 생각을 비칠 때마다 제롬은 두 아들 토마스와 지를 데리고 미국으로 가겠다고 협박했다. 그나저나 도대체 제롬의 문제는 무엇이었을까? 처음에 그레틀은 심리학과 정신의학 서적들을 뒤지며 직접 문제를 해결해보려고 노력했다. 하지만 전혀 도움이 되지 못했고, 몇 년 뒤 제롬을 유명한 신경학자, 율리우스 바그너 야우레크Julius Wagner Jauregg에게 보내야겠다고 결심했다. 바그너 야우레크는 매독으로 인한 마비성 치매에 대해 효과는 입증되었지만 논란이 많은 치료법(정신병 환자들에게 결핵약인 투베르쿨린과 말라리아 기생충을 주입하는)으로 그 무렵 노벨상을 받았다. 제롬이 매독에 걸렸는지 여부는 알려지지 않았지만, 그의 희한한 행동과 정신병적 편집증은 이 질병의 전형적인 증상 가운데 하나다. 피에르 스톤버러Pierre Stonborough(제롬의 손자)는 그 가능성을 완강히 부인하지만, 제롬의 정신이상에 대해 달리 설명할 수 있는 이론이 없다. 사실이야 어떻든 바그너 야우레크의 치료법은 성공하지 못했고 제롬의 질환은 죽는 날까지 단속적으로 이어졌다.

⠶ 파울의 한 손 데뷔 무대

1916년 처음 몇 달 동안 비트겐슈타인 가족들은 각자 이런저런 건강상의 문제를 겪고 있었다. 비트겐슈타인 부인의 두 다리는 여전히 '극심한 통증'에 시달렸다. 부인은 다리를 수술받았고 몇 주간의 회복기 동안 휠체어 신세를 져야 했다. 시력도 문제였는데, 결국 완전히 실명하게 될 일종의 황반변성—중심 시력 상실—으로 짐작되는 현상이 급속히 진행되고 있었다. 헬레네는 위경련과 '관련 질환들'로 앓아누웠고, 그레틀은 빠르게 뛰는 심장이 걱정이었으며, 루트비히는 동부 전선에 온 정신이 팔려 있었고, 헤르미네와 제롬, 파울은 모두 손가락과 관련된 질환을 앓고 있었다. 우연히도 헤르미네와 제롬은 둘 다 감염으로 인해 오른손 손가락이 부어오르는 바람에 자원해 일하고 있던 병원을 그만두어야 했다. 파울은 욕실에서 미끄러지며 한 손을 바닥에 짚어서 손가락뼈가 부러졌다. 이 사고는 큰 타격을 주었다. 파울은 거의 한 달 동안 피아노를 칠 수 없었는데, 무엇보다 라보가 특별히 자신을 위해 작곡한 새 작품을 쳐보길 고대하던 중이라 더욱 안타까워했다. 라보로서도 이 일은 실망이었으니, 3월 11일(다친 지 두 달 반이 지난)이 되어서야 '내 사도, 파울'이 비트겐슈타인 궁전의 음악당에서 열린 개인 연주회에서 처음으로 자신의 작품을 연주할 수 있었기 때문이다. 이 연주회에서 레셰티츠키의 한 젊은 제자가 세컨드 피아노로 오케스트라 부분을 연주했다. 하지만 정작 그 위대한 폴란드 교사 자신은 이 연주회에 참석하지 못했다. 4개월 전, 파울이 라이트메리츠의 격리 병원에서 퇴원을 기다리는 동안 사망했기 때문이다. 연주회는 대성공이었다. 파울은 아름답게 연주했고, 라보가 노골적으로 기쁨을 표현하는 가운데 전곡이 앙코르로 연주되어야 했다.

10월 28일, 이번에 파울은 라보가 작곡한 다른 곡을 연주했다. 이 4중주곡에서는 작곡가의 제자인 로지네 멘첼이 한 손으로 연주할 수 있도록 피아노 파트를 편곡했다. 이번에도 연주회는 비트겐슈타인 궁전에서 개인적으로 열렸고, 이번에도 파울은 '매우 아름답게, 대단히 열정적이고 격정적으로' 연주했다. 작곡가는 행복해서 어쩔 줄 몰랐다. 파울의 연주에 대해 늘 부정적인 반응을 보이던 헤르미네조차 멘델스존의 두 곡의 소품곡을 "감정을 실어 매우 훌륭하게" 연주했다고 평가하며 그의 해석을 무척 좋아했다.

[헤르미네는 루트비히에게 이렇게 말했다] 당연히 나는 파울의 상황에 굉장히 속상했어. 그런 만큼 파울이 겪고 있는 많은 불편한 점들 때문에 음악을 계속 추구하려는 그의 권리를 인정하고 싶지

않았지. 그런데 파울이 감정을 실어 연주한 곡들을 듣고 난 지금은 그의 권리를 인정할 수 있게 되어 정말 기뻐.

관객 가운데에는 후고 크네플러Hugo Knepler라고 하는 마르고 우아한 인물이 있었다. 그는 인기 있는 빈 오케스트라 단장으로, 전쟁 전에 파울의 실내악 연주회 가운데 하나를 무대에 올리고 홍보를 도왔다. 크네플러(1944년에 아우슈비츠에서 살해당했다)는 라보의 콘체르트슈튀크 초연을 준비하는 임무를 맡았다. 마침내 1916년 12월 12일, 대중들은 정확히 3년 전 파울이 두 손으로 데뷔했을 때와 같은 홀(무지크페라인 황금홀)에서 같은 지휘자(오스카어 네드발), 같은 오케스트라(빈 톤퀸스틀러)의 연주로, 오케스트라와 왼손의 피아니스트를 위해 작곡된 음악을 처음 듣게 되었다.

파울은 어느 땐 한번 자리에 앉으면 일곱 시간씩 연습할 정도로, 이 연주회를 준비하기 위해 지나치게 성실하고 결연하게 노력했다. 그는 나중에 이렇게 고백했다. "마치 산을 오르기 위해 애쓰는 것과 같았습니다. 한쪽 길로 정상에 도달할 수 없으면 다시 내려가 다른 방향에서 처음부터 다시 시작하곤 했습니다." 그는 지치 백작과 그의 전 스승 말비네 브리로부터 몇 가지 유용한 조언을 들었지만, 두 손이 아니라 때로는 세 손, 네 손으로 연주하는 듯한 착각을 불러일으키기 위해 이용한 기교적인 페달링과 핑거링 기법들은 전적으로 자신이 창안한 것이었다. 그는 두 손으로 연주하는 피아니스트가 일반적으로 앉는 건반 중앙이 아니라 피아노의 오른쪽 끝에 자리를 잡고 앉음으로써 몸을 비틀지 않고도 손가락이 건반의 가장 높은 음을 칠 수 있도록 했다. 또한 꾸준히 연습을 거듭함으로써 손가락과 손목, 팔뚝에 엄청난 힘을 길렀고, 어느 땐 더 많은 힘을 싣기 위해 하나의 음을 주먹이나 두 개의 손가락으로 연주하기도 했으며, 엄지손가락과 집게손가락을 이용해 선율을 싣는 동안 가운뎃손가락과 넷째 손가락, 새끼손가락으로 다양한 음량을 전달하는 법도 익혔다. 그에게 가장 지대한 영향을 미친 획기적인 기법은 페달링과 손놀림을 결합한 것으로, 이 기법을 통해 다섯 손가락의 피아니스트가 절대 연주할 수 없는 화음을 낼 수 있었다. 중간 음역에서 피아노 현을 세게 두드리고 오른발로 미묘한 반페달링 기법을 씀으로써, 그리고 최저음에서 거의 들리지 않는 한두 개의 피아니시모 음을 곧바로 따라감으로써, 파울은 아무리 예리한 귀를 지닌 비평가라도 건반의 76센티미터 폭을 가로질러야 하는 화음을 왼손만으로 연주했다고 여기도록 속일 수 있었다.

　파울이 부딪친 가장 큰 어려움은 자신의 음악을 그 자체로 완벽하게 들리도록 만드는 것이었다. 단순히 '두 손 피아니스트의 반만이라도 잘하는 것'으로는 충분치 않았다. 하지만 오른손이 없다는 걸 기가 막히게 잘 감춘 그의 놀라운 성취는 오히려 새로운 저열한 문제들을 낳았다. 예를 들어, 광고 게시판에서 "파울 비트겐슈타인"이라는 이름을 본 대중들은 그의 연주를 감상하기 위해서가 아니라, 마치 싸구려 마술사나 유원지의 전시품을 구경하듯 그를 구경하기 위해 티켓을 구입하곤 했다. 루트비히가 형의 대중 연주회에 도저히 참석할 수 없었던 이유도 바로 이 때문이었다.

　한편 도움이 되는 측면도 있었는데, 파울은 자신이 처한 곤경 — 대단한 예술적 재능을 지닌 부상당한 젊은 전쟁 영웅이라는 — 이 여성들에게 무척 매력적으로 비친다는 사실을 알았고, 그것을 불쾌

하게 여기지 않았다. 성공한 클래식 음악가들은 전 세계 어느 곳에
서보다 빈에서 극진하게 대우를 받았으며, 파울의 안타까운 처지,
그의 남자다운 투지, 그리고 모두가 짐작하는 그의 어마어마한 은
행 잔고는 그를 이 도시의 마음 여린 모든 여성들의 우상으로 만들
기에 충분했다. 연령, 유형, 몸집을 막론하고 모든 여성들이 언제나
그의 재능을 진심으로 인정했으며, 그와 이야기를 나누고 그의 연
주에 감탄하기 위해 피아노 주위로 몰려들었다. 헤르미네는 루트비
히에게 이렇게 말했다. "어제는 힘없는 중년 부인들뿐이었지만, 젊
고 예쁜 여자들이 몰려들 때도 있어. 파울은 숙녀들을 얼마나 상냥
하고 매력적으로 대하는지 몰라(남자들에게는 퉁명스럽고 오만하면서
여자들한테는 대부분 호의적이지)." 어쩌면 헤르미네는 내심 파울에
게 약간의 질투를 느꼈는지도 모른다. "최근 한 여성이 눈에 눈물이
가득 고인 채 파울의 연주가 무척 감동적이라고 내게 말하더라. 누
구라도 그렇게 생각했을 거야! 어쨌든 우리가 그동안 파울에 대해
잘못 생각했다는 걸 깨닫게 되어 기뻐!"

파울의 왼손 연주회 데뷔를 광고하는 포스터에는 이 스타 연주자
가 한 팔을 잃었다는 사실에 대해서는 언급하지 않았다. 대신 그가
연주할 레퍼토리를 단순하게 나열하고(라보의 협주곡, 고도프스키의
쇼팽 연습곡 가운데 편곡 작품 세 곡, 바흐와 멘델스존 작품, 리스트의
〈리골레토 패러프레이즈〉), 그 아래에 작은 글씨로 일부 곡들은 왼손
을 위해 편곡된 작품으로 연주될 예정이라고 설명했다. 최근 예비역
사관후보생으로 지위가 오른 루트비히도 이번에는 연주회에 참석할
수 있었다. 이날 무척 초조한 모습을 보인 파울은 나중에 자신의 연
주가 형편없었고 실수가 너무 많았다고 불평했지만, 라보 ― "파울

에 대해 엄청난 열의와 대단한 관심을" 보인—는 파울을 과도하게 칭찬했다. 일주일 뒤, 빈의《신자유신문》에서 율리우스 코른골트는 모호한 비평을 게재했다.

파울 비트겐슈타인은 피아노를 연주하려면 두 손이 필요한 세상에서 한 손으로 피아노를 연주하는 것이 아니라, 모든 사람이 한 손만 있는 세상에서 한 손으로 연주하는 것이 자연스러운 것처럼 한 손만으로 피아노를 연주한다. …… 비트겐슈타인의 해석들은 격렬하면서도 섬세한 음악가의 그것이다. 이제 성공의 월계관을 쓴 데뷔 무대를 열었으니, 매우 능숙하게 사용할 수 있게 된 용감한 그 손을 잡아주자. 그의 왼손이 빚어내는 소리들은 더 이상 오른손이 없는 이 예술가의 비애를 드러내지 않으며, 오히려 손을 잃은 현실을 대단히 잘 견디고 있는 그의 승리를 표현해준다.

✌ 유럽의 격전

파울은 오랜 기간 한 손 연주회 데뷔를 준비하는 와중에도 '복지' 사업을 위해 어떻게든 시간을 내려 애썼다. 그는 군대를 위해 100만 크로넨을 기부하기로 맹세한 대로, 수천 장의 군용 외투를 만들어 지급하도록 계획함으로써 이 약속이 반드시 지켜지도록 조치했다. 러시아에서 파울은 적군이 입는 재킷에 비해 오스트리아군의 재킷이 굉장히 얄팍하다는 사실에 충격을 받았고, 시베리아에서 보낸 8개월간의 겨울이 전쟁포로들에게 견딜 수 없이 혹독했던 것도 바로 이 때문이라고 확신했다. 그는 보헤미아의 공장에서 튼튼하고 따뜻한 회색 직물 수천 꾸러미를 주문했지만, 재단사가 부족해 작업을 못 하게 됐다는 사실에 크게 실망했다. 대부분의 재단사들이 죽거나 부상을 당하거나 여전히 전선에서 전투 중이었기 때문이다. 파울은 특유의 투지를 발휘해, 나이 많은 재단사들에게 은퇴 생활을 접고 자신을 위해 일해 달라고 합스부르크 제국 주변의 도시들에 광고를 냈다. 이렇게 해서 작업이 완성되어 수만 벌의 군용 외투가 마침내 테플리츠의 창고로 배달되었고, 이곳에서 배급을 준비한 뒤 스웨덴을 경유해 러시아와 시베리아의 전쟁포로 수용소로 배급되었다. 1916년에 파울이 기부한 100만 크로넨은 그해에 국가에서 전쟁포로들의 의복에 지원한 전체 금액의 20분의 1에 해당했다.

루트비히 역시 오스트리아의 전투 활동에 100만 크로넨을 기부하기로 결심했지만, 현역에 복무 중이라 기부금을 관리할 수가 없었다. 그의 생각은—파울의 생각보다 덜 현실적인—거대한 신형 박격포를 만드는 것이었다. 당시 오스트리아 군대에서 가장 큰 박격포는 무게 22.9톤의 거대한 스코다Skoda 305mm 박격포로서, 842파운드의 포탄을 시간당 열 발의 비율로 1만 3000야드를 발사할 수 있었다. 이 박격포들은 전쟁 중에 생산된 가장 훌륭하고 강력한 곡사포였지만, 루트비히는 특유의 고집으로 이 박격포를 썩 만족스럽게 여기지 않았고, 더 성능 좋은 무기 개발을 위해 빈의 한 기금 단체에 자금을 송금했다. 하지만 이 자금은 한 번도 사용되지 못했다. 루트비히는 이 문제에 대해 더 알아보려 하지 않았는데, 오랜 세월이 지난 뒤 헤르미네가 그의 기부금 행방을 추적한 결과 1920년대 초인플레이션으로 인해 전액 증발됐다는 사실을 확인했다.

1916년 3월 말에 루트비히는 전선에서 자신의 능력을 입증할 기회를 얻었다. 폴란드 크라쿠프 동쪽 사노크Sanok에서 포병대 정찰병 임무를 맡게 된 것이다. 하지만 그는 여전히 스스로를 향한 혐오와 자기 주변의 전우들에 대한 강한 증오심에 사로잡혀 있었기 때문에, 직위가 바뀌었다고 해서 전우들과의 관계가 좋아지지는 않았다. "내 안은 증오로 가득 차 있어 영혼이 내게 다가오게 할 수가 없다. 하느님은 사랑이시다." 그는 부대에 소속된 군인들이 그를 싫어하는 이유는 단순히 그가 지원병이기 때문이라고 주장했지만, 아마도 그들은 루트비히의 자기중심주의와 오만한 태도 때문에 그를 싫어했을 것이다. 그의 공책에서 루트비히는 이렇게 인정했다. "그래서 나는 거의 항상 나를 싫어하는 사람들에게 둘러싸여 있다. 그리고 여전히 이 문제에 어떻게 처신해야 할지 모르겠다. 이곳에는 악의적이고 잔인한 사람들이 있는데, 그들에게서 눈곱만큼의 인간성도 찾아보기란 거의 불가능하다."

이러한 내면의 긴장 상태에도 불구하고 루트비히는 전투에서 형 못지않게 용맹한 모습을 보여주었다. 물론 그는 무섭도록 두려웠지만, 죽음을 목전에 두고 두려워한다는 건 "잘못된, 다시 말해 나쁜 인생을 살았다는 징표"라고 결론을 내렸다. 6월부터 8월까지 루트비히는 브루실로프 공세Brusilov Offensive에 맞서야 했다. 알렉세이 브루실로프Alexei Brusilov 지역 사령관이 지휘하는 러시아 제국 군대는 치밀한 계획하에 대대적인 돌격을 펼쳤고, 그 결과 오스트리아-헝가리 제국은 병력 150만 명을 잃었으며(포로로 잡힌 40만 명을 포함해), 그리하여 오스트리아-헝가리군은 이후 전쟁 기간 내내 방어 태세를 취해야 했다.

신앙심이 한창 깊어졌을 때 루트비히는 장교 진급을 받아들이지 않겠노라 결심했고, 가족들은 그에게 제발 입장을 철회하라고 간곡히 요청하며 설득했다. "어쩌면 넌 내가 생각하는 것처럼 이상한 사람은 아닐지도 몰라." 헤르미네는 루트비히에게 보내는 편지에 이렇게 썼다. "하지만 나는 네가 진급을 힘든 일을 회피하는 어떤 구실로 여길까 봐, 그래서 이것이 생사와 관련된 문제일 수 있다는 걸알지 못할까 봐 걱정돼.⋯⋯ 나는 이 일이 웃고 넘어갈 문제가 아니라고 생각해!" 파울은 포로로 잡히는 것이 얼마나 위험한 일인지 상기시켰다. "만일 내가 시베리아에 포로로 잡힌 일반 사병들과 같은 처우를 받아야 했다면, 나에게 그건 분명 죽음을 의미했을 거야." 결국 루트비히는 자신의 운명을 받아들여 예비역 중위로 진급했다. 하지만 새로운 신앙은 그를 극한까지 시험하도록, 그가 가장 높게설정한 기준에 도달하도록 끊임없이 요구했기 때문에, 결국 그는가장 위험한 교전이 벌어지는 지역에 배치해달라고 수시로 상관을 졸랐다. 1916년 5월에 그는 자주 적의 포화에 휩싸이는 곳이라는걸 잘 알면서도, 관측탑에 배치해달라고 정식으로 자원했다. "어쩌면 죽음을 가까이하는 것이야말로 내 삶에 빛을 가져다줄지도 모른다." 루트비히는 이렇게 숙고했다. 1년 뒤에 루트비히는 파울의 협조를 얻어, 포병대에서 더 위험한 보병대로 이동을 허락해달라고여러 상급 장교들에게 요청했다. 빈의 장교 클럽 회원인 파울은 인맥을 이용해 동생의 대의에 힘을 보태주었지만, 결국 아무런 성과도 얻지 못했다. 한편 영국군과의 전투에서 루트비히는 폭격 속에서도 "용감하고 차분하며 침착하고 영웅적인 행동"으로 대처한 것을 인정받아, 휘장에 여러 개의 검이 장식된 무공훈장을 받았고, 전쟁이 끝날 무렵엔 훈장을 수차례 더 받았다.

1916년 3월에 파울은 전쟁이 시작된 그달에 행한 용감한 활약을 인정받아 마침내 무공십자훈장(3등급)을 받아 중위로 진급했다(1915년 9월부터 소급). 10월에는 더 높은 등급의 무공십자훈장(2등급)을 수여받았다. 파울의 가슴에 훈장을 달아준 사람은 서른다섯 살의 독일인 귀족 메클렌부르크Mecklenburg 대공이었는데, 실연으로 가슴 아파하던 그는 훈장수여식을 거행한 지 15개월 후 노이슈트렐리츠Neustrelitz 부근의 숲으로 개를 데리고 산책을 나갔다가 머리에 총을 쏘아 자살했다.

℘ 미국의 참전

미국의 우드로 윌슨Woodrow Wilson 대통령은 미국의 참전을 요구하는 로비 단체와 절대로 전쟁에 관여해서는 안 된다고 주장하는 로비 단체 사이에서 중립을 지키기 위해 2년 이상 최선을 다해왔다. 그러나 1917년 3월 18일, 세 척의 미국 상선이 독일 잠수함에 침몰하는 사건이 발생하자, 안 그래도 연합국을 지지해야겠다는 생각이 막 싹트던 차에 대통령은 더욱 확고하게 의지를 굳히게 되었다. 4월 2일, 의회는 특별 회의를 열었고 이틀 뒤에 상원은 90표 대 6표로 전쟁에 찬성하는 결의안을 통과시켰다. 17시간의 논의 끝에 하원에서도 373표 대 50표로 전쟁에 동의했다. 결의안이 가결되자 양원의 방청석에서는 열렬한 환호성이 터졌지만, 백악관으로 돌아온 윌슨은 두 손에 머리를 묻으며 흐느껴 울었다. "내 성명서는 젊은이들에게 살인이나 다름없다. 이런 성명서에 박수를 보내다니 정말 괴상한 일이 아닌가."

제롬 스톤버러는 미국에서 날아온 소식을 듣자마자 가족들을 데리고 곧바로 오스트리아를 떠났다. 그레틀은 빈에서 할 일이 있다, 다른 나라로 이주하고 싶지 않다고 주장하며 이의를 제기했지만, 남편은 막무가내였다. 그리하여 윌슨 대통령이 선전포고를 한 지 여드레만인 4월 14일에 스톤버러 가족은 중립국인 스위스 취리히의 한 호텔에 도착했다. 그레틀은 자신이 언제나 모든 일의 중심에 있어야 하고 언제나 유용한 존재라고 믿고 싶어했기 때문에, 오스트리아를 떠난 망명 생활은 앞에 나서기 좋아하는 그녀에게 맞지 않았다. 오스트리아에서 정치인들, 잘 나가는 외교관들, 유명한 화가, 작곡가, 연주자들을 끊임없이 만나며 사교생활을 이어오던 그레틀은 그들과 헤어지고 싶지 않았다.

그레틀은 스위스에 도착한 후로 우울증에 빠져, 잠깐 산책을 하거나 한번 구입해볼까 싶은 피카소 작품을 보러 갈 때만 자리에서 일어날 뿐, 몇 주 내내 하루 종일 침대에 누워 지냈다. 이따금 외로움, 고향을 향한 그리움, 저돌적인 애국심 같은 들끓는 감정들을 주체하지 못할 때도 있었다. 심장질환에 의한 섬유성연축으로 스트레스를 받았고, 이런 증세가 나타날 때면 혼자 이렇게 중얼거리곤 했다. "맙소사! 또 시작이네. 이제 세상의 모든 겁쟁이들에게 찾아오는 지독하게 무익한 죽음을 맞겠군." 그레틀의 우울증은 극심한 건강염려증과 죽음에 대한 편집증적인 두려움으로 더욱 악화되었다. "나는 늘 죽음을 생각하며 항상 내 마지막을 상상한다." 그레틀은 자신의 일기에 이렇게 썼다. "아무래도 고향으로 돌아가기 전에 죽음을 맞을 것 같다. 그러므로 그곳으로 돌아가는 건 감히 생각할 수도 없다."
루트비히와 마찬가지로 그레틀 역시 톨스토이식 기독교 제단의 난
간 뒤에 숨어들었다. "나는 양심에 떳떳하므로, 육체적인 건강과 별
개로 잘 지내고 있다. 톨스토이의 글처럼 '육체에 묶여 있지만 정신
을 통해 자유롭다.'"

　제롬의 경우, 스위스 이주는 신경증적 불안에 기름을 붓는 꼴밖에
안 되었다. 그는 몇 달 뒤 가족을 데리고 취리히를 떠나 요새화된 호
숫가 마을 루체른Luzern으로 다시 이동해 내셔널 호텔Hotel National에
서 머물렀다. 그러나 새로운 장소에 도착하자마자 제롬은 또다시 다
른 곳으로 옮길 계획을 세우기 시작했다. 상황이 이러니 생활에서 지
속성을 찾을 수가 없었고, 생모리츠St Moritz에서 바트 타라스프-불페
라Bad Tarasp-Vulpera로, 베른Bern으로, 로잔Lausanne 근처 우시Ouchy로,
그리고 다시 루체른으로 동에 번쩍 서에 번쩍 이동을 거듭할수록 그
레틀과 제롬 간의 긴장은 또다시 한계 상황에 이르게 되었다.

　제롬은 장남인 토미를 데리고 무기한 미국으로 떠나야겠다고 고
집했다. 그레틀은 이런 제롬의 태도에 부아가 치밀었지만 반발하지
않으려고 최선을 다해 노력했다. 당시 열한 살인 아들이 정서불안
증상을 보이기 시작한 데다, 아들이 독일을 떠나 영어를 사용하는
학교에 다니는 것을 결코 바라지 않았지만, 평생 함께 살아야 할 사
람과 다퉈봤자 무슨 이득이 있겠나 싶어 아무런 조치도 취하지 못
했다. "이럴 땐 어떻게 해야 할까?" 그레틀은 언니에게 이렇게 물었
다. "내가 반대하고 나선다면 결론은 이혼밖에 없을 텐데. 제롬은
이혼, 이혼 노래를 부르지만, 아이들 때문에라도 나는 동의할 수 없
어. 아이들을 위해서, 그리고 그이를 위해서 말이야. 왜냐하면 그이

는 자기가 무슨 말을 하는지 모르고 있거든."

그레틀은 오빠 쿠르트가 뉴욕에서 돌아오길 간절히 기다렸지만, 1917년 4월에 스위스로 이사하는 바람에 오빠를 만나지 못했다. 헤르미네는 그레틀에게 이렇게 알렸다. "쿠르트는 3년 전 집을 떠났을 때하고 똑같이 덩치 큰 아이의 모습으로 돌아왔어. 하지만 지금 그게 중요한 게 아니야. 쿠르트는 일요일마다 집에 오는데 아이들과 집안 곳곳을 정신없이 돌아다녀. …… 그에게 모든 일이 순조롭게 풀리길 바라자!" 쿠르트는 빈에서 북쪽으로 10마일 떨어진 곳에 위치한 슈토케라우Stockerau의 도나우강 마을에서 2개월 동안 보병대 장교 양성 훈련을 받았다. 1917년 7월 15일에는 6주간의 훈련을 위해 후방으로 보내졌다. 그의 어머니는 다리가 너무 아파서 도저히 감정을 자제할 수 없을 때를 제외하면 아들과 헤어져야 하는 슬픔을 결코 입 밖에 꺼내지 않았다. 비트겐슈타인 가족들은 아름다운 음악을 연주하면서 힘든 감정들을 묻어두었는데, 쿠르트가 전쟁을 위해 집을 떠나기 직전에도 그와 어머니는 피아노 앞에서 몇 시간 동안 슈베르트 4중주를 연주했다. 헤르미네는 이렇게 썼다. "이런 방법이라도 있어서 얼마나 다행인지 모른다. 어쨌든 이건 삶이 가져다주는 축복이다!"

파울의 바뀐 성격

시베리아에서 돌아온 파울은 쾌활함이라는 가면을 쓰고 가족을 맞았지만, 가면을 쓴 채 오래 버틸 수가 없었다. 의연하게 슬픔을 견디겠노라는 결심에도 불구하고 거듭되는 슬픔과 아픔 속에서 마침내 균열이 드러나기 시작했다. 더디게 서서히 패배로 향하고 있는 끝도 없는 전쟁은 말할 것도 없고, 아버지에 대한 기억, 자살한 한스 형과 루디 형에 대한 기억, 크레포스트에 전우들을 두고 왔다는 죄책감, 한쪽 팔을 잃은 자신의 현재 모습에 대한 암울한 자각, 경력이 끝났다는 불안감, 루트비히의 불안정한 정신에 대한 걱정, 빈에 불어 닥친 굶주림과 질병에 대한 생각, 온갖 형태의 좌절들(예술가로서, 가족으로서, 성적으로), 이 모든 것이 그를 괴롭혔고 마침내 그의 도덕적 균형을 파괴하려 들었다.

11월에 빈에 돌아온 이후 파울은 서서히 쇠약해지고 있던 하녀 로잘리 헤르만을 돌보았다. 키가 크고 마른 그녀는 외할머니의 전 하인으로 많은 존중을 받았으며, 파울이 어린 시절 이후 특별히 가깝게 지내온 사람이었다. 로잘리는 비트겐슈타인 아이들 가운데 파울을 가장 아꼈고, 파울도 대부분의 아들들이 자기 어머니를 대할 때와 같은 애정으로 그녀를 대했다. 로잘리는 53년 동안 레오폴디네의 어머니, 칼무스 부인Frau Kalmus의 하녀로 고용되었다. 칼무스 부인은 로잘리가 브람스 광장의 고급 아파트에서 독립해 생활할 수 있도록 충분한 돈과 가구를 물려주었지만, 그녀가 기침 발작이 시작되고 건강이 약해지자 비트겐슈타인 부인이 그녀를 알레가세 궁전의 훌륭한 침실로 들어오게 했다. 이때부터 파울은 매일 그녀에게 싱싱한 꽃을 가져다주고, 그녀의 침대 맡에 앉아 이야기를 들려주며, 농담을 건네고, 책을 읽어주고, 음악을 연주해주었다. 로잘리는 임종을 맞으며 수개월 간 고열과 보기 흉한 부종에 시달리느라 야윌 대로 야위었는데, 죽음 앞에서 보여준 그녀의 금욕적인 태도에 가족 모두가 깊은 감동을 받았다. 로잘리는 1916년 5월에 병원에 입원했고, 사망한 후 명예롭게 비트겐슈타인 가족 묘지에 카를의 옆자리에 묻혔다. 그녀는 죽기 전에 침대 매트리스 밑에 비트겐슈타인 부인 앞으로 감사 편지를 놓아두었다. 로잘리는 불평이 많은 식구들 사이에서 중재자 역할을 맡았었다. 파울은 누구보다도 그녀를 잃은 상실감이 깊었다.

로잘리의 죽음 이후 파울은 짜증과 예민한 성격이 점점 심해져 가족들이나 낯선 사람들, 손님들과 함께 있는 자리에서 격하게 화를 폭발하곤 했다. 헤르미네와 비트겐슈타인 부인은 그의 '미친 사람 같은 변덕'이 자주 반복되자 걱정하기 시작했고, 그레틀은 취리히로 떠나기 직전에 그를 호되게 나무랐다. 그런데 놀랍게도 파울은 몹시 미안해하며 자신의 잘못을 깊이 뉘우치는 것이었다. 그는 툭하면 짜증을 내는 자신의 성격 때문에 스스로도 무척 괴로워하고 있으며, 그녀가 질책하는 것도 아주 당연하게 생각한다고 감동적인 말투로 그레틀에게 설명했다. 헤르미네는 루트비히에게 편지로 이렇게 썼다. "필요하다면 그레틀의 호된 꾸지람이 반복되어야 할지도 모르겠어. 그것도 파울이 이미 부탁한 것처럼 아주 엄하게 말이야." 루트비히는 크게 놀랐다. "나로서는 상상도 안 되는 일이야. 하긴 이 세상에 상상할 수 없는 일이 어디 한둘이겠어." 한동안 그레틀의 단도직입적인 태도가 효과가 있는 듯 보였고 헤르미네도 파울이 "완전히 변했다"고 전했지만, 스톤버러 부부가 취리히로 출발하자마자 파울은 다시 원래 모습으로 돌아왔다.

루트비히가 제시한 해결책은 파울이 궁전에서 나와 빈의 다른 곳에 거주할 아파트를 직접 알아보는 것이었지만, 헤르미네는 어머니와 단둘이 생활해야 할지 모른다는 생각에 몸서리를 치며 파울이 집에 머물러야 한다고 고집했다. "엄마하고 나는 마주치기만 하면 충돌이 일어난단 말이야." 헤르미네는 이렇게 썼다. "나 혼자 남게 되면 집안은 완전히 썰렁해질 거야." 파울이 바르게 행동할 땐 비트겐슈타인 부인과 헤르미네가 단둘이 있을 때와 달리 궁전에 활기를 불러일으킬 수 있었다. 두 사람은 지나치게 말이 없었고 지나치게 걱정이 많았다. 헤르미네의 과묵함은 그녀의 관점에서 보았을 때 전염된 것인 한편, 비트겐슈타인 부인의 경우는 낯선 손님들이 "자식들과 아무런 관련이 없는 경우 그들로부터 별로 즐거움을 얻지 못하기" 때문이었다. 반면 파울은 워낙 활동적이고 분주하게 생활했기 때문에, 재미있는 사람들이 끊임없이 집에 드나들어 그들의 일상을 활기차게 만들어주었다. 뿐만 아니라 파울은 어머니와 피아노2중주를 연주해 어머니의 기운을 북돋을 수도 있었다. 따라서 발작적인 광기에도 불구하고 파울이 집에 있는 것이 이득이라고 여겨졌던 터라 그가 머무는 것에 대해 모두가 동의했다. 헤르미네가 인정한 것처럼, 어쨌든 "집에서 활기찬 사람들과 함께 시간을 보낸다고 해서 이따금(심지어 여러 번) 일어나는 불쾌한 상황들이 크게 줄어들지는 않겠지만."

파울은 궁전 2층에 자신이 생활할 독신남 스위트룸을 마련했다. 따로 떨어진 계단을 통해 출입하고, 창문으로 저 아래 마당과 정원이 내려다보이는 이곳은 거실(식탁이 마련된)과 욕실, 침실로 이루어져 있어, 파울은 하인들이 올려다 주는 식사를 하면서 이곳에 틀어박혀 지낼 수 있었다. 궁전에 있는 일곱 개의 그랜드 피아노 가운데 하나가 이곳에 있었는데, '제정신이 아닌 날'에는 왼손으로 격렬하게 건반을 두드리며 누구의 방해도 받지 않고 몇 시간이고 연습을 했다—그런 행동이 헤르미네에게는 아버지를 연상시켰다. "유감스럽게도 [아빠의] 불안한 정서가 파울의 피아노 연주에서 고스란히 되살아나 나는 몹시 고통스럽다. 파울이 2층에서 연습하는 소리를 듣고 있노라면 내가 생각하고 느끼는 방식과 단 한 부분도 일치하는 곳이 없다. 그의 연주는 나에게 고문이며 영원한 슬픔의 원천이다."

아버지처럼 파울도 좀처럼 성질을 통제하지 못했는데, 그건 그의 형제들 모두 마찬가지였다. 세 형제가 모일 때면 언제나 최악의 말싸움이 벌어졌다. 그들은 서로를 향해 고함을 질러댔고, 어느 땐 이 방에서 저 방으로 옮겨 다니며 오후 내내 논쟁을 벌였다. 그 때문에 비트겐슈타인 부인은 세 형제가 모두 모여 있는 모습을 보고 싶어 하면서도 막상 그 바람이 현실로 이루어지면 신경이 바싹 곤두섰다. 그리고 그 책임은 주로 파울에게 있다고 여겨졌다.

루트비히와 마찬가지로 파울도 바쁠 때 가장 행복했고, 특히 집에서 벗어나 있는 걸 무척 좋아했다. 재입대를 기다리는 1년 동안 파울은 빈을 벗어나 다른 지역에서 여러 차례 연주회를 열었다. 라보의 협주곡은 그에게 성공의 길을 열어주었다. 당국은 그의 연주가 떨어지는 사기를 북돋워주는 영감의 원천이 된다고 판단했다. 부상당한 군인들이 모두 그렇게 운이 좋은 건 아니었다. 흉측한 몰골이 되어 전선에서 돌아온 군인들은 잠긴 병원 문 뒤에 수용되었기 때문에 일반인들은 그들은 볼 수가 없었다. 하지만 파울은 그의 투지를 마음껏 자랑하도록 격려를 받았고, 1917년 처음 몇 달 동안 폴란드의 브로츨라프Wroclaw, 체코의 클라드노Kladno, 테플리츠, 브르노Brno, 프라하를 순회하며 군인들, 환자들, 철강 노동자들로 구성된 관객들 앞에서 연주해 엄청난 성공을 거두었다. 이 연주회 가운데 최소한 세 곳에서 라보의 새 작품을 연주했는데, 작곡가는 매우 기뻐하며 파울이 여름에 연주회를 준비할 수 있도록 왼손을 위한 두 번째 피아노협주곡을 작곡하기 시작했다.

1917년 3월에 파울은 베토벤 홀Beethovensaal에서 베를린 초연 무대를 가졌다. 당시 독일의 수도는 전 세계 주요 음악 중심지 가운데 한 곳이었으며, 베를린 사람들의 음악을 향한 욕구는 지칠 줄을 몰랐다. 1939년 무렵 이 도시는 최소한 81개의 오케스트라, 200개의 실내악단, 600개 이상의 합창단 수를 자랑했다. 베를린과 빈에서 전문 피아노 연주자로 호평을 받는다는 건 곧 세계 무대에서 성공했다는 걸 의미했다. 파울은 은행 견습생 시절 이후로 한 번도 베를린을 방문한 적이 없었고 이곳에 대해서는 늘 착잡한 심정이었다. 당시 그는 베를린의 음악은 즐겼지만, 쿠어퓌어스텐담Kurfürstendamm과 타우엔친슈트라세Tauentzienstrasse에 있는 하숙집들을 "싸구려 잡동사니와 싸구려 그림들로 가득 차 있고, 사람이 살기에 적당하지 않은데도 너무나 많은 사람들이 살고 있는 아주 끔찍한 장소이며, 최악의 의미에서 중산층"이라고 조롱하곤 했었다.

홍보를 대충 하는 둥 마는 둥해서 절반은 비어 있을 거라 예상한 객석은 실제로는 가득 메워졌으며, 관객들도 모두 음악을 즐길 줄 아는 안목이 높은 애호가들이었다. 빈으로 돌아오는 길에 파울은 헤르미네와 어머니로부터 연주가 어땠는지 알려달라고 닦달을 받았지만, 병적일 정도로 혼자 있는 시간을 필요로 하는 터라 그들이 그렇게도 듣고 싶어하는 소식을 한사코 전하지 않았다. 그 바람에 두 모녀는 닷새가 지나서야 파울의 쾌활한 태도를 보고 연주가 대성공을 거두었음을 미루어 짐작할 수 있었다. 헤르미네는 동생을 대신해 크게 기뻐했다. 그녀는 파울의 음악보다는 언제나 잘린 오른손에 더 관심을 갖는 끔찍한 빈 사람들과 달리, 베를린 사람들은 전적으로 연주 실력만으로 파울을 평가했다고 생각했다. "그리고 그건 정말 대단한 일이야!" 그녀는 이렇게 말했다.

ꙮ 전쟁 막바지

1916년 11월 21일, 프란츠 요제프 황제의 사망은 오스트리아의 사기를 크게 떨어뜨렸다. 68년간 오스트리아를 통치한 그는 개혁을 싫어했고, 사소한 궁정 의전에 집착해 자주 조롱을 받기도 했지만, 오랜 통치 기간은 그에게 익숙함과 관습적인 느낌을 부여함과 동시에 차츰 권위적인 분위기를 더해주었다. 어쩌면 그가 성취한 것 이상으로 상징적인 존재로 여겨졌는지 모르지만, 어쨌든 그는 오스트리아와 16개의 속국을 장기간 평화와 안정 속에서 이끌어왔다. 슈테판 츠바이크는 자신이 자라온 제1차 세계대전 이전의 이 시기를 "안보의 황금기"라고 불렀으며, 1916년을 살았던 사람치고 그 시기를 다르게 기억하는 사람은 거의 없을 것이다. 하지만 그 해 11월엔 모두들 전쟁으로 차츰 지쳐갔고 사기도 떨어졌다. 아무리 우렁찬 트럼펫 소리도, 화려한 장례의식도 국민들을 비관적인 혼수상태에서 깨어나게 하지 못했으며, 예전에 가졌던 국가에 대한 자부심을 회복시키지 못했다. 지키고 유지하기 위해 군대가 싸워왔던 모든 것들이 이제는 돌이킬 수 없을 정도로 훼손된 것 같았다. 편안하고 변함없으며 느긋하고 쾌락주의적인 오스트리아 국민의 삶은 2년간 전쟁이라는 격변을 겪으며 흐트러진 지 오래였고, 팔순 황제의 사망으로 인해 이제는 "어제의 세계"가 되어버렸다.

비트겐슈타인 집안사람들은 기질적으로는 확실히 군주제 지지자였지만, 귀족은 아니었고 궁정 사회에 진입하지도 않았다. 카를의 후손들 가운데 일부는 카를이 귀족의 성 앞에 붙이는 'von'이라는 존칭을 수여받았으나 도덕적인 이유로 거절했다고 주장한다. 하지만 사실 카를은 자신이 오스트리아 지배층에게 과소평가되고 있다고 생각했으며, 합스부르크 제국으로부터 눈곱만큼의 관심만 받아도 좋아서 어쩔 줄 몰랐다. 한번은 황제께서 자신의 승마 자세가 좋다는 걸 알아보셨다며 무척 기뻐했고, 그의 공장 가운데 한 곳에 황제께서 친히 방문한 일을 대단히 중요하게 생각했다. 아들들이 모두 어렸을 때 카를은 아이들의 귀를 잡아당기곤 했는데, 그래도 아이들이 얌전히 있으면 "상류계급Hochgeborne!"이라고 외쳤고, 아이들이 아프다고 엉엉 울거나 꺅꺅 소리를 지르면 "하류계급Nichtgeboren!"—직역하면 "태어나지 않은"—이라며 고함을 쳤다.

헤르미네와 파울은 비트겐슈타인 집안의 황제가 사망함으로써 한 시대가 끝났다고 생각했더라도 겉으로는 내색하지 않았다. 그렇지만 그들은 알레가세와 노이발데크에 있는 두 곳의 궁전을 개조하고 실내장식을 바꿈으로써 과거와 차단하기 위해 의식적으로 노력했다. 헤르미네는 새로운 디자인이 "아빠에게 묶여 있는 어머니의 끈을 풀어주길" 기대했는데, 특정한 장식들 안에 고스란히 남아 있던 카를의 고압적인 성격의 흔적들을 제거함으로서 마침내 형제들 모두를 만족시켰다.

왕실에서는 종손인 카를 폰 합스부르크 로트링겐Karl von Habsburg-Lothringen대공이 황제의 자리를 이어받았다. 짧은 재임 기간 동안 카를 1세 황제로 불린 그는 즉시 화평을 청하려 했지만, 1917년 말 오스트리아 군사 지휘권 대부분을 독일에 이양하는 것에만 성공했을 뿐이었다. 한편 사기가 떨어져 다 쓰러져가던 오스트리아 군대는 동부 전선에서 펼친 러시아와의 전투에서 기적적으로 승리를 거두었다. 이 승리는 오스트리아 군대가 우세해서라기보다 러시아 내부의 정치 상황과 더 관련이 있었다. 러시아 2월 혁명으로 전제군주 체제가 물러나고 새로 설립된 임시정부는 자국 내에서 인기를 강화하기 위해 갈리치아 지역 전체에 대대적인 공세를 펼치도록 명령했다. 열흘간의 전투 끝에 극적으로 영토를 획득한 후 지친 러시아 군대는 갑자기 의욕을 상실해 싸움을 계속하려 하지 않았다. 바로 이때 오스트리아–독일 군대가 맹렬하게 역습을 가하는 쪽으로 방향을 돌렸고, 그 바람에 러시아 군대는 동쪽 150마일 위치로 후퇴해야 했다. 이 같은 비극적인 굴욕에 모스크바의 많은 국민들은 즉각적인 종전을 요구했지만, 임시정부 지도자 알렉산더 케렌스키Alexander Kerensky가 굴복을 거부하자 이내 혼란이 뒤따랐다. 라트비아인, 에스토니아인, 리투아니아인들은 러시아로부터 독립을 요구하기 시작하는 한편, 전쟁 종식에 찬성하던 영향력 있는 볼셰비키는 이른바 10월 혁명에서 재빨리 권력을 장악했다. 그리고 두 달 후인 12월 15일, 레닌의 특사인 레온 트로츠키Leon Trotsky가 브레스트–리토프스크Brest-Litovsk에서 동맹국들과 휴전 협정에 서명함으로써 러시아의 참전은 사실상 종식되었다.

이러한 큰 사건들은 비트겐슈타인 형제들 각자의 생활에 불가피하게 영향을 미칠 수밖에 없었다. 7월에 공격이 진행되는 동안 루트비히는 전우들과 부코비나Bukovina의 전방 진지에서 롬니카Lomnica 서쪽 강변으로 후퇴해야 했다. 그 후 러시아의 사기가 갑자기 약해지고 궤멸이 시작됐을 땐, 먼저 체르노비츠Czernowitz의 탈환을 위해, 이후 8월 말엔 보얀Bojan의 탈환을 돕기 위한 반격에 합류했다 —이 전투들로 루트비히는 다시 한 번 훈장을 받았다. 러시아군이 마침내 전쟁에서 철수하자 오스트리아 병력은 동부 전선에서 남부로 관심을 돌릴 수 있었고, 1918년 봄에 루트비히는 이탈리아 비첸자Vicenza의 아지아고Asiago 부근 알프스 전선에 배치되었다.

사형의 위협은 염두에 두지 않은 채 파울은 1915년 11월 빈에 돌아온 순간부터 다시 참전하기로 결심했고, 동생과 마찬가지로 가장 위험한 지역에 배치해달라고 요구했다. 하지만 현역에 다시 복귀하려는 파울의 목적은 루트비히와 달리 전적으로 애국심에 의한 것으로서, 정신적인 수양과는 전혀 관계가 없었다. 1916년 3월에 훈장을 수여받았을 때 1696크로넨의 연금과 함께 은퇴를 명받았지만, 파울은 이를 거부했다. 파울은 전쟁에서 계속 싸우기로 결심하여, 빈에 있는 그의 모임에 소속된 장군들에게 로비를 하고, 코가 빨간 은퇴한 기병대 장군인 외삼촌 요제프 폰 지베르트Josef von Siebert의 팔을 비틀어가며 오랜 시간 떼를 쓴 끝에, 마침내 1917년 8월에 소집 영장을 받았다. 어머니와 다른 누나들은 대체로 그가 올바른 결정을 내렸다는 데 동의했지만, 헤르미네는 전선에서 너무 가까운 곳에 배치되지 않길 바랐다. "우리는 파울을 위해 무엇을 바라는 것이 가장 좋을지 잘 알지 못한다." 헤르미네는 이렇게 썼다. "파울이 피아노 연주를 얼마나 열정적으로 사랑하는지 생각한다면, 이제 불완전한 사람이 되어버린 그가 또다시 부상을 입는다는 것이 그에게 어떤 의미일지 차마 말하기조차 힘들다. 그는 오직 연주만을 위해, 그리고 연주에 의해 살고 있다." 오스트리아 카린티아Carinthia 필라흐 Villach에 있는 육군 본부에 배치 명령을 받았을 때, 파울은 "그렇게 위험한 곳이 아니라는 사실에 다소 분해했다."

파울은 몇 주 동안 필라흐 서쪽의 작은 마을, 헤르마고어Hermagor에서 잡다한 사무를 위임받았는데, 이 일은 그를 산만하고 짜증나게 만들었다. 하지만 1917년 9월 말부터는 우크라이나 서쪽 블라디미르 볼린스키Wladimir Wolynski에 위치한 제4군 사령부에 전배되어 통신실 업무를 담당하게 되었다. 이곳에서 그는 한 손으로 휴즈Hughes 인쇄전신기를 작동할 수 있다는 걸 알게 되었다. 이 기계는 각각 열네 개의 흰색 키와 검은색 키로 구성되어 피아노 건반과 아주 흡사하게 생긴 작은 키보드로 이루어져 있는데, 파울의 동료 장교는 그들이 두 손으로 하는 것보다 파울이 한 손으로 타이핑하는 속도가 더 빠른 걸 보고 깜짝 놀랐다.

1918년 2월 말, 유능한 사령관 카를 그라프 폰 키르히바흐 아우프 라우터바흐Karl Graf von Kirchbach auf Lauterbach가 군복무를 계속할 수 없게 되면서 그의 지휘하에 있던 오스트리아-헝가리 제4군이 해산되는 바람에 파울은 몇 주간 휴가를 얻었다. 헤르미네는 집에 돌아온 파울이 "매우 상냥하고 붙임성 있다"는 걸 확인했다. 이번만큼은 파울과 쿠르트 사이에 한 번도 마찰이 일어나지 않았지만—최소한 그녀가 아는 한에서는—헤르미네는 루트비히에게 이렇게 말했다. "한층 정교하게 조율되어 있는 네 감각이 이곳에서 발휘되지 않은 게 천만다행이었어 — 네가 있었더라면 조금만 긴장이 감돌아도 귀신같이 알아차려서 오히려 상황을 더 악화시켰을 게 분명하니까 — 그만큼 두 사람은 너무 다르잖아."

다시 군대에 복귀한 파울은 이탈리아의 가르다 호수Lake Garda 북쪽에 위치한 요새 지역, 리바Riva에 배치되어 쉰다섯 살의 안톤 폰 시서Anton von Schiesser 장군의 부관으로 복무했다. 시서 장군은 1918년 11월에 이탈리아에 포로로 잡혔지만, 리바 지역을 지키려는 용기와 투지로 (이 일로 나중에 귀족의 작위에 오르게 됐다) 국민적인 영웅이 되었다. 인스브루크Innsbruck에서 은퇴 생활을 할 땐 거리를 지날 때마다 경례를 받았고, 1926년 사망했을 땐 셴켄펠덴Schenken-felden에 있는 그의 생가에 리바에서의 활약을 기리는 명판이 부착되었다. 1918년부터 시작된 시서에 관한 공식적인 군사 보고서에는 그에 대해 "매우 유능하고 적극적이며 활기찬 장군. 임무에 충실하며 …… 건장하고 의지력이 강한 사령관"으로 기록되어 있다.

파울이 리바에 배치되면서 비트겐슈타인 삼형제 모두 이탈리아 전선에서 수백 마일 내에 배치되었지만, 이런 상황은 오래 지속되지 않았다. 무슨 이유에서인지 모르겠지만 1918년 8월에 파울이 제대를 하게 된 것이다. 군대에 복무하려는 의지가 워낙 확고했고, 전쟁 후 자신의 병무 기록을 자랑스럽게 여겼던 터라, 파울이 스스로 제대를 했다거나 불명예스러운 이유로 군대를 떠났다고는 생각할 수 없다. 어쩌면 건강상의 이유와 관련이 있을지 모르는데, 7월 중순에 가족들과 노이발데크에서 휴가를 즐기는 동안, 파울이 고열로 쓰러져 몇 주 동안 몸져누워 있었다. 회복될 무렵에는 리바의 상황이 너무 혼란스러워 복귀하기 어려웠을 수도 있고, 종전이 몇 개월 남지 않은 시기라 새로운 보직을 찾지 못했을 수도 있다.

　파울의 질병(심한 유행성 독감)이 스페인 독감이라고 알려진 악성 질환으로, 이후 유럽 전역에서 2000만 명 이상의 목숨을 앗아간 것과 같은 종류였을 수도 있다. 이 질병은 그해 10월 빈에 유행한 것으로 공식 인정되었는데, 당시 사망자들 가운데에는 스물여덟 살의 화가 에곤 실레Egon Schiele와 그의 임신한 아내 에디트Edith도 포함되었다. 이 병에 걸린 사람들이 모두 사망한 것은 아니었으며, 가장 효과적인 치료법은 이 질병에서 살아난 사람으로부터 수혈을 받는 것이라는 사실이 곧 밝혀졌다. 최악의 경우 환자의 얼굴이 파랗게 변하고, 기침을 하다가 피를 토하며, 이내 폐가 체액에 잠긴다. 에디트 실레는 10월 26일에 처음 증상이 나타났고 28일에 사망했으며, 사흘 동안 그녀를 간호하던 남편은 28일에 얼굴이 파랗게 변하다가 31일에 사망했다. 같은 달 비트겐슈타인 집안의 하인 다섯 명도 이 바이러스성 질환에 걸렸다. 비트겐슈타인 부인과 헤르미네는 해를 입지 않았다.

　실레와 그의 아내가 빈에서 죽어가던 바로 그 시간, 벨기에의 이프르Ypres에서 영국과 격전을 벌이던 아돌프 히틀러 상병은 그의 전투 부대에 가해진 염소 가스 공격으로 인해 앞이 보이지 않고 말도 못하게 되었다. 1923년 한 인터뷰에서 히틀러는 이렇게 말했다. "이일이 일어났을 때, 나는 나의 미래를 보았습니다. 이런 의문들이 퍼뜩 떠오르더군요. '너는 결코 죽음을 두려워하지 않았다. 왜지? 네 주위의 다른 사람들이 쓰러졌을 때에도 너는 여전히 살아 있다. 왜지?' 그리고 나는 스스로에게 답을 했습니다. 바로 무언가를 이루기 위해 운명이 나를 선택했기 때문이라고 말입니다. 나는 내 조국에,

조국의 국경 지역 안에 있는 적군을 몰아내는 임무에 내 목숨을 바치기로 결심했습니다."

한편 이탈리아 전선에서 오스트리아-헝가리 군대는 급속하게 사기가 떨어져 패배주의가 팽배했다. 그들은 롬바르디아Lombardy, 트렌티노Trentino, 그리고 피아베강 하류를 건너 이탈리아 북부로 밀고 들어가려다 10만 명의 군인을 잃었다. 독일군도 서부 전선에서 고군분투하는 마당이라 지원 병력을 파견할 여력이 없었다. 피아베강 남쪽에서는 이탈리아 사령관 아르만도 디아츠Armando Diaz 장군이 다섯 개 군대를 전진 공격할 계획을 세우고 있었다. 몬테그라파Monte Grappa에서 피아베강 입구까지 일렬로 진군함으로써 오스트리아 군대를 둘로 갈라놓으려는 것이었다. 10월 27일, 디아츠 장군은 영국의 카반 경Lord Cavan이 지휘하는 영국 부대의 도움을 받아 왼편 강둑에 전략 거점을 확보했다. 이 작전의 성공은 오스트리아 사병들 사이에서 폭동이 일어나게 하는 원인이 되었고, 28일 오스트리아 최고 사령부는 총 퇴각을 명령했다. 이로 인해 이탈리아는 자신감을 얻어 계속해서 앞으로 밀려들었고, 마침내 오스트리아 군대를 갈라놓으려는 목적을 달성했다. 11월 3일에 파두아Padua 근처 빌라 주스티Villa Giusti에서 휴전 협정이 맺어졌다. 서명 후 협의가 공식적으로 효력이 발생하기까지 24시간이 소요되는데, 그동안 이탈리아군은 영토 협상을 시작하기 전에 최대한 많은 땅을 점령하기 위해 계속해서 사납게 돌진했다. 휴전 협정이 체결됐다는 사실을 알지 못한 수많은 오스트리아 군인들은 이탈리아의 공격을 막으려다 의미 없이 목숨을 잃었다. 이탈리아 측에서는 3만 8000명의 사상자가 발생한 것으로 보고되었지만, 오스트리아-헝가리 측은 30만 명이 포로로 잡혔고, 그 가운데에는 안톤 폰 시서 장군과 루트비히 비트겐슈타인도 있었다. 쿠르트 비트겐슈타인이 최후를 맞은 때도 이러한 혼란이 절정을 이루던 시기 어디쯤이었다.

빈에 있는 비트겐슈타인 가족 가운데 어느 누구도 12월 전까지는 쿠르트의 죽음에 대해 알지 못했던 것 같다. 루트비히가 처음으로 이 소식을 접한 건 12월 27일 코모Como의 전쟁포로 수용소에서 받은 어머니의 편지를 통해서였다.

사랑하는 아들
네가 잘 있는지 몹시 걱정하던 차에, 12월 6일에 네 11월 6일자 편지를 받아보게 되어 얼마나 안심이 되는지 모른다. 더구나 오늘 전보 내용은 가장 최근 소식이어서 두 배로 더 기쁘구나. 우리가 얼마나 기뻐했는지 네가 상상할 수 있을까. 덕분에 가족 전체에 즐거움이 가득 번졌단다. 어떻게 하면 우리가 이곳에서 다시 널 볼 수 있을까? 언제쯤 널 볼 수 있겠니? 우리는 모두 잘 있고, 잘처 부부네도 모두 잘 있다. 하지만 매우 큰 슬픔을 겪게 되었다. 10월 말에 우리 쿠르트가 전쟁에서 최후를 맞았다는 소식을 들었다. 내 사랑하는 아들 루트비히야. 다정한 사랑으로 너를 포옹하며, 네가 건강하게 잘 지내다가 머지않아 집으로 돌아오기만을 바란다. 매순간 마음으로 너와 함께하마.

12월 6일 이후 루트비히와 연락이 두절되자 빈에서는 혹시나 루트비히도 사망한 건 아닌지, 심지어 자살을 한 건 아닌지 걱정한 게 분명했다. 헤르미네도 어머니와 같은 날 루트비히에게 편지를 쓴 걸 보면 말이다. "네가 살아 있다는 걸 알게 되어 말할 수 없이 기쁘! 쿠르트는 11월 27일에 전사했어. 엄마는 몹시 괴로워하시지만 꿋꿋이 견디고 계시고 네 소식을 듣고 기운을 얻으셨어. 이곳 식구들은 모두 건강히 잘 있어. 스톤버러네도 좋은 소식이 있고, 온통 좋은 소식들뿐이야……."

헤르미네와 어머니가 쿠르트의 '전사' 날짜를 다르게 기록하고 있다는 걸 알아차렸을 것이다. 비트겐슈타인 부인은 '10월 말'로, 헤르미네는 '11월 27일'로 전하고 있다. 이후 헤르미네가 1919년 1월 10일에 보낸 편지에는 "쿠르트가 9월 27일에 전사했다. 몹시 슬프다"라고 기록되어 있다. 가장 개연성 있는 사망 날짜는 비트겐슈타인 부인이 처음에 주장한 10월 말이며, 카반 경과 디아츠 장군이 피아베강에 교두보를 확보하고 오스트리아군이 반란을 시작한 27일일 가능성이 가장 높다. 또한 이탈리아 전선에서는 11월 27일에 전투가 끝났으므로 헤르미네가 언급한 날짜는 잘못된 것이 틀림없다.

어쩌면 쿠르트의 사망일보다 더 흥미로운 것은 사망 원인과 그 경위에 대한 의문들일 것이다. 헤르미네는 그녀의 회고록에 이렇게 기록했다. "내 동생 쿠르트는 제1차 세계대전이 끝날 무렵, 이탈리아로부터 후퇴하는 길에 뚜렷한 이유 없이 총으로 자살했다." 이 글은 당시 쿠르트의 자살에 대해 해명을 꾀하려 했다는 사실, 여러 형태의 상충되는 이야기들이 이후 여러 친인척을 통해 걸러졌다는 사실을 무시하고 있다. 파울이 1920년대에 그의 친구 마르가 데네케 Marga Deneke에게 전한 한 가지 견해가 그의 사망 직후인 1961년에 기록되었다. 그러니까 이 글을 파울의 견해로 여겨도 좋을 것이다.

쿠르트 비트겐슈타인의 죽음이 유독 가슴 아픈 이유는, 그가 미국에서 탄탄하게 자리를 잡았음에도 불구하고, 가족의 지지를 받아가며 가능한 모든 수단을 동원하여 오스트리아 병역에 복귀했기 때문이다. 육군은 그에게 부대를 이끌고 적의 포화 앞으로 돌진하여 적을 전멸시키라고 지시했다. 적의 군사력이 상상할 수 없을 정도로 어마어마하다는 걸 알고 있던 그는 명령에 불복했다. 그리고 군법회의에 회부될 것에 대한 두려움으로 몹시 괴로워했다. 이 과정을 감당하기 힘들었던 쿠르트는 마침내 자살을 했다. 1918년 항복 전날이었다. 가뜩이나 혼란스러운 시기라 이 사건에 대해 따로 조사하지는 않았을 것이다. 아무런 의문도 제기되지 않다니 정말 억울했다.

그러나 이 견해는 그레틀의 아들인 지 스톤버러의 견해와 모순된다. 그는 쿠르트가 이탈리아에 포로로 잡히길 거부했기 때문에 11월 3일 휴전 협정 이후 24시간의 시간 동안 다른 많은 오스트리아 장교들처럼 총으로 자살을 했다고 (아마도 그의 어머니로부터) 들었다. 이 내용이 사실이라면, 앞의 이야기는 루트비히를 부끄럽게 만들지 않기 위해 바꾼 것일지도 모른다. 루트비히는 이탈리아에 항복한 동시에 포로로 잡혔으니 말이다.

또 다른 견해는 파울의 딸 요하나Johanna가 1980년대에 오스트리아의 가족들과 인터뷰를 한 뒤에 기록한 것으로, 대체로 데네케의 이야기를 지지할 뿐만 아니라 좀 더 자세히 덧붙였다. 그녀의 말에 따르면, 쿠르트는 그의 부대를 이끌고 피아베강을 건너도록 지시를 받았다고 한다. 뒤이어 지휘관과 심한 언쟁이 붙었는데, 이때 쿠르트는 이렇게 소리쳤다. "나는 우리 부대원들을 헛되이 희생시키지 않을 겁니다. 전쟁은 이미 졌어요." 그러면서 자신의 권총집에서 권총을 꺼내어, 당장 자기 눈앞에서 사라지지 않으면 총으로 자살하겠다고 장교를 위협했다. 놀란 지휘관은 뒤로 물러섰고 군법회의를 들먹이며 씩씩거리면서 위협했다. 그러자 쿠르트는 그의 부대원들을 소환해 모두 집으로 돌아가라고 지시했고, 잠시 후 총으로 자살했다.

네 번째 견해는 저항한 쪽이 쿠르트가 아니라 그의 부대원들이었음을 암시한다. 다시 말해, 대원들에게 전투를 지시한 사람은 쿠르트고, 전장에 그를 버려둠으로써 복종을 거부한 쪽은 대원들이었다. 쿠르트는 총구의 지름이 11mm인 개셔Gasser 리볼버 권총을 손에 들고 홀로 서서, 단 한 사람의 대원의 지지도 받지 못한 채 빗발치듯 퍼붓는 포격에 직면해, 고통스러운 세 가지 대안 사이에서 다급히 결정을 내려야 했다. 즉, 부대원들과 함께 탈영을 할 것인가, 혼자 계속해서 싸우다 총격을 당하거나 적에게 포로로 잡힐 것인가, 아니면 스스로 머리에 탄환을 박을 것인가. 그는 마지막을 선택했고 돌연 분노를 터뜨리며 목숨을 끊었다.

위의 시나리오 가운데 어떤 것이 역사적 진실에 가장 가까운가 하는 문제는 어쩌면 별로 중요한 일이 아닐지도 모른다. 어쨌든 살아 있는 그의 가족들로서는 1918년 11월에 어린아이 같고, 유쾌하며, 경솔한 쿠르트가 (최소한 당분간이나마) 가족의 영웅이 되었으니 말이다. 제1차 세계대전 당시 희생당한 850만 명의 병사들 가운데 상당수가 그랬듯이 쿠르트 역시 장례식을 치르지 못했으며, 오늘날 그의 유해는 아직 발견되지 않은 채 피아베 강둑 어딘가에 묻혀 있다. 어느 날 갑자기 장남이 되어버린 넷째 아들 파울에게, 이탈리아 수용소에 감금된 루트비히에게, 스위스로 망명한 그레틀에게, 그리고 빈의 집에 있는 비트겐슈타인 부인과 그녀의 딸 헤르미네와 헬레네에게, 쿠르트의 사망 소식은 억눌린 기억들 속에 갇혀 있는 형언할 수 없는 비극을 상기시켰다. 그러나 적어도 이번엔 과거와 다른 점이 있었는데, 이 소식은 비통한 심정과 더불어 어렴풋이 안심이 되는 면도 있었다. 한스와 루돌프의 비참한 운명과 달리, 쿠르트의 자살은 '명예로운 죽음'으로 간주될 수 있었던 것이다.

파울과 루트비히는 쿠르트의 영웅적인 행위에 대한 확고한 믿음이 있었던 데 반해, 헤르미네는 무슨 이유 때문인지 그렇지 못했다. 동화 같은 그녀의 회고록에는 훌륭한 친척 아주머니와 아저씨들, 인척들, 그리고 사랑하는 로잘리가 많은 부분을 차지했다. "형제들 가운데 가장 흥미 있고 훌륭한 인물"로 묘사한 루트비히에 대해서도 한 장 전체를 할애했다. 젊은 시절의 한스에 대해서는 애정이 느껴지면서도 이해할 수 없는 묘사를 남겼지만, 파울과 루돌프에 대해서는 거의 언급하지 않았다. 쿠르트에 대해서는 다 해봐야 한 단락 정도 분량을 할애했는데, "느긋한" 사람, "악의가 없고 쾌활한 성격", "천부적이고 마음에 드는 음악적 재능"과 함께 "진지한 의무란 없는 전형적인 부자 독신남"이지만 그럼에도 불구하고 "삶에 대한 혐오감의 싹"을 품고 다니는 것 같았다고 묘사했다. 1918년의 영웅적인 행위에 대해서는 눈곱만큼도 언급하지 않았으며, 오히려 그의 자살을 나약한 행동이라고 비난했다. 또한 쿠르트의 격한 흥분을 종종 아버지와 비교하며 더 심하다고 말했다. "아빠는 이런 식으로 격하게 흥분하지는 않았을 것이다. 아빠가 아직 살아 계셨다면 아빠는 아마……." 그녀는 곰곰 생각했다. 쿠르트의 죽음은 "결국 아버지가 아들들에게 그토록 전하고 싶었던 개념인 '강한 의무감'이 부족했기 때문이 아니었을까? 아니면 그저 어느 순간에 인내심이 바닥나버린 게 아니었을까? 그런 일은 전쟁 중에는 그렇게 드물지 않게 일어나니까"라고. 하지만 헤르미네는 니체의 이 말을 결코 알지 못했으리라.

많은 사람들의 죽음은 너무 늦고 어떤 사람의 죽음은 너무 빠르다. 하지만 '죽어야 할 때 죽어라!'라는 가르침은 이상하게 들린다. 그러나 '죽어야 할 때 죽어라!' 이렇게 나 차라투스트라는 가르친다.

새로운 무질서

우리 오형제는 서로에게 다정한 형제들이라고 보기는 어려워. 누나는 나나 그레틀 누나하고는 대화가 되지만 우리 셋이 다함께 대화하는 건 힘들지. 파울 형과 그레틀 누나가 서로 대화하는 건 더욱 어려운 일이고. 헬레네 누나는 누구하고도 잘 맞지만 헤르미네 누나하고는 절대로 맞지 않고, 나와는 같이 잘 어울려. 우리 모두는 딱딱하고 날카로운 블록처럼 서로 편안하게 맞기 어려운 사이 같아……. 친구들이 우리의 삭막한 분위기를 누그러뜨려줄 때에야 그나마 서로에게 조금 싹싹하게 대하지.

The New Disorder **III**

🎵 전쟁의 여파

1918년 11월 중순, 마침내 전쟁이 끝났다. 제국을 지키기 위해 200만 명의 오스트리아-헝가리 군인들이 이탈리아 북부의 알프스 장벽에서 폴란드 중서부의 물결치는 듯한 지형에 이르는 전선에 걸친, 러시아, 이탈리아, 세르비아, 루마니아 군사들과의 치열한 격전 속에서 목숨을 잃었다. 200만 명 이상의 군인들이 러시아와 시베리아에 포로로 잡혔고, 300만 명이 심한 부상을 입었다. 왕정을 지키기 위해 전투를 벌였건만, 그토록 강력하던 왕정은 무너지고 해체되었으며, 그와 함께 오스트리아의 길고도 찬란했던 시대도 서글프게 막을 내렸다. 11월 11일, 오스트리아의 황제이자 헝가리와 보헤미아의 왕인 카를 1세Charles I는 '국정에 대한 일체의 관여'를 포기하고, 4개월 뒤 공식적인 퇴위 절차도 밟지 않은 채 검은색 옷을 입은 아내 치타 Zita 황후와 함께 기차를 타고 펠트키르히Feldkirch의 스위스 국경

역으로 떠나 망명 생활을 시작했다. 그는 짧은 재위 기간 동안 평화를 위해 애썼고, 교전국들 가운데 독가스 사용을 금지한 유일한 지도자였다. 1921년에 대서양의 마데이라Madeira 섬으로 추방되었고, 1년 뒤 그곳에서 폐렴으로 사망했다.

마지막 황제의 서거로 오스트리아에 새로운 시대가 열렸지만, 한때 위풍당당했던 국가는 이제 작고 힘없고 불안정한 공화국으로 바뀌었다. 나라가 워낙 약해 과연 스스로 살아남을 수나 있을지 온 국민이 불안해하는 마당이라, 새로 설립된 정당 가운데 어느 곳도 국가의 독립을 찬성하지 않았다. 휴전 협정에 의해 명백히 금지되어 있음에도 불구하고, 아돌프 히틀러 같은 일부 사람들은 독일과의 합병을 열렬히 찬성했다. 반면 파울 비트겐슈타인 같은 사람들은 구체제의 복원을 희망했지만, 체코인, 폴란드인, 남슬라브인, 헝가리인들은 합스부르크 체제로 돌아가자는 제안에 주춤했고, 오스트리아가 현재 지독하게 가난하다는 사실에 근거해 이 나라와의 경제적 동맹도 거부했다.

한때 군주국의 자유무역 지대의 중심지이자 드넓은 유럽 제국의 중심지였던 빈은 변화하는 형세에 아무런 대비가 되어 있지 않았다. 합스부르크 제국의 경제가 의지하던 과거의 철도 시스템은 최근에 형성된 국가들이 저마다 철도 차량의 소유권을 주장하고 나서자 서서히 중단되었다. 과거 헝가리로부터 빈으로 공급되던 식량과 원료는 장차 더 나은 무역 조건을 얻어내는 동시에 과거의 부당한 처우에 보복하려는 부다페스트 새 정부에 의해 유입이 중단되었다. 과거 보헤미아 지역에서 빈까지 철도로 수송하던 석탄 역시 프라하의 체코슬로바키아 정권에 의해 수출이 금지되었다. 1918~19년의

혹독한 겨울을 맞으며 수많은 빈 시민들이 목숨을 잃었고, 도시의 기아 상태는 200만 주민 대부분에게 영향을 미쳤다. 전쟁이 끝난 후 1년 동안 오스트리아 아동의 96퍼센트가 공식적으로 '영양 결핍' 상태로 분류되었다. 거리마다 굶주린 사람들의 수척한 얼굴이 도시의 영혼에 어두운 장막을 드리웠고, 검은색 레이스로 만든 과부의 베일은 호객하는 매춘부의 표식으로 인식되었다.

시골에서는 농민이 최고세율에 관한 정부의 법을 피하기 위해, 귀하디귀한 빵과 우유와 계란을 도시 사람에게 엄청나게 비싼 값으로 은밀히 팔았다. 손에 현금을 가득 쥔 농민은 이제 이 돈으로 연장도 사고 그릇도 사고 망치도 낫도 주전자도 살 수 있겠다며 한껏 기대에 부풀어 신이 나서 상점에 도착했다가, 상점 주인이 빵과 우유와 계란을 자신이 받은 것보다 네 배나 비싸게 주고 샀다는 말을 듣고는 경악을 금치 못하는 일이 생겼다. 극심한 인플레이션으로 인해 과열된 분위기에서 시민과 농민은 이제 돈은 아무짝에도 쓸모가 없으며 물물교환을 해야 한다는 걸 이내 깨닫게 되었다. 이렇게 해서 매주 식량 배급을 받는 대가로 중산층으로부터 농민에게로 골동품, 가죽으로 장정된 책, 장신구, 예술 작품들이 흘러들었다. 오스트리아 정부가 대금 결제를 위해 지나치게 많은 지폐를 발행하는 바람에 전쟁 중 오스트리아 크로네의 가치는 이미 16분의 1로 떨어진 상태였고, 1922년 8월 소비자 물가는 전쟁 전에 비해 1만 4000배까지 뛰어올라 사실상 화폐는 전혀 가치가 없었다.

쿠르트의 사망으로 유덴부르크에 있는 그의 철강 공장 주식은 동업자인 제바스티안 다너Sebastian Danner가 넘겨받았고, 오스트리아에 있는 부동산과 가족 신탁 가운데 그의 몫은 형제들에게 배분되었다. 100만 크로넨은 자선기금으로 남겨두었다. 유언 집행자인 파울은 이 기금 전체를 가난한 이들을 위한 경작지에 사용하려고 생각했다. 파울은 땅을 경작하는 것은 치유의 작업이고, 빈 시민의 도덕적 육체적 건강을 향상시킬 것이라는, 또한 굶주림과 싸우는 데 도움이 되고, 볼셰비키 사상에 맞서 현명한 대안을 제공할 거라는 신념에 이끌렸지만 많은 어려움에 부딪쳤다. 땅을 구입하는 것도 문제였지만 어떤 식으로 분배해야 하느냐에 대해서도 도무지 답이 보이지 않았다. 파울은 결국 시의회의 본받을 만한 의원들에게 100만 크로넨을 전달했다. 그러나 이들은 이 기금으로 도움될 만한 일을 아무것도 해내지 못했다.

스위스에 있는 그레틀은 가족들과 단절되어 외롭다고 하소연했고, 도움이 되는 직업도 갖지 못하고 애국심을 발휘할 통로도 없다며 짜증을 냈다. 하지만 사실상 그녀는 친구를 많이 사귀고 있었고, 친구들 가운데에는 나폴레옹의 조카손녀인 그리스의 마리 공주도 포함되었다. 마리 공주는 루체른에 있을 때 한동안 그레틀과 같은 호텔에서 생활했다. 제롬과 그레틀의 많은 친구들과 마찬가지로 마리 공주도 외교계와 정계의 고위층에 연줄이 있었다. 그녀는 한때 프랑스 수상 아리스티드 브리앙Aristide Briand의 정부였으며, 나중에 불감증으로 조언을 구하다 알게 된 그녀의 영웅 지그문트 프로이트를 그레틀에게 소개했다. 제롬과 그레틀은 빈, 베를린, 런던, 베른 등 어디를 가든 미국의 대사나 영사들을 사귀는 경향이 있었다. 이러한 인맥은—스파이 활동의 기미도 희미하게 엿보인다—나중에 대단히 유용하게 작용하였다.

스위스에 있는 스톤버러 부부의 친구들 가운데에는 미국의 특사이며 전권공사인 플레전트 스토벌Pleasant Stovall이 있었다. 그레틀은 그에게 구 오스트리아 제국의 굶주린 아동을 위해 연유 캔 16만 1472개(1만 달러 상당)를 실을 수 있도록 스위스에서 빈으로 향하는 임시 열차를 보내주십사 도움을 요청했다. 미국의 관료들은 처음엔 중립국 내에서 독일이나 오스트리아에 이익이 되는 활동을 하는 것에 반대했고, 제롬은 그런 시도로 주목을 받으려 한다며 그레틀을 질책했다. 미국의 외교관들은 스톤버러 부부가 그리스의 마리 공주와 친하게 지내는 것에 의혹을 가졌지만, 그레틀과 제롬은 내셔널 호텔에서 나오겠다고 분명하게 말해 마침내 그들의 신뢰를 얻었다. 한편 미국 행정부는 굶주리는 오스트리아 국민들에게 식량을 원조하려는 나름의 이유가 있었기 때문에, 스위스에 있는 미국 공사관 직원들은 그레틀을 돕기로 합의했다. 그녀의 돈으로 구입한 연유는 원래 4000명의 아동이 한 달간 영양분을 공급받기에 충분한 양이었지만, 오스트리아 당국이 수령 여부를 결코 알리지 않아, 약탈과 극심한 기아의 시기에 과연 계획한 목적지에 제대로 도착하긴 했을지 의문이다.

1919년 8월에 동생 파울이 몹시 못마땅해하는 와중에 그레틀은 미국 구호청American Relief Adminstration 특사로 임명되었다. 미국 구호청은 원래 '식량으로 전쟁에서 승리하리라'라는 구호 아래 미국의 초과 식량을 연합국에 공급하기 위해 설립된 정부 기관이었다. 그레틀은 빈에 돌아오자마자 미국 구호청장, 허버트 후버Herbert Hoover(이후 미국 31대 대통령)를 만났다. 당시 후버는 오스트리아의 굶주리는 주민들에게 50만 톤의 식량을 나누어주기 위해 애쓰고 있었다. 많은 사람들에게 이 모습은 최근 전쟁에서 이긴 국가가 패배한 적국에게 행하는 친절하고 이타적이고 인도주의적인 활동 정도로 비춰졌을지 모르지만, 사실 이 계획은 동쪽으로부터 다가오는 공산주의 혁명을 차단하기 위해 암암리에 구상한 워싱턴의 정치적 목적에 바탕을 둔 것이었다. 백악관의 이론에 따르면 굶주린 집단은 영양 상태가 좋은 집단에 비해 사회주의 이념을 받아들일 가능성이 더 높았다. 그러므로 1919년 12월에 그레틀이 오스트리아 기아 구제 기금 마련을 돕기 위해 미국 구호청에 의해 미국으로 파견되었을 때, 그녀는 (알고 그랬는지, 모르고 그랬는지 모르겠지만) 유럽의 볼셰비즘 확산을 막기 위한 미국의 비밀 작전을 수행하는 미국 정부 요원으로 움직이고 있었던 것이다.

ॐ 가족의 긴장

1938년 초, 루트비히는 케임브리지의 제자들 가운데 한 명인 시어도어 레드패스Theodore Redpath와 담소를 나누다가 그에게 이렇게 물었다. "살면서 비극적인 일을 경험한 적이 있는가?"

"선생님이 말씀하신 비극이 무얼 말하는지에 달렸겠지요." 레드패스가 대답했다.

"흐음, 여든다섯 되신 자네 할머니가 돌아가신 걸 비극이라고 하지는 않지." 루트비히가 말했다. "내가 말하는 비극은 자살이나 정신이상, 다툼 같은 걸 의미하네."

이 정의에 따르면 비트겐슈타인 자신의 삶은 비극이었고, 그건 비트겐슈타인 집안사람들 모두 마찬가지였다. 가족 안에 자살한 사람과 정신이상을 앓는 사람이 늘어날수록 다툼도 잦아졌다. 루트비히와 그레틀은 서로 적수였다. 그레틀이 지배적이고 가르치려 들었기 때문에 루트비히는 그레틀을 불쾌하게 여겼고, 루트비히가 무례하고 마음대로 통제되지 않았기 때문에 그레틀도 루트비히를 불쾌하게 여겼다. 노이발데크 궁전에서 카를의 영향력이 사라졌을 때 그레틀은 루트비히에게, 누구와도 타협하지 않는 그의 취향은 '아무리 끔찍한 상황에서도 결코 최선이라고 할 수 없'으므로, 내부 장식을 새로 할 때 절대 관여하지 말도록 못 박았다. 그런가 하면 그레틀은 스위스에 있을 때 파울이 왼손으로 쓴 장문의 편지에 감동했지만, 1919년 6월에 빈에 돌아오기 직전에 그와 심하게 다툴 이유가 생겼다.

파울의 실수는 그레틀과 상의 없이 가족의 재산 가운데 상당 부분을 정부가 발행한 전쟁 채권에 투자한 것이었다. 그레틀은 자신의 재산 대부분을 미국 주식 시장에 투자한 상태였지만, 쿠르트의 재산 가운데 자신의 몫으로 물려받은, 아직 빈에 남아 있는 재산을 명목상 가장인 파울이 관리하고 있었다. 채권의 가치는 끝도 없이 곤두박질쳤는데, 그레틀이 이 소식을 접하던 당시엔 채권의 이자가 종이 가격보다 못할 정도였다. 비트겐슈타인 집안의 막대한 국내 재산 대부분이 회복이 불가능할 정도로 손해를 본 것이다. 그레틀은 이 손해에 불같이 화를 냈지만, 이 정도면 걱정도 안 하겠다고 주장했다. 파울은 '정말이지 생각이란 게 없는' 사람이었던 것이다. 그는 이런 내용을 신문에 싣도록 했는데, 그레틀은 미국 시민인 자신과 남편이 이 일로 인해 미국 당국과 크게 틀어지지 않을까 두려웠다. 베른의 외교관들에게 충실한 미국인으로서 자격이 있음을 입증해 보이려고 필사적으로 애쓰던 시기라, 그레틀은 자신과 자신의 집안이 전쟁 중에 중립국인 스위스에서 재정적으로 적국을 지원해 왔다는 사실이 발각되는 걸 결코 원하지 않았다. 그레틀은 욱하는 마음에 헤르미네에게 편지를 썼다. "잘난 파울이 소견머리 없이 또 엉뚱한 짓을 저질렀더라. 자기가 아빠라도 되는 것처럼 잔뜩 거드름을 피우면서 말이야. 그렇게 생각 없이 구는 바람에 내 처지가 지금 말도 못하게 골치 아파졌어." 그러는 동안 제롬은 스위스 호텔 침실을 어슬렁거리며 물소처럼 고함을 질러댔다. "이제 우리 일은 끝장이라고!"

"그이 말이 맞아!" 그레틀이 우겼다. "그리고 당연히 나는 언제나 제롬 편을 들 거야."

6월에 그레틀이 빈으로 돌아왔지만, 그레틀과 파울의 관계는 누 그러지지 않았다. 제롬은 빈에 가길 원하지 않았고, 대신 스위스에 서 미국으로 곧바로 이동하길 바랐지만, 그레틀이 고집해서 두 사 람은 빈으로 왔다. 집에 도착하니 집안은 온통 침울한 분위기로 가 득했다. 2년 만에 집에 돌아온 그레틀은 일기에 이렇게 썼다. "알레 가세는 예전과 조금도 달라진 게 없었다……. 저녁에 정치 문제로 파울과 크게 다투었다." 파울은 연유를 보내는 그레틀의 자선활동 을 비난했고, 미국인을 위해 일한다고 개탄했다. 정치적으로 그레 틀은 반볼셰비키주의였지만, 그럼에도 불구하고 새로운 좌파 세력 인 사회주의 단체에 찬성했다. "오스트리아인은 절망적이다." 그녀 는 호소했다. "그들은 새로운 무질서보다는 과거의 영성함을 선호 했지만, 새로운 무질서는 과거와 다른 새로운 씨앗을 품고 있 다……." 앞서 그레틀은 언니 헤르미네에게 이런 편지를 썼다. "나는 늘 빨갱이 기질이 있었는데 지금은 그때보다 훨씬 더해졌어. 아무래도 나는 다른 형제들과 생각하는 방식이 다른 것 같아 두렵고, 내가 말을 자제할 만큼 분별이 있을지 잘 모르겠어." 확실히 말을 자제하는 것은 결코 그레틀의 미덕이 아니었으며, 그녀가 노골적으로 말한 '빨갱이 기질'은 확고한 우익 군주주의자인 파울의 기질과 마찰을 일으켰다. 하지만 비트겐슈타인 형제들이 서로 잘 지내지 못한 이유가 단순히 정치적 견해 때문만이라고는 볼 수 없었다. 무슨 주제로 대화를 하든―미술, 음악, 책, 돈, 개인적인 계획 등―그들은 언제나 싸울 이유를 찾았고, 다섯 형제가 모두 모이면 다들 있는 대로 성질을 부려 험악한 분위기를 만들었다.

[루트비히는 헤르미네에게 보내는 편지에서 이렇게 썼다] 우리 오 형제는 서로에게 다정한 형제들이라고 보기는 어려워. 누나는 나나 그레틀 누나하고는 대화가 되지만 우리 셋이 다함께 대화하는 건 힘들지. 파울 형과 그레틀 누나가 서로 대화하는 건 더욱 어려운 일이고. 헬레네 누나는 누구하고도 잘 맞지만 헤르미네 누나하고는 절대로 맞지 않고, 나와는 같이 잘 어울려. 우리 모두는 딱딱하고 날카로운 블록처럼 서로 편안하게 맞기 어려운 사이 같아……. 친구들이 우리의 삭막한 분위기를 누그러뜨려줄 때에야 그나마 서로에게 조금 싹싹하게 대하지.

형제들이 서로 친근하게 어울리지 못하는 바람에 그들은 가능한 함께하는 활동을 피했다. 또한 각자 초대한 손님들과 개인적인 비밀 모임을 위한 공간이 필요해 궁전은 일종의 호텔처럼 사용되었다. 한

가지 예로, 파울에게 이곳에 머물도록 초대받은 한 여성은 알레가세에서의 긴장된 분위기를 다음과 같이 떠올렸다. 당시 점심식사 후 루트비히는 **자신의** 손님인 마리 바우마이어에게 식사 후 피아노 연주를 부탁했고, 그래서 두 사람은 옆방으로 들어갔다.

옆방에서 피아노 소리가 들려 나는 한참 동안 바싹 귀를 기울였다. 하지만 나는 '루키'가 불청객이 오는 걸 참지 못하는 사람이라는 걸 익히 들어왔다. 어쩌면 파울의 친구를 특히 싫어했을 것이다. 애국심과 집안에 대한 자부심은 비트겐슈타인 형제들을 단결시켰지만, 형제들과 자매들은 각자 자기만의 신념을 굳건하게 지켰다.

루트비히는 수십만 명의 오스트리아 군인들과 함께 휴전 이후 오랫동안 이탈리아에 포로로 수용되었다. 이탈리아는 피아베강 북쪽의 분쟁 지역을 손에 넣기 위해 포로들을 협상 카드로 이용했다. 휴전이 되었어도 고행을 자처하는 루트비히의 개인적 노력은 그치지 않았다. 전쟁 포로수용소에서도 루트비히는 장교로서의 특혜를 거부하고, 장교 수용소에서 장티푸스가 유행하는 근처의 일반 사병 수용소로 이송시켜달라고 경비병들에게 요구하는 등, 그리스도 같은 굳은 결의로 모든 시험들을 통과해 나갔다. 스위스에 있는 연줄이 좋은 친구들이 루트비히의 석방을 중재해달라고 바티칸의 고위 관리들에게 서한을 보내(그의 어머니는 이미 세 아들을 잃은 데다 고향에 있는 하나뿐인 아들조차 오른손을 잃은 불구라는 가슴 아픈 내용의) 마침내 루트비히는 의료 심사위원회 앞에 서게 되었지만, 이 자리에서 그는 동료 포로들보다 먼저 석방되지 않겠노라고 분명하게 의사를 밝혔다. 그의 도덕적인 투지, 강렬한 진지함, 시선을 잡아끄는 눈빛, 개인적인 매력으로 전장에서와 마찬가지로 포로수용소에서도 그를 따르는 신봉자들이 생겼다. 그들 가운데 몬테카시노Monte Cassino에서 루트비히와 함께 수용되었던 프란츠 파라크Franz Parak는 루트비히에 대해 말할 때마다 과찬의 탄성을 토하며 이 젊은 철학자를 숭배했다. 그러나 루트비히는 그의 이런 모습이 어머니를 생각나게 한다면서 짜증을 냈고, 파라크가 무척이나 애석해했지만, 석방 이후 다시는 그를 보고 싶어하지 않았다.

1919년 8월 말, 빈에 도착한 루트비히는 곧바로 자신이 거래하는 은행을 찾아가, 더 이상 돈을 원하지 않으며 재산 전액을 처분할 생각이라고 밝혔다. 지점장은 깜짝 놀랐다 — 그는 이것을 "재정적 자살!"이라고 일컬었다. 비트겐슈타인 가족의 자산 관리자인 트렌클러 씨Herr Trenkler는 루트비히가 자기 소유로 동전 한 닢 남겨두지 않도록 필요한 서류를 작성해달라고 요구했을 때 허공 위로 두 팔을 들어올렸다. 같은 날 루트비히는 친구에게 이렇게 편지를 썼다. "내 마음 상태를 말하자면 썩 좋은 편이 아니다." 그는 비참한 상태였지만, 결심이 워낙 확고부동해 누구도 방향을 돌리지 못했다. 가족들에게 자신의 계획을 말했을 때 가족들 역시 루트비히를 무척 염려했는데, 헤르미네는 그가 스스로 가난을 자처하겠다는 계획보다 새로 선택한 직업에 더욱 경악했다. 그녀는 "철학적으로 정신을 단련한 사람이 초등학교 교사로 일한다는 건 나무 궤짝을 열기 위해 정밀 기계를 사용하는 것과 같다"고 말했다. 이 말에 루트비히는 이렇게 대꾸했다고 한다. "그리고 누나는 닫힌 창문을 통해 바깥을 보기 때문에, 밖에 얼마나 무섭게 폭풍우가 몰아치는지, 얼마나 힘겨운 노력을 기울여야만 간신히 버티고 설 수 있는지 전혀 알지 못한 채, 지나가는 사람의 이상한 동작을 이해하지 못하는 사람을 연상시키지."

자신의 재산을 모두 버리고 가르치는 직업을 시작하겠다는 루트비히의 결심 뒤에는 톨스토이의 영향이 있었다. 러시아의 위대한 소설가 톨스토이는 50년 전 금욕적이고 겸허한 노역의 삶을 살기 위해 귀족이라는 신분을 버렸다. 재산을 포기하라는 예수의 명령은 《요약 복음서》 4장의 계명에 기록되어 있다 — "땅에 재물을 쌓지 마라. 땅에서는 좀이 먹고 녹이 슬며 도둑이 들어와 훔쳐간다." 이상하게도 톨스토이의 개정판에는 예수가 개인의 재산을 특별히 가난한 사람에게 나누어주라고 요구하는 성경의 원문 내용이 포함되어 있지 않다. 이 내용에서 가장 유명한 구절은 마태복음에서 예수가 부자 청년에게 한 이야기이다. "완전한 사람이 되려거든, 가서 너의 재산을 팔아 가난한 이들에게 나누어주어라. 그러면 네가 하늘에서 보물을 차지하게 될 것이다. 그리고 와서 나를 따라라."

루트비히는 자신의 재산을 세 명의 부유한 형제, 파울, 헤르미네, 헬레네에게 주기로 결심했다. 이 배분에서 그레틀은 제외되었는데, 그레틀은 대부분의 재산을 미국 주식 시장에 안전하게 투자해 오스트리아의 초인플레이션이라는 경제적 악영향을 받지 않았기 때문에 다른 형제들보다 훨씬 부유하다는 것이 이유였다. 하지만 당시에는 이런 이유가 분명하게 밝혀지지 않았다. 헤르미네는 단순히 그레틀과 루트비히 사이가 좋지 않기 때문에 이 배분에서 그레틀이 배제되었다고 믿었다. 루트비히가 재산을 가난한 사람들 대신 형제들에게 준 이유는, 그의 재산 대부분이 공동 부동산으로 묶여 있기 때문에 편의상 그렇게 한 것으로 여겨지고 있다. 이 추측도 부분적으로는 사실일 수 있겠지만, 루트비히는 돈이 인간을 타락시킨다고 믿었고, 형제들은 이미 많은 재산을 소유하고 있었기 때문에 그가 판단하기에 더 이상 타락할 일은 없을 거라고 믿었던 것도 사실이다.

루트비히의 재산 분배로 인한 의견 대립은 집안 전체에 영향을 미쳤다. 아버지 카를의 큰형인 파울 삼촌은 루트비히의 돈을 받은 형제들에게 격분했고, 어디가 아픈 게 분명한 동생을 이용했다며 그들을 맹비난했다. 그는 또 루트비히의 심경이 변할 경우에 대비해 그들이 얼마간 비자금을 떼어놓아야 한다고 주장했고, 돈을 되돌려주길 바랐다. 하지만 헤르미네는 "루트비히가 원하는 일이라면 아주 사소한 것까지 들어주기 위해 최선"을 다하고 있다고 시인하면서, 동생의 마음을 누구보다 잘 알고 있는 자신으로서는 그가 요구하는 대로 하는 수밖에 달리 방법이 없다고 주장했다. 죽으면 관 속에 자기 물건 몇 가지를 함께 묻어달라고 요구할 정도로 자신의 재산을 끔찍하게 사랑한 파울 삼촌은 조카들을 이해할 수도 이해하려고도 하지 않았다. 그는 크게 격노하면서 루트비히의 광기를 이용해 이익을 챙기려 한다고 비난하며 조카들과 관계를 끊었다.

❧ 반유대주의

빈을 점령하려는 볼셰비키의 위협은 매우 현실적으로 느껴졌다. 파울에 따르면 러시아 혁명은 "유대인들과 함께 시작되었다……유대인들은 제정 러시아 체제하에서 압력을 받았고, 그들 가운데 최소한 가난한 이들은 체제 전복을 통해 이익을 거두었으며, 빈에서처럼 상당수가 지도층을 차지했다." 전쟁 전에 빈에는 많은 유대인이 있었는데—일부 평가에 따르면 인구의 10퍼센트—전쟁 동안과 전쟁 후 몇 달 동안 그 수가 급격하게 증가했다. 러시아가 폴란드를 침략하자 갈리치아의 수많은 유대인들이 이 도시로 피난을 왔고, 1919년에 유대인 볼셰비키 지도자 벨라 쿤Bela Kun이 집권에 실패하면서 헝가리로부터 더 많은 수의 유대인이 빈으로 밀어닥쳤다. 쿤은 짧은 집권 기간 동안 억압적인 체제를 조성했는데, 그의 추방으로 헝가리의 모든 유대인들—그의 정권과 관련된 사람들뿐 아니라—이 잔혹한 보복의 대상이 되었던 것이다. 이들 가운데 쿤 자신을 포함해 많은 사람들이 오스트리아로 달아났다. 쿤은 빈과 베를린에서 마르크스주의 혁명을 선동하려 시도했으나 성공하지 못했고, 소련에서 스탈린의 암살범들에 의해 살해되면서 삶을 마감했다.

쿤과 그의 공산당 음모자들이 빈에 도착하자, 볼셰비키 운동이 유대인에 의해 주도되었으며 그들이 언제 오스트리아에서 정권을 잡을지 모른다는 의혹이 빈 시민들 사이에서 만연했다. 하지만 정작 유대인들은 이런 의혹을 잠재우기 위해 아무런 조치도 취하지 않았다. 그리고 이런 두려움으로 인해 빈에서는 반유대주의가 급격히 증가했다.

[히틀러는 그의 저서 《나의 투쟁》에서 이렇게 물었다] 어떤 미심쩍은 일에, 어떤 더러운 일에 적어도 한 명의 유대인이라도 관여하지 않은 적이 있는가? 이런 종류의 종기에 나이프를 대고 주의 깊게 들여다보노라면, 마치 썩어가는 시체 속을 파고드는 구더기처럼, 종종 갑작스런 빛에 눈이 어두워진 작은 유대인을 그 즉시 발견하

게 된다.

히틀러는 1924년 그의 자서전에서 이렇게 주장했다. 젊은 시절 그는 언론, 미술, 문학, 연극, 매춘('이것은 그 옛날 대역병보다 더 끔찍했다')을 장악해온 유대인들의 '도덕적 해악'에 대해 익히 잘 알고 있었지만, 마음속에 급격한 전향이 일어난 건 그들이 빈의 정계에까지 발을 뻗고 있다는 사실을 알고부터였다. '그러한 뜻밖의 사실에 직면하자 내 눈에 덮여 있던 비늘이 떨어져내렸다.' 그는 이렇게 썼다. "내 오랜 내적 투쟁이 막을 내리고 있었다.…… [유대인이 공산주의에 책임이 있다는 사실에 대한] 이해가 지금까지 내가 경험한 가장 큰 내적 혁명의 이유였다. 나는 마음 약한 세계시민주의자에서 철저한 반유대주의자가 되었다."

이렇게 해서 상오스트리아Upper Austria 출신의 자칭 '마음 약한 세계시민주의자'는 제1차 세계대전이 끝나고 몇 년 후, 자기 삶의 위대한 사명은 전 세계에서 '유해한 결핵균'을 제거하는 것이라고 다짐했다.

유대인이 마르크스주의에 의지해 이 세계의 사람들에게 승리를 거두었다면, 그의 왕관은 인류의 장례식 화관이 될 것이다.…… 그러므로 나는 오늘날 내 행동이 전능하신 창조주의 의지에 부합한다고 믿는다. 유대인을 감시하는 나는 신의 작품을 보호하고 있는 것이다.

오늘날 사람들은 유대인에 관한 흔한 농담이나 불평을 통해 표현되는 반유대주의와, 중세의 아우토스다페autos-da-fe(스페인 종교재판에 의한 화형 – 옮긴이)와, 나치의 죽음의 수용소에서 드러나는 반유대주의를 거의 구별하지 않는다. 낮에 이어 밤이 찾아오듯이, 하나에서 다른 하나가 비롯되기 마련이라고 주장하는 것이다. 그러나 지금 우리는 이런 주장들을 고려하지 말고, 히틀러가 권력이나 영향력을 갖기 훨씬 전, 과거 빈의 반유대주의 형태(다시 말해 유대인들에 대한 일반적인 불평)가 매우 보편적이었다는 사실에 주목하자. 또 오늘날까지도 오스트리아 행정부는 히틀러의 시건방진 반유대주의와, 세기 말 빈의 시장이며, 시청 앞 대로인 독토르–카를–뤼거–링Dr-Karl-Lueger-Ring, 첸트랄프리트호프(중앙묘지)에 있는 독토르–카를–뤼거–교회Dr-Karl-Lueger-Kirche, 독토르–카를–뤼거–광장Dr-Karl-Lueger-Platz, 그리고 슈투벤링Stubenring 입구에 위치한 유명한 카를–뤼거 기념관에 의해 기념되고 있는 카를 뤼거가 주장한, 소위 '신사적인 반유대주의'를 구분하고 있다는 사실에 주목하자.

비트겐슈타인 집안사람들은 히틀러적인 의미의 반유대주의자가 아니었다. 그들의 영웅인 반유대주의 유대인 철학자, 오토 바이닝거처럼 그들은 모든 형태의 박해에 탄식했다. 물론 시대적인 상황에서 비껴나 오늘날의 기준에 의해 판단하면, 유대인에 대한 이들 가족의 태도에는 석연치 않은 부분이 있다고 여겨질 수 있겠지만. 그들의 할아버지 헤르만 크리스티안 비트겐슈타인은 자식들에게 유대인과의 결혼을 허락하지 않았다. 그의 아들 카를은 "명예에 관해서는 아무도 유대인과 상의하지 않는다"고 언급한 바 있었다. 루트비히에게 보내는 편지에서 헤르미네는 무심코 다음과 같은 글을 흘리기도 했다. "그 여자는 특히 호감이 가더라. 물론 유대인이긴 하지만 말이야." 헤르미네는 아리아인과 유대인은 장점과 결함에서 정반대이며, 따라서 두 민족은 공개적으로든 은밀히든 서로 싸울 수밖에 없다고 믿었다. 아버지와 마찬가지로 파울은 "모든 유대인의 마음에는 부정직한 심성이 자리 잡고 있다"고 믿었으며, 그의 친구 마르가 데네케는 "만일 그가 유대인들의 이름을 부른다면, 그것은 늑대를 향한 개의 증오로 그렇게 했을 것이다"라고 설명했다. 바이닝거의 지나치다 싶을 만큼 철저한 반유대주의에 많은 영향을 받은 루트비히는 "공산주의자 유대인들과는 아무런 관련이 없었"고, 일반적으로 유대인들은 "외국 땅에서 외국의 법과 생활환경과 규제하에" 살아온 만큼 "자연스럽지 못한 사람들"이라고 믿었으며, (역시나 바이닝거와 1세기 전 리하르트 바그너와 마찬가지로) 유대인들을 '독창적인'('모방'과 대조적인) 예술을 창조할 줄 모르는 사람들이라고 판단했다. 1929년 12월에 루트비히는 유대인 자동차 운전사가 기관총을 발사해 자전거를 타고 지나가는 사람과 초라한 행색의 어린 소녀를 죽인 꿈에 대해 기록했다. 꿈에서 루트비히는 속으로 이렇게 생각했다. '세상의 모든 추악한 행동 뒤에는 반드시 유대인이 있는 걸까?'

불편한 사실이지만 루트비히는 어느 글에서 유대인을 오스트리아 사회의 종양에 비유했는데, 이는 히틀러가 《나의 투쟁》에서 구사하는 수사법을 연상시켰다. 이후 비트겐슈타인 학자들은 그가 '종기' '농포' '종양' '혹' '부종'을 의미하기 위해 의도적으로 이 독일어를 사용했는지 여부를 놓고 서로 왈가왈부하고 있다. 아무튼 경의를 표할 의도로 사용된 단어는 결코 아니었다.

♬ 성생활

비트겐슈타인 세 자매들의 성생활에 대해 간략하게 말하면 이렇게 요약할 수 있겠다. 그레틀은 성에 무관심했고, 그녀의 친구인 그리스의 공주 마리처럼 이 문제에 대해 아마도 지그문트 프로이트의 충고를 구했을 것이다. 헤르미네는 (추측컨대) 한 번도 시도해본 적이 없으며 생각만으로도 몸을 움찔했을 것으로 짐작된다. 헬레네의 성생활은 여덟 형제들 가운데 가장 정상적이었으리라 예상된다. 그녀는 네 아이를 두었고(맏아이는 1900년에 태어났다), 막스 잘처와 결혼한 지 20년이 지난 1919년 어느 날 또 임신이 됐다는 걸 알고 크게 당황했다.

파울의 연애에 대해서는 1930년대 초반까지는 거의 알려진 바가 없다. 그는 언젠가 자신에 관한 전기가 작성되리라는 걸 알고 있었는데, 워낙 병적일 정도로 자기 얘기를 하지 않는 사람이라 식구들에게조차 최대한 사생활을 숨겼다. 나중에 조사해도 밝혀지지 않도록 자신의 종적을 감추기 위해 최선을 다했다. 후에 조카인 지 스톤버러는 이렇게 회상했다. "사실 그는 두세 가지 삶을 살고 있었지만, 가족들은 한 가지 삶만을 알고 있었습니다." 1950년대에 그의 삶을 다룬 영화를 만들기 위해 할리우드의 주요 인물들이 그와 접촉한 일이 있었는데 파울은 그냥 가라며 그들을 돌려보냈다. 나중에 동생에 대한 전기를 계획하고 있는 한 작가가 도움을 청하는 연락을 해왔을 땐 간결한 대답으로 최소한의 도움만 주었다.

동생의 전기에 관하여 : 나는 루트비히가 전기를 절대로 거부하리라고 진심으로 믿습니다. 전기는 비밀이 모두 까발려지는 것이니까요. 비밀을 누설하지 않는 전기는 가치가 없지 않겠습니까. 하지만 유명 인사들은 모두 자신에 관한 전기가 있어야 하므로, 그렇다면 내 동생 역시 같은 수모를 겪어야 하리라 예상됩니다. 어쨌든 사실은 잘못되거나 아주 형편없거나 어리석은 소문보다는 정확한 것이 더 낫겠지요.

파울은 오로지 자신의 예술 생활만을 다루어야 하며, 그 외의 것을 다루려는 전기는 절대로 원하지 않는다고 분명하게 밝혔다. 파울 앞으로 온 우편물은 (작곡가와 연주자, 동생 루트비히에게 온 불완전한 편지 뭉치들 외에는) 발견된 것이 없다. 아마도 사생활을 조용히 묻어두길 바라는 그의 바람에 따라 개인적인 편지들은 폐기되었을 것으로 짐작되지만, 여전히 남아있을 수도 있고 아직 찾을 수 있을지도 모른다. 그렇다면 1930년대 이전 파울의 성생활에 대해서는 어떻게 말할 수 있을까? 그는 분명히 이성애자였으며, 헤르미네가 루트비히에게 보낸 편지의 단서들에서 이해할 수 있듯이 아주 많은 여성들이 파울에게 매력을 느낀 동시에 파울 역시 그녀들에게 매혹되었다.

빈의 여성들은 파울이 사춘기 시절이던 20세기 초 몇 년 동안 특히 매력적이었던 것 같다. 당시 여성들에 대한 아래의 묘사는 1902년 마리아 호너 랜스데일의 빈과 빈 시민들에 대한 안내서에 소개된 내용이다.

빈 거리를 지나는 행인들을 유심히 관찰하자. …… 여성들은 슬라브 민족처럼 활기차다. 그녀들의 머릿결은 무척 아름답고, 치아는 우유처럼 희고 고르다. 그녀들은 맵시 있고 날씬하며 예민하다. 발은 발등이 보기 좋게 구부러져 예쁜데, 바이에른 사람 같은 거위 발이나 프로이센 사람 같은 코끼리 발과 전혀 다르다.

지 스톤버러에 따르면 파울은 "끊임없이 정부를 두었고, 모두 이 나라 저 나라의 별 볼 일 없는 여자들이었다. 하인들은 모두 그 사실을 알고 있었지만 가족인 우리는 거의 눈치채지 못했다. 파울은 정부들을 위해 집을 구입했다." 어쩌면 스톤버러는 가족들이 거의 눈치채지 못했다고 말함으로써 거짓말임을 드러낸 건지도 모른다. 그렇지 않다면 그가 파울의 성생활을 무슨 수로 알았겠는가? 만년에 지는 이렇게 인정했다. "나는 파울이 정말 싫었다. 루트비히도 썩 좋아하지 않았음을 고백한다."

파울이 정부를 데리고 있기 위해 집을 구입했다는 것은 충분히 가능한 일이다. 당시 빈의 부유한 미혼남들 사이에 이런 일은 흔했다. 그가 전쟁 전에 매춘부를 찾아갔다는 것 역시 있을 수 있는 일이다(이에 대한 증거는 없지만). 당신 빈에서는 "여자들이 상품처럼 판매되기 위해 매 시간 다양한 가격대로 내놓아졌으며, 남자들은 마치 담배나 신문을 사듯 시간과 수고를 거의 들이지 않고도 15분, 1시간, 혹은 하룻밤 동안 여자를 샀다." 이 글은 파울과 같은 세대이며, 같은 도시에서 자라고, 교육 수준과 사회적 배경이 유사한 슈테판 츠바이크가 쓴 것이다. 그의 자서전 《어제의 세계 *The World of Yesterday*》에서 츠바이크는 빈의 젊은 남자와 여자 사이의 정상적인 성관계를 억압하고 도시에 매춘과 매독을 급증하게 만든 사이비 도덕의 베일을 설명한다.

젊은 시절 미혼인 한 친구가 있었는데, 그를 떠올릴 때면 그의 창
백한 얼굴과 근심 가득한 표정을 도저히 지울 수가 없다. 그가 그
렇게 괴로워한 데에는 첫째, 그는 병이 있었거나 병을 두려워했고,
둘째, 낙태 문제로 협박을 받고 있었으며, 셋째, 가족 모르게 병을
치료하기에는 돈이 부족했고, 넷째, 그의 아이를 가졌다고 주장하
는 여종업원에게 입막음할 돈을 주어야 했으며, 다섯째, 사창가에
서 지갑을 털렸지만 경찰서에 갈 엄두를 내지 못했기 때문이었다.

츠바이크는 또, 빈에서는 특정 계층의 아버지들이 아들의 사창가
출입을 막기 위해, 집안에 예쁜 하녀를 고용하여 성경험을 통해 아
들을 교육시키는 일을 맡겼다고 기록한다. 카를이 한스와 쿠르트,
루디, 파울, 루트비히를 위해 그런 방식을 썼는지 밝혀낼 방법은 없
다. 우리는 다만 추측에 의지할 뿐이다.

루트비히의 성생활은 그의 사망 몇 년 후부터 상당히 험악하고 열
띤 토론 주제가 되고 있다. 누나 그레틀처럼 루트비히도 성적흥분장
애가 있었던 것으로 짐작된다. 그는 톨스토이의 《요약 복음서》를 알
게 되면서 4장에 쓰인 계율의 문구를 지키기 위해 기꺼이 최선을 다
해 노력했다. "성적 만족에서 기쁨을 구하지 말라. …… 모든 육욕은
영혼을 파괴시키니, 그러므로 생명을 파괴하는 것보다 차라리 육체
의 쾌락을 버리는 것이 더 낫다." 1931년에 루트비히는 섹스를 하지
않는다는 조건으로 스위스 여성 마르그리트 레스핑거Marguerite Res-
pinger에게 청혼을 했다.

루트비히가 사망한 후, 그의 글을 보관한 사람들과 저작권 보유자들은 기록들 가운데 그가 동성애자였다는 사실을 입증할 만한 증거를 감추었다. 당시 그들 가운데 한 사람은 이렇게 기록했다. "단추 하나를 누름으로써 〔루트비히의〕 사생활에 대한 세간의 관심을 잠재울 수 있으리라 확신할 수 있었다면, 나는 그 단추를 눌렀을 것이다." 1973년에 캘리포니아 주립대학 교수, 윌리엄 워렌 바틀리 3세 William Warren Bartley III는 루트비히의 사회적 지위를 무시한 채 그에 관한 책을 출판했는데, 이 책에서 루트비히가 빈에서 교직 과정을 밟던 시기에 유명한 프라터Prater 공원으로 정기적으로 산책을 한 것에 대해 다음과 같이 묘사했다. "그곳에는 거친 젊은이들이 성적으로 그를 만족시킬 준비를 하고 있었다. 비트겐슈타인은 한번 이곳을 알게 된 후로 좀처럼 이곳을 멀리할 수가 없어 스스로도 소스라치게 놀랐다." 이 같은 언급 때문에 바틀리 교수의 머리 위로 비난이 빗발치듯 쏟아졌다. 이 소동에 동참한 사람들 가운데는 지 스톤버러도 있었다. 그는 법원을 통해 이 책의 출판을 금지시키려 애쓰는 한편, 정기간행물 《인간 세계Human World》에 한 편의 과장된 글을 기고해, 저자의 모자에 대고 구토를 하겠다고 협박을 하고, "음란한 말들로 명예를 훼손시키고…… 온갖 거짓과 허튼소리들을 마구잡이로 늘어놓은 책"이라고 비난했으며, "여색을 밝히는 추잡한 불한당"이라며 저자를 묵살했다. 그러나 스톤버러의 분노로는 상황을 종결시키지 못했다. 레이 몽크Ray Monk는 비트겐슈타인에 대해 포괄적으로 다룬 전기, 《비트겐슈타인 평전: 천재의 의무》를 쓰기 위해 자료를 조사하면서 루트비히의 공책에 기록된 소위 '암호화된 발언들' 전체에 아무런 제한 없이 접근할 수 있었다. 레이 몽크는 이 기록들 가운데에서 루트비히가 1937년에 친구 프랜시스 스키너 Francis Skinner와의 육체관계에 대해 고백한 부분을 발견했다. "두세 번 그와 함께 누웠다. 언제나 처음엔 아무런 문제가 없다고 생각했다가 **잠시 후엔** 부끄러웠다." 물론 이 내용은 17년 전 루트비히가 프라터 공원에서 거친 남자들과 동성애적 행위를 한 것에 대한 비난과 전혀 별개의 문제다. 안타깝게도 바틀리 교수는 이 일화에 대한 출처를 밝히기를 거부했고 지금은 사망하고 없다. 그 때문에 여전히 이 말을 믿지 않는 사람들이 있는가 하면, 루트비히가 강박적으로 공원을 산책했다면 그곳에서 그의 행동은 아마도 참여하는 식이 아니라 관음증적이었을 거라는 견해를 펼치는 사람들도 있다(이들 가운데 주된 인물이 레이 몽크다).

ꙮ 작은 가르침

스톤버러 부부가 오스트리아의 기근 구호를 위해 미국에서 펼친 모금 운동은 완벽하게 성공하지는 못했다. 그들은 1919년 12월에 미국에 도착해, 제롬은 《뉴욕 타임스》에 긴 성명을 발표했고, 그레틀은 《시카고 트리뷴》에 오스트리아 백작 부인으로 묘사되었다. 이런 일들은 꽤나 재미있었지만, 곧이어 그들은 모금 운동 대상들 가운데 기독교인과 유대교 신자인 독일계 미국인 대부분이 이전까지 미국의 적국이었던 나라에 돈을 기부하길 꺼린다는 사실을 알게 되었다. 게다가 태어난 고향으로 돌아가길 그토록 고대했던 제롬은 뉴욕에 도착하고 며칠도 되지 않아 깊은 우울증과 신경질적인 편집증에 사로잡혀 툭하면 자살하겠다고 위협했다. 이에 격노한 그레틀은 정신병원 간호사의 지속적인 감시에 그를 맡겨버렸다. 제롬의 신경증적인 행동은 2개월 동안 지속되었다. 그는 2월이 되어서야 경미하나마 호전된 모습을 보이기 시작했지만, 그레틀은 여전히 "그의 상태를 몹시 못마땅하게 여겼고" 헤르미네에게 보내는 편지에 "낮에는 거의 정상이지만 밤만 되면 여전히 끔찍하다"고 언급했다.

스톤버러 부부는 미국에서 지내는 동안 결혼생활을 끝내기로 결정한 게 틀림없다. 1920년 7월에 그들이 빈에 돌아왔을 때, 그레틀은 쉰브룬 궁전Palais Schonbrunn에 있는 한 아파트를 얻었고, 제롬은 에르되디 궁전의 독립된 아파트를 구했다. 제롬과 같은 건물에 사는 이웃으로는 빈 주재 미국 대사 알베르트 헨리 워시번Albert Henry Washburn이 있었다. 그러나 제롬은 얼마 안 있어 차츰 빈에 싫증을 느끼고 파리의 비싼 아파트로 옮겼다. 시간이 갈수록 스톤버러 부부에게는 많은 비밀들이 생겼다. 헤르미네는 자신의 회고록에서 어느 날 '정신이 좀 이상한' 공갈범이 그레틀의 집에 쳐들어와, 돈을 더 내놓지 않으면 다이너마이트를 던지겠다고 협박한 일화를 이야기했다. 헤르미네는 이런 일이 벌어진 원인은 밝히지 않고, 그레틀이 이 강탈자에게 자신은 하나도 겁나지 않으니 어디 폭탄을 던질 테면 던져보라고 말했다며, 동생의 담력에 대한 예로서 이 이야기를 제시했다.

제롬은 파리에서 미술품을 구입하는 것으로 대부분의 시간을 보냈고, 장남 토마스는 케임브리지 대학에 가 있어, 그레틀은 열한 살 아들 지의 동무로 남자아이 한 명을 입양하기로 결심했다. 그리하여 1924년 1월에 베를린으로 갔고, 한 명이 아닌 두 명의 귀족 출신

사내아이와 함께 돌아왔다. 두 아이는 형제였는데, 아버지는 전쟁에서 전사했고 가난한 어머니는 병이 들었다. 요헨Jochen과 베디고 폰 차스트로Wedigo von Zastrow 형제는 당시 열두 살, 열세 살이었다. 지는 둘 중 누구에게도 쉽게 마음을 붙이지 않았다. 제롬은 그레틀이 무슨 일을 저질렀는지 듣고는 그녀에게 크게 화를 냈으며, 차스트로 형제에게 말을 걸려고도 하지 않은 건 물론이고 심지어 6년 동안 그들의 존재조차 인정하려 하지 않았다.

그레틀은 빈에 있을 때 큰언니 헤르미네를 좀처럼 만나지 않았다. 헤르미네의 자존감이 워낙 낮아서 누구의 충고도 들으려 하지 않았기 때문이다. 설사 결혼해서 가정을 꾸려야겠다는 생각을 진지하게 고려했다 하더라도, 이미 적령기가 지났다는 걸 인식했을 것이다. 1919년 12월에 마흔다섯 살이 된 그녀는 자신의 운명이 어떠하리라는 걸 누구보다 잘 알고 있었다. 죽을 때까지 처녀로 있을 테고, 늙어가는 어머니를 돌보게 될 것이며(어머니 때문에 늘 짜증을 내가면서), 여동생들에게 정서적으로 도움을 주고(약간의 질투를 느껴가면서), 궁전에서 늘 손님들을 맞으리라는 것을. 그리고 잘처, 스톤버러, 차스트로 조카들이 긴 여름휴가를 즐기기 위해 이곳 호흐라이트를 찾아오리라는 것을. 헤르미네는 평생 외로웠고, 이런 현실을 원망했다. 그녀는 자기가 그린 그림에 대해 여동생들이 별로 열렬한 반응을 보이지 않는다는 생각에 절망에 빠져 그림들을 죄다 찢어버렸고, '아무런 의미 없는 자기만족적인' 취미에 불과했다며 얼마 후부터는 그림을 완전히 손에서 놓았다. 그리고 어떻게든 집에서 나와 자신의 인생을 목적으로 가득 채우기 위해, 전쟁 중에 부모를 잃은 어린이들을 위한 주간 탁아시설의 견습 교사직을 직접 알아보았다. 이 경험을 바탕으로 얼마 안 되어 그린칭Grinzing의 과거 육군 병원 막사로 사용하던 부지에 '소년 직업 훈련 기관'을 설립했다. 이 모험적인 사업에 16년 이상 들이부은 비용이 70만 크로넨에 달했으며, 헤르미네는 소년들을 잘 통제하지 못했다. 하지만 어쨌거나 이 일은 어머니로부터 벗어나게 해주었고, 비록 이 일을 사랑하지는 않았지만 이 일을 하지 않았더라면 공허했을 인생에서 위안을 얻고 기분을 전환할 수 있었다.

루트비히는 스스로와 다짐한 대로 전쟁 후 몇 년 동안 보잘것없는 교사로 일했다. 그는 쿤트만가세Kundmanngasse에서 교육 과정을 마친 후 1920년 여름 방학 동안 클로스터노이부르크의 수도원에 보조 정원사로 취직해 밤이면 묘목을 기르는 헛간에서 잠을 잤다. 9월 초에는 가명을 사용하여 라이헤나우Reichenau의 교사직에 지원해 직업을 얻었지만 신원이 알려져 그만두어야 했다. 곧이어 미친 루트비히가 가족들과 연을 끊었다는 소문이 퍼졌다. 이 소문이 파울의 귀에 들어가자, 파울은 동생에게 자상하게 나무라는 편지를 보냈다.

우리와 같은 성을 지니고 품위 있고 점잖은 가정교육을 받은 사람이라면, 천 걸음 멀리 떨어져 있다 해도 우리 집안사람임을 알아보지 못하기란 불가능할 거야. 그야말로 전혀 말도 안 되는 일이지. 심지어 네가 최후의 수단으로 이름을 바꾸었다 해도 너에게 득이 될 건 아무것도 없을 거다. 이것은 아무리 힘들게 여겨져도 네가 받아들이려 노력해야 하는 현실이고, 아무리 가혹하게 들리더라도 네가 익숙해져야 할 사실이야.

루트비히는 답장을 보낼 수 없었지만, 파울은 사흘 뒤 '추가로' 편지를 보냈다.

어차피 네가 속한 출신과 집안에 대해 세상이 다 알게 되는 건 불가피한 현실임을…… 지난번 편지에서 이미 말했다. 마우트너 Mautner[카를 비트겐슈타인의 전 직원의 아내]가 아니면 호흐라이트의 우리 집에서 일했던 산지기가 알아봐도 알아봤겠지. 아니면 예전에 알레가세에 고용되었던 선생이든, 한때 클라드노의 컴퍼니 호텔이나 미젠바흐Miesenbach의 공동 여관에서 일하다가 지금은 술집에서 일하는 웨이터든, 코리찬Koritschan이나 프리자흐Friesach의 루이스 삼촌 회사에 고용되었던 공장 직원이든, 예전에 트라우흐 Trauch에서 소젖 짜는 일을 하던 농장 소녀든, 누가 됐든 너와 너라고 짐작할 만한 모든 종류의 가능성을 알아보았을 거야. 품위 있는 가정교육을 비롯해 어떤 것도 속이거나 위장할 수 없다는 건 내가 굳이 말할 필요가 없겠지. 바로 이런 이유 때문에, 차라리 네가 누구고 어떤 사람인지 지체 없이 말했더라면 더 현명했을 거라고 생각한다. 그랬다면 어처구니없이 부풀려진 소문들을 처음부터 잠재울 수 있었을 테지.

형의 편지들을 받던 즈음인 1920년 11월, 루트비히는 트라텐바흐Trattenbach라는 작은 산골 마을의 교사로 다시 채용되었다(이번엔 그의 본명으로). 루트비히는 이곳에서 2년을 지낸 뒤, 노인키르헨 Neunkirchen 근처 하스바흐Hassbach에서 잠시 가르치다가, 푸흐베르크-암-슈네베르크Puchberg-am-Schneeberg에서 2년을 더 가르친 후,

마지막으로 1924년 11월부터 1926년 4월까지 하오스트리아에 위치한 오테르탈Otterthal이라는 마을의 작은 초등학교에서 근무했다.

그동안 루트비히는 아주 적은 양을 먹고 마셨고, 거의 매일 낡은 군복만 입고 다녔다. "왜 옷에 신경을 쓰는가?" 톨스토이는 《복음서》에서 이렇게 묻는다. "괴로워하지도 걱정하지도 말아라. 무엇을 먹을지, 어떻게 입을지 생각해야 한다고 말하지 말라." 누이들과 티격태격하는 자신의 성향을 잘 알고 있던 터라, 루트비히는 빈에 있을 때 누이들을 좀처럼 가까이하지 않았다.

> [《요약 복음서》에는 이렇게 나와 있다] 그러나 나는 너희에게 이렇게 말한다. 모든 사람은 자기 형제에게 성내는 사람을 심판할 자격이 있다. 더욱이 자기 형제를 욕하는 사람은 마땅히 책망을 들을 만하다. …… 그러므로 첫 번째 계율은 이것이다. 화내지 말고 욕하지 말라. 그러나 만일 다투었다면 아무도 너희에게 공격을 가할 까닭이 없을 정도로 깊이 화해하라.

이 몇 년은 루트비히에게 힘든 시기였다. 그는 어느 때보다 악마의 존재에 시달렸고, 전쟁에 대한 끔찍한 기억들로 불안에 떨었으며, 가장 친한 친구의 죽음에 깊이 상심했다. "나는 매일 핀센트를 생각한다. 그는 내 인생의 절반을 가지고 갔다. 나머지 절반은 악마가 가지고 갈 것이다." 이처럼 암울한 정신 상태는 군복무 시절을 함께 보낸 똑똑한 친구, 파울 엥겔만Paul Engelmann에게 보낸 속을 털어놓은 여러 통의 편지에서 엿볼 수 있다. "나는 줄곧 목숨을 끊어야겠다는 생각을 해왔으며, 아직도 때때로 이 생각이 머리에서 떠

나질 않아. 그야말로 최악의 상태로 가라앉고 있어." "내 마음 상태
는 나에게도 끔찍할 지경이야." 루트비히는 매일 일을 할 필요가 있
었고 "그렇지 않으면 지옥의 모든 악마들이 내 안으로 들어올 터이
므로" 가르치는 일이 이 모든 괴로움으로부터 자신을 구해줄 거라
희망하고 또 믿었다. 여느 때와 다름없이 그는 자기혐오에 사로잡혔
고, 자신을 "도덕적으로 죽어 있는" "야비하고" "어리석고 썩어빠
진" 영국인으로 묘사했으며, 톨스토이의 명령에도 불구하고 주변 대
부분의 사람들을 향한 혐오감을 억제할 수가 없었다. 트라텐바흐 사
람들은 "아주 불쾌하고 아무짝에도 쓸모없는 무책임한" 사람들이었
고, 오테르탈 사람들은 "인간 같지 않은 인간들"이었으며, 하스바흐
사람들은 "역겨운 유충들"이었다.

　　루트비히가 전쟁 기간 내내 틈틈이 써오던 이해하기 어려운 그의
철학 논문,《논리철학논고》가 1922년 11월, 마침내 영어 번역본과
버트런드 러셀의 서문이 있는 독일어판으로 출간되었다. 루트비히
와 철학을 논하던 친구들은 이 소식에 크게 놀란 동시에 깊은 감동
을 받았고, 그에게 이제 그만 교직을 그만두고 케임브리지로 돌아
오라고 간곡히 부탁했다. 루트비히는 자신의 책이 분량이 짧고 단
순한데도 불구하고 아무도 제대로 이해하지 못하리라는 사실을 가
슴 아프게 인식했고, 이런 현실에 짜증이 났다.《논고》가 어려운 주
된 이유는 그가 용어를 정의하거나 사례를 들어 요점을 설명하길
일언지하에 거부한 데에 있었다. 그는 파울 엥겔만에게 의미를 설
명하려고 시도했는데, 나중에 엥겔만은 "자신의 머리로는 이해할
수 있는 범위를 훨씬 넘어섰다"고 시인했다. 루트비히의 전 케임브
리지 동료, 조지 무어는 그와 함께《논고》를 한 줄 한 줄 강독할 땐

내용을 이해할 수 있다고 생각했지만, 저자와 헤어지는 순간 내용이 완전히 뒤죽박죽이 되어 다른 사람에게 하나도 설명하지 못했다. 결국 무어는 자신이 루트비히를 이해할 수 있든 없든, 친구의 굳건한 의지력만 보아도 틀림없이 그가 옳다는 걸 확신할 수 있다고 시인해야 했다.

루트비히는 1919년 여름에 독일의 훌륭한 논리학자, 고틀로프 프레게Gottlob Frege에게 원고를 보낸 적이 있는데, 프레게조차 첫 페이지 이상을 넘기지 못한 채 잔뜩 불만스러워하며 루트비히에게 다음과 같은 편지를 썼다. "맨 처음부터 나는 자네가 말하고자 하는 바가 무엇인지에 대한 의혹으로 혼란스러워하다가 결국 한 발짝도 진척을 이루지 못했네." 루트비히는 러셀에게 이렇게 불평했다. "그는 내 이론을 한 마디도 이해하지 못합니다. …… 어떻게 한 사람도 이해하지 못할 수가 있지요!" 그러나 러셀 역시 수차례 읽어본 후에도 여전히 이해할 수 없는 '중요한' 부분들이 많다는 걸 인정하지 않을 수 없었다. 루트비히는 그 부분들을 러셀에게 설명해보려 애썼지만 전혀 성공하지 못했다. 나중에 그는 이 책의 해설서 격인 러셀의 서문을 초판에 싣는 걸 막으려고 했는데, 독일어 번역에서는 어쨌든 '피상성과 몰이해' 외에 아무것도 보여주지 못한다는 것이 그 이유였다. 루트비히는 사람들은 자신의 의미를 전혀 이해하지 못하고, 자신은 여전히 자기 생각을 명확하게 설명하지 못하는 이런 악몽 같은 상황을 공책에 기록했다. 언어의 한계에 관한 《논고》의 중심 주제가 내용 자체의 이해 불가능한 성격으로 인해 생생하게 증명되는 것 같아 루트비히는 내내 짜증이 났다. 그는 《논고》의 말미에 이렇게 썼다.

나의 명제들은 다음과 같이 주석으로 기여한다 : 나를 이해하는 사람은 그가 그것들을 통하여, 그것들을 딛고, 그것들을 넘어서 올라갔을 때, 마침내 그것들이 무의미하다는 것을 깨닫는다(말하자면 그는 사다리를 딛고 올라간 후에는 그것을 던져버려야 한다).

문학가인 그의 친구, 루트비히 폰 피커Ludwig von Ficker에게 해준 설명도 내용을 명확하게 이해시키는 데 전혀 도움이 되지 않았다. "내 책은 두 부분으로 이루어져 있습니다. 하나는 이 책의 내용이고 또 하나는 내가 아직 쓰지 않은 내용입니다. 그리고 중요한 부분은 바로 이 두 번째입니다." 케임브리지의 젊은 철학자이자 수학자인 프랭크 램지Frank Ramsey는 루트비히와 책에 대해 이야기를 나누기 위해 푸흐베르크로 여행을 떠났는데, 이곳에서 두 사람은 매일 네다섯 시간씩 내용을 하나하나 짚어가며 힘들게 책을 읽었고, 이런 식으로 책을 읽다 보니 이틀 동안 읽은 양이 겨우 일곱 페이지에 불과했다. 램지는 오스트리아에서 어머니에게 이렇게 편지를 썼다.

그가 "이해되었나?"라고 물을 때 내가 "아니오"라고 답하면, 그는 "제기랄, 이걸 다시 해야 한다니 진저리나는군"이라고 말하는데, 이 말을 듣는 것은 무서운 일입니다. 그는 종종 자기가 5분 전에 쓴 글의 의미를 잊어버립니다.…… 그는 일부 문장을 의도적으로 애매하게 써서 일상적 의미와 함께 자기가 생각하는 좀 더 난해한 의미를 가지도록 합니다.

단념을 모르는 램지는 기진맥진해서 어리벙벙한 채 케임브리지로 돌아왔지만, 이제 누가 뭐래도 확실한 비트겐슈타인의 제자가 되었다. 철학 잡지 《마인드Mind》의 1924년 7월 발행본에서 그는 이 책을 극찬하는 평론을 썼다. 그리고 같은 해 여름, 한 편지에서 이렇게 덧붙였다. "정말이지 우리는 아인슈타인, 프로이트, 그리고 비트겐슈타인과 함께 사고하는 위대한 시대에 살고 있습니다. 모두 실존 인물이고, 전부 문명세계의 적대국인 독일이나 오스트리아 살고 있지요!"

러셀, 무어, 엥겔만 등과 마찬가지로 램지도 루트비히의 눈에 띄는 외모와 태도, 남달리 설득력 있는 인간적 매력에 빠져들었다. 이러한 작은 출발로부터 비트겐슈타인 해석이라는 거대한 연구 분야가 태어났다. 이후 《논고》의 의미를 설명하기 위해 수천 권의 책들이 출판되었고, 매번 이전 책들과 달랐다. 그의 사후에 출판된 《철학적 탐구Philosophical Investigations》에서 비트겐슈타인 자신은 《논고》의 일부를 부인했지만, 제1차 세계대전 기간 동안 쓴 금언 형식의 이 간결한 책은 여전히 철학계에 상당히 많은 숙고할 과제들을 던졌으며, 그런 의미에서 어쨌든 철학자 비트겐슈타인의 영향력은 상당히 크다고 할 수 있다.

물론 그 당시 (그리고 지금도 여전히) 이런 현상에 대해 의혹을 품은 사람들이 많았고, 눈을 굴리며 '벌거벗은 임금님!'에 대해 투덜대는 사람들도 있었다. 루트비히의 숙부와 숙모들, 오스트리아의 사촌 등 먼 친척들은 전혀 감동받지 않은 사람들에 속했다. 그들 대부분은 루트비히의 행동을 유별난 것으로 여기며 매우 난처해했고, 집안의 얼간이—초등학교 교사—가 해외에서는 훌륭한 철학자로 존경을 다 받는다며 삐딱하게 생각했다. "그들은 고개를 가로저으며, 세상이 자기 집안 광대에게 속아 넘어가고 있는 걸, 저 쓸모없는 인간이 영국에서 갑자기 유명해지고 뛰어난 지성인이 된 걸 재미있게 바라보았다."

루트비히의 식구들은 여전히 그를 걱정했지만, 루트비히는 그들과 접촉을 끊었고, 편지에 답하지 않았으며, 파울과 헤르미네가 보낸 음식들을 열어보지도 않은 채 돌려보냈다. 루트비히에게 연락할 수 있는 가장 좋은 방법은 그의 친구들과 은밀히 유대를 갖는 것이었다. 그들 가운데 한 명은 루트비히가 이탈리아 포로수용소에 감금되어 있는 동안 만나 지금은 일종의 멘토 겸 당번병으로 대하는 핸젤Hänsel 박사였다. 루트비히는 한편으로는 그에게 도덕적 조언을 구하고, 다른 한편으로는 책이며 물건을 보내달라거나 심부름을 해달라고 매일같이 지시를 내렸다. 윌리엄 바틀리 3세 교수의 또 다른 죄 가운데 하나는 비트겐슈타인에 관한 그의 책에서, 높은 도덕관념을 지닌 핸젤 박사가 동성애와 자위행위를 맹비난한 논쟁적인 논문《청소년기와 육체적 사랑 Die Jugend und die leibliche Liebe》의 저자임을 밝혔다는 것이다. 그런 책을 들여다본 적도 없었을 헤르미네는 그에게 정기적으로 막내 동생에 관한 편지를 썼고, 위안을 주는 그의 답장에 늘 고마워했다. "남동생으로 성인군자 같은 사람을 두기란 쉽지 않지요." 헤르미네는 그에게 이렇게 말했다. "이런 영국 속담이 있어요. '살아 있는 개가 죽은 사자보다 낫다.' 여기에 저는 이렇게 덧붙이겠어요. 남동생으로는 불행한 **성인**보다 행복한 **사람**을 두는 편이 더 낫다고."

지성보다 감성을 더 중요하게 여기는 파울은 1923년 11월에 루트비히가 결장궤양이라는 고통스러운 병을 앓고 있다는 사실을 알고 무척 괴로웠다. 그는 동생을 위해 자기는 아무것도 할 수 없다는 걸 깨닫고 루트비히의 또 다른 친구인 루돌프 코더Rudolf Koder에게 조심스럽게 연락을 취했다.

친애하는 코더 씨

한 가지 부탁이 있습니다. 아무쪼록 제 부탁을 들어주시길 바랍니다. 제 동생 루트비히가 결장염을 앓고 있습니다. 오랫동안 치료를 받지 않으면 몸이 약해지고 신경에도 영향을 미쳐 매우 위험할 뿐만 아니라, 피곤하거나 스트레스를 받으면 상태가 더욱 악화되는 질병입니다. 이 병 때문에 제 동생의 안색이 몹시 좋지 않고 지치고 피곤해 보입니다. 특별한 식이요법을 이용하면 병이 치료될 수 있습니다. 의사는 귀리와 보리로 만든 수프를 많이 먹어야 하고, 너무 많이 돌아다녀서는 안 되며, 차분히 안정을 취해야 한다고 말합니다. 하지만 루트비히는 모든 것이 너무 비싸고 너무 성가시다고 불평을 하고 있어요.

친애하는 코더 씨, 루트비히가 이 식이요법을 섭취하도록 설득하는 데 힘을 좀 보태달라고 부탁드려도 되겠습니까. 물론 제가 당신에게 이런 부탁을 드렸다는 걸 루트비히에게 전해서는 안 됩니다. 그냥 친구로서 그의 건강에 대해 물은 다음 어떤 음식을 먹어야 하는지 말해주고, 심각한 결과를 피하도록 조언해주면 됩니다. 그의 하인이 제대로 된 귀리 수프를 끓이지 못한다면 필요한 모든 재료들을 친애하는 코더 씨, 당신에게 보낼 준비를 해놓겠습니다. 그러면 아마 루트비히는 당신이 직접 수프를 만들었을 거라고 믿겠지요. 워낙 간단한 음식이라 재료를 구하기가 그렇게 어려울 것 같지는 않습니다. 당신의 외교적 수완을 믿습니다. 도와주신다면 대단히 감사하겠습니다. 수고스럽게 해드려 죄송하지만 다른 방법이 생각나지 않는군요. 아마도 제 누님과 제가 해내지 못한 일을 당신의 훌륭한 영향력으로 가능하게 만드시리라 믿습니다.

미리 감사드립니다. PW

나중에 키르히베르크Kirchberg의 한 노인은 루트비히를 "우리 초등학교 아이들에게 고급 수학을 알려주려 했던 아주 정신 나간 사람"으로 기억했다. 다른 사람들, 특히 비교적 똑똑한 그의 학생들은 그를 뛰어난 교사로 애정을 담아 회상했다. 그는 학생들에게 건축양식, 식물학, 지질학을 가르쳤고, 빈에서 현미경을 가지고 왔으며, 모형 증기기관차를 만들어주었다. 다람쥐를 해부하는 방법을 보여주었고, 뼈대를 재조립하기 위해 여우를 푹 삶아 살을 추려냈다. 하지만 열정과 능력에도 불구하고 루트비히는 폭압적이고 참을성이 없으며 종종 폭력적인 선생이었다. 한번은 그가 발끈 화를 내며 한 여학생의 머리카락을 잡아당겼는데, 그날 저녁 여학생이 머리를 빗으며 보니 머리카락이 몇 움큼씩 빠졌다 한다. 또 한 번은 이 여학생을 어찌나 세게 때렸는지 귀 뒤에 피가 날 정도였다. 1926년 4월에는 약하고 우둔한 열한 살 남학생의 머리를 주먹으로 여러 차례 쳤더니, 이 남학생이 의식을 잃고 바닥에 쓰러져버렸다. 겁에 질린 루트비히는 수업을 중단하고 남학생을 교장에게 데리고 가다가, 전에 귀에 피를 흘리게 만든 여학생의 아버지와 마주쳤다. 이성을 잃은 그 아버지는, 루트비히를 선생이 아니라 동물 조련사라고 비난하면서 경찰에 신고를 하겠다고 으름장을 놓았다. 그가 서둘러 위급한 상황을 알리고 있을 때, 루트비히는 의식을 잃은 소년을 눕혀 놓고 마을 밖으로 달아났다. 곧 법이 그의 발목을 잡았고, 5월 17일에 글로크니츠Gloggnitz 지방 법원에 출두 명령을 받았다. 법정에서 그는 거짓말을 했고 이 일을 평생 동안 깊이 후회했다. 판사는 그가 자신의 행동에 책임을 지기에는 정신이 상당히 혼란스러운 상태라고 의심하여, 피의자가 심리검사를 받을 때까지 재판 중단을 명령했다. 루트비히는 빈에서 의사의 소환장을 기다리며 친구 코더에게 이렇게 편지를 썼다. "정신과 의사가 나에게 뭐라고 말할지 정말 궁금해. 하지만 심리검사를 시킬 생각을 하다니 몹시 불쾌하고, 이 모든 추잡한 일에 아주 넌더리가 난다."

✌ 파울, 명성을 날리다

파울이 경솔하게 국채에 투자한 바람에 온 가족이 막대한 재산 손실을 입었음에도 불구하고, 비트겐슈타인 집안은 여전히 — 대부분의 빈곤한 빈 중산층 기준으로 보면 — 엄청난 부자였다. 그럴 수 있었던 것은 해외 투자 덕분이었다. 아버지와 세 남자형제의 유산에 1919년 루트비히의 기부금을 더해 파울은 훌륭하게 자산을 구성했다. 빈의 제1지구에는 유행에 민감한 콜마르크트Kohlmarkt 거리에 상점과 사무실, 아파트로 이루어진 대단지를, 플랑켄가세Plankengasse 1번지에 대형 빌딩을(이후 철거하고 현대식 호텔로 다시 지었다) 보유했고, 2지구에는 슈투버슈트라세Stuwerstrasse에 아파트 건물을, 마리아힐퍼슈트라세Mariahilferstrasse 7-58번지에 1층 상가가 있는 아파트 건물을 보유했다. 가족 주거지 가운데에는 알레가세에 있는 궁전의 절반(나머지 절반은 헤르미네가 소유했다) 및 노이발데크의 궁전과 부동산 3분의 1을 소유했다(나머지 3분의 2는 헤르미네와 헬레네가 소유했다). 그러나 파울의 임대 부동산들은 전쟁 후 힘든 몇 년 동안 그의 재산을 형성하는 데 별 도움이 되지 못했다. 당시 정부는 임대료 상승을 엄격하게 금지했기 때문에, 모든 물가가 1만 4000배까지 상승했을 때 임대료는 여전히 인플레이션 이전 가격에서 꼼짝을 하지 않았기 때문이다. 1922년 가족형 아파트 한 채의 1년치 임대료로 집주인이 벌어들인 수입은 평균 가격대의 음식점에서 저녁 한 끼 사 먹으면 끝이었다.

국가의 몰락을 어느 정도 감지했는지, 카를은 1912년에 개인 재산의 상당 부분을 해외 주식에 투자했다. 카를이 사망한 후 이 포트폴리오는 상속자들을 대신해 양심적인 그의 형 루이스Louis가 출자만 하고 사업에는 관여하지 않는 익명 동업자로서 네덜란드 은행 호프앤컴퍼니에 맡겨 관리했다. 이 계획은 세금을 절약하기 위한 것이었다. 은행은 신탁 관리자인 루이스의 이름만 알고 있을 뿐, 신탁재산 소유주 개개인의 정보는 알 수 없었다. 루이스는 볼셰비키의 반란도 두렵고, 새로 건설된 유고슬라비아 왕국 국경 안쪽까지 이어진 자기 소유의 부동산도 지켜야 했기 때문에, 1919년에 외국 시민권을 취득했다. 집안 재산의 신탁 관리자로서 그는 이런 식으로 전 재산을 해외로 빼돌릴 수 있었고, 이 같은 교묘한 방법 덕분에 오스트리아의 국내 통화가 사실상 휴지 조각과 다름없던 시기에 비트겐슈타인 사람들은 스위스 프랑이나 미국 달러로 대금을 지불할 수 있었다.

1918년에 군복무를 마치고 돌아온 후 파울은 피아니스트로서 진로에 관해 소극적이고 신중해졌다. 그가 머리카락을 밀고 궁전의 구석진 방에 틀어박혀 아무도 만나려 하지 않으며, 하인들에게 문틈으로 음식을 밀어넣고 방에는 절대로 출입하지 못하도록 엄명을 내리고는 하루 아홉 시간씩 연습을 한다는 소문이 돌았다. 소문은 과장이었다. 실제로 머리를 시베리아에 있을 때처럼 아주 짧게 깎긴 했다. 파울은 한손으로 피아노 연주를 해야 한다는 부담 때문에 연주 기법을 완전히 바꿔야 했고, 그 바람에 1918년 8월부터 1922년 4월까지는 대규모 공연을 일체 하지 않았다. 헤르미네가 파울이 자살하기 일보 직전이었으며, "여전히 이 세상에 살아남아 마침내 삶을 받아들이게 된 건 어쩌면 순전히 우연"이라고 쓴 것은 아마도 그의 인생에서 이 시기를 언급한 것이 아닐까 싶다.

파울은 한 손으로 피아노를 연주하겠다는 대담한 계획이 과연 성공할 수 있을까 하는 의혹에 휩싸였다. 이 시기 동안 그는 알레가세 궁전에서 몇 차례 개인 연주회를 가졌고, 언제나 열광적인 그의 스승 라보에게 격려를 받았다. 라보는 어떤 곡은 파울의 장애를 감안해 특별히 작곡하고, 어떤 곡은 예전에 두 손을 위해 작곡한 곡을 한 손 연주에 맞도록 편곡하면서, 파울에게 새로운 곡을 연주하도록 끊임없이 권했다. 이 곡들 가운데에는 3중주곡 둘, 4중주곡 하나, 5중주를 위한 디베르티멘토 하나, 피아노협주곡 3번, 피아노 솔로를 위한 환상곡이 포함되어 있다.

하지만 파울은 라보의 도움만으로는 연주 경력을 유지할 수 없으리라는 걸 알고 있었고, 그러면서도 딱히 연주할 만한 곡을 찾기가 어려웠다. 그는 연주회 곡목을 늘리려는 노력의 일환으로, 왼손만을 위해 작곡한 곡들을 찾기 위해 파리, 빈, 베를린, 런던의 오래된 음반 가게를 뒤졌다. 예상대로 몇 곡의 작품밖에 찾지 못했다. 그 가운데에는 스크랴빈이 오른손 손목을 삔 후에 작곡한 두 개의 소품집, 클라라 슈만에게 선물한 브람스의 편곡집, 생상스의 여섯 개의 연습곡, 고도프스키의 쇼팽 편곡집, 샤를 알캉의 작품 하나와 절반, 그 밖에 알렉산더 드레이쇼크, 아돌프 푸마갈리, 지치 백작 등과 같이 잘 알려지지 않고 재능도 그저 그런 작곡가들의 일부 평범한 곡들이 포함되어 있었다. 파울 스스로 모차르트, 멘델스존, 리스트, 바그너 등 여러 작곡가들의 작품을 직접 편곡하기도 했는데, 이 작업에 들여야 하는 시간과 노력이 어마어마했다. 이렇게 편곡한 곡들은 연주기법을 향상시키는 데에는 도움이 되었지만, 파울은 이 곡들이 특별히 좋은 작품은 아니라는 걸 처음부터 알고 있었다. 더구나 이 곡들은 편곡된 작품들이었고, 그런 만큼 원곡을 절충해 만든 형태들이었다. "흥미롭지만 원곡만큼 좋지는 않다." 사람들은 이렇게 말하곤 했다. 한 손으로 연주 경력을 쌓을 수 있길 조금이라도 기대한다면, 그는 이제 훌륭한 작곡가들에게 새 작품을 의뢰해야 했다.

1922년 6월 29일, 요제프 라보는 80세 생일을 맞이했다. 빈에서는 일주일 동안 그의 음악으로 성대한 축하 행사가 치러졌고, 그가 1918년에 작곡한 미사곡을 라임그루베Laimgrube의 성 요셉 교회에서 초연하는 것으로 행사의 막을 내렸다. 비트겐슈타인 사람들은 모두 참석했다. 파울은 나흘 전에 호프부르크Hofburg 궁전의 기념관에서 라보를 축하하는 연주회에 참여했고, 23일에는 라보가 1915년에 그를 위해 작곡한 협주곡을 율리우스 레너트Julius Lehnert가 지휘하는 빈 여성 심포니 오케스트라와 "매우 근사하게" 연주했다. 그러나 정작 작곡가는 병세가 위독해 참석하지 못했다. 지인들은 그가 곧 임종을 맞게 될 거라고 생각했다.

라보의 건강은 몇 년 동안 꾸준히 쇠약해져갔다. 비트겐슈타인 사람들은 그의 음악을 꾸준히 밀어주었지만 평생 동안 그를 세계적인 유명 인사로 만들지 못했다. 또한 그가 새로운 작품을 많이 남기지 못했으며, 오로지 그의 음악만 연주하고 그만을 의지해서는 파울의 경력이 유지될 수 없다는 사실을 이제(더 일찍은 아니더라도) 분명하게 알게 되었다. 당시에도 연주회 프로그램에서 요제프 라보라는 이름은 흥행을 보장하지 못했고, 파울이 그의 음악을 대단히 열정적으로 연주하는데도 관객들은 종종 어리둥절한 모습을 보이기 일쑤였다. 루트비히조차 그의 음악은 "다른 어떤 음악보다 미묘"하고, 그래서 "특히 이해하기 어렵다"고 시인했다.

그러나 모두가 그의 죽음을 예상하고 있을 바로 그때, 이 늙은 맹인 스승은 동종요법사에게 식단을 바꾸라는 조언을 들은 후부터 갑자기 건강을 회복하기 시작했다. 비트겐슈타인 사람들은 매우 기뻐했다. "라보가 다시 건강해지고 있어!" 헤르미네는 이렇게 외쳤고, 어머니는 다음과 같은 말로 열변을 토했다. "동종요법사가 라보의 병을 낫게 한 기적은 아무리 찬사를 보내도 모자랍니다. 식단을 완전히 바꾸었더니 육체도 기분도 금세 호전되더군요. 이제 라보는 완전히 건강을 되찾아 젊은 음악가가 되었답니다."

실제로 라보는 새로운 식단으로 몸이 아주 좋아져서, 파울을 위해 즉시 피아노협주곡을 하나 더 작곡하기 시작했다.

친애하는 라보 선생님

선생님이 저를 위해 다시 작곡에 매진하고 계시다는 소식을 듣게
되어 얼마나 기쁜지 모릅니다. 이 기쁨을 무슨 말로 표현해야 할지
잘 모르겠군요. 그래서 약소하나마 선생님을 즐겁게 해드릴 선물
을 마련했습니다. 부디 친절을 베푸시어 언제까지나 충실한 선생
님의 전前 제자, 파울 비트겐슈타인이 드리는 동봉한 상자를 받아
주시기 바랍니다.

　상자에는 베토벤의 머리카락 한 다발이 담겨 있었다고 하는데,
이런 파울 특유의 관대한 행동에도 불구하고 이 맹인 작곡가는 여
전히 질투심 많은 남자였다. 비트겐슈타인 사람들이 라보에 대해
'소유' 의식을 느꼈을 거라는 견해가 일리가 있다면, 그 반대쪽도
틀림없이 같은 생각을 했을 것이다. 파울은 **자기가 소유한** 천재였으
므로, 이 노인은 '언제까지나 충실한' 전 제자가 자기보다 뛰어난 다
른 작곡자들에게 새 작품을 의뢰하려는 계획에 찬성하지 않았다.
그의 저항을 극복하기까지 시간이 걸렸지만, 팔순의 작곡가는 파울
을 위해 마지막 협주곡 작곡에 매진하면서 이것이 왼손을 위한 마
지막 대규모 작업임을 인정했고, 마침내 파울이 누구든 원하는 작
곡가에게 작품을 의뢰해도 좋다고 정식으로 허락했다.

　1922년 12월에서 1923년 부활절 사이에 파울은 세 명의 유명한
작곡가와 한 명의 덜 알려진 작곡가에게 접근해, 미국 달러로 거액
을 주는 대가로 피아노와 오케스트라를 위한 (왼손) 협주곡 작곡을
제안했고, 네 사람 모두 — 파울 힌데미트Paul Hindemith, 에리히 볼프
강 코른골트Erich Wolfgan Korngold, 프란츠 슈미트Franz Schmidt, 세르게

이 보르트키에비치Serget Bortkiewicz —1923년 늦은 봄부터 파울을 위해 부지런히 작곡에 매달렸다. 각각의 작품을 의뢰한 목적이 피아니스트로서의 성공을 위한 것인 만큼, 작곡가 선정은 신중할 필요가 있었다. 파울이 즐겨 연주하는 음악 — 그를 전문가로 인정받게 만들어준 작품 — 은 낭만주의 초기 작품과 고전주의 후기 작품이었다. 파울은 소위 현대음악은 질색을 해서, 아르놀트 쇤베르크Arnold Schoenberg(라보의 또 다른 제자)뿐만 아니라 제2 빈악파the Second Viennese School와 개인적으로 친분이 있었음에도 불구하고 이들 가운데 누구에게도 음악을 의뢰할 생각조차 하지 않았다.

율리우스 코른골트의 아들이자 《신자유신문》의 수석 평론가인 에리히 코른골트는 파울의 의뢰를 받을 당시 아직 20대였지만, 빈의 대중들은 이미 그를 모차르트 이후 최고의 음악 신동으로 받아들였다. 말러는 그가 열 살에 천재라고 선언했고, 리하르트 슈트라우스는 그가 열네 살에 작곡한 두 개의 작품을 듣고 경외감과 두려움이라는 두 가지 감정이 교차한다고 고백했다. 코른골트는 오페라 〈죽음의 도시Die tote Stadt〉(1920년 초연)로 세계적인 명성을 얻었다. 그의 음악은 파울이 원한 것보다 더 현대적일지 모르지만, 조숙한 이 작곡가는 어쨌든 3000달러를 받은 대가로 자신의 작품을 통해 많은 관객을 불러 모으리라 확신했다. "독일의 모든 지휘자는 자동적으로 나의 새 곡을 연주할 것이다"라고 자신했던 것처럼.

프란츠 슈미트의 작품들은 과거에도 지금도 오스트리아에서 매우 높은 평가를 받고 있다. 아름답고 자연스러우며 개인적이고 직관적인 음악이 전 세계에서 이토록 드물게 연주된다는 건 부끄러운 일이다. 슈미트에게 새로운 작품을 의뢰함으로써(6000달러를 지불하고), 파울은 독일어권 국가의 주요 연주회장에서 연주회 일정을 잡을 수 있었다.

전위 음악계의 떠오르는 젊은 독일인 힌데미트는 다소 위험한 선택이었다. 파울은 음악은 마음에 호소해야 한다고 믿은 반면, 그 시기 힌데미트의 작품들은 지나치게 지적이었다. 힌데미트는 1922년 12월 빈의 한 연주회에서 처음 파울을 만났는데, 이때 그는 자신의 제2 현악4중주에서 바이올린 파트를 연주하고 있었다. 엄청나게 난해하고 괴로운 이 작품이 보수적인 취향인 파울의 관심을 끌었다는 건 놀라운 일이다. 파울이 제공한 보상으로 힌데미트는 프랑크푸르트의 작센하우젠Sachsenhausen 지구에 쿠히르텐투름Kuhhirtenturm으로 알려진 15세기 망루를 구입해 복원할 계획이었다. 그는 이 계획을 성공적으로 실행했지만, 망루는 1943년 연합국의 폭격에 의해 파괴되었다.

파울의 작곡가 목록 가운데 네 번째 인물인 세르게이 보르트키에비치는 차이코프스키, 리스트, 라흐마니노프와 같은 아름다운 선율의 낭만주의 표현 양식으로 매력적인 음악을 작곡했다. 우크라이나 하르키우Kharkov의 상류 지주 계급 출신인 그는 베를린, 러시아, 터키에서 힘든 시기를 보낸 후 1922년 여름에 빈에 정착했다. 1952년 사망한 후 보르트키에비치의 음악은 소수의 열렬한 추종자들을 제외하고 대중에게 완전히 잊혀졌다.

네 사람이 각자 협주곡 작곡에 착수하는 동안, 파울도 그들과 같은 노력을 기울이며 초연 준비에 몰두했다. 힌데미트(오케스트라와 함께하는 피아노 음악)는 새로운 시즌 초에 바이마르와 빈에서 연주 일정을 잡았고, 보르트키에비치는 1923년 11월에 빈에서 초연할 예정이었으며, 슈미트의 곡(베토벤 바이올린 소나타 '봄' 주제에 의한 변주곡)은 3개월 후인 1924년 2월에, 코른골트의 협주곡은 9월에 초연을 발표하기로 예정되었다. 무대가 마련되었고 파울은 고대하는 것이 많았지만, 무엇보다 1923년 11월 10일, 최근에 완공된 빈의 콘체르트하우스Grosser Konzerthaussaal에서 루돌프 닐리우스Rudolf Nilius의 지휘로 빈 심포니 오케스트라와 함께 세계 초연하는 맹인 스승의 피아노협주곡 제3번에 집중해야 했다. 이 곡은 라보가 81세에 마지막으로 완성한 작품으로, 파울은 이 곡을 매우 높게 평가했다.

작곡가들이 각자 작품을 제출하자 언쟁이 벌어지기 시작했다. 힌데미트는 초안을 제출하기도 전에 이미 예기된 문제들을 드러냈다. 1923년 5월 4일 편지에서 그는 파울에게 다음과 같이 예고했다. "다음 주말이면 준비를 모두 마치게 되리라 생각합니다. 당신이 이 작품에 만족하지 못한다면 유감스러울 것입니다. 아마 처음엔 조금 이상하게 들릴지 모르지만, 저는 이 곡을 매우 정성껏 작곡했고 스스로 대단히 마음에 듭니다." 같은 편지에서 그는 건축업자가 망루의 작업을 시작할 수 있도록 최소한 금액의 반만이라도 미리 지불해줄 수 있는지 파울에게 물었다. 파울은 새 작품을 이해하지 못할까 봐 두렵다고 답했다. 그러자 힌데미트는 쪽지를 첨부해 얼른 초안을 보내주었다.

일단 제 작품을 검토하시고 나면 두려움이 잦아들 거라 기대합니다. 단순하고 전혀 복잡하지 않은 작품이며, 조만간 당신을 기쁘게 해드릴 거라고 굳게 믿습니다—처음에는 약간 섬뜩할지 모르지만 그건 문제가 되지 않습니다— 당신은 틀림없이 이 작품을 이해하게 되실 겁니다.

　파울은 제때에 전액을 지불하는 대신 악보 원고와 오케스트라 파트를 손에 넣고, 그가 살아 있는 동안 자신만이 작품을 무대에 올릴 수 있도록 독점권을 얻는 등, 돈 문제에 관한 한 훌륭하게 처신했다. 그러나 힌데미트의 음악에는 몸서리를 쳤다. 파울은 그의 음악을 오랜 시간 열심히 연습했지만, 결국 작품을 도저히 이해할 수 없다고 결론을 내리고 예정된 초연 일정을 취소했다. 힌데미트의 작품 〈오케스트라와 함께하는 피아노 음악〉은 줄곧 세상에 드러나지 않다가 2004년 12월이 되어서야 연주되었다.

　파울은 코른골트와 슈미트 같은 작곡가들과도 언쟁을 벌였다. 두 경우 모두 작곡가들이 오케스트라 파트에 지나치게 치중해 오케스트라 소리에 피아노 소리가 묻히는 것 같았다. 요제프 라보도 파울이 그의 음악에 손을 댔을 때 크게 화를 낸 적이 있었지만, 그는 언제나 소규모 실내 관현악단을 위해 곡을 만들었기 때문에 균형에 관한 문제는 한 번도 제기된 적이 없었다. 슈미트는 파울의 기분을 맞춰주려 애쓰면서 그의 요구를 순순히 따랐고, 변경된 많은 부분을 수용했다. 하지만 코른골트는 상처를 받았다. 원래 그의 협주곡은 네 개의 호른과 세 개의 트럼펫, 콘트라바순, 하프, 첼레스타, 글로켄슈필, 실로폰을 비롯해 대규모 악단을 위해 작곡된 것이었다. 파울은 "피아노와 오케스트라의 음향 차이가 너무 커서 피아노 소리가 찍찍대는 귀뚜라미 소리처럼 들린다"고 불평했고, 마음에 들지 않는 부분에 빨간색으로 굵게 선을 그었다. 코른골트는 작품이 이런 식으로 훼손되어 엉망으로 바뀐 것에 분개했고, 파울은 편지를 써서 그를 달랬다.

친애하는 코른골트 선생에게
당신의 두 번째 협주곡 악보를 동봉합니다. 제가 표시한 괄호 부분
에 관한 한, 제 성미를 영 거스르는 일이긴 하지만 그 부분들까지
전부 복사해두시길 부탁드립니다. 당신의 지휘로 제가 이 작품을
연주하는 경우, 어쨌든 당신이 옳다고 생각하시는 대로 여전히 괄
호 부분을 연주하도록 지시하실 수 있습니다. 그렇지만 제가 당신
몰래 연주한다면, 저라면 괄호 부분의 악기들을 전부 들어내겠습
니다. 삭제 표시에 너무 놀라지 마시고, 저에게 너무 화내지 말아
주십시오. 파울 비트겐슈타인 올림.

1924년 2월 2일에 초연된 프란츠 슈미트의 베토벤 변주곡은 기분
좋게 성공을 거두었다. 《신빈일보》의 평론가는 "놀라운 음악적 재
능"을 지녔다며 작곡가를 극찬했고, "두 손을 위한 다성음악을 한손
으로 연주해낸 파울 비트겐슈타인은 그가 불어넣은 대성공의 열기
속에서 작곡가와 함께 앙코르를 요청받았다"고 덧붙였다.
　화려한 소음, 의도적으로 계획한 추악한 에로티시즘이 부자연스
럽게 결합된 코른골트의 작품은 훨씬 성공적이었다. 황금홀에서 열
린 초연 무대에서는 작곡가가 지휘를 맡았다. 프로그램에는 카를 프
로하스카Karl Prohaska, 후고 카우더Hugo Kauder, 알마 말러Alma Mahler
등의 초연 작품들이 포함되었지만, 신문의 머리기사를 장악한 건 당
연히 코른골트 협주곡이었다. 《신자유신문》의 평론가는 "믿기 어려
울 만큼 간결하고 정교하며 대단히 탁월한 작품"이라며 환호했고,

"파울 비트겐슈타인은 열정을 다해 연주해 훌륭한 그의 솔로 악기 파트를 단연 돋보이게 만들었다"고 언급했다(마치 파울과 작곡가가 균형 문제를 두고 논쟁한 걸 알고 있기라도 한 듯). 《신빈일보》의 평론가는 8일이 지나서 신문에 유별난 호평 기사를 냈다.

전쟁 중에 어처구니없게 포탄에 맞아 오른 팔을 잃었지만—사람들은 심지어 그의 목숨보다 더 귀한 걸 잃었다고 말할지도 모른다—순전히 예술적이고 영웅적인 행위로 운명을 극복한 파울 비트겐슈타인은 남은 왼손으로 피아노의 거장이 되었으며, 그의 한 손은 사실상 도달 불가능한 완성의 경지에까지 연주를 끌어올렸다. 그리고 이제 그의 위대한 예술적 동지가 그를 돕기 위해 찾아왔다. 코른골트는 이 협주곡을 그에게 헌정했으며…… 파울 비트겐슈타인은 기쁨에 넘쳐 빠르게 내달리는 연주 기법으로 '그의' 작품을 연주했다. 눈을 감고 들으면 두 손으로 연주하고 있다고 생각할 것이다. 우리는 재능이 뛰어난 연주자의 환희에 찬 연주로 가슴이 한껏 벅차올랐다.

파울은 악보와 각 파트들을 반드시 자기 것으로 만들었고, 모든 작품들의 독점 연주권을 성사시켰다. 연주회 기획자들은 이 작품들을 무대에 올리기 위해 혈안이었고, 어느새 유럽 전역의 콘서트홀에서 파울을 찾았다. 이런 추세에 자신감을 얻은 파울은 현존 최고의 성공한 작곡가 리하르트 슈트라우스에게 코른골트의 초연에 참석해달라고 부탁했고, 왼손을 위한 피아노협주곡을 작곡해줄 수 있는지도 함께 문의했다.

전쟁 전에 슈트라우스는 이따금 빈을 방문할 때면 알레가세 궁전에서 부모님과 함께 머물렀기 때문에, 파울은 그를 조금 알고 있었다. 하지만 그렇다고 해서 그를 쉽게 대할 자격이 부여된 건 아니었다. "슈트라우스는 탐욕스러운 사람이다." 파울은 이렇게 기록했다. "확실히 그는 돈벌이가 되는 일인지를 따져보긴 하지만, 작곡을 하기 **전**과 **후**에 그러지 작곡하는 **동안에는** 그러지 않는다. 그리고 그건 중요한 부분이다." 마침내 슈트라우스는 2만 5000불이라는 파격적인 선금을 받고 의뢰를 수락했고, 강렬하면서도 음울한 협주곡 작곡에 착수했다. 슈트라우스는 20년 전에 작곡한 교향곡에 부록, 다시 말해 자매곡을 첨부해, 〈가정교향곡을 위한 파레르곤Parergon zur Sinfonia Domestica〉이라는 제목을 붙였다. 1903년 작품 〈가정교향곡〉과 새로 첨부한 〈파레르곤〉은 둘 다 주제적 소재가 같아서, 슈트라우스가 이미 옛날에 만들어놓은 작품을 개작만 해놓고 파울에게 한몫 단단히 챙겼다는 소문이 음악계에 삽시간에 퍼졌다. 파울은 이런 비난은 "부당"하고 협주곡은 "대단히 아름답다"고 주장하면서 작곡가를 옹호했다. 하지만 이와는 별개로 슈트라우스의 작품에서 못마땅한 부분들을 감지하고 그를 질책했다. 이번에도 파울은 오케스트라가 너무 강하고 피아노 파트는 잘 들리지 않는다고 주장했다. 수차례 괴로운 논의 끝에, 슈트라우스는 오케스트라 악보 가운데 중요한 주제를 피아노 파트로 옮기고, 파울이 직접 몇 부분을 삭제하게 함으로써 음악의 텍스처를 약하게 만드는 것에 마지못해 동의했다. 〈파레르곤〉에는 극도의 다양성과 대단히 어려운 기법들로 이루어진 숨 막힐 듯한 솔로 파트가 있지만, 파울은 이 부분이 별로 화려하지 않다고 불평했다. 그는 선풍을 일으킬 무언가, 눈이 부실

만큼 아찔한 무언가를 바랐고, 슈트라우스에게 다시 수정하라고 닦
달했다. 파울은 늘 그렇듯이 나중에 3개 언어를 사용해 〈파레르곤〉
에 대해 "ein brauchbareres Konzert로 만들기 위해 de fond en
comble하게 바꾸어야 했다"(괜찮은 협주곡으로 만들기 위해 위부터 아
래까지 바꾸어야 했다)고 설명했다.

슈트라우스는 파울의 비난을 좋은 마음으로 받아들였던 것 같다.
하지만 피아니스트가 요구한 수정 내용 가운데 일부는 너무 복잡해
서, 1925년 10월 6일로 예정된 드레스덴Dresden 초연 전까지의 짧은
기간 동안 해결하기에는 역부족이었다. 그래서 슈트라우스는 대신
파울의 요구에 더 잘 맞을 〈범아테네 축제 행렬Panathenäenzug〉이라
는 제목의 왼손을 위한 두 번째 협주곡을 작곡하겠다고 제안했다.
작곡가가 이 곡을 위해 2만 5000불을 더 요구했는지는 알려지지 않
았지만, 베를린 초연 직후 슈트라우스가 빈의 야크빈가세Jacquingasse
에 리하르트 슈트라우스 성이라고 알려진 대저택을 직접 짓기 시작
한 것으로 보아 아마 그랬을 가능성이 높다.

황홀하고 유머러스한 재즈풍의 〈범아테네 축제 행렬〉 역시 파울
의 관점에서는 어설픈 관현악 편성으로 난항을 겪었다. "어떻게 가
련한 내 한 팔로 네 배나 거대한 오케스트라와 겨룰 수 있을 거라고
기대하시는 겁니까?" 파울은 이렇게 물었다. 브루노 발터Bruno Walter
의 지휘로 베를린 필하모닉과 협연한 1928년 1월 15일 초연은 대실
패였다. 사람들은 파울에 대해 '슈트라우스 박사의 왼손'이라며 조
롱하듯 말했고, 베를린의 평론가들은 음악계에서 오랫동안 의심해
오던 일, 다시 말해 예순넷의 작곡가가 조기 치매에 걸렸으며, 피아
니스트는 돈 많은 예술애호가에 불과하다는 소문이 마침내 사실로

밝혀졌다고 주장했다. 주간지 《베를리너 차이퉁*Berliner Zeitung*》의 평론가 아돌프 바이스만Adolf Weissmann은 특히 적대적이었다. "전쟁 중에 오른팔을 잃은 불행한 피아니스트가 세상의 이목을 끌기 위해 온갖 방법을 동원한 건 얼마든지 이해할 수 있다. 하지만 슈트라우스가 완벽하게 실패작인 이런 곡을 만들었다는 건 납득하기 어렵다. …… 〈범아테네 축제 행렬〉은 도무지 참고 들어줄 수 없는 곡이다."

파울은 '절대 무오류의 교황이라도 된 듯 억측과 오만으로 쓴 시시한 인간들의 시시한 의견들'이라며 베를린 평론을 가볍게 취급했고, 슈트라우스는 그에게 위로의 편지를 보냈다. "베를린 언론이 당신과 내 작품을 신랄하게 혹평한 데 대해 매우 유감스럽게 생각합니다. 나는 〈범아테네 축제 행렬〉이 형편없는 작품이 아니라고 믿지만, 만장일치로 거부당하는 영광을 누릴 만큼 그렇게 좋은 작품이라고도 생각하지 않습니다." 2개월 뒤 빈에서 연주한 〈범아테네 축제 행렬〉은 평론가와 대중 모두에게 호평을 받았다. 《신빈일보》는 "고도의 예술적 기교"를 보여주었다며 지면마다 극찬했고, 율리우스 코른골트는 《신자유신문》에 열광적인 평론을 올렸다.

이번 연주에서 파울 비트겐슈타인은 그의 굉장한 왼손을 위한 화려한 움직임을 되찾는다. 그의 왼손은 건반을 장악하고, 오케스트라를 장악한다. 눈을 감고 들으면 마치 피아니스트가 두 손으로 연주하고 있다고 착각할 정도로 이 예술가의 에너지와 기교는 대단히 뛰어나다. 실제로 어느 땐 두 손으로 연주하는 두 명의 피아니스트를 상상할 만큼 공격적인 힘을 발휘한다. 객석의 반응도 대단히 뜨거웠다.

작품 의뢰로 들인 비용은 말도 못하게 비쌌지만, 그 효과는 파울이 기대한 그대로 나타났다. 5년 내에 파울은 전 세계 연주 현장에서 진지하고 중요한 예술가로 극찬을 받게 되었다. 슈트라우스에게 작품을 의뢰했다는 소식이 전 세계 신문에 보도되었고, 1920년대 말에는 베를린에서 에리히 클라이버Erich Kleiber, 브루노 발터, 빌헬름 푸르트벵글러Wilhelm Furtwängler와, 드레스덴에서 프리츠 부슈Fritz Busch, 암스테르담에서 피에르 몽퇴Pierre Monteux, 런던에서 헨리 우드 경Sir Henry Wood, 버밍엄에서 아드리안 볼트Adrian Boult, 바젤에서 펠릭스 바인가르트너Felix Weingartner, 파리에서 르네 바통Rhené-Baton 등의 지휘자들과, 그리고 트리에스테, 토리노, 프라하에서 리하르트 슈트라스와 함께 무대에 올랐다. 1928년 10월에는 미국에서 순회 연주회를 열었다. 《뉴욕 타임스》는 "파울 비트겐슈타인에게 미국 초연을 해달라는 요청이 쇄도하고 있다"고 보도했다. 관객들은 그에게 열광했다. 무대 위에서 그의 모습은 당당하고 인상적이었다. 그가 부드럽게 연주하면 음악을 듣는 모든 이들의 마음은 스르르 녹아들었고, 강하고 세고 빠른 포르티시미fortissimi — 그가 집에서 연습할 때면 가족들이 전부 짜증을 내며 듣고 일어났던 — 를 연주하면 대형 연주회장의 딱딱한 분위기는 흥분과 전율로 술렁였다. 그의 손가락들이 건반 위를 움직이는 속도만으로도 숨이 멎을 것만 같았다. 돈을 이용해 명성을 얻었는지는 몰라도, 파울은 훌륭한 피아니스트라면 갖추어야 할 헌신과 기술, 예술적 재능으로 이미 명성을 얻을 자격이 충분했다. 1928년에 그는 한 손만으로 단연 정상의 자리에 올랐다. 이제 그는 자신의 꿈을 이루었고, 당분간은 어쨌든 행복한 듯 보였다. 1927년 9월에 그는 이렇게 썼다. "할 일이 있고, 게다가 돈을 벌 수 있다는 것 ─ 좋은 목적을 위해서라면 많으면 많을수록 좋겠지 ─ 은 세상에서 가장 좋은 일이다."

🎵 비트겐슈타인 부인의 사망

제1차 세계대전이 끝나고 몇 년 후부터 비트겐슈타인 집안에 많은 불행이 닥쳤다. 술을 좋아해 코가 빨간 카를의 처남, 폰 지베르트 장군이 1920년에 사망했다. 곧이어 장군의 아내인 리디아 숙모도 농아인 딸을 더 이상 혼자 힘으로 돌볼 자신이 없어, 가스오븐 안에 머리를 집어넣고 남편 뒤를 따랐다. 이듬해인 1921년 7월에는 스무 살 된 헬레네의 아들, 프리츠 잘처Fritz Salzer가 소아마비에 걸려 며칠 동안 사지와 폐, 심장에 급성마비를 일으킨 뒤 사망했다. 1924년 4월 26일 ─ 하필 루트비히의 생일에 ─ 가족의 사랑을 받던 노인, 요제프 라보가 몇 주 동안 열에 시달리다가 키르헨가세에 있는 자택에서 사망했다. 헤르미네는 눈물을 글썽이며 임종을 눈앞에 둔 그의 모습을 스케치했다. 파울을 위해 작곡 중이던 7중주곡은 미완성 상태로 그의 책상 위에 놓여 있었다. 그로부터 1년도 채 안 되어 카를의 형인 루이스 삼촌이 마지막 숨을 거두었고, 비트겐슈타인 부인의 조카들 가운데 한 명이 등산을 하다 사고로 사망했다. 이모든 일들, 특히 라보의 죽음은 비트겐슈타인 부인에게 좋지 않은 영향을 미쳤는데, 사실상 부인은 1918년 쿠르트의 자살 이후 한 번도 충격에서 벗어난 적이 없었다.

아들 셋이 자살로 목숨을 끊었다면 제아무리 강철 같은 어머니라 할지라도 신경이 쇠약해질 수밖에 없으리라. 한스와 루디의 죽음으로 그녀의 영혼은 지울 수 없는 슬픔과 수치와 죄책감으로 물들었으며, 쿠르트의 경우는 오스트리아로 돌아와 몰락하는 제국의 명예를 위해 형제들처럼 싸우라고 적극적으로 부추겼던 탓에 마음의 괴로움은 이루 말할 수 없이 컸다. 쿠르트의 사망 소식에 부인은 억장이 무너지는 것 같았고, 그 순간부터 육체와 정신은 돌이킬 수 없는 쇠락의 궤도를 따라 서서히 지속적으로 꺼져만 갔다. 4년 사이에 다리는 제 기능을 못할 만큼 망가졌고, 눈은 거의 실명이 되다시피 했으며, 정신은 노쇠해 노망기를 보였고, 삶에 대한 관심은 완전히 사라졌다. 가족들은 언제나 뚱한 데다 정신도 약간 이상하지만 한때는 유명한 소프라노 가수였던 마리 필룽거Marie Fillunger와 어머니가 가까이 지내도록 분위기를 조성함으로써 그 옛날의 불꽃을 다시 밝혀보려 애썼다. 이 일을 위해 가족들은 마리 필룽거가 매일 아침 어머니를 방문해 브람스며 요아힘이며 좋았던 지난날들 이야기로 어머니를 즐겁게 해드릴 수 있도록, 그녀에게 란트슈트라세-하우프트슈트라세Landstrasse-Hauptstrasse에 위치한 아파트를 임대해주었다. 비트겐슈타인 부인은 아무래도 카를이 사망한 후에야 처음 필룽거를 만났을 테지만, 루트비히는 학생 시절부터 그녀를 알고 있었을 것이다. 루트비히가 맨체스터에서 공부하던 시절 그녀는 왕립 맨체스터 음악 대학의 노래 지도 교사로 재직하고 있었고, 윔슬로우 가Wilmslow Road에 있는 루트비히의 하숙집과 몇 가街 떨어지지 않은 곳에서 그녀의 레즈비언 연인, 오이게니 슈만Eugenie Schumann(작곡가 로베르트 슈만의 딸)과 동거하고 있었다. 뚱한 필룽거가 말벗이 되어준 덕분에 비트겐슈타인 부인은 잠시나마 활기를 되찾았다. 슈만과 브람스의 노래를 함께 부를 때면 비트겐슈타인 부인의 꺼져가는 눈빛도 다시금 환하게 반짝이는 것 같았다. 비트겐슈타인 부인의 피아노 연주는 더 이상 정확하지 않았고, 필롱거의 씩씩한 목소리는 한때 브람스가 여러 위대한 작품들의 초연을 맡길 만큼 그에게 영감을 주었던 빛나는 광채를 잃은 지 오래였지만, 헤르미네에 따르면 두 노부인의 관계는 매우 유쾌했다. "어머니는 매우 거친 이 다이아몬드 표면을 우정과 유머로 매끄럽게 다듬으려 애썼고, 필롱거는 대단히 이성적인 사랑으로 이에 대해 보답했다."

1926년 봄, 루트비히가 트라텐바흐 학생들을 쓰러질 정도로 체벌하는 바람에 체면이 말이 아니던 때에, 비트겐슈타인 부인은 정신을 완전히 놓아 이 일로 굴욕감을 느낄 겨를조차 없었다. 부인의 눈동자는 자신을 찾아오는 의사와 가족, 친구들의 얼굴을 어리둥절하게 응시하거나 얼굴 너머 무언가를 멍하니 바라보았다. 부인은 종종 발작적으로 흥분을 했는데, 그럴 때면 가족들은 음반을 틀어주어 흥분을 가라앉혔다. 처음 몇 번은 부드러운 음악이 마음을 진정시키는 데 효과가 있는 듯 싶었지만, 병세 막바지에 짜증이 심해질 땐 전축에서 흐르는 음악인지 실황 연주인지도 구분하지 못했다. 부인은 방 안에 음악가들이 와 있는 줄 아는지 그들에게 감사인사를 하기 위해 음악을 중단시키곤 했고, 실컷 인사를 다 하고 나면 전축을 향해 돌아서서 가장 우아한 말투로 이렇게 부탁했다. "신사 여러분, 저는 늙고 병들어 쉽게 피로해지니, 아무쪼록 제가 여러분들에게 그만해주십사 부탁하더라도 저를 나쁘게 생각하지 말아주시길 바랍니다."

5월 중순에 부인의 건강이 더욱 악화되자 부인은 밝고 공기가 잘

통하는 노이발데크의 흰색 저택, 비트겐슈타인 궁전에 머물기 시작
했다. 22일에는 부인이 자신감 없고 두려워하는 모습을 보여 헤르
미네가 오후 내내 부인의 손을 잡아주어야 했고, 26일에는 다시 하
루 종일 상태가 좋지 않았다 — 부인은 누군가 자신을 죽이려 한다
며 소리를 지르고, 툴툴대며 불평을 늘어놓고, 훌쩍훌쩍 울고, 자비
를 구하는 등의 행동을 하루 종일 번갈아 보였다. 가족들이 모두 모
였다. 이틀 뒤 오후에 잠이 든 부인은 다음 날 오전이 되어서야 열
을 동반하며 눈을 떴다. 그리고 이후 사흘 동안 혼수상태로 누워 있
었다. 그 며칠 동안이 "나에게는 아주 좋았다"고 그레틀은 자신의
큰아들에게 편지로 설명했다. "기분이 묘했단다. 엄마가 아주 깊이
잠이 들었고, 엄마의 영혼이 아주 멀리 가버린 것 같았다. 우리는
엄마의 침대에 앉았는데, 엄마의 모습이 좋은 기억을 떠올리게 해
주었기 때문에 나에게는 엄마의 준사망 상태가 아름답게 보이더구
나." 6월 2일, 부인의 맥박이 급격히 빨라지자 자녀들은 밤새 그녀
의 침대 곁을 지키기로 했다. 다음 날 아침 일곱 시에 부인은 마침
내 숨을 거두었고, 자녀들은 모두 기진맥진한 상태로 각자의 방으
로 천천히 걸음을 옮겼다. 어머니의 임종 순간, 파울은 살아 있는
동안 다시는 호흐라이트를 찾지 않으리라 다짐했고 실제로 자신의
맹세를 지켰다. 루트비히는 친구에게 보내는 편지에서 "편안하게
눈을 감으셨다"고 전했고, 그레틀은 아들에게 "매우 아름다운 밤이
었다!"고 말했다.

　　[헤르미네는 그녀의 회상록에 다음과 같이 기록했다] 그렇다, 우
　　리 어머니는 많은 면에서 거의 성자처럼 살아왔다고 말할 수 있다.

그만큼 수많은 사람들이 어머니를 사랑하고 존경하며 애도했다. 그러나 어머니를 힘들게 만들고, 종종 곁에 있는 우리 자녀들을 힘들게 만든 몇몇 특이한 점들을 언급하지 않는다면 이 그림은 완성되지 않을 것이다.

인기에서 파멸까지

비트겐슈타인 부인은 향년 76세의 나이로 세상을 떠났다. 이틀 후인 1926년 6월 5일 따뜻한 오후, 관속에 누운 그녀의 시체는 빈의 첸트랄프리트호프(중앙 묘지) Group 32b, no.24의 가족 묘지에 남편과 늙은 하인 로잘리의 유해 옆에 안장되었다. 부인의 맞은 편 가까운 곳(Group 15e, no.7)에는 부인의 살아생전에 영감을 준 인물, 요제프 라보의 유해가 묻혀 있다.

9월에 파울은 작곡가 프란츠 슈미트의 지휘로 빈 필하모닉과 프란츠 슈미트의 베토벤 변주곡을 연주했다. 피아니스트 마리 바우마이어는 헤르미네에게 이렇게 썼다. "파울은 오늘 아주 근사하게 연주했습니다. 어느 때보다 아름답게 말이에요. 대단히 감동적이었고, 필하모닉 연주자들도 매우 훌륭했습니다. 어머니께서 보셨다면 무척 좋아하셨을 텐데 말이에요." 하지만 연주회장에서 파울의 성공적인 연주를 즐기거나 루트비히의 불명예스러운 행동을 애석하게 여기기에는 지난 몇 년간 부인의 정신이 전혀 온전하지 못했다. 어머니가 사망한 지 두 달 후 핸젤 박사가 루트비히에게 보낸 편지는 루트비히가 지난 4월에 오테르탈에서 학생에게 뇌진탕을 일으킨 사건에 대해 공판이 계속되고 있음을 시사한다. 이후로 이 사건에 대한 재판 소식은 완전히 중단된다. 그가 재판을 포기했거나 아니면 기록을 교묘하게 삭제한 것인데, 어느 경우든 파울과 그레틀, 헤르미네, 헬레네, 그리고 비트겐슈타인 가문의 재산이 이 사건을 덮는 데 관여했을 것이다. 이 사건의 주요 증인인 요제프 하이트바우어Josef Haidbaur는 루트비히에게 맞아서 기절한 소년으로, 얼마 후 혈우병으로 사망했다. 설사 루트비히가 교직으로 돌아오길 바랐다 하더라도, 다른 학교의 자리를 얻기는 어려웠을 것이다.

비트겐슈타인 부인은 자신의 재산 일부를 막내아들에게 남기겠다고 유언했지만, 예상대로 루트비히는 한 푼도 받으려 하지 않았다. 루트비히는 오테르탈의 학교를 그만두자마자 또다시 정원 보조사 일을 얻었는데, 이번에는 빈의 변두리 휘텔도르프Hütteldorf에 있는 자비의 형제 수도회에서였다. 이곳에서 그는 수도사가 될 것이냐, 자살을 할 것이냐 하는 두 가지 선택을 놓고 깊이 고민했다. 루트비히의 괴로움을 잘 아는 그레틀은 건축가 파울 엥겔만과 자크 그로그Jacques Groag와 함께 자신이 거주하려고 짓고 있는 쿤트만가세의 현대적인 양식의 호화로운 궁전 건설에 참여하도록 기회를 주었다. 루트비히는 아무래도 그레틀은 물론이고 함께 일하는 사람들과도 다툴 것 같아 처음에는 이 제안을 거절했지만 나중에 마음을 바꾸었다. 그는 자신을 '건축가 루트비히 비트겐슈타인'이라고 자랑스럽게 소개하면서, 자물쇠 하나, 라디에이터 부품 하나까지 일일이 실랑이를 벌이는가 하면, 회반죽을 바른 지 얼마 되지도 않은 천장을 다시 뜯고 몇 인치 높게 올려야 한다고 우기는 등 깐깐하게 일을 진행했다. 그 바람에, 공사가 다 끝났을 땐 완공 기한과 예산을 훌

카를 비트겐슈타인의 조부모 초상화: 헤르만 크리스티안의 아버지로 추정되는 모제스 마이어 비트겐슈타인(왼쪽)과 그의 아내 브라인델(또는 베르나르디네) 비트겐슈타인(결혼전 성은 지몬), 1802년경.

카를의 아버지, 헤르만 크리스티안 비트겐슈타인의 젊은 시절, 1834년경.

20대 초반의 카를, 1868년경.

비트겐슈타인의 형제자매: 왼쪽부터 헬레네, 루디, 헤르미네, 루트비히, 그레틀, 파울, 한스, 쿠르트, 1890년경.

카를과 레오폴디네의 은혼식 사진, 1899년.

노이발데크에서의 은혼식 잔치. 세일러복을 입은 파울(오른쪽 끝)과 루트비히(숙모 클라라의 팔을 잡고 있다). 헤르미네는 소녀를 무릎에 앉히고 있다. 소녀의 밀짚모자 뒤로 헬레네가 서 있다. 그레틀은 루트비히 바로 뒤에 서 있다. 하얀 넥타이를 매고 서 있는 남자들 가운데 한스가 보인다(오른쪽 끝에서 담배를 들고 있다). 쿠르트(사진의 맨 위에서 왼뺨에 커다란 흉터가 있는 사람)와 루디(왼쪽에서 네 번째, 두 사촌들 어깨 사이에 얼굴이 보인다). 1899년 여름.

파울과 루트비히, 1894년경,
호흐라이트.

알레가세(나중에 아르겐티니어슈트라세로 개명됨)에서 바라본 비트
겐슈타인 궁전. 1950년대에 철거되었다.

파울과 루트비히, 1909년, 빈.

그레틀, 제롬, 아들 토머스 스톤버러. 에이미 구겐하임(제롬의 누이)과 델리아 스타인버거(제롬의 어머니), 1906년, 생 모리츠.

카를 비트겐슈타인, 1910년경.

루트비히, 헬레네, 파울이 호흐라이트에서 담소를 즐기고 있다. 1914년 7월 제1차 세계대전 직전.

노이발데크에서의 휴가: 왼쪽부터 쿠르트, 파울, 헤르비네, 막스 잘처, 레오폴디네, 헬레네, 루트비히, 1917년 여름.

쿠르트 비트겐슈타인, 1918년 자살 직전에 찍은 사진.

비트겐슈타인가의 멘토, 맹인 작곡가 요제프
라보가 오르간을 연주하고 있다.

한 손의 피아니스트, 파울, 1921년경.

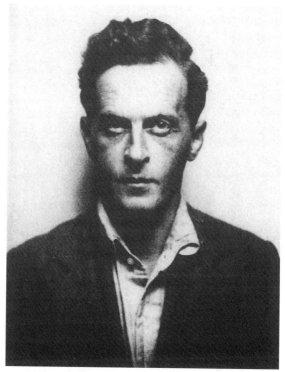

교사 루트비히, 1922년경.

빌라 토스카나, 그문덴 트라운제 호숫가의 스톤버러 부부의 여름 별장.

레오폴디네에게 만년의 동반자인 은퇴한 소프라노 가수 마리 필룽거가
책을 읽어주고 있다. 1925년경, 호흐라이트.

빈, 쿤트만가세에 지은 그레틀의 새집. 루트비히가 부분적으로 설계했다. 1929년 봄.

쿤트만가세에서의 크리스마스: 왼쪽부터 델리아 스타인버거(이제는 스톤버러로 개명), 제롬, 토마스, 그레틀, 지, 1929년경.

파울의 친구, 마르가 데네케,
옥스퍼드의 정원에서 애완견과
함께, 1928년경.

그레틀 스톤버러, 1930년경.

헤르미네 비트겐슈타인, 1934년경.

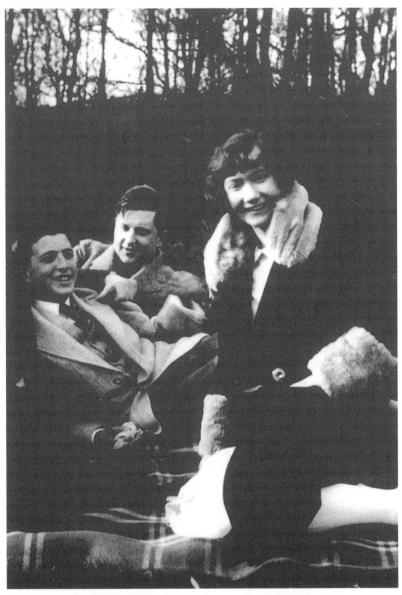

오스트리아식 소풍: 왼쪽부터 존 스톤버러, 아르비트 쇼그렌, 마르그리트 레스핑거, 1930년경. 루트비히는 마르그리트(원래는 토머스 스톤버러의 케임브리지 친구였음)에게 성생활을 하지 않는다는 조건으로 청혼함.

궁전에서의 크리스마스 만찬:
파울, 헬레네(파울의 오른쪽),
헤르미네(식탁의 상석), 1934년.

파울의 쿠바 여권 사진, 1941년.

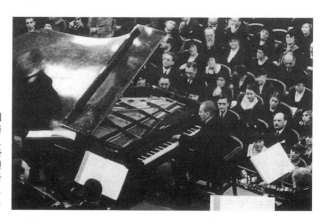

파울이 슈미트의
피아노협주곡을
초연하고 있다.
작곡가(희미하게 나옴)가
빈의 무지크페라인
황금홀에서 빈 필하모닉을
지휘하고 있다.
1935년 2월 9일.

힐데 샤니아, 1936년경

힐데와 두 딸, 엘리자베트, 요하나, 1938년, 빈.

파울과 두 딸, 요하나, 엘리자베트,
1941년, 쿠바.

파울과 아들 파울 주니어,
1950년경.

루트비히, 1946년, 케임브리지.

비트겐슈타인 가문

파울의 만년의 초상, 1960년경.

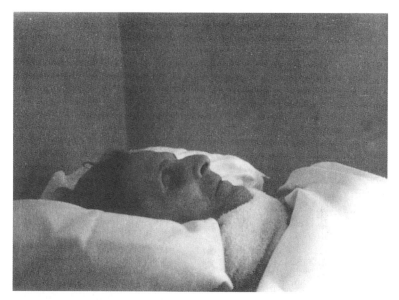

루트비히의 임종 사진, 1951년 4월, 케임브리지 베번 박사의 집.

빈의 첸트랄프리트호프에 있는 비트겐슈타인 집안 묘지. 카를과 레오폴디네, 헤르미네, 루돌프 비트겐슈타인과 하녀 로잘리네 헤르만이 묻혀 있다.

쩍 넘겼을 뿐만 아니라 참여한 사람들 모두가 완전히 사기가 떨어지고 진이 빠져버렸다. 한 자물쇠 수리공은 루트비히가 그에게 화를 내며 고함을 지르는 바람에 "겁이 나 그 자리에서 벌떡 일어섰"으며, 자크 그로그는 편지에 이렇게 불만을 토로했다. "지독한 언쟁과 논쟁을 벌이며 있는 대로 짜증을 낸 날은 머리가 지끈거리고 아주 우울해져서 집에 돌아오는데, 사실 이런 날이 태반이야. 대부분 나와 비트겐슈타인 사이에서 생기는 일이지." 결국 그레틀은 루트비히가 수정하는 데 드는 추가 비용을 지불하지 않겠다고 거부했고, 이에 루트비히는 버럭 화를 내더니만 제 손으로 공사비를 댈 만큼 큰돈을 따겠다는 허황된 희망을 품고 복권(한때 윌리엄 페티William Petty 경의 말마따나 '운은 없으면서 자신감만 충만한 바보들이 내는 세금')을 샀다.

외부에서 보면 이 저택은 아무런 장식 없이 그저 삭막한 직사각형 블록으로 이루어진 것 같다. 이 건물을 끔찍하게 싫어한 헤르미네는 자신의 회고록에 "두 위대한 인물들[루트비히와 그레틀]께서 합심해 이따위 완벽한 물건을 만들어낼 수 있었다"고 기록했다. 헤르미네는 이 건물이 여동생 그레틀에게 안성맞춤이라고 주장했지만, 그레틀의 사망 후 조카 토미 스톤버러가 건물을 매각하러 와서는 자기 어머니가 늘 이 건물을 혐오했다는 이유를 댔다(이후 이의가 제기되었다).

단조로운 직사각형 외관으로 이루어진 그레틀의 새 집은 확실히 모두의 취향에 맞다고 보기는 어려웠다. 파울은 최악이라고 생각했고 제롬도 그랬다. 공사는 1928년에 완공되었고, 그해 크리스마스 이브에는 가족들 모두 이 집에 모여 크리스마스를 축하했다. 그레틀은 그해 크리스마스를 '최악'이고 '참패'라고 여겼다. 제롬은 여전히 차스트로 형제를 가족으로 인정하길 거부했고, 그들을 제외한 모두에게 보란 듯이 선물을 주었다. 다음 날 그는 알레가세(이제는 아르겐티니어슈트라세Argentinierstrasse로 이름이 바뀜) 궁전에서 식사를 하자는 파울의 초대를 받았는데, 그레틀은 그곳 분위기가 제롬을 짜증나게 할 뿐만 아니라 언제나 돌아버리게 만들었다는 걸 알고 있던 터라 불안하고 걱정됐다. 그레틀의 걱정은 기우가 아니었다. 제롬이 저녁 식사 내내 그녀의 새 집이 허세로 가득하다며 맹렬하게 비난을 해대는 바람에, 바로 앞에 앉아 있는 '건축가 루트비히 비트겐슈타인'과 그레틀은 곤혹스러워 어쩔 줄 몰랐다. 집에 가는 길에 그레틀은 차 안에서 제롬과 한바탕 언쟁을 벌였다. "어떻게 그런 말을 할 수가 있어요!" 결과는 불이 붙은 성냥을 기름통에 던지는 격이 되고 말았고, 그레틀은 이 상황을 토미에게 이렇게 설명했다. "자기 자신에 대한 모든 분노를 나와 세상에 쏟아붓더구나. 나도 내 잘못을 알지만, 어찌나 화가 나던지 도무지 자제할 수가 없었지. 불쌍한 지는 눈물을 참으려 애썼단다."

루트비히는 예민한 사람이었다. 가족 간의 언쟁을 몹시 싫어한 그는 (종종 본인이 그 원인이 되었지만) 철학적 동지라는 유혹의 말에 설득되어, 마침내 케임브리지로 돌아가 '시각장과 기타 문제들visual space and other things'에 관해 연구하기로 결심하고, 1929년 1월 초에 빈을 떠났다. 이제 루트비히와 사이가 아주 좋아진 파울도 같은 시기에 보르트키에비치 협주곡을 연주하기 위해 뮌헨으로 향했다. 그레틀은 빈에 머물면서 주요 인사들과 친분을 맺고, 자신의 새집에서 개인 연주회와 연회를 계획하는 등 상류사회 생활을 즐겼다. 10월 말 뉴욕으로부터 한 통의 전보가 날아오기 전까지 10개월 동안 그레틀의 상황은 꽤나 순조로웠다. 이 전보에는 미국에 투자한 주식이 폭락했고, 월스트리트 붕괴로 재산 대부분을 잃게 되었다는 소식이 담겨 있었다.

물론 책임은 전적으로 제롬에게 있었다―그레틀의 남동생들과 언니들 모두가 그녀에게 이렇게 말했다. 제롬은 돈을 잘 모르고 다룰 줄도 모르니 그녀의 재산에 접근하지 못하도록 했어야 했다고. 비트겐슈타인 형제들은 그레틀이 그에게 강경노선을 취하길―그녀의 악명 높은 '질책'을 가하길―기대했다. 그런데 그레틀은 오히려 이렇게 주장하는 것이었다. "그는 내 남편이고, 나는 돈 때문에 인간관계를 무너뜨릴 수 없어." 그레틀은 한 해에 약 3만 달러의 수입은 계속 남아 있을 테니, 빈의 새 집을 세 놓고 하인을 세 명만 남기고 전부 해고하고, 그림 일부를 파울과 헤르미네에게 팔아 나머지 빚을 청산한 뒤, 좀 더 작은 아파트로 이사하면 되겠다고 계산했다. 처음엔 남동생과 자매들의 도움을 받지 않겠다고 단언했지만, 결국엔 파울, 헤르미네, 헬레네로부터 도움을 받았다. 루트비히가 1919년에 그레틀을 제외하고 파울, 헤르미네, 헬레네에게 주었던 루트비히 몫의 재산이었다.

당시 그레틀은 "전혀 불행하지 않다"고 주장했다. 어쨌든 자신에게는 "필요한 것 이상으로" 아주 많은 돈이 있다고 말했다. 그녀는 도전을 즐겼고, 이것은 확실히 하나의 도전이었다. 그녀는 이렇게 이야기하곤 했다. "자신이 강해질 수 있다면 굳이 삶이 더 편안해지길 바라지 마라." 하지만 제롬은 그레틀 같은 패기도 없고 그녀만큼 강인하지도 못한 데다, 아내의 재산마저 날려버린 상태라―그 바람에 제롬은 파리에 있는 자신의 아파트를 내놓고 호화로운 생활방식을 포기할 것인지 따져봐야 했다—또다시 정신적으로 하락의 소용돌이 속에 빠졌다. 그레틀은 제롬을 슈테른바르테슈트라세Sternwarte-strasse에 있는 카테지-자나토리움Cottage Sanatorium에 보냈고, 이곳에서 제롬은 몇 주 동안 바그너-야우레크Wagner-Jauregg 박사에게 충격 치료를 받았다. 이후 그녀는 제롬이 기운을 되찾을 수 있도록 그를 데리고 이집트로 갔다.

다음 해(1929) 크리스마스에는 모두들 신경이 곤두서 있었다. 지난해 크리스마스가 완전히 엉망이었기 때문이다. 11월 초에 루트비히는 헤르미네와 파울에게 편지를 써, 각자 친구 한 명씩을 데리고 와서 긴장을 완화시키자고 제안했다. 제롬은 아내의 재산도 날려먹고, 지난해 크리스마스 땐 돼지처럼 행동하는 등 이중으로 망신스러운 모습을 보였기 때문에, 아무도 그가 오길 바라지 않았다. 그레틀은 가족들이 제롬에게 노골적으로 적대감을 드러내자 크게 충격을 받았지만, 결국 루트비히를 설득해 그를 초대하는 데 성공했다. 점잖게 행동하라는 아내의 지시에 따라 제롬은 훌륭하게 처신했다. 덕분에 이번 크리스마스는 평화롭고 친밀했으며, 제롬은 평생 처음으로 차스트로 형제에게 인사를 건네는 아량을 베풀었다.

❧ 파울의 성격에 대해

파울은 1년에 한두 번씩 해마다 영국에 있는 친구 마르가 데네케를 방문했다. 두 사람은 가까웠지만 연인은 아니었던 것 같다. 파울은 "너무 멍청하게 나온 것 같아"라고 말하며 데네케에게 자신의 실루엣 사진을 보냈고, 데네케는 그 사진을 액자에 끼워 책상 위에 놓았다. 파울보다 다섯 살 연상인 마르가 데네케는 독일 혈통이지만 영국에서 성장했다. 음악학자이자 훌륭한 피아니스트이며, 클라라 슈만 앞에서 연주를 한 적이 있고, 어릴 땐 오이게니 슈만과 함께 공부했다. 그녀와 독일의 학자인 자매 헬레나Helena는 상업은행 간부를 지낸 부유한 아버지로부터 상당한 유산을 물려받았고, 성인이 된 후에는 옥스퍼드 대학 레이디 마거릿홀Lady Margaret Hall 부근에 위치한 건필드Gunfield라는 고딕 양식의 빌라에서 함께 살았다. 마르가와 헬레나는 이곳의 넓은 음악실에서 옥스퍼드 체임버 뮤직 소사이어티 연주회를 개최했다.

데네케 집안과 비트겐슈타인 집안 사이에는 서로 친분 있는 사람들이 많아, 파울과 마르가의 첫 만남도 그런 친분 속에서 이루어졌을지도 모른다. 물론 오이게니 슈만과 마리 필룽거, 두 연인도 여기에 포함되었다. 마르가는 멘델스존 악보 수집가이기도 했다(파울도 몇 권 소유하고 있었다). 어머니는 카를의 사촌인 바이올리니스트 요아힘의 친구였으며, 마르가는 클라리넷 연주가 리하르트 뮐펠트Richard Mühlfeld와 바이올린 연주가 마리 졸다트-뢰거의 친구였다. 그리고 이들은 모두 비트겐슈타인 궁전에 고정적으로 드나드는 손님이자 연주자들이었다.

여러 해 동안 파울은 휴일이면 마르가와 몇몇 친한 사람들과 함께 잉글랜드의 오버스트랜드Overstrand에서 도버 근처의 성 마거리츠-앳-클리프St Margarets-at-Cliffe에서 그리고 북해 해안의 사우스올드에서 음악을 즐기고 자연을 산책하며 보냈다. 파울은 자연에 대한 감수성이 예민했고, 자연에 대해 아는 것이 아주 많았다. 식물과 동물의 이름을 독일어, 영어, 프랑스어로 말할 수 있었고, 해질녘과 바다를 무척 좋아했으며, 아주 작은 부분들까지 예리하게 관찰했다. 마르가에 따르면 산책은 그의 신경을 안정시켜주었다. 그런 면에서 그는 동생 루트비히와 달랐다. 루트비히는 운동을 위해서 혹은 자연을 사랑해서가 아니라, 자신의 생각을 토론하기 위해 산책했다. 그는 동행에게 단순히 듣기 위해서만 산책에 참여하지 말라고 요구했다. 한 친구는 이렇게 썼다. "그런 산책이 정신적으로 얼마나 힘들고 피곤할 수 있는지 똑똑히 기억한다." 반면에 파울은 한가하게 이야기를 나누며 자연을 즐기는 시간을 방해받고 싶지 않았고, "세 명이 이야기하면 피곤하다"는 이유로 한 사람 이상과는 산책하려 하지 않았다.

[마르가는 이렇게 회상했다] 비가 와도 상관없었다. 그는 계획을 망치는 신체 건강한 사람을 경멸했다. 우리가 도버 성을 향해 출발해, 완전히 흠뻑 젖은 몰골로 집에서 멀리 떨어진 바람이 몰아치는 절벽 위에 섰을 때, 그는 우리에게 제발 수다 좀 그만 떨라고 말했다. 성 마거리츠-앳-클리프까지는 아직 멀었는데, 그는 앞장서서 걸었고 나는 비에 젖은 개처럼 그를 따라갔다.

파울은 매일 긴 산책을 고집했다. 누군가 그와 동행할 만큼 용감한 사람이 있다면, 맨해튼의 식당까지 3마일을 걷거나, 뉴햄프셔의 화이트산맥 위를 행군하듯 오르거나, 오스트리아 첼암제Zell am See에 있는 해발 6500피트의 슈미텐호헤Schmittenhohe산 정상까지 기다시피 가야 했으며, 이때 동행자는 그와 보조를 맞추되 입을 다물어야 했다. 파울은 기회가 되면 오전에 수영을 하기도 했다. 화요일에는 음식을 자제하고, 배고픈 감각에 신경을 덜 쓰려고 주로 영화관이나 극장, 연주회장을 찾았다. 영화가 상영되는 동안에는 가만히 앉아 영화에 몰입했지만, 아무리 재미있게 보던 영화라도 끝나기 몇 분 전이면 으레 자리에서 일어나 극장을 나섰다.

그는 독일 사람들 말로 '속세를 벗어난 사람weltfremd'이었다. 일상사의 자잘한 일들이며 하지 않으면 안 될 의무에 전혀 얽매지 않고, 일상적인 생활이 어떤 식으로 영위되는지 거의 관심 없이 자기만의 세계에 살고 있었다.

〔그의 학생 가운데 한 명은 이렇게 회상했다〕 지금까지 내가 알던 어느 누구도 그와 같은 사람은 없었다. 그가 뉴욕에 도착한 직후, 나는 그가 임시로 묵고 있는 도심의 한 호텔에서 레슨을 받았다. 레슨이 끝나고 우리는 함께 호텔을 나섰다. 엘리베이터를 타고 내려가는 길에 그는 나에게 신발 한 켤레가 더 필요한데, 빈의 제크리타리아트Sekretariat〔비트겐슈타인 집안의 직원〕는 뭐든 천천히 보내서 너무 절망적이라고 말했다. 내가 "지금 5번가에서 구입하시지요?"라고 말했더니, 그는 깜짝 놀라서 나를 바라보며 이렇게 대답하는 것이었다. "그거 정말 좋은 생각인걸. 왜 그 생각을 못했지."

현실 생활에 적응하지 못하는 파울의 성향을 입증하는 사례는 많다. 현관 열쇠를 이용해 엘리베이터를 작동시키려고 끙끙대면서 도대체 왜 엘리베이터가 작동하지 않는지 이해하려 들지 않았다. 몸에 끈이 감겨 있어서 봤더니만 목 주위에 학술서 한 권이 매달려 있었다. 보관용 포장째 모자를 쓰고도 그런 줄 모르고 버젓이 거리를 산책했다. 미국 에이전트인 버나드 래버지Bernard Laberge가 몬트리올 공항에 그를 마중갔을 땐, 파울은 그를 제대로 보지 않다가 엉뚱한 사람을 따라가서 그 사람과 그날 저녁 연주회에 대해 수다를 떨며 그의 차에 타려고 했다. 그동안 래버지는 파울을 찾아 온 공항을 미친 듯이 뛰어다녀야 했다. 파울을 축하하기 위한 저녁 파티에서 안주인이 굴라시가 담긴 커다란 냄비를 들고 식당에 들어서며 자랑스럽게 이렇게 말했다. "당신을 위해 특별히 준비한 요리입니다." 파울은 친절하게 감사인사를 한 다음 요리를 자기 앞에 턱 하니 내려놓더니만, 다른 사람들—너무 예의가 발라서 항의 한 마디 못했다—이 놀라서 괴로운 표정으로 지켜보는 가운데 냄비째 들고 굴라시를 먹기 시작했다.

파울은 진지한 사람이었지만 유머감각이 없지는 않았다. 그는 자신이 지어낸 엉터리 언어로 아무런 사전 준비 없이 재빨리 경구를 말하는 재주가 있었다. 1940년대 후반, 미국인 학생 가운데 한 명인 레너드 캐슬Leonard Kastle은 그를 이렇게 기억했다. "가장 매력적인 남자…… 그는 나의 예술적 정신적 아버지였으며, 의심할 여지없이 내 인생에 가장 큰 영감을 주었습니다."

파울은 뭘 숨길 줄을 몰랐다. 언제나 생각하는 그대로를 말했고 이런 태도는 종종 문제로 이어졌다. 마르가는 그를 두려워하지 않았고, 그의 별난 행동들을 전혀 아무렇지 않게 받아들였다. 그녀는 파울에 대해 이렇게 시인했다. "그는 어려운 사람이다.…… 하지만 그와 나 사이의 친분은 좋은 우정으로 무르익었다. 그는 친구들에게 의리를 지켰으며, 나는 그보다 연상이어서 그가 욱하고 성질을 부려도 그러려니 할 수 있었다." 파울이 언제 무슨 이유로 폭발할지 가늠하기란 결코 쉽지 않았으며, 먹구름이 늘 주변을 맴돌고 있어 그의 친구이자 그를 주로 달래주는 사람인 마르가조차 어느새 "힘에 부치기" 시작했다. 그녀는 파울과 호텔 지배인, 파울과 버스 차장, 파울과 그녀의 무수한 친구들 사이의 오해를 바로잡아 주었다. 이와 관련된 한 가지 사례가 유머러스하게 전해지고 있다.

사우스올드에서 지내던 어느 날 저녁, 나는 파울에게 조합교회 목사를 위해 피아노를 연주해달라고 부탁했다. 파울이 내 피아노를 이용할 수 있게 된 건 이 목사가 친절하게도 나에게 피아노를 빌려준 덕분이었다. 목사와 그의 아내가 우리 집에 왔을 때 파울은 책에서 좀처럼 눈을 떼지 않더니, 상당히 언짢은 표정으로 피아노 의자를 향해 달려들어 거의 성을 내다시피 고도프스키의 쇼팽 연습곡을 연주하는 것이었다. 그러고는 예의고 뭐고 없이 돌연 방에서 나가버렸다. 내 여자형제는 진저리를 치며 이렇게 말했다. "그건 무례함의 극치였어!" 다음 날 파울은 우리의 시시한 잡담에 낄 생각 하지 말라는 내 요청대로 그저 연주만 했을 뿐이었다며 내 힐책에 대꾸했다. 중재자 역할을 맡은 나는 파울이 준비한 카네이션 한 다발을 받아 들고 목사관을 찾아갔다. 그리고 커다란 환대를 받았다. 그들은 사과를 받을 일이 아니라고 했다. 그날 저녁은 정말 즐거웠고 연주도 훌륭했다는 것이다. 그들은 파울이 단순히 과시하고 싶은 마음에 그런 식으로 행동했을 거라며 아무렇지 않게 받아들였다.

파울은 자신이 다른 사람들과 쉽게 어울리지 못하는 사람이라는 걸 알고 있었고, 그 때문에 그의 매력과 학식, 삶을 향한 열정에도 불구하고 고독한 생활을 추구해야 했다. 절대로 다른 사람 집에는 머무르려 하지 않았으며, 근처 호텔에 자신과 하인 프란츠 칼슈미트Franz Kalchschmidt가 묵을 방을 예약하고, 피아노를 들여오고, 자기가 괜찮을 때에만 친구들을 만나려 했다. 기차로 여행을 할 땐, 심지어 친구들과 함께 갈 때에도 혼자 사용할 전용 객차를 예약하도록 요구했다.

그의 제자들 가운데 한 명인 작곡가 스티브 포트먼Steve Portman은 파울에 대해 "다른 사람들과의 교감이 허용되지 않는 갑옷처럼 단단한 껍질에 둘러싸여 있었습니다—하지만 그에게는 극소수의 사람만이 지니고 있는 권위가 있어, 아무도 그에게 함부로 이의를 제기하지 않았어요"라고 기억한다. 가난하고 거친 뉴욕 출신의 포트먼은 파울에게 무료로 레슨을 받았다. 어느 해 크리스마스에는 값비싼 타이를 선물받기도 했다. "와, 이런 건 처음 받아 봐요!" 포트먼이 기쁨의 탄성을 질렀다. "쓰레기는 주지 않아!" 파울이 대꾸했다. 포트먼은 이렇게 기억한다. "파울 비트겐슈타인에 대한 기억들은 전적으로 호의적입니다. 그는 더할 수 없이 사교적이며 기꺼이 도움을 주었어요."

1929년 4월, 파울은 마르가에게 네덜란드 여행에 동행하자고 청했다. 마르가는 옥스퍼드 대학 베일리얼 칼리지의 학장으로 있는 친구, 마이클 린지Michael Lindsay(나중에 비르커의 린지 경 Lord Lindsay of Birker이 되었다)를 데리고 가도 좋은지 물었고 파울은 좋다고 했다. 모두들 대체로 아주 즐거운 시간을 보냈다. 마르가가 파울의 하인이 외롭고 심심해 보인다는 생각이 들어 극장에 같이 가지 않겠냐고 물어볼 때까지는.

파울은 분개했다. 단단히 화를 내며 나를 똑바로 쳐다보고는, 내가 마이클을 데리고 온 것도 귀찮아 죽겠는데 이제는 자기 하인하고도 친하게 지내야겠느냐며, 이건 정말 너무하지 않느냐고 퍼부어댔다. 그는 이렇게 말했다. "좋아, 알았어. 프란츠하고 나, 둘 중에 한 사람 선택해." 나는 다급하게 그의 말을 가로막았다. "이 문제에 대해서라면, 나는 내 친구로 너를 선택할 거야."

파울과 동생 루트비히가 거침없이 입을 여는 통에 얼마나 많은 사람들이 그들을 싫어했을지 쉽게 이해가 간다. 하지만 두 사람 모두 사람을 강하게 *끄*는 개성을 지녔고, 두 사람 모두 나름 열렬한 지지자들이 있었다. 유명한 작곡가이자 평론가인 도널드 프랜시스 토비Donald Francis Tovey는 한 친구에게 쓴 편지에서, 빈을 여행하는 동안 파울과 루트비히를 방문하라고 권했다.

나는 둘 다 정말 대단한 사람들이라고 생각해. 디킨스(파울 비트겐슈타인은 아마도 그의 전집에 대해 나열할 수 있을 거야)만큼 활력으로 가득 차 있거든. 루트비히는 딱 한 번 만나봤어. 파울과는 가까운 친구가 될 거라 기대하고, 틀림없이 그럴 수 있으리라 생각해. 내 나이에 젊은 세대의 확신에 찬 열정에 함부로 편승할 수 없으니, 말이 조심스러워지는군.

파울과 친하게 지내며 그의 신경증과 급한 성미 외의 것들을 볼 줄 아는 사람들은 그가 의리 있고 마음 넓고 다정한 사람이라는 걸 알았다. 그는 친구들에게 우편으로 악기며 귀한 악보며 음식이며 돈 같은 깜짝 선물을 보내곤 했다. 제자들을 헌신적으로 가르치고도 비용을 청구하지 않았고, 한 번은 한 학생이 이탈리아 스폴레토 음악제Spoleto Festival에 참가할 수 있도록 수천 달러를 지원하기도 했다.

1944년 학교 에세이에서 당시 그의 최우수 학생인 레너드 캐슬은 이렇게 썼다. "내가 아주 작은 실수라도 하면 선생님은 여전히 나를 벌벌 떨게 만드신다. 하지만 그런 성격 뒤에는 누구보다 따뜻한 마음이 있다는 걸 알 수 있다." 4년 전 또 다른 학생 필리파 스카일러 Philippa Schuyler는 그녀의 일기장에 이렇게 언급했다. "선생님이 큰소리로 고함을 질러 나는 조금 눈물을 보였다. 그러자 선생님이 이렇게 말했다. '얘야, 선생이 소리 좀 지른다고 마음에 담아두면 안 된다. 선생도 어쩔 수 없어!' 그런 다음 내가 교실을 나갈 준비를 하자 나에게 입을 맞추셨다." 파울의 사망 직후, 마르가는 파울을 다정하게 추억하며 이렇게 말을 맺었다.

파울의 개성은 쉽게 잊기 어렵다. 그를 만난 사람들은 즉시 그의 개성을 알아차렸고, 대개는 그 인상 때문에 그와의 접촉을 피했다. 그는 자신의 신체적 장애에 무척 예민해 자족적인 독립을 자기 삶의 원칙으로 삼았으며, 불굴의 용기로 비극적인 상황에 맞섰다. 그는 우정을 맺은 사람들에게 누구보다 충실한 친구였다.

🎵 러시아와 라벨

마르가는 옥스퍼드 대학의 레이디 마거릿홀 건립 기금 모금을 위해 1927년 9월에 뉴욕으로 향했는데, 이때 파울이 바이올리니스트 마리 졸다트-뢰거와 함께 연주한 요제프 라보 음반을 몇 장 가지고 갔다. 이 음반들은 클라라 비트겐슈타인의 후원으로 제작되었다. 클라라(카를보다 세 살 어렸다)는 탁월한 인물로, 조카들의 행복에 각별한 관심을 쏟은 독신의 고모였다. 클라라도 그레틀과 마찬가지로 작곡가와 예술가들을 우대했으며, 잘레지아너가세Salesianergasse의 넓은 아파트나, 락센부르크Laxenburg에 있는 황제의 옛 사냥오두막, 투머스바흐Thumersbach에 있는 그녀의 여름 농가에서 개인 연주회를 열었다. 그녀는 음악가의 경력에서 음반이 매우 중요하다고 주장했다.

뉴욕에서 마르가는 파울의 미국 순회공연을 위한 토대를 마련하는 데 성공했다. 순회공연의 하이라이트는 카네기홀에서 창립자이자 지휘자인 조지 자슬라프스키George Zaslawsky의 지휘로 베토벤 심포니 오케스트라와 협연하는 슈트라우스의 〈범아테네 축제 행렬〉이 될 터였다. 1928년 10월 31일에 파울은 이틀 뒤면 미국으로 출발하리라 기대하면서 부쿠레슈티Bucharest에서 보르트키에비치 협주곡을 연주하고 있었다. 그러나 카네기 홀에서 베토벤 오케스트라와 함께하기로 일정이 잡히고 매진까지 된 연주회가 돌연 취소되었다는 소식을 듣고 미국에 가지 않기로 결정했다. 뉴욕에서 연주가 취소된 데에는 두 가지 이유가 있었다. 하나는 자슬라프스키가 심장마비를 일으켰다고 밝혔고, 다른 하나는 파울과 협연하는 바이올린 독주자, 파울 코찬스키Paul Kochanski가 연주비를 받지 못해 연주에서 빠지기로 했다는 것이다. 아마 두 가지가 서로 관련이 있었던 것 같다. 아무튼 자슬라프스키는 불만에 찬 티켓 구매자들에게 환불을 해주려 하지 않았고, 몇 주 후에 그와 그의 오케스트라는 파산신청을 했다.

파울이 의뢰한 작품들이 성공을 거두자 이에 고무된 많은 젊은 작곡가들이 자발적으로 파울에게 제안이나 의향을 비추거나, 아예 왼손을 위한 완성된 악보를 보내왔다. 뿐만 아니라 그들은 재능 있는 음악가들에게 비트겐슈타인 축제에 참여하도록 권하기도 했다. 1924년 6월에 레오폴드 고도프스키는 왼손을 위한 피아노협주곡을 6000달러에 계약했지만(반은 계약금으로, 반은 작품 인도 후 지급하는 조건으로), 관현악 편성 경험이 없었기 때문에 큰 난관에 봉착하고 말았다. 그는 결국 요한 슈트라우스의 '집시 남작' 주제에 의한 카프리치오라는 거장다운 작품을 3000달러에 제시했다. 고도프스키는 아내에게 이렇게 썼다. "아름다운 음악이야. 비트겐슈타인에게 아주 잘 어울릴 것 같아." 파울은 이 곡을 딱 한 번 연주했다.

코른골트, 슈미트, 슈트라우스, 보르트키에비치와 계약하면서, 파울은 계약 내용을 비밀로 해줄 것을 요구했다. 음악계는 상당한 액수로 계약되었으리라 짐작했을 테지만, 그런 내용에 대해 전혀 알지 못하는 젊은 작곡가들도 파울 비트겐슈타인과 관계를 맺는다는 기대로 한껏 흥분했다. 파울은 이 젊은 작곡가들의 작품들도 일부 연주했다. 에두아르트 슈트Eduard Schutt가 작곡한 요한 슈트라우스의 왈츠 〈빈 숲속의 이야기〉 피아노 편곡 작품은 1924년 2월에 빈의 황금홀에서 오케스트라와 협연하여 초연되었다. 맹인 작곡가 루돌프 브라운Rudolf Braun은 그의 세레나타Serenata(오페라풍의 소규모 작품 – 옮긴이)와 무궁동Perpetuo Mobile(처음부터 끝까지 같은 길이와 같은 빠르기의 악구를 반복하는 기악곡 – 옮긴이)을 완벽한 협주곡 형태로 편곡하도록 의뢰를 받았다. 한스 갈Hans Gal의 4중주는 1928년 3월에 초연되었는데 파울은 이 곡에 대해 "특별할 만한 게 없다"고 묘사했고, 카를 바이글Karl Weigl의 협주곡은 거부되었다. 그러나 이들은 당시나 지금이나 중요한 작곡가들이 아니었고, 파울은 언제나 더 유력한 후보자들을 주시해왔다.

1929년 2월 24일에 파리에서 〈범아테네 축제 행렬〉을 연주하기로 예정되었을 때, 파울은 그의 에이전트인 게오르크 퀴겔Georg Kügel에게 지시해, 모리스 라벨Maurice Ravel — 최고의 명성을 얻고 있는 작곡가 — 에게 편지를 써서 연주회에 참석해주십사 부탁하도록 했다. 라벨이 자신을 위해 협주곡을 작곡하길 기대했던 것이다. 이미 다른 피아노협주곡을 작업하고 있던 라벨은 연주회에 참석하지 못해 유감이라면서, 파울에게 파리에서 서쪽으로 25마일 떨어진 몽포르-라모리Montfort-L'Amaury의 아담하지만 화려하게 장식된 자신의 별장, 레 벨베데레Le Belvedere를 방문해달라고 부탁했다. 두 사람의 만남은 순조롭게 이루어진 것 같다. 라벨은 생상스와 고도프스키의 쇼팽 연습곡집을 포함해 일부 왼손을 위한 피아노 작품들을 연구하겠다고 했다. 파울은 기대감에 한껏 흥분되었다. "Je me joue de difficultes(제 곡은 연주하기 어려울 겁니다)." 라벨은 이렇게 말하면서, 다가오는 3월에 빈을 여행할 때 파울의 〈범아테네 축제 행렬〉을 듣기 위해 연주회에 참석하겠다고 응했다.

1930년 여름에 파울은 소련에서 순회공연을 가졌다. 그는 모스크바, 레닌그라드, 바쿠, 키예프, 하르키우의 연주회장에서 보르트키에비치 협주곡을 연주하고 열광적인 박수갈채를 받았다. 키예프에서는 대중들이 어찌나 뜨겁게 열광했는지 이틀 후에 같은 프로그램을 다시 연주해야 했다. 파울은 러시아어는 조금 할 줄 알았지만 러시아 사람과 러시아 문화를 끔찍하게 싫어했는데, 전쟁 중 포로로 수용되었던 고된 시절 이후로 쭉 그랬다. 1950년대 뉴욕에서 한 신사가 러시아식으로 새로 꾸민 방에 훌륭한 러시아 골동품들을 진열했으니 보러 오지 않겠냐고 예의를 갖추어 제안했을 때 파울은 딱 잘라 이렇게 대답했다. "아니오. 전 러시아에 대한 건 다 싫습니다."

그는 무엇보다도 새로운 공산주의 정권과, 이 정권을 지탱시키기 위해 이용되는 도처에 퍼져 있는 선전 운동, 그리고 이 정권이 초래한 궁핍을 경멸했다. "검은 질투가 평등으로 위장될 때 특권과의 싸움이 슬로건이 된다." 그는 자신이 가장 좋아하는 빈의 시인, 프란츠 그릴파르처Franz Grillparzer의 시를 인용해 이렇게 말하곤 했다. "나는 연주를 기다리며 끝도 없이 길게 줄을 서서 거칠게 욕설을 퍼붓는 러시아 사람들 때문에 절망에 빠졌다." 그는 이렇게 기억했다. 하르키우에서는 호텔 조식 식당에 앉을 자리가 충분하지 않아 객실에서 식당까지 의자를 가지고 내려와야 했다. 아무것도 준비된 것이 없고 주문하는 것도 악몽이어서 식사 시간은 거의 두 시간이나 걸렸다.

"카페오레 주세요." 우유가 없습니다. "그럼 레몬을 띄운 차를 주세요!" 레몬이 없는데요. "계란 두 개로 만든 계란 요리요!" 계란이 없습니다. "그럼 버터 바른 빵을 주시죠!" 버터는 없고 치즈만 있습니다. 이곳의 한 정부 관료는 나에게 버터가 무슨 맛인지 더 이상 기억나지 않는다고 말했다. 그리고 이곳은 우크라이나 같은 농업 국가의 수도에 있는 호텔이었다!

파울은 다른 나라에서처럼 러시아에서도 공산 정권에 대한 경멸을 거침없이 표현했다. 모스크바에 있을 때 그는 자신의 연주회에서 한 에이전트에게 이렇게 말했다. "당신들이 계속 차르를 섬겨왔다면, 당신네 나라는 지금보다 훨씬 나았을 거요!" 에이전트는 손가락으로 자기 이마를 톡톡 두드리며 방을 나섰다. 아무리 외국 손님이라도 1930년대 스탈린 치하의 러시아에서 이런 발언을 하는 건 위험한 일이었다. 하지만 파울은 그런 조언을 받아들이기는커녕, 레닌그라드 여행에 관한 한 보고서에 자신의 입장을 다음과 같이 분명하게 밝혔다.

공공건물, 극장, 연주회장, 은행들이 흔히 그런 것처럼 그레이트홀 Great Hall에도 붉은 현수막이 걸려 있다. 대부분의 현수막이 연주회장 한쪽 끝에서 다른 쪽 끝까지 길게 걸려 있으며, 그 위에는 다음과 같이 쓰여 있다. "우리는 자본주의 국가들을 정복하고 능가하리라!" 나는 생각했다. 만일 이런 말 대신, 이런 식으로 현수막 천을 낭비하는 대신, 셀 수 없이 많은 레닌의 흉상과 사진들 대신, 이런 데다 쓸데없이 막대한 돈을 지출하는 대신, 이 모든 것들 대신 차라리 깨끗한 공중 화장실을 짓는다면 자본주의 국가들을 '정복하고 능가할' 수 있을 뿐 아니라 사람들을 한결 기분 좋고 편리하게 만들어줄 거라고.

파울이 막 러시아로 출발했을 때, 요괴처럼 콧수염을 기른 그의 에이전트 게오르크 퀴겔이 기쁜 소식을 알렸다. 유명한 러시아 피아니스트이자 작곡가인 세르게이 프로코피예프가 지금 프랑스에 거주하고 있으며, 파울을 위해 협주곡을 작곡하는 것에 대체로 선뜻 동의했다는 것이다. 파울에게 의뢰비를 받은 퀴겔은 6월 초에 프로코피예프의 에이전트인 미셸 아스트로프Michel Astroff와 접촉했으며, 파울 몰래 비용의 일부를 마음대로 사용할 속셈이었다. 파울이 자리를 비운 사이 퀴겔은 아스트로프에게 은밀히 다음과 같은 서신을 보냈다.

비트겐슈타인 씨는 현재 러시아에서 순회연주 중이며 7월 초에 빈으로 돌아올 예정입니다. 전체적인 문제는 그때 그와 함께 상의해서 알려드리겠습니다. 그동안 프로코피예프 씨가 왼손과 오케스트라를 위한 협주곡을 완성하는 데 얼마의 기간이 소요될지 대략적으로 알려주시기를 부탁드립니다.

비트겐슈타인 씨는 5년 간 독점연주권을 보유해야 할 겁니다. 작품 성격은—1악장이든 3악장이든, 변주곡 형태든—당연히 전적으로 프로코피예프 씨에게 달려 있습니다. 요청대로 작품 의뢰비용 5000달러에 합의가 이루어지길 희망하며, 에이전트 수수료는 통상 10%입니다.

아무쪼록 호의적인 답변을 고대하며,
게오르크 퀴겔

빈으로 돌아온 파울은 러시아 여행에 대해 꼬치꼬치 캐묻는 가족들에게 아무 말도 하려 하지 않았고, 귀국 환영 만찬 땐 대화 도중 그의 여행이나 연주회, 혹은 음악에 대해 누가 입이라도 뻥긋하려 하면 연로한 클라라 고모에게 즉시 화제를 바꾸도록 재촉했다. 파울은 빈에서 런던으로 여행했고, 그곳에서 노퍽Norfolk의 해안 마을 크로머Cromer 근처에 있는 오버스트랜드 호텔에 묵으며 해변에서 마르가와 휴가를 즐겼다. 프로코피예프가 계약에 최종 합의했다는 소식이 전해진 건 이때였다. "[그는 파리에 있는 작곡가에게 이렇게 편지를 썼다] 친애하는 선생님, 선생님께서 저를 위해 협주곡을 작곡하기로 동의하신 덕분에 언젠가 선생님 작품을 연주할 수 있게 되었다는 소식을 듣고 얼마나 기쁜지 모릅니다." 8월 29일, 파울은 프로코피예프와 첫 만남을 갖기 위해, 그리고 라벨이 협주곡 작업을 잘 진행하고 있다는 소식을 듣기 위해 열망과 흥분을 가득 안고 파리로 날아갔다.

몽포르-라모리에서 라벨은 자신의 피아노방으로 파울을 안내했다. 그곳은 조잡한 예술품, 깔끔하게 정리된 장신구와 자질구레한 골동품들—오리 깃털로 만든 펜, 고딕 양식의 크리스털 촛대, 조개 껍데기, 금박을 입힌 새장에 그가 지지Zizi라고 부르는 기계로 작동하는 새 등—로 가득 차 있었다. 이곳에서 작곡가는 자신의 피아노 앞에 앉아 두 손으로 오케스트라 파트와 독주 파트를 동시에 힘겹게 연주해냈다. 그러나 파울은 이 곡에 아무런 감동을 받지 못했고 작곡가에게도 그렇게 말했다. 그의 불만 가운데 하나는 첫 부분에 길게 이어지는 무반주 카덴차에 대한 것이었다. 그는 이렇게 말했다. "오케스트라 없이 연주할 거면 협주곡을 의뢰하지도 않았습니다! 아마도 내 의견에 라벨은 실망했을 테고 나도 그 점은 유감이지만, 나는 괜찮은 척하는 법을 배운 적이 없습니다." 파울은 여러 군데 수정을 요청했고, 라벨의 집을 나설 때에도 과연 이 작곡가가 수정할 준비가 되어 있긴 한 건지 여전히 확신이 들지 않았다. 9월 2일, 파리의 발랑탱 아우이 거리Rue Valentin Hauy에서 프로코피예프는 라벨과의 일이 어떻게 되었는지 몹시 궁금했지만, 파울은 침묵을 지켰다. 그달 말에 라벨이 수정을 마쳤다고 파울을 안심시킨 뒤에야 파울은 프로코피예프에게 다음과 같이 설명할 수 있었다. "몇 주 뒤면 라벨의 협주곡이 완성될 것 같습니다. 댁에서 선생님을 뵈었을 땐 아직 상황이 불확실한 상태였습니다. 혹시라도 제가 무언가를 숨기려 한다고 생각하실까 봐 선생님께 이렇게 편지를 씁니다."

마침내 파울과 라벨 간의 거래가 해결되어, 작곡가는 6000달러를 받고 피아니스트에게 '왼손을 위한 피아노협주곡'에 대해 계약일로부터 5년간 독점 연주권을 제공했다. 하지만 몇 가지 문제가 있었다. 라벨이 직접 지휘하는 프랑스 초연은 1932년 4월에 파리의 살레 플레옐Salle Pleyel에서 열리기로 예정된 한편, 세계 초연은 그해 1월에 로베르트 헤거Robert Heger의 지휘로 빈 심포니 오케스트라와 황금홀에서 연주되었다. 그리고 늘 그렇듯이 진정한 초연은 1931년 11월 27일 세컨드 피아노가 오케스트라 파트를 담당하며 빈의 비트겐슈타인 궁전에서 열린 개인 콘서트에서였다. 연주회가 준비되었다고 발표한 지 몇 달 안에 파울은 베를린, 런던, 바르샤바, 아테네, 브루노, 렘베르크, 포즈나뉴 등의 연주회장에서 연주가 예약되었다.

1월 5일, 빈 초연 당시 라벨은 객석에 없었다. 《신자유신문》의 평론에 따르면 이 연주회에서 "피아노의 거장 파울 비트겐슈타인의 연주는 우레와 같은 박수갈채를 받았다." 대신 라벨은 최근에 완성한 〈피아노협주곡 G장조〉를 발표하기 위해 피아니스트 마르그리트 롱Marguerite Long과 함께 순회공연을 하던 중 30일에 파리에서 기차를 타고 빈에 도착했다. 그들은 프랑스 대사관에서 지냈다. 저녁에 파울은 라벨과 마르그리트 롱을 위해 만찬을 열었다. 만찬에 참석한 사람들 가운데에는 프란츠 슈미트, 프랑스 대사 베르트랑 클로젤Bertrand Clauzel, 그리고 빈의 여러 고위 관리들이 포함되었다. 파울의 의도는 만찬 후에 피아니스트이자 작곡가인 그의 친구 발터 브리히트Walter Bricht에게 세컨드 피아노로 오케스트라 파트를 맡기고 라벨의 협주곡을 연주하려는 것이었다. 식사를 하면서 파울은 마르그리트 롱에게 이 작품에 약간 수정을 가했다고 말하자, 그녀는 작곡가를 염려하며 연주 전에 라벨에게 미리 이야기를 하는 것이 좋겠다고 조언했다. 파울은 그녀의 조언을 따르지 않았다. 자신의 걸작을 마음대로 해체시킨 파울의 연주를 들으며, 연주가 진행되는 동안 라벨의 얼굴은 분노로 어두워졌다. 오케스트라 파트의 일부를 피아노 독주로 가지고 오고, 화음이 바뀌고, 각 파트들이 더해진 데다, 악보의 마디가 잘리고, 결국에는 마지막 카덴차 부분에서 굉장히 아찔한 일련의 아르페지오가 새롭게 만들어졌다. 작곡가는 분노와 불신으로 제정신이 아니었다. 그는 작품 안에 쏟아부은 정신이 훼손되고 권리가 침해당했다고 믿었다. 마르그리트 롱은 이 상황을 이렇게 회상했다.

연주가 끝나자마자, 나는 충돌을 피하기 위해 클로젤 대사와 함께 분위기를 전환해보려 했다. 아, 그런데 라벨이 비트겐슈타인을 향해 천천히 다가가더니 그에게 이렇게 말하는 것이었다. "이 곡은

내 작품과 전혀 다르군요!" 비트겐슈타인은 자신을 변호했다. "숙
련된 피아니스트로서 제가 듣기에 선생님께서 작곡하신 곡에는 문
제가 있습니다." 이런 말은 절대로 하지 말았어야 했다. "노련한
관현악곡 작곡가로서 내가 듣기에 내 작품은 아주 괜찮소!" 라벨
은 이렇게 응수했다. 그 상황이 얼마나 난처하던지! 라벨은 신경
이 극도로 날카로워진 상태여서, 우리는 대사관 차를 돌려보내고
매서운 추위가 그의 신경을 진정시키길 기대하며 걸어서 숙소로
돌아갔다.

마르그리트 롱은 이 모든 소동에도 불구하고 파울이 라벨의 음악
을 무척 좋아한다고 느꼈기 때문에, 걸어서 숙소로 돌아가는 길에
라벨에게 파울의 입장을 이해시키려 애썼다. 하지만 라벨은 한 마
디도 들으려 하지 않았고, 파울이 파리에서 자신의 작품을 연주하
는 걸 결사적으로 반대했다. 언론에는 파울이 라벨의 협주곡을 연
주하기가 너무 어려워 라벨에게 수정을 요청했다는 소문이 퍼졌다.
작곡가와 피아니스트 사이의 불화는 2월 내내 계속해서 부글부글
끓어올랐다. 파울은 파리에 있는 라벨에게 편지를 써서 모든 연주
자에게는 어느 정도 자유가 허용되어야 한다고 항의했다. "연주자
는 노예가 되어서는 안 됩니다!" 파울은 이렇게 주장했고, 이에 대
해 라벨은 "연주자는 노예**이다**"라고 대꾸했다. 작곡가의 정신이 말
년으로 갈수록 계속 악화되면서 이 마지막 말은 그의 만트라가 되
다시피 했고, 파울 비트겐슈타인 이름만 나와도 반사적으로 이 말
이 튀어나왔다.

3월 7일에 라벨은 파울에게 앞으로 자신이 작곡한 대로만 연주할

것을 공식적으로 약속하도록 촉구하는 분노에 찬 편지를 또 한 통 급하게 휘갈겨 써서 보냈다. 라벨은 스트레스를 받으면 거의 알아 보기 어렵게 마구 휘갈겨 쓰는 경향이 있었는데, 파울은 필체를 통 해 라벨의 기분을 간파하고 마음이 불안해졌다. 파울은 작곡가인 카를 바이글에게 보내는 편지에서 앞으로 대중 앞에서 연주하는 건 그만둘까 생각한다고 말했다. 마르가에게는 다음과 같이 설명했다. "편지 같은 데다 이야기하기에는 길고 긴 여러 가지 이유들 때문에 파리 연주회는 취소했어." 1932년 3월 17일, 라벨의 편지에 대한 답 장에는 보다 자세하게 생각을 털어놓았다.

향후 선생님의 작품을 악보 그대로 정확하게 연주할 것을 공식적 으로 약속하라는 선생님의 요구에 대해, 절대로 불가능한 일임을 말씀드립니다. 자존심 있는 예술가라면 그런 조건은 받아들일 수 없을 겁니다. 모든 피아니스트들이 매번 협주곡을 연주할 때마다 많게든 적게든 작품을 수정해서 연주합니다. 공식적으로 약속하라 니, 그런 말씀은 참기가 어렵군요. 제가 생략하거나 덧붙인 부정확 한 16분 음표 전부와 4분 쉼표 전부에 대해서는 책임을 지겠습니 다.…… 선생님은 제가 '주목을 받기를' 원한다면서 비꼬듯 분개 하며 말씀하셨더군요. 그런데 사실은, 친애하는 선생님, 선생님이 야말로 그런 제 의향의 완벽한 이유가 되고 계십니다. 다시 말해, 제가 선생님께 협주곡을 부탁드린 건 바로 그런 이유 때문인 거지 요! 실제로 저는 사람들의 주목을 받길 원합니다. 그거 말고 제가 무슨 다른 목적이 있겠습니까? 그러므로 저는 이 목적을 이루기 위해 필요한 수정을 요청할 자격이 있습니다.…… 앞에서도 언급했습니다만, 저는 선생님 작품 전체가 아니라 제가 제안 드린 일부분에 대해서만 수정을 고집하는 것입니다. 선생님 작품의 본질에는 전혀 손대지 않았습니다. 기악 편성만 수정했습니다. 한편 저는 불가능한 조건은 받아들일 수 없으므로 파리에서의 연주는 거부했습니다.

파울이 주장하는 논거는 이제 협주곡 중간 두 페이지 부분을 중심으로 펼쳐지는데, 그 부분을 라벨이 작곡한 대로 오케스트라가 연주하는 것보다는 피아노로 연주하는 것이 더 바람직하다는 것이었다. "그건 협주곡을 망치는 짓이오." 라벨은 이렇게 말했다. 오랜 갈등 상태 후 파울은 결국 라벨이 옳다는 것을 인정하며 굴복했다. 몇 달간 작품을 연구한 끝에 생각이 바뀐 것이다. 이제 파울은 이 작품에 "매료"되어, 협주곡에 대해 "위대한 작품…… 믿기 어려울 만큼 놀랍다. 소위 현대음악을 싫어하며, 이 작품의 정확히 6/8 위치에 해당하는 부분이 가장 불협화음을 내지만, 나는 이 부분을 가장 좋아한다!"라고 묘사했다.

파리 초연은 1933년 1월 17일, 살레 플레옐에서 파리 심포니 오케스트라와 협연하고 라벨이 직접 지휘하기로 합의되었다. 작곡가와 피아니스트 사이의 알력은 여전했지만 연주회 자체는 엄청난 성공을 거두었고, 언론에는 두 사람이 관계를 회복한 것으로 공식적인 기사를 내보냈다. "라벨과의 오랜 다툼이 해결되었습니다." 파울은 1934년 11월에 《뉴욕 타임스》 기자에게 이렇게 말했다. "그와 저는 지금 아주 잘 지내고 있습니다." 하지만 이 에피소드는 전체적으로 두 사람 모두에게 쓸쓸한 뒷맛을 남겼다. 라벨은 건강 악화로 4

월 몬테카를로Monte Carlo에서 열린 두 번째 연주회에 참석하지 못했고, 파울이 자신의 악보를 수정한 것이 여전히 불만스러웠다. 그해 여름, 작곡가는 친구들과 생장드뤼즈Saint-Jean-de-Luz에 머물렀는데, 이때 팔을 움직일 수 없게 되어 수영장에서 구조되어야 했다. 이것은 피크병이라고 하는 드문 종류의 치매 초기 증상이었다. 라벨은 점차 쇠약해졌고, 이런 상태는 육체와 정신의 조정 능력 전반에 영향을 미쳤다. 결국 라벨은 자신의 이름조차 쓸 수 없는 지경에 이르렀고, 파리의 한 병원에서 뇌수술에 실패해 1937년 12월 28일에 사망했다.

꧁ 프로코피예프

파울은 프로코피예프와의 첫 만남에 몹시 들떠 있었다. 이 만남은 파리에 있는 호텔 마제스틱Hotel Majestic 로비에서 이루어졌다. 프로코피예프는 파울에게 자신의 에이전트인 미셸 아스트로프와 함께 음식점에서 점심식사를 한 뒤, 유명한 연극 연출자, 프세볼로트 메이예르홀트Vsevolod Meyerhold와 그의 아내이며 여배우인 지나이다 라이크Zinaida Raikh가 머물고 있는 발랑탱 아우이 거리의 자기 집으로 가자고 제안했다. 파울은 메이예르홀트에 대해―그가 소련 인민위원회 교육계몽청 연극분과 관리이며, 정식 공산당 당원이라는 사실을―이미 어느 정도 알고 있었던 게 분명하다. 프로코피예프가 파울을 집으로 초대했을 때, 파울이 잠시 망설인 뒤 "저는 볼셰비키 당원은 질색입니다!"라고 외친 걸 보면. 프로코피예프는 메이에르홀트는 뛰어난 예술가이며, 소련에서 당국의 간섭을 받지 않고 작업을 계속하기 위해 공산당 당원이 된 것뿐이라고 말해 파울을 안심시켰다.

프로코피예프의 에이전트는 나중에 작곡가에게 "비트겐슈타인의 외모가 매력적이지 않아 실망했다"고 말했고, 협주곡 하나에 5000달러를 낸다는 말을 듣고 경악했다. 반면 프로코피예프는 파울이 한 손으로 능숙하게 점심을 먹는 모습에 깊은 인상을 받아 나중에 이런 말로 파울을 옹호했다. "그럼 당신은 뭘 기대한 거요. 그가 훈장이 잔뜩 달린 프록코트라도 입길 바란 건가?" 저녁에 프로코피예프는 자신의 집으로 가서 파울과 함께 피아노 앞에 앉았다. 파울이 쇼팽, 모차르트, 푸치니 곡들로 자신의 연주 기법을 증명해 보이자, 프로코피예프가 그에게 이렇게 물었다. "이런 음악을 좋아하면서 왜 나한테 협주곡을 의뢰하는 겁니까?" 파울은 프로코피예프가 피아노를 위해 작곡하는 방식이 마음에 든다, 기술적으로 흥미로운 작품을 기대하고 있다고 대답하자, 작곡가는 건반 앞에 앉아 협주곡에 포함시키려고 염두에 둔 두 개의 주제를 파울에게 들려주었다. 그는 파울에게 이 주제를 여러 번 들어본 뒤 의견을 말해달라고 특별히 부탁했는데, 파울은 처음 한 번 듣고 나더니 버럭 소리를 질렀다. "선생님이 두 달 동안 계속 이 곡을 친다고 해도 저는 여전히 이해하지 못할 것 같습니다."

시작은 이렇게 껄끄러웠지만, 파울은 작품 의뢰에 관한 한 프로코피예프가 원하는 대로 마음껏 작곡할 수 있다고 말해 그를 편안하게 해주었다. 메이예르홀트의 아내는 파울의 음악적 기교에 도취되어 나중에 프로코피예프에게 이렇게 말했다. "어쩌면 그렇게 사랑스럽게 연주할 수 있을까요. 저는 전쟁에서 한쪽 팔을 잃어야 했던 한 남자의 영혼을 느꼈답니다." 하지만 그의 연주가 전혀 감동적으로 들리지 않았던 프로코피예프는 그녀에게 이렇게 대답했다. "그의 왼손에 무슨 특별한 재능이 보이지는 않습니다. 어쩌면 그의 불행이 뜻밖의 행운을 가져온 건지도 모르지요. 왼손으로만 연주하니까 대단한 거지, 아마 두 손으로 연주한다면 수많은 평범한 피아니스트들보다 나을 게 없을 겁니다."

파울은 볼셰비키 사상에 대한 편견에도 불구하고 메이예르홀트와 그의 아내를 좋아했지만, 그들을 다시 만나지는 못했다. 1938년에 스탈린주의자들이 모스크바에 있는 메이예르홀트의 극장을 폐쇄하고 지나이다를 살해했던 것이다. 메이예르홀트는 '트로츠키파의 행동대원'이라는 혐의로 체포되어 고문을 당하다 옥중에서 총살되었다.

파울은 프로코피예프와의 첫 만남 이후 넉 달이 지난 1931년 1월에, 빈의 거리를 지나다가 미끄러지는 바람에 대퇴부가 골절되고 혈관이 파열되어 혈종이 생겼다. 20일에 그는 다리에 붕대를 감은 채 빈에서 코른골트 협주곡을 연주했고, 3월에도 부목을 댄 상태로 여전히 절뚝거리며 다녔다. 그 무렵 파울은 프로코피예프가 연주를 위해 빈에 올 예정이라는 신문 기사를 읽었다. 그리고 작곡가에게 곧바로 편지를 써, 호텔 임페리얼에서 머물지 말고 자신의 궁전에서 머물라고 강력하게 권했다.

선생님의 전용 공간에서 선생님의 전용 피아노를 사용할 수 있으므로 아무도 선생님을 방해하지 않을 겁니다. 이 집에 오는 손님들은 아침에 일어나길 원하는지, 커피나 차를 원하는지, 저녁식사 등을 이곳에서 해결하길 원하는지 등등, 마치 호텔이나 펜션에서 지내는 것처럼 말만 하면 되도록 하는 것이 제 원칙입니다.

프로코피예프는 파울과 슈베르트 피아노2중주를 연주하며 행복한 시간을 보냈고, 파리로 돌아가자마자 곧바로 왼손 협주곡에 집중하기 시작했다. 파울은 그에게 '슈트라우스보다 명확하고 프란츠 슈미트보다 (연주 기법의 관점에서) 덜 유치한' 작품을 요구했다. 1931년 7월 말, 〈피아노협주곡 4번〉이라는 제목으로 소품곡 형태의 협주곡이 완성되었지만, 작곡가는 전혀 만족하지 못했다. 이 작품은 감정적으로 거리를 두고 있어 작품 안에 프로코피예프의 마음이 실리지 않았다는 느낌이 든다. 프로코피예프는 애초에 이 곡에 대한 비트겐슈타인의 독점 계약이 만료되는 대로 즉시 두 손을 위한 협주곡으로 바꾸겠노라는 계획을 품고 있었다(처음에는 파울에게 비밀로 했다). 9월 11일에 그는 파울에게 악보를 보내면서 파울이 어떤 반응을 보일지 자신이 없다는 내용의 쪽지를 첨부했다.

나는 피아노 연주자의 관점에서, 그리고 피아노와 오케스트라의 균형 면에서 이 협주곡이 당신의 마음에 흡족하길 바랍니다. 그렇지만 이 협주곡이 당신에게 음악적으로 어떤 인상을 줄지 좀처럼 짐작이 되지 않습니다. 정말 어려운 문제예요! 당신은 19세기 음악가이고 나는 20세기 음악가입니다. 나는 이 곡을 최대한 복잡하지 않게 만들려고 노력했습니다. 그러므로 당신은, 다름 아닌 당신만은 너무 성급하게 판단해서는 안 되며, 일부 페이지들이 처음에는 이해하기 어렵다 하더라도 서둘러 판단하지 마시고 잠시 기다려주시기 바랍니다. 작품 개선을 위해 제안할 말씀이 있으시면 주저하지 말고 제게 말씀해주십시오.

프로코피예프의 자서전을 신뢰할 수 있다면, 파울은 직설적인 답을 보냈다. "협주곡을 완성시켜주셔서 감사합니다만, 저는 단 한 음도 이해할 수 없으므로 이 곡을 연주하지 않겠습니다." 이후 편지는 사라졌고, 파울이 이런 내용의 편지를 썼다 하더라도 작곡가와 피아니스트가 훈훈하고 다정한 사이를 유지한 걸 보면, 확실히 편지에서 드러나는 내용이 전부는 아니었다. 3년 뒤에 프로코피예프는 파울과 편지를 주고받으면서, 자신의 작품을 두 손을 위한 협주곡으로 전환해도 좋을지 파울에게 물어보았다. "우리의 좋은 관계를 고려해서, 그리고 당신이 불쾌하게 여길 만한 일을 하고 싶지 않기에, 이 문제에 대해 먼저 당신과 의논해야 한다고 생각했습니다." 파울은 자신이 이 협주곡을 불쾌하게 여긴다고 생각했다면, 프로코피예프의 오산이라고 답을 보냈다. "그건 옳지 않습니다." 파울은 이렇게 썼다. "저는 선생님의 협주곡, 아니 적어도 이 협주곡의 상당 부분을 이해합니다. 하지만 저를 불쾌하게 만드는 시와 제가 의미 전체를 이해할 수 없는 시와는 엄청난 차이가 있지요."

파울은 프로코피예프의 악보를 전달받은 뒤, 곧 2회분 의뢰비 3000달러를 보내겠다는 확답의 쪽지를 보냈다. 그러자 프로코피예프는 정정하는 내용의 답을 보냈다. "3000달러가 아니라 2250달러를 보내주시면 됩니다 — 2500달러에서 퀴겔(당신의 에이전트) 몫의 10%를 제외한 금액입니다." 그때까지 파울은 프로코피예프와 아스트로프가 5000달러로 계약을 결정했는지 전혀 모르고 있었다. 파울은 의뢰비용 6000달러를 2회에 나누어 지불하면 된다는 에이전트의 말을 그대로 믿었던 것이다. 자신에게서 1000달러를 빼내려 했던 에이전트의 속셈을 알게 된 파울은 크게 화를 내며 그 자리에서 에이전트를 해고했다. 잠깐 동안 파울은 작곡가이자 기획자인 파울 베커트Paul Bechert와 계약을 맺었는데, 베커트가 빚을 그대로 남겨둔 채 1932년 12월에 미국으로 도주하는 바람에 파울은 한동안 어떤 형태든 에이전트 없이 지내야 했다.

많은 시간을 프로코피예프의 악보를 연구하며 보냈지만, 파울은 그의 음악을 전혀 이해하지 못했고, 따라서 이 곡을 한 번도 연주하지 않았다. 초연은(피아니스트 지크프리트 라프Siegfried Rapp의 연주로) 1956년 9월에—작곡가가 사망한 지 3년 6개월 후에—베를린에서 열렸다. 프로코피예프는 그가 제안했던 두 손을 위한 협주곡을 만들 시간조차 없었기 때문에 이 작품의 특성은 모호한 채 남게 되었다. 그는 자신의 자서전에 이렇게 기록했다. "나는 이 작품에 대해 확고한 의견을 가진 적이 없다. 어느 땐 마음에 들고 어느 땐 마음에 들지 않는다."

♌ 러브스토리

라벨과 삐걱대던 시기에 파울이 그토록 쉽게 흥분했던 데에는 사람들이 거의 짐작하지 못한 이유들이 있었다. 당시 그의 여자친구에게 심각한 문제가 닥친 것이다. 젊고 아름다운 루마니아 여성, 바시아 모스코비치Bassia Moscovici는 가수였다고 전해지는데 공연 기록은 남아 있지 않다. 그녀의 아버지는 루마니아의 수도 부쿠레슈티 출신의 평범한 귀금속상이자 시계 제조공이었다. 파울은 이르면 1928년 12월에 보르트키에비치의 왼손을 위한 피아노협주곡의 리허설과 연주를 위해 부쿠레슈티에 있는 아테네 팔레스 호텔에 머물렀을 때 처음 그녀를 만났을 가능성이 있다. 1930년 가을에 바시아는 빈으로 거처를 옮겼고, 파울은 그녀를 정부로 두고 빈 19지구의 베가가세Vegagasse에 있는 한 별장에서 지내게 했다. 그녀가 변변치 않은 유대계 출신인 데다, 파울 자신이 신경질적인 성격 때문에 기본적으로 결혼 생활이 맞지 않았던 터라, 파울은 그녀와 결혼할 생각이 전혀 없었던 것으로 보인다. 하지만 1931년 빈의 유대인 모임 탈퇴 기록부Austrittsbücher에 보면 2월 25일에 자발적으로 유대교 신앙을 포기한 사람으로 바시아의 이름이 기록되어 있다. 그러므로 이후 그녀가 로마 가톨릭으로 개종해 파울린Pauline이라는 견진명을 채택한 건 파울과 결혼할 의지를 분명히 밝히려는 의도가 아니었을까 짐작된다. 뜻밖의 잔인한 우여곡절에 의해 그럴 가능성은 사라졌지만.

1931년 여름에 바시아는 파울의 아이를 임신했다는 걸 알게 됐다. 궁지에 몰린 파울은 누나들에게 도움을 구했고, 대담하고 남성적인 성향의 그레틀이 이 위기 상황에 발 벗고 나섰다. 그녀는 스물한 살 루마니아 처녀에게 비밀리에 불법 낙태를 시키려고 계획했다. 바시아는 아기를 낳길 필사적으로 원했지만, 그레틀은 낙태만이 유일하게 가능하고 만족할 만한 방법이라고 믿도록 바시아를 위협했다. 그러나 수술 시기도 늦은 데다 무능하고 위험한 불법 수술에 맡겨지는 바람에 수술이 크게 잘못됐다.

바시아는 몸이 몹시 안 좋아졌고, 1931년 늦가을이 되도록 완전
히 회복되지 못한 상태에서 횡문근육종 — 상완上腕 근육에 퍼지는
암 — 으로 인해 어깨가 부어올랐다. 11월 초에 그녀는 어깨의 종양
을 제거하기 위해 수술을 받았고, 그레틀은 회복기 동안 시내 외곽
에서 지내도록 설득하려 했다. 바시아는 그레틀의 동기를 신뢰하지
못해 파울 곁에 있겠다고 고집했지만, 언제나 그렇듯 자기 뜻대로
하고야 마는 그레틀은 빈에서 서쪽으로 50마일 떨어진 둔켈슈타이
너Dunkelsteiner 산림지대의 마우어 암스테텐Mauer Amstetten 요양원에
입원을 예약해놓고, 베가가세에 있는 바시아의 아파트로 구급차를
불러 그녀를 태우고 가게 했다. 신경증이나 정신질환 병동으로 유
명한 이 병원은 — 1902년 프란츠 요제프 황제가 "마우어에서 바보
가 되는 건 정말 멋진 일이다"라는 유명한 말로 문을 열었다 — 바시
아의 취향에 맞지 않았다. 며칠 뒤 바시아는 제 발로 퇴원해 시내로
돌아와, 그레틀은 악마 같은 여자라며 파울에게 항의했다. 그 무렵
암은 폐까지 퍼졌고, 수술로 인한 상처가 감염되어 바시아는 고열
에 시달리고 있었다. 바시아는 그레틀이 강제로 낙태를 시키고 일
부러 더러운 병원에 보내서 자신의 건강이 더 악화되었다고 주장했
다. 그리고 아기만 낳을 수 있었다면 이런 일은 일어나지 않았을 거
라며 언쟁을 벌였다.

이 무렵 바시아가 암으로 죽어가고 있다는 사실을 알고 있는 사
람은 그레틀과 파울뿐이었다. 의사들은 상태의 심각성을 환자 본인
에게 알리지 않았다. 파울은 대단히 세심하게 바시아를 돌보았는
데, 그레틀의 말에 따르면 "감동적일 정도로 친절"했다. 그레틀도

화해하는 마음으로(죄책감 때문은 아니더라도) 바시아를 쿤트만가세에 있는 자신의 집에 한 달 동안 데리고 있겠다고 제안했다. 1932년 1월 중순 무렵엔 환자 본인을 포함한 모두가 바시아가 죽어가고 있다는 걸 알게 되어, 바시아가 그레틀의 집에서 나오기는 불가능했을 것이다. 1월, 2월, 3월이 지나는 동안 바시아의 상태는 악화되었고, 그동안 바시아와 그레틀과의 관계는 차츰 좋아져서 간혹 둘 사이에 미소가 오가기도 했다. 그레틀 자신도 섬유성연축이라는 심장병을 앓고 있어 건강이 좋지 않았기 때문에 거의 하루 종일 침대에 누워 지냈다. 마르가 데네케는 그레틀을 방문했을 때의 상황을 이렇게 기록했다. "[그레틀은] 나를 반기기 위해 손을 내밀면서 의사들이 그녀의 심장질환에 엄격한 규칙을 적용했다고 설명했다. 그리고 색색의 화려한 꽃들에 둘러싸여, 붉은색과 황금색으로 이루어진 주름 잡힌 숄 위에서 마치 동상처럼 반쯤 기대 누웠다."

그레틀은 바시아가 정신적으로 혹은 철학적으로 죽음에 대비하길 바라며 바시아를 위해서만 자리에서 일어났지만, 사실 어떻게 해야 할지는 잘 몰랐다. 자신의 죽음에 대한 바시아의 관점 내지 예감은 그레틀에게 약간 특이하고 재미있다는 인상을 주었으며, 그레틀은 그런 것들을 좀 더 진지하게 받아들이지 못한 것을 후회했다. 3월 중순이 되자 바시아는 마르고 창백하고 수척해졌다. 아름다운 모습은 흔적도 없이 사라졌지만, 그녀는 곁에서 줄곧 병상을 지키는 파울과 함께 삶을 향해 몸부림쳤다. 4월 22일에 루트비히의 친구, 마르그리트 레스핑거Marguerite Respinger는 바시아를 방문한 후 이렇게 썼다. "어제 저녁 이후로 바시아는 몹시 괴로워했다. 그녀는 곧 죽을 것이다. 나는 파울만 생각하고 있다……." 그날 저녁, 바시아의 병세가 매우 심각해 파울은 밤새도록 그녀 곁을 지켰고, 죽는 순간까지 그녀의 손을 잡고 있었다. 레스핑거 양은 다음 날 아침에 다시 돌아와 조의를 표했다. 그녀는 이렇게 썼다. "이 일은 나에게 무척 인상적이었다. 죽은 사람을 보고 놀라서가 아니라, 어쩌면 그토록 평화로운 표정으로 그곳에 누워 있을 수 있는지 의아했기 때문이다. 어떤 유형의 사람이면 그럴 수 있는 걸까? 아마 선한 사람이겠지."

호흐라이트에서 돌아온 헤르미네는 바시아의 어머니, 에스터 키르헨Esther Kirchen이 바시아가 여전히 살아 있기라도 한 것처럼 죽은 딸의 손을 잡고, 딸에게 한때 그녀가 무척 예뻤고 그렇게 예쁜 마지막 모습을 보지 못해 몹시 슬프다고 다정하게 말하는 모습을 지켜보았다 — 헤르미네에게는 이 광경이 감동적인 동시에 섬뜩하게 느껴졌다. 그녀는 이 일을 파울에게 살짝만 언급했고, 나중에 루트비히에게 애매하게 이렇게 전했다. "파울은 많은 걸 잃었고 자신도 그걸 인정해. 나하고 같은 생각으로 인정하는 건지는 잘 모르겠지만……."

파울은 필요한 모든 준비를 맡았다. 바시아는 이틀 뒤인 1932년 4월 25일 월요일에 빈의 중앙묘지 정문 가까이에 있는 좋은 자리에 묻혔다. 그녀는 아무런 유언도 남기지 않았으며, 1만 4000 오스트리아 실링(평균 월급의 28배에 해당하는 가치)이 그녀의 소유로 기록되었다 — 아마도 파울에게 받은 선물일 것이다. 장례식 후 파울은 비통에 잠긴 모습으로 바시아를 돌봐준 그레틀에게는 화려한 티아라를 선물했고, 그녀의 집 하인들에게는 각각 "매우 근사한 선물"을 주었다. 하지만 그레틀에 대한 파울의 불신은 조금도 사라지지 않았다. 그레틀이 바시아에게 정말 많은 도움을 준 건 사실이지만, 그녀의 개입이 오히려 해로운 결과를 낳았다는 믿음에는 변함이 없었던 것이다. 그들은 서로의 관계를 함께 논의했고, 관계가 결코 나아질 수 없음을 두 사람 모두 인정했다. 헤르미네는 파울과 그레틀의 삶의 태도가 완전히 상반된다는 단순한 사실 말고도, 그들 사이에 숨어 있는 불쾌한 저의들을 감지한 것 같았다. "이곳에서 파울은 잃을 것밖에 없지만 우리는 이곳을 바꿀 수 없다."

✆ 미국 데뷔 무대

바시아가 사망할 무렵, 파울의 신경 ― 원래 결코 튼튼하다고 할 수 없는 ― 은 극도로 팽팽해져 있었고, 그 직접적인 결과로 그의 피아노 연주는 부정확할 뿐만 아니라 공격적이 되어갔다. 그해 말 폴란드 순회 연주회는 평론가들로부터 부정적인 반응을 얻었다. 폴란드 일간지 《바르샤바 가제트 *Warsaw Gazette*》의 평론가 파벨 리텔 Pawel Rytel은 다음과 같이 썼다. "우리는 이 연주자를 존경하지만, 이번 연주의 단점을 강조하지 않을 수 없다." 《바르샤바 쿠리에 *Warsaw Courier*》도 비슷한 내용을 암시했다. "한 손 피아니스트의 연주를 두 손 연주와 같은 견지에서 판단해서는 안 되지만, 그럼에도 불구하고 페달을 과용했다는 점을 지적해야겠다." 《폴스카 즈브로이나 *Polska Zbrojna*》의 평론가는 "확실히 한 손 연주는 두 손 연주를 대신할 수 없다"고 말했고, 잡지 《로보트닉 *Robotnik*》은 다음과 같이 지적했다. "이 작품들이 특별히 그를 위해 작곡된 만큼 파울 비트겐슈타인이 이 곡들을 완전무결하게 연주할 것으로 기대했지만, 무엇보다도 잘못된 페달 사용과 기교의 부족 같은 이유 때문에 전체적인 인상이 좋지 않았다." 평론가들이 그의 연주에 난색을 표했는지 몰라도, 청중들은 그가 얼마나 아무렇게나 연주했는지 신경 쓰지 않는 것 같았다. 폴란드에서 그의 연주는 거칠고 불안하고 부정확했지만, 마치 최면을 일으키는 듯한 무대 장악력이 청중들을 매료시켜 연주회 때마다 커다란 환호를 받았다.

파울은 바시아가 사망한 지 거의 2년이 지나서야 비로소 제 컨디션을 되찾았고, 그러면서 화려한 복귀가 이루어졌다. 1934년 11월에 파울은 보스턴, 뉴욕, 디트로이트, 클리블랜드, 로스앤젤레스, 몬트리올 등지로 미국 순회연주회를 가졌다. 가는 곳마다 폭발적인 언론의 주목과 객석 가득 들어찬 관객과 호평이 그를 맞이했다. 뉴욕의 한 연주회에서는 앙코르를 위해 다섯 차례나 무대 위로 불려 올라갔다. 연주는 비평가와 관객 모두를 놀라게 했다.《뉴욕 헤럴드 트리뷴》의 한 논평은 당시의 많은 논평들을 대표한다.

유명한 한 손의 피아니스트 파울 비트겐슈타인에게 바칠 수 있는 최고의 찬사는 뭐니 뭐니 해도 있는 그대로의 사실을 진술하는 것이리라. 도대체 한 손으로 어떻게 연주를 하는 걸까 의아해하는 처음 몇 분이 지나고 나면, 관객은 연주자의 오른쪽 소매가 빈 채로 옆에 늘어뜨려져 있다는 사실을 까맣게 잊은 채 연주에 몰입하게 되는 것이다. 어느새 관객들은 예술가의 섬세한 프레이징, 놀라운 연주 기법, 그것을 능가하는 뛰어난 해석과 전달 능력에 깊이 빠져들었다.

파울이 무얼 하고 있는 건지, 피아노가 한 손만으로 연주할 만한 건지 감히 물어보는 사람은 거의 없었다. 한 가지 눈에 띄는 예외라면 유명한 영국 비평가, 어니스트 뉴먼Ernest Newman 정도였다. 그는 프롬스Proms(영국 런던에서 매년 여름에 열리는 음악 축제 – 옮긴이)에서 라벨의 협주곡을 들은 뒤, 파울이 — 헤르미네와 그레틀이 자주 말했던 것처럼 — 불가능한 것을 시도하고 있는 건 아닌지 궁금하게 여기며《선데이 타임스》에 다음과 같은 평론을 실었다.

나는 전쟁 중에 한 팔을 잃은 파울 비트겐슈타인에게 무한한 동정을 느끼며, 한 손으로 연주하는 기법을 가능하게 만든 그의 용기에 깊은 존경심을 보낸다. 그럼에도 불구하고 작곡가들이 더 이상 그를 위해 한 손을 위한 협주곡을 작곡하거나, 적어도 그 협주곡들을 우리에게 들려주지 않길 바란다.…… 그런 작업이 제대로 이루어질 리가 없다. 피아니스트의 한계를 고려하느라 작품의 오케스트라 부분이 제한될 뿐만 아니라, 순수한 피아노 부분 역시 임시방편과 속임수로 이루어져 금세 싫증나기 쉽다. 이 협주곡은 빠르게 하락하고 있는 라벨의 평판에 결코 도움이 되지 않을 것이다. 또 다른 관점에서 보면, 비트겐슈타인 씨의 유감스러운 신체장애가 협주곡으로서 이 작품을 구제한 것도 사실인데, 세상 일이 다 그렇듯 한 손으로만 연주를 하면 아무리 연주가 형편없어도 두 손으로 연주해서 형편없을 때에 비해 감안해주는 면이 있기 때문이다.

석 달간의 빡빡한 미국 일정을 소화하고 1935년 2월 2일에 진이 빠진 상태로 빈에 돌아온 파울은 단 일주일 만에 프란츠 슈미트의 새 협주곡을 준비해야 했다. 이 곡은 작곡가의 60세 생일 기념행사의 일부로 무지크페라인 황금홀에서 빈 필하모닉과 초연으로 연주될 예정이었다. 헤르미네는 파울이 그의 방에서 연습하는 소리를 듣고, 이 곡이 별로 흥미를 끌지 않는다고 말했다. "요즘 들을 만한 작품들이 많이 만들어지고 있는 것 같던데, 최근 파울이 정말로 좋은 작품을 의뢰하지 못해 애석하다." 하지만 파울은 견해가 달랐다. "1악장과 2악장은 정말 **훌륭한** 음악이라고 생각해." 그는 친구인 도널드 프랜시스 토비에게 보내는 편지에 이렇게 썼다. 3악장은 약간 가볍다는 생각이 들어, 파울은 작품의 질을 높이기 위해 작곡가의 허락하에 몇 군데 수정을 했다. 연주회는 엄청난 성공을 거두었다—아마 그의 경력을 통틀어 가장 크게 성공한 연주회였을 것이다. 슈미트는 그의 위대한 걸작인 교향곡 4번의 초연을 비롯해 자신의 작품으로만 구성된 프로그램의 지휘를 맡았고, 열네 개 독일어권 신문들은 이 연주회와 영감을 불러일으키는 파울의 연주에 대한 호평을 실었다. 라벨의 협주곡, 미국 순회연주, 그리고 극찬을 받은 이번 연주의 성공으로, 파울은 수차례의 좌절에도 불구하고 또 한 번 최고의 자리에 올랐다. 그리고 이 모든 성공과 동시에 그의 사생활은 이제 곧 또 한 번 커다란 위기에 놓이게 되었다.

ॐ 더 복잡한 일들

마흔일곱 살의 파울이 1934년 10월 24일, 프랑스 셰르부르 Cherbourg에서 뉴욕행 '머제스틱Majestic' 호에 오를 때 미처 알지 못한 사실이 있었으니, 검은 머리에 앞이 잘 보이지 않으며 베토벤의 열렬한 추종자이자 그의 피아노 제자인 매력적인 한 여자가 그의 아이를 임신한 것이다.

힐데Hilde는 아마추어 피아니스트이자 치터zither(독일, 오스트리아, 스위스 등지에서 널리 쓰이는 현악기 – 옮긴이) 연주자이며, 좌파 로마 가톨릭 신자인 프란츠 샤니아Franz Schania의 딸이었다. 프란츠 샤니아는 처음엔 빈 근처 슈베하트Schwechat의 대규모 맥주공장에서 일하다가, 이후 빈의 시내를 오가는 '빈 시립 도시전차'에서 위생 검사관으로 근무했다. 그는 작은 부서의 책임자였을 수도 있고 아니었을 수도 있는데, 어쨌든 파울의 가족들은 그를 미천한 버스 차장에 불과하다며 자기들의 신분에 어울리지 않는다고 여겼다. 나중에 지스톤버러는 그에 대해 "전차 검표원 — 아주아주 보잘것없는 사람"이라고 묘사했다. 제1차 세계대전 때 이존초Isonzo강 전투에서 대포와 암벽 사이에서 꼼짝 못하고 끼어 있었던 샤니아 씨는 전쟁 후 헌신적인 사회주의자가 되었으며 심각한 우울증을 앓았다. 벌목 공장 비서였던 그의 아내 슈테파니Stefanie 역시 우울증을 앓았다. 그녀는 1933년에 남편과 별거하고 1936년 1월에 목숨을 끊었다고 한다. 힐데는 언니인 캐테Käthe와 함께 처음에는 빈의 라너스도르프 Rannersdorf에서, 이후에는 '붉은 빈'이라는 사회주의 프로젝트의 일환인 주거 정책에 의해 15지구 가이슐라거가세Geyschlagergasse에 마련된 공공 임대 아파트에서 성장했다.

힐데는 다섯 살에 홍역과 디프테리아를 앓고 난 뒤 시신경에 손상을 입었는데, 시력이 약해지기 시작하더니 계속해서 악화되다가 마침내 완전히 눈이 멀게 되었다. 파울이 처음 힐데를 만났을 때 그녀는 부분적으로 밖에 앞이 보이지 않았지만, 장애를 숨기는 데 아주 능숙했기 때문에 파울은 그녀의 문제를 전혀 눈치채지 못했다. 힐데는 말년에 시력이 심각하게 약해졌을 때에도 여전히 사람들 눈을 똑바로 쳐다보았고, 자신 있게 피아노를 연주했으며, 물건에 부딪치지 않고 집안을 성큼성큼 걸어 다녔다. 손님들은 그녀가 앞이 보이지 않는다는 사실을 종종 눈치채지 못했다. 물론 그녀가 허세를 부린다고 생각하는 사람들도 있었다. 시력이 나쁘다 보니 크고 검은 눈동자로 사람들의 얼굴을 빤히 쳐다보아야 했는데, 한 세대 전에 말러, 쳄린스키, 클림트, 코코슈카, 베르펠, 그로피우스가 경미한 청각 장애 때문에 남자들이 이야기할 때 입술을 빤히 응시해야 했던 '빈에서 가장 사랑스러운 아가씨' 알마 쉰들러의 매력에 푹 빠졌던 것처럼, 남자들은 힐데의 이런 모습에 매력을 느꼈다.

힐데는 1934년 가을에 뉴 빈 예술학교New Vienna Conservatoire에 피아노과 학생으로 입학했다. 파울은 1929년 6월에 루트비히의 친구 루돌프 코더와 스승과 제자로 성공적인 관계를 유지한 이후 실력 있는 제자를 가르치길 오랫동안 간절히 바라왔다. 그는 연주 일정으로 스트레스가 심했고, 신경을 제대로 통제하기가 도저히 힘들었다. 게다가 느긋하게 쉬는 데 서툴렀기 때문에 연습과 연주 사이의 빈 시간을 메우기 위해 뭔가 부수적인 일이 필요했다. 그래서 1932년부터 《노이에스 비너 저널Neues Wiener Journal》의 객원 음악평론가로 보수 없이 일하게 되었다. 그의 평론들이 워낙 과격해서 이따금 편집장 선에서 통제되어야 했지만, 원고료를 청구하지 않는다는 점에서 그는 매력적인 피고용인이었다.

파울은 평론가들을 경멸하는 척 가장했지만 레셰티츠키와 라보를 향한 존경심으로 '위대한 스승들'을 '위대한 연주자들'과 동일한 위치에 놓았으며, 루돌프 코더와의 경험으로 개인적인 제자를 여러 명 둘 용기를 얻었다. 1930년 10월에 파울은 프란츠 슈미트의 지지를 받아 음악대학Hochschule für Musik의 무급직에 지원했다. 그러나 에리히 코른골트가 그에게 교수직에 정식으로 지원하라고 권했다.

저는 전쟁 중에 오른팔을 잃었으며, 왼손의 피아니스트로서 오로지 혼자서 훈련에 매진해야 했습니다. 그리고 이렇게 해서 갖추어진 능력 덕분에 수년에 걸쳐 국내외에서 연주회를 열 수 있었습니다. 어느 부분에서는 레셰티츠키에게 가르침을 받은 표준적인 피아노 기법을 수정해야 했지만, 그럼에도 불구하고 저는 두 손으로 연주하는 학생들을 훌륭하게 가르칠 수 있다고 믿습니다…….

그러나 프란츠 슈미트는 파울에게, 이미 피아노 교사가 충분히 확보되어 있어 그의 요청이 받아들여지기 어려울 것 같다고 예고했다. 몇 분간 진행된 교수 위원회 회의 내용은 다음과 같이 기록되었다. "궁정고문관 마르크스 박사Dr Marx와 마이레커Mairecker 교수, 두 사람이 비트겐슈타인의 뛰어난 음악적 재능(이에 대해서는 총장도 동의)과 익히 입증된 교수 능력에 대해 언급한 반면, 그 외의 사람들은 거의 병적이라고 할 만한 그의 신경질적인 성격을 경고했다."

예상대로 파울은 거절당했지만, 1년 뒤에 사설 음악 교습 기관인 뉴 빈 예술학교에서 무급 피아노 교수직을 맡게 되었다. 이곳은 히멜포르트가세Himmelpfortgasse에 있는 무지크페라인의 유명한 빈 음악 동호회, 게젤샤프트 데어 무지크프로인데Gesellschaft der Musikfreunde로부터 교습실 몇 개를 임대해 마련되었다. 사람들 말에 따르면 파울은 특이한 교사였다. 그는 학생들에게 방학을 허용하려 하지 않았고, 예술학교의 문이 닫히면 궁전이나 여름에는 노이발데크에 있는 자기 집에서 수업을 개설하고 이 수업에 참석하도록 했다. "나는 가르치는 일이 아주 좋습니다." 파울은 이렇게 말했다. "재능 있는 학생들과 함께 일하고 있노라면 최고의 행복을 느끼지요." 그는 루트비히처럼 학생의 머리카락을 잡아당기거나 따귀를 때리지는 않았지만 종종 욱하고 성질을 부렸다. 학생들이 피아노를 틀리게 치면 연주하고 있는 중에도 건반에서 그들의 손을 치우고, 악보를 던지거나 찢었으며, 무엇보다 한 번 지적한 부분에 대해 실수를 반복하는 걸 답답하게 여겼다.

〔한 학생은 이렇게 기억했다〕 우리가 레슨을 받는 동안 그리고 피아노를 연주하는 동안, 교수님은 항상 넓은 홀 주변을 왔다갔다 서성거리고 있었다. 꿈처럼 아름다운 여름 별장 노이발데크 궁전에서, 교수님은 주변 빈 숲Wiener Wald에서 곧바로 걸어 나왔다 이내 사라지곤 했다. 교수님이 사라지면 우리의 피아노 소리를 듣지 못할 거라고 생각할지 모르지만, 우리가 아주 약간만 주의를 게을리해도 교수님은 신발에 진흙을 묻힌 채 천둥과 번개처럼 득달같이 달려올 것이다. 교수님은 더러운 신발 따위는 걱정도 하지 않았을 뿐더러 신발이 더러운지 알지도 못했다.

학생들은 정확한 피아노 운지법을 연습하는 데 대부분의 시간을 보냈을 테고, 파울이 눈을 감고 생각에 잠긴 채 잘린 팔을 씰룩거리는 동안 얌전하게 앉아 있어야 했을 것이다. 파울은 여전히 오른손 손가락을 느낄 수 있었기 때문에, 손가락이 건반 위를 움직이는 걸 상상하면서 최고의 운지법을 생각해낼 수 있었다. 새로운 곡을 선택할 때는 학생들에게 악보를 보고 바로 베이스 멜로디를 연주하라고 요구했는데, 그동안 파울은 자신의 왼손으로 오른손 파트를 연주했고, 그런 다음 반대로 다시 한 번 연주했다. 아마 그가 힐데 샤니아를 유혹한 것도 이런 식으로 연습하는 동안 이루어졌을 것이다. 나중에 힐데는, 레슨을 받을 때 헤르미네가 몇 번 참관인 자격으로 조용히 곁에 앉아 있었지만 항상 그곳에 와 있을 수는 없었다고 기억했다.

2년 전 바시아를 낙태시키려 한 그레틀의 개입이 트라우마로 남은 파울은 이번에는 낙태를 시키지 않기로 결심을 굳혔고, 마침내 아기가 태어났지만 누나들과 동생은 이 일에 대해 전혀 알지 못했다. 힐데는 터키 광장Türkenschanzplatz이 내려다보이는 게르스트호퍼슈트라세Gersthoferstrasse에 위치한 작은 주택의 한 층으로 이사했다. 이 집은 힐데의 아버지 이름으로 등록되어 있지만, 파울이 임대료를 냈고 힐데가 마음대로 부릴 수 있는 가정부를 두었다. 1935년 5월 24일, 딸 엘리자베트Elizabeth가 태어났다 — 아마도 이 이름은 1898년 9월 제네바 호수에서 증기선에 탑승할 때 무정부주의자에게 칼에 찔려 죽음을 당한 황후 시시Sisi의 이름을 본 딴 것으로 짐작된다. 힐데의 공식적인 첫 피아노 레슨부터 둘이 비공식적인 연인으로 성관계를 맺기까지의 기간은 짧았을 것으로 추정된다. 힐데가 1934년 가을에 예술학교의 학생으로 입학했고 1935년 5월 말에 아기를 출산했으므로, 엘리자베트의 임신은 파울과 첫 번째 레슨 후 곧바로 이루어진 것이 틀림없다.

힐데와 새로 태어난 아기는 철저하게 비밀에 부쳐졌다. 비트겐슈타인 집안 하인들만 이 사실을 알았는데, 그들은 비밀을 지키도록 잘 훈련되어 있었다. 파울의 운전기사는 거의 매일 저녁 게르스트호퍼슈트라세에 있는 힐데의 저택을 차로 오갔다. 기사는 파울에게 묻지 않아도 어디로 가야 할지 알고 있었다. 엘리자베트를 출산하고 한 달 후에 힐데는 파울의 학생들로 이루어진 예술학교 연주회에서 베토벤 소나타를 연주했지만, 그 후로는 수업뿐 아니라 대중 앞에서 연주하려던 포부까지 포기한 것 같았다. 그로부터 2년이 채 안 된 1937년 3월 10일, 그들의 비밀이 여전히 지켜진 상태에서 힐데는 둘째 딸 요하나를 출산했다.

힐데의 아버지는 이 상황이 달갑지 않았다. 조용하고 내성적인 프란츠 샤니아는 이 소식을 듣고 짜증으로 속이 부글거렸고 기분이 몹시 언짢았다. 파울보다 세 살 반이 어린 그는 파울이 몹시 싫었다. 파울이 자기 딸을 유혹해 임신까지 시켜놓고 결혼은 하려 하지 않는 데다, 나중에는 빈의 고급 저택을 사줄 형편도 못되었기 때문에 파울을 절대로 용서할 수가 없었다. 그는 파울을 언급할 때면 경멸하듯 '백작 선생Herr Graf'이라는 호칭을 붙였다. 파울 역시 힐데 가족들과의 접촉을 피했다.

༄ 불안한 정세

남자든 여자든 루트비히를 본 사람이라면 그의 철학을 이해하지 못하겠다는 불만이 스르르 꼬리를 내리곤 했다. 마르가는 파울과 함께 궁전의 본관과 독신자 숙소를 분리하는 계단을 걸어 올라가면서 처음으로 루트비히를 보았다. 이때 루트비히는 기름이 잔뜩 묻어 반질반질한 작업복을 입고 긴 양말 속에 클라리넷을 집어넣은 모습이었지만, 마르가는 "그리스 신과 같은 목선— 생기 넘치는 혈색 —, 불꽃처럼 타오르는 듯한 금발, 깊고 푸른 눈동자 속에 비친 매우 진지한 눈빛을 지닌 굉장히 잘생긴 사람"으로 오랫동안 기억했다. 이런 묘사는 철학을 공부하는 학생이며, 약간 동성애적 성향이 있고, 후에 저명한 불교 사상가가 된 존 니마이어 핀들레이John Niemeyer Findlay가 남긴 글과도 관련이 있다.

마흔 살의 그는 신적인 아름다움을 가진 스무 살의 젊은이처럼 보였다. 케임브리지에서 그는 항상 중요한 인물이었다. …… 그는 조각상에서 빠져나와 생명 속에 묶인 아폴로처럼, 또는 어쩌면 금발에 푸른 눈을 가진 노르웨이의 신 발두르(태양의 신으로 잘생기고 현명하고 상냥했다 - 옮긴이)처럼 보였다. …… 뭔가 철학적으로 성스러운, 비범한 공기가 그를 둘러싸고 있었다. 그것은 또한 매우 비인격적인 것, 거리감이 느껴지는 것이었다. 그는 철학의 태양이었다. …… 그와 함께 마셨던 차는 꿀맛이 났다.

1933년부터 1935년까지 루트비히는 자신의 케임브리지 학생들에게 그의 철학책 두 권을 받아 적게 했다—예언자 마호메트가 메디나Medina에서 코란을 선포할 때처럼 긴장된 표정으로 땀을 뻘뻘 흘리면서 말을 더듬거리며. 이 책은 《청색 책》과 《갈색 책》으로 알려지게 되었는데, 루트비히 스스로 인정했던 것처럼 "그들이 이 책을 이해하기는 매우 힘들었을 것이다." 케임브리지의 작지만 열정적인 제자들 모임에서 루트비히는 신이었다. 그들이 루트비히를 이해하지 못하는 건 별로 문제가 되지 않았는데, 그들에게 중요한 건 루트비히라는 존재와 가까이 있는 것, 그의 핵심 집단의 구성원이 되는 것, 그의 사상이 전개되는 현장을 목격하는 것이었다. 그의 강의는 선택된 학생들만 참여할 수 있는 그들만의 행사였고, 그들 사이에서 유포된 《청색 책》과 《갈색 책》은 로마 쇠퇴기에 고대 기독교인들이 토가 밑에 감추어두고 몰래 유포시킨 종말 복음서처럼 신비한 매력으로 가득 찬 경외로운 것으로 간주되었다.

파울은 루트비히가 케임브리지 철학자들 사이에서 그리스도 같은 위상에 있는 줄도, 당시에 그가 스물세 살이나 어린 프랜시스 스키너와 얼마간 동거했다는 사실도 알지 못했던 것 같은데, 어느 경우든 개의치 않았을 것이다. 파울은 까다롭지 않았다. 두 형제는 아주 가끔 만났고, 만나면 사이좋게 잘 지냈다. 이 시기 동안 그들이 주고받은 편지에는 이렇다 할 내용이 없다. 그들은 신문에서 재미있다고 생각되는 글이나 사진, 기사들을 서로에게 보냈다. 파울은 루트비히에게 영국에서 구할 수 없는 빈의 지역음식을 보내기도 했고, 한번은 타락한 작곡가 막스 오버라이트너Max Oberleithner의 아내로부터 받은 편지를 보내기도 했다. 당시 그녀는 음악가의 요리책을 편집하고 있어서, 파울에게 좋아하는 요리법을 기고해달라고 부탁하는 편지를 보냈었다. 파울은 자신이 가장 좋아하는 음식은 후추를 잔뜩 뿌린 스크램블드에그라는 걸 솔직하게 말하고 싶지 않았지만, 루트비히는 파울 편에 재미있는 답장의 초고를 보냈다.("루트비히 비트겐슈타인 박사가 부인께 안부를 전합니다") 루트비히는 "철학은 음악이 아니고 음악 또한 철학이 아니므로" 그녀의 전집에 철학자로서 자신이 기고를 좀 해도 괜찮겠느냐고 물은 뒤 이렇게 덧붙였다. "제가 가장 좋아하는 음식은 마요네즈에 찍어먹는 토마토입니다만…… 혹시라도 부인의 작은 책에 제 요리법을 포함시키는 영광을 주신다면, 피아니스트 파울 비트겐슈타인과 헷갈리고 싶지 않으니 부디 제 성과 이름을 완벽하게 기재해주시기 바랍니다. 그는 마땅히 당신의 판테온에 포함될 만한 인물이지만 저는 그와 아무런 관련이 없는 사람이니까요."

두 형제는 정치와 철학 모두에서 의견이 전혀 달랐기 때문에 이 두 가지 주제에 대해서는 절대로 논하지 않기로 암묵적으로 합의를 보았고, 덕분에 관계를 원만하게 유지할 수 있었다. 쇼펜하우어의 열렬한 팬인 파울은 루트비히의 언어철학 분야를 완전히 허튼소리로 간주했으며, 당시 오스트리아인들이 모두 극우파 아니면 극좌파로 나뉜 것처럼 파울과 루트비히도 정치 영역의 양극단에 서 있었다.

루트비히의 케임브리지 학생들 가운데에는 그를 스탈린주의자라고 믿는 사람들도 있었다. 루트비히는 스탈린주의 시대의 러시아에 대해 이렇게 말했다. "중요한 것은 사람들에게 **일**이 있다는 것이다. …… 독재는 나를 분노하게 만들지 않는다." 그는 1933년에 러시아어 수업을 듣기 시작했고, 2년 안에 프랜시스 스키너와 함께 소련에서 살고 싶다고 결심했다. 그가 케임브리지에서 소련 스파이 모집책으로 활동하지 않았을까 하는 의문이 제기되고 있다. 결정적인 증거는 없으나 공산주의자와 공산당 첩보원으로 알려진 많은 사람들과 가까이 접촉한 사실로 미루어 오랫동안 의심스럽게 여겨지고 있기는 하다. 1935년에 루트비히의 친구들은 루트비히가 런던 주재 소련 대사관에서 소련 대사 이반 마이스키Ivan Maisky를 만날 수 있도록 주선했으며, 이 자리에서 그는 대사를 설득해 러시아 비자를 발급받을 수 있었다. 루트비히는 9월부터 3주 동안 소련을 방문하면서 집단 농장의 노동자로 일자리를 구해보려 했지만, 한 소식통에 따르면 "러시아 사람들이 그가 지금 하고 있는 일이야말로 유용한 공헌이 되고 있다고 말해, 그는 케임브리지로 돌아가야 했다." 루트비히는 돌아오자마자 이렇게 보고했다. "누구나 그곳에서 살 수 있다. 다만 자신의 생각을 절대로 터놓고 말할 수 없다는 걸 시종일관 자각하는 경우에 한해서." 하지만 이번 일만으로 포기할 그가 아니었다. "나는 마음으로는 공산주의자야." 그는 친구인 롤런드 허트Roland Hutt에게 이렇게 말했고, 소련으로 이주하겠다는 생각을 몇 년 동안 버리지 못했다.

반면 파울의 정치적 견해는 다분히 우파적이었다. 그는 젊고 패기 넘치는 귀족, 에른스트 뤼디거 폰 슈타렘베르크Ernst Rüdiger von Starhemberg가 오스트리아 파시스트를 중심으로 조직한 군대인 하임베어Heimwehr, 즉 향토방위군을 지지했으며, 하임베어 독재 정권을 위한 군사작전에 은밀히 자금을 댔다. 또한 1934년 2월, '붉은 반란Rote Aufstand' 이후 애국심 많은 오스트리아 국민에게 폰 슈타렘베르크 대공을 지지하도록 촉구하기 위해, 빈 전역에 대형 벽보 게시판을 설치하고 신문에 광고를 게재한 후 대금을 지급했으며, 폰 슈타렘베르크 대공의 예비군 사령관인 카르크-베벤부르크Karg-Bebenburg 대남작을 위해 요양원 비용을 지불하기도 했다.

1920년대 중반에 1:10,000의 비율로 크로네가 실링으로 대체되면서 오스트리아 경제는 활기를 되찾았지만 실업률은 여전히 높았고, 여러 사설 군대에 의해 끊임없이 위협을 당하느라 정치 분위기 역시 여전히 극도로 불안했다. 왼쪽에는 사회민주당이 움직이는 공화주의 방위동맹Republikanische Schutzbund이, 오른쪽에는 나중에 결국 향토방위군과 통합한 최전선 참전군Frontkämpfer이 있었다. 서로 대립하는 이들 불법 무장단체 외에도, 오스트리아와 독일을 아돌프 히틀러 치하의 범독일 반유대주의 제국으로 통합시킬 목적으로 급속히 성장하는, 갈색 셔츠의 나치 파시스트들로 이루어진 불법 군대와, 노동자들 사이에서 공산주의 혁명을 선동하려는 마르크스주의자들이 주축이 된 여러 무장 단체들이 있었다.

이 대항군들 간에는 격렬한 충돌이 불가피했고 그만큼 충돌도 잦았다. 1927년 1월, 부르겐란트의 샤텐도르프Schattendorf라는 마을에서 공화주의 방위동맹과 최전선 참전군 사이에서 벌어진 싸움으로 성인 남자 한 명과 아이 한 명이 총에 맞아 사망했다. 이 사고에 책임이 있는 최전선 참전군 불법 무장 군인들이 법원에서 무죄를 선고받고 풀려나자 분노한 좌익 시위대들이 가두시위에 나섰다. 이 일로 링슈트라세에서 89명이 사망하고 600명이 부상을 입었으며, 법무부 건물은 불에 타버렸다. 이런 일들이 일어나는 동안 오스트리아 별장에서 지내던 스톤버러 부부는 북쪽에서 몇 마일 떨어진 슈타이어러 뮐Steyrermühl의 붉은 마을과 남쪽의 에벤제Ebensee가 "협공을 받아" 그문덴이 무력으로 빼앗기지 않을까 걱정하고 있었다.

1932년 5월에 체격은 왜소하지만 '작은 메테르니히Milli-metternich'라고 불릴 만큼 카리스마가 강한 우익 정치인 엥겔베르트 돌푸스Engelbert Dollfuss가 오스트리아의 수상이 되어, 싸움이 끊이지 않는 연립 정부를 이끌게 되었다. 그의 목적은 한편으로는 히틀러의 국가사회주의 운동의 위협을, 다른 한편으로는 마르크스주의자들의 선동을 억제하는 동시에, 오스트리아를 대공황의 늪에서 꺼내 번영시키는 것이었다. 8개월 후, 히틀러는 민주적인 선거에 의해 독일 총리로 당선되었다. 이 베를린 총통의 주된 목표가 오스트리아를 독일에 통합시키려는 것임을 잘 알고 있던 돌푸스 수상은 즉시 비상사태를 선포했다. 그리고 자신의 오스트리아 파시즘 독재 통치를 위해 법령에 따라 오스트리아 의회 기능을 중단시켰다. 그레틀은 아들 토마스에게 보내는 편지에서, 민주국가에서 독재국가로의 이행은 아무런 고통 없이 이루어졌다고 말했으며, 당시 빈에 빠르게 퍼지고 있던 돌푸스에 대한 농담을 전했다. "돌푸스는 사고를 당했단다. 딸기를 따다가 사다리에서 떨어졌지 뭐니." 곧이어 돌푸스는 신분제국가Ständestaat를 세우고, 국가사회주의와 공산당은 물론이고 자신의 몸집에 대한 모든 농담을 법으로 금했다.

1934년 2월에 폰 슈타렘베르크 대공의 사설 예비군이 돌푸스 정부를 도와, 당시 금지된 사회주의자 방위동맹의 남은 흔적들을 진압했다. 12일에 린츠의 사회주의자 구역에서 강제 검문이 실시되자 좌익과 우익의 불법 무장군인들 사이에서 격렬한 충돌이 일었고, 이 충돌은 빈, 그라츠, 유덴부르크 등 기타 도시로 빠르게 번졌다. 수도 내에서는 무장한 방위동맹군들이 도시의 공영주택단지 Gemeindebauten 몇 곳에 바리케이트를 쳤는데, 이 가운데 가장 유명한 주택단지이며, 프롤레타리아트의 링슈트라세라는 별명이 붙은 반마일(0.8km) 길이의 카를 마르크스 호프Karl Marx Hof가 엄청난 포격을 맞았다. 사회주의자들은 크게 패했지만, 우파에 속하는 많은 사람들은 며칠 동안 많은 생명을 앗아간 이번 전투를 경험하며 여전히 공산당의 폭동 위협을 불안하게 여겼다. 비트겐슈타인 집안의 사무집사인 안톤 그롤러Anton Groller는 사회주의가 집권할 경우에 대비해 가산을 지키기 위해 리히텐슈타인Liechtenstein(스위스와 오스트리아 사이에 있는 입헌군주제 국가 – 옮긴이) 시민권을 취득하라고 권했지만, 파울은 자신이 "마음과 영혼을 다 하는 오스트리아인"이라며 이 제안을 거부했고, 순전히 재정적인 이유로 시민권을 바꾸는 사람들을 아주 나쁘게 생각했다. 매제이자 헬레네의 남편이며 해외 자금 신탁 관리자인 막스 잘처는 리히텐슈타인 시민권을 취득할 경우 호흐라이트의 사냥철을 즐기지 못할까 봐 우려했다. 따라서 그롤러 씨의 아이디어는 완강하게 거부되었다.

반란이 일어난 첫날, 파울은 시내 다른 곳에 소동이 일어나고 있는 줄은 꿈에도 모른 채 빈의 중심가에서 쇼핑을 하고 있었다. 그러나 빈 자원 구조대Wiener Freiwilligen Rettungsgesellschaft에 소속되어 앰뷸런스에 환자를 수송하는 일을 담당하던 스물두 살의 조카, 지 스톤버러는 선동자들이 플로리츠도르프Floridsdorfer 다리에서 피를 흘리는 모습을 보며 무척 가슴 아파했다. 이 시기의 수고로 에른스트 폰 슈타렘베르크 대공은 그의 가슴에 직접 훈장을 달아주었다.

슈타렘베르크는 젊은 남자로서 하임베어에 합류했으며, 1920년 대에 히틀러의 국가사회주의 운동에 가입했고, 1923년 11월에 실패로 끝난 맥주홀 폭동 사건Beer Hall Putsch에 가담했으나, 곧이어 나치에 불만을 품고 오스트리아로 돌아왔다. 1930년에 하임베어의 지도자가 되어 재산 대부분(18개 소유지에서 나온)을 이곳에 쏟아부었고 그로 인해 곧 파산하였으나, 파울, 프리츠 만들Fritz Mandl(무기 거래상), 베니토 무솔리니Benito Mussolini(이탈리아 독재자), 그 밖에 오스트리아 부호들의 기부를 받아 2만 명의 남자들로 이루어진 하임베어를 계속해서 통솔하는 등, 마치 자신의 사설 군대처럼 관리했다. 슈타렘베르크는 대체로 히틀러에 반대하는 정치적 견해를 피력했다. "오스트리아의 파시즘은 하임베어 외에 그 무엇도 대신하지 않는다. 따라서 오스트리아에서 국가사회주의 독일 노동자당Nazi party은 더 이상 불필요하다."

1933년에 슈타렘베르크는 돌푸스의 소위 기독민주당Christian Democrat Party 병력과 손잡고 조국전선Vaterländische Front을 형성했다. 그의 정치 집회, 반마르크스주의식 미사여구, **프런트 하일**Front heil! 경례 구호, 붉은색 바탕 위 흰색 원 안에 그려진 목발 십자가Kruckenkreuz 상징 등은 히틀러의 국가사회주의와 많은 공통점을 보여준다. 돌푸스당과 히틀러당은 둘 다 파시스트이며 반민주주의지만, 두 지도자는 여전히 서로에게 격렬하게 적대적이었다. 히틀러는 슈타렘베르크를 '반역자'라고 불렀고, 대공은 히틀러를 '갈색 폭도를 이끄는 거짓말쟁이'라고 불렀다. 슈타렘베르크 군대에서 축출된 반유대주의자들은 합스부르크 군주국의 복원을 꿈꾸며 오스트리아 독립을 위해 힘쓰는 오스트리아 애국자들(재향군인들, 참전용사들, 귀족들, 가톨릭 신자들)의 핵심적인 지원을 받는 하임베어를 떠나, 서서히 국가사회주의자들과 합류하는 것이 일반적이었다.

〔폰 슈타렘베르크 대공은 한 연설에서 이렇게 말했다〕 우리는 독일 나치당과 많은 공통점을 지니고 있습니다. 그들과 마찬가지로 우리도 민주주의의 적이며, 경제 재건에 관해서도 많은 부분에서

그들과 의견이 같지만, 하임베어 소속으로서 우리는 오스트리아의 독립과 가톨릭교회의 지지를 옹호합니다. 우리는 다소 이교도적인 독일 민족종교를 향한 그들의 계획에 반대하듯, 나치 당원들의 과장된 인종주의 이론들에 반대합니다.

1934년 2월에 슈타렘베르크와 돌푸스는 마르크스 사회주의자로 이루어진 핵심 저항세력을 진압함으로써, 정부를 불안하게 만들기 위해 은밀히 무장을 갖추고 오스트리아 나치 당원들에게 자금을 대온 히틀러의 위협을 막는 데 집중할 수 있었다. 최근 몇 개월 동안 그들은 도시의 건물, 철도 선로, 발전소 등을 다이너마이트로 파괴했고, 여러 암살과 린치 사건에도 책임이 있었다. 헤르미네는 사회주의 반란이 일어난 지 며칠 후 루트비히에게 이렇게 편지를 썼다. "미래가 어떻게 될지 누가 알 수 있겠니? 우리는 사실상 하나의 적대적인 당을 잠재웠지만, 나머지 다른 당 — 국가사회주의당 — 은 그 어느 당보다 더 잔인하고 적대적이야. 이 당을 어떻게 해야 할까? 승패를 결정짓는 싸움이 과연 좋게 끝날 수 있을까?"

7월 25일에 히틀러는 바이로이트 페스티벌Bayreuth Festival(독일 바이에른의 바이로이트에서 매년 7~8월에 리하르트 바그너의 오페라를 공연하는 음악 축제 - 옮긴이)에서 열리는 바그너의 '라인의 황금Rheingold' 공연에 그의 친구이자 이 작곡가의 손녀인 프리델린트Friedelind와 함께 참석했다. 공연 후 그의 참모 한 명이 그에게 엥겔베르트 돌푸스를 암살하기 위한 오스트리아 나치당의 음모가 성공했다는 소식을 전했다. 이 왜소한 오스트리아 수상은 그날 저녁 오스트리아 군복을 입고 연방수상실에 잠입한 나치 폭도들이 2피트 거리에서 쏜 총을 목에 맞았고, 그곳에 혼자 남아 서서히 피를 흘리며 죽어갔다. 프리델린트 바그너에 따르면, 히틀러는 오페라 때문에 이미 한껏 흥분된 상태였는데 이 소식을 접하자 "얼굴에서 기쁨을 지울 수가 없었다."

하지만 빈에 국가사회주의 정부를 세우겠노라는 쿠데타 음모가 실패로 돌아가자 히틀러는 심하게 분통을 터뜨렸다. 한편 오스트리아 정부군은 재빨리 연방수사실 건물의 통제력을 되찾았고, 공모자들 가운데 일부는 사형에 처했으며, 쿠르트 폰 슈슈니크Kurt von Schuschnigg라는 맹한 변호사가 재빨리 신임 수상으로 취임했다. 그러나 오스트리아를 독일과 통합시키려는 히틀러의 야심은 결코 끝나지 않았다. 4년 동안 그는 슈슈니크를 쥐락펴락하며 호시탐탐 기회를 엿보았고, 마침내 1938년 봄, 슈슈니크가 불명예스럽게 패배를 인정함으로써 둘의 실랑이는 막을 내렸다. 2월 12일에 히틀러는 독일 국경지대 높은 곳, 베르히테스가덴Berchtesgaden에 위치하여 오스트리아 시골 전역의 웅장한 경치들이 한눈에 들어오는 자신의 산장, 베르크호프Berghof에 슈슈니크를 초대했다. 슈슈니크는 국경지역에 도착할 무렵, 히틀러가 자신의 육군 장교 몇몇을 모임에 초대했다는 정보를 접했다. 나중에 생각해보면, 슈슈니크는 계속해서 초대를 거부하거나, 최소한 오스트리아 장교들도 참석해야 한다고 고집을 부렸어야 했지만, 그는 아무런 태도도 취하지 않았다. 곧이어 긴장된 언쟁이 오가는 동안 슈슈니크는 히틀러에게 모욕과 위협과 굴욕을 당하다, 결국 여러 가지 조항들 가운데 오스트리아 수상이 참모총장을 해고할 것과, 명명된 일부 나치 당원을 요직에 배치하기 위해 내각 구조를 변경할 것이 명기된 합의서에 서명해야 했다. 히틀러는 특별히 오스트리아의 나치 당원 아르투어 자이스-잉크바르트Arthur Seyss-Inquart를 국내 안보를 담당하는 내무장관으로 임명하도록 요구했다.

전면전이 두려웠던 슈슈니크는 히틀러의 제안에 굴복했다. 그는 이제 새 꼭두각시 정부를 거의 통제하지 못했고, 입지는 매우 약해졌다. 그는 국민에게 기대는 수밖에 없었다. 3월 13일에 오스트리아 독립에 대한 찬반을 가르는 국민 투표 준비가 모두 마무리되었다. 24세 미만의 국민들은 독일과의 합병을 원할 거라는 이유로 투표 참여에서 제외되었다. 히틀러는 부당하다고 외치며 오스트리아 국경에 군대를 급파했고, 슈슈니크에게 즉시 국민 투표를 취소하고 오스트리아 국가사회주의당에 권력을 완전히 이양하라고 요구하는 최후통첩을 보냈다. 그날 저녁 슈슈니크는 사임을 했고, 이어지는 혼란 속에서 나치 소속 당원 일부가 내무부를 장악해 경찰을 통제했다. 오스트리아의 대통령 빌헬름 미클라스Wilhelm Miklas만이 자이스-잉크바르트를 오스트리아 수상으로 임명하라는 히틀러의 요구에 반대하고 나섰다. 결과를 초조하게 기다리던 독일은 오스트리아 정부가 독일의 군사 지원을 요청한다는 요지의 허위 전보문을 발표했고, 그에 따라 히틀러는 — 도덕적 책임을 주장하면서 — 자신의 병력을 오스트리아로 진입시키겠다는 명령에 서명했다. 미클라스 대통령은 이제 게임이 끝났다는 걸 깨닫고, 자이스-잉크바르트를 수상으로 임명하라는 지시에 서명했다.

이런 일들이 벌어지는 동안 그레틀 스톤버러는 가정부 엘리자베트 파우스텐하머Elizabeth Faustenhammer와 뉴욕행 증기선 맨해튼Manhattan호에 올라 대서양 바다의 흔들리는 파도에 몸을 맡기고 있었다. 당시 그레틀의 상황은 결코 순조롭지 못했다. 그녀는 과거만큼 풍족하지 못하다는 생각에 자신의 미술 소장품 판매를 절실하게 원했다. 뉴욕으로 떠나기 전, 그레틀은 대부분의 소장품을 상자에 넣고 밀봉한 다음 선적을 대기하는 창고에 보낼 준비를 마쳤다. 문화유산국에서는 그레틀에게 수출 허가를 내주었으며, 그녀가 뉴욕으로 가는 목적은 그림이 도착하자마자 판매할 수 있도록 준비하기 위한 것으로 되어 있었다. 3월 18일, 그레틀의 배가 항구에 도착했을 때 그녀가 태어난 나라는 더 이상 존재하지 않았다—이제는 오스트리아가 아니라 독일제국의 한 지방, 오스트마르크Ostmark가 된 것이다. 그레틀은 배에 있는 동안엔 아직 히틀러의 합병에 대한 소문을 접하지 못했다 하더라도, 도착하는 날엔 틀림없이 이에 관한 모든 신문 기사를 읽었을 것이다. 그날 《뉴욕타임스》 1면 머리기사 제목은 '독일 병력, 오스트리아로 쇄도하다'였다. 제목 아래에는 독일 육군 원수 헤르만 괴링Hermann Göring의 연설 발췌문이 포함된 긴 기사가 이어졌다. "위대한 독일제국이 일어섰다. 7500만 독일인은 만자卍字 십자가의 깃발 아래 단결했다. 수천 년 동안 꿈꾸던 전체 독일인의 열망이 비로소 이루어진 것이다."

그레틀이 뉴욕의 온갖 신문들을 읽고도 알지 못한 소식이 있었으니, 새 정권에 의해 그녀의 수출 허가서가 철회되어, 그림이 들어 있는 밀봉된 상자들이 쿤트만가세에 있는 현대식의 직사각형 저택으로 되돌아갔다는 소식이었다.

관계와
파국

꿈을 꾸면서 "나는 꿈을 꾸고 있다"라고 말하는
사람은, 비록 그때 사람들이 들을 수 있게 말한
다 해도 옳지 않다. 이것은 실제로 비가 오는
동안 그가 꿈속에서 "비가 온다"라고 말하는 것
이 옳지 않은 것과 같다. 비록 그의 꿈이 빗소
리와 실제로 연관되어 있다고 하더라도.

IV
Connection and Meltdown

🐙 곤경에 빠진 애국자

'오스트리아 역사상 가장 긴 하루'였던 1938년 3월 11일, 독일 제
8군 병력은 '오토 작전Operation Otto' 시행 명령을 초조하게 기다리
며 오스트리아-독일 국경의 북쪽을 따라 일렬로 늘어섰다. 그들은
국경을 넘어 오스트리아 영토에 들어설 때 어떤 저항을 예상해야
할지 알지 못했지만, 자신들을 환영하는 나치 깃발이 시내 곳곳에
나부끼고 전국 각지의 도시마다 자신들을 맞이할 준비를 하고 있다
는 것을 알았다면 무척 기뻤을 것이다. 3월 12일 오전까지는 공식적
으로 오스트리아의 수상이 아니었던 아르투어 자이스-잉크바르트
가 국내 문제를 총괄했다. 그의 국가사회주의 경찰병력은 하인리히
힘러Heinrich Himmler의 비밀요원들과 협력하여, 독일 국방군Wehrmacht
의 임박한 동원을 막기 위해 철저히 대비할 재량권을 부여받았다.
저항에 대한 모든 잠재적인 위협은 독일 병력이 진격하기 전에 제

압되어야 했다. 빈에서는 애국심에 의한 범죄로 혐의를 받는 모든 오스트리아인들에 대해 체포, 구금, 추방이 본격적으로 시작되었다. 첫 번째 진격에서 오스트리아 독립이나 슈슈니크의 국민투표 지지자로 혐의를 받은 남녀 7만 6000명이 연행되어 취조를 당했고, 정부, 교육계, 기타 공무원 분야의 직업에 종사하며 지지자라는 소문이 도는 6000명이 그 자리에서 해고되었다.

독일 국방군에 대한 무력 저항을 준비할 가능성 때문에 에른스트 폰 슈타렘베르크 대공의 향토방위군과 조국전선은 주된 표적이 되었다. 슈타렘베르크는 배우인 유대인 아내 노라 그레고어Nora Gregor 와 함께 서둘러 국경을 넘어 스위스로 향했다. 빈 향토방위군의 전前 지휘자, 에밀 파이Emil Fey는 총으로 자살했다고 전해지며—증거 상 살해당한 것으로 보이지만— 파울의 친구이며 슈타렘베르크의 부관인 프란츠 빈디시-그래츠Franz Windisch-Grätz 대공은 프랑스로 달아났다. 망명하라는 충고를 무시한 쿠르트 폰 슈슈니크는 빈에서 가택 연금을 당했고, 1941년에는 작센하우젠에 있는 강제수용소에 억류되었다. 이곳에서 자신의 열다섯 살 아들이 수용소 경비병들이 휘두른 곤봉에 맞아 죽는 장면을 목격했다는 둥, 힘러의 나치 친위대Schutzstaffel, SS에 의해 살해된 수천 명의 러시아 전쟁포로 시체를 매장하는 '시체 운송 특수부대'에 고용되었다는 둥, 잘못된 정보가 보고되었다.

파울이 향토방위군과 관련 있다는 사실은 나치 요원들에게 알려졌을 수도 있고 그렇지 않았을 수도 있다. 재정 지원은 아마도 비밀리에 이루어졌을 테지만, 빈에 있는 향토방위군 본부나 린츠 근처 박센베르크Waxenberg에 있는 슈타렘베르크 성에 보관된 기록문서들을 통해 파울의 행적을 쉽게 알아냈을 것이다. 어쨌든 파울의 확고한 애국관은 조금도 물러섬이 없었으며, 따라서 수많은 정보원들이 얼마든지 경찰에 제보할 수 있었다. 그는 독일의 침입 하루 전날인 3월 11일에 체포되어 경찰의 심문을 받았고 예술학교의 피아노 교수직에서 해고되었다. 그러나 아무런 범죄 혐의가 적용되지 않아 주의만 받고 풀려났으며, 아마도 이후 계속해서 감시를 받았을 것이다. 파울이 순순히 그랬으리라고는 상상하기 어렵지만, 나치 선서를 강요받았을 가능성이 있다. 확실한 건 비트겐슈타인 궁전에 만자 무늬의 커다란 독일 국기를 걸라는 명령을 받았다는 것이다. 그의 제자 가운데 한 명인 에르나 오텐Erna Otten은 당시 자전거를 타고 수업을 들으러 다녔다고 기억한다. 링슈트라세에서는 늘 시끄러운 나치 시위가 벌어지고 있어 그녀는 우회로를 택해야 했다. 궁전에 도착했을 때 건물에서는 독일 국기가 펄럭이고 있었고, 파울은 짜증과 동시에 회한에 찬 반응을 보였다고 기억했다. "방에 들어서자 교수님은 나에게 사과를 했어요. 가슴에 손을 얹은 채 내 앞에 서 있던 교수님 모습이 아직도 기억나요. 교수님은 달리 아무것도 할 수 없었다고, 안 그러면 그들이 당장 자기를 체포했을 거라고 말했어요."

3월 11일 예술학교에서 해고되던 날, 파울은 예술학교의 학장인 요제프 라이틀러Josef Reitler로부터 한 통의 추천서를 받았고, 일주일 뒤 오스트리아 법정에 공식 '선서한 통역사' 토마스 H. 라시Thomas H. Rash에게 내용을 영어로 번역하게 했다.

파울 비트겐슈타인은 1931년, 본인으로부터 뉴 빈 예술학교에 초

빙되어 오늘까지 학생들에게 피아노를 지도했고, 대중의 지속적인 감사와 인정을 받으며 본 기관에서 극히 이례적인 성공을 거두면서 수업을 마무리했습니다.

파울은 한 손의 피아니스트라는 편견과 싸워야 했지만, 그의 진지함, 책임감, 높은 활력과 더불어 탁월한 예술성과 뛰어난 교수법 덕분에 그러한 편견을 훌륭하게 극복했으며, 생존해 있는 최고의 작곡가들이 왼손만을 위한 작품을 그에게 헌정했습니다. 한편 예술학교에서는 불가피한 일로서, 파울은 보통 수준의 평범한 학생들을 상대로 자신의 능력을 시험해야 했습니다. 그의 개인주의적인 교수법의 결과는 대단히 주목할 만합니다. 이와 관련하여 파울 비트겐슈타인만의 특징 가운데 하나로서, 오늘날 보기 드문 이상주의에 대해 특별히 언급해야겠습니다. 연주회장에서 그리고 교실에서 이 아름다운 이상주의는 그를 안내하는 별이 되어왔습니다.

그와 헤어져야 하는 고통스러운 시간을 앞두고, 본인은 오직 마음의 요구에 따라 한 예술가의 위대함과 인간의 가치를 증언하는 바입니다.

서명 : 요제프 라이틀러 교수

라이틀러 교수가 추천서를 쓴 다음 날 동이 트기 직전, 독일 군대는 국경을 넘어 움직이기 시작했다. 히틀러는 자신의 허벅지를 치며 **"자, 출발**Jetzt geht's los!"이라는 외침과 함께 오토 작전을 지시했다. 그의 군사들은 방아쇠에 손가락을 걸고 신중하게 진군했지만, 오스트리아 국경 수비대가 이미 탈주했으며, 달아나기 전에 친절하게도 장벽을 허물어뜨린 걸 발견하고 이내 안도했다. 작전이 수행되는 내내 총은 한 발도 발사되지 않았다. 독일군의 오스트리아 진입에 저항은커녕, 오히려 환호와 미소와 경례와 **"히틀러 만세**Heil Hitler!"라는 외침과 빈 전역에 펄럭이는 수천 개의 독일기가 그들의 입성을 축하했다.

그날 오후 3시 50분, 히틀러는 자신의 출생지인 브라우나우-암-인Braunau-am-Inn의 국경을 넘었다. 오스트리아는 자이스-잉크바르트가 수상이고 빌헬름 미클라스가 대통령으로 있는, 엄밀히 말해 아직은 독립 국가였으므로, 히틀러는 영토를 정복하는 영웅으로서가 아니라 단지 '자기 어머니에게 성묘하러 오는' 아들로서 오스트리아를 방문하는 것이라고 밝혔다. 그러나 린츠의 선량한 시민들로부터 유독 따뜻한 환대를 받고 보니 마음이 대담해져서, 그의 행동은 이틀도 안 되어 합병Anschluss이라는 완곡한 표현에서 권력 장악Machtüb-ernahme이라는 보다 노골적인 표현으로 바뀌었다. 오스트리아 가톨릭교회의 수장인 이니처Innitzer 대주교는 일주일 전만 해도 "오스트리아 시민으로서 우리 모두 일어나 오스트리아의 자유와 독립을 위해 싸워야 한다"고 선언했으나, 이제는 히틀러에게 누구보다 따뜻한 인사를 전하는가 하면, 모든 오스트리아 교회에 독일기를 내걸고 종을 울려 나치의 영웅을 환영하도록 지시했다. 다음 날 빈의 헬덴광장Heldenplatz에서 열린 민중 선동에서 히틀러는 20만 명에 달하는 열광적인 오스트리아 지지자들의 환호를 받았고, 한 달 안에 실시한 공식적인 국민투표(유대인, 사회주의자, 오스트리아의 파시스트들은 참여가 금지되었다)에서는 99.73퍼센트의 합병 찬성표를 얻었다.

총통은 어린이에게는 무상 휴가를, 노동자에게는 '기쁨을 통한 힘'이라는 정책으로 돈이 적게 드는 휴가를 보장했다. 또한 국민들이 자신의 연설을 들을 수 있도록 라디오를 구입할 돈과, 빠른 길을 놓을 자금과, 실업 문제를 해결할 자금을 약속했다. 대부분의 오스트리아 국민들에게 설레고 행복한 시기였다. 처음 합병을 반대했던 사람들조차 마침내 히틀러의 정책을 받아들이기 시작했다. 3월 13일 슈슈니크의 국민투표를 히틀러가 무효화시켰다는 소식은 타렌츠Tarrenz의 외딴 마을에 제때 도착하지 못했다. 돌아가는 정세를 전혀 모르고 있던 주민들은 100퍼센트 전원 오스트리아 독립에 찬성표를 던졌다. 그리고 한 달도 안 되어 타렌츠의 유권자들은 다시 100퍼센트 전원 독일 합병 찬성에 표를 던졌다.

그러나 기쁨은 모두에게 해당되지 않았다. 사회주의자, 오스트리아의 파시스트, 프리메이슨 단원들은 모두 박해의 대상이 되었고, 반유대주의 폭도들의 불법적인 행동에 특히 취약한 유대인도 마찬가지였다. 유대인 상점은 박살이 나거나, 판자로 둘러쳐지거나, 붉은 페인트가 칠해졌으며, 주인들은 아리아인에게 상점을 매도하도록 강요당했다. 프라터에서는 광포한 폭도들이 한 무리의 유대인들에게 소처럼 엎드려 풀을 뜯어먹게 했고, 또 다른 폭도들은 거리를 핥게 하거나 유대인들이 기도할 때 걸치는 숄로 공중 화장실을 닦게 하는가 하면, 오스트리아 군중들은 그들에게 달려들어 야유를 했다. 나중에 홀로코스트 건축을 담당한 주요 인물, 라인하르트 하이드리히Reinhard Heydrich는 3월 17일에 '며칠째 완전히 무질서한 방식으로 유대인에게 대규모 폭력을 가한 국가사회주의 당원들'을 체포하라는 명령을 내렸지만 효과는 미미했으며, 유대인의 시민권을 박탈하는 공식적인 차별 행위로 오히려 유대인에 대한 대중의 폭력 행위만 조장할 뿐이었다.

합병이 시행되고 며칠 후 약 500명의 유대인들이 자살했다고 한다. 그보다 더 많은 수가 망명을 했지만, 대부분의 유대인들은 1935년 뉘른베르크법에 명시된 반유대주의 법령이 설마 빈처럼 유대인 차별이 없는 대규모 인구의 도시에서 시행될 리는 없을 거라고 믿었다. 그들은 나치가 곧 이 규칙을 중단하고 보다 시급한 일에 집중할 거라고 생각했다. 친위대 장교 아돌프 아이히만Adolf Eichmann의 열성적인 지휘 아래 조만간 빈에 설립될 유대인 이민을 위한 중앙 부서가 얼마나 가차 없이 효율성을 발휘할지 아무도 예견하지 못했다. 첫 번째 반유대주의 법령이 3월 12일(실제 합병일)에 빈에서 제정되었고, 5월 28일에 뉘른베르크법(3월 13일부터 소급)이 통과되었다. 히틀러의 본래 계획 — 유대인의 의결권 박탈, 언론, 정치, 법, 공직, 예술 분야의 주요 업무 재직 중단, 공원 벤치에 앉는 행위 금지 등 — 은 오스트리아에 거주하는 유대인이 나치 독일 치하의 생활을 매우 불쾌하게 여겨 제 발로 오스트리아를 떠나게 하려는 것이었다. 하지만 이 계획은 히틀러나 그의 당원들이 예상한 것보다 시행하기가 훨씬 어려웠다. 1933년 이후 독일을 피해 오스트리아로 들어온 모든 유대인들이 합병으로 인해 또다시 다른 나라로 이주하게 되면 그 책임이 고스란히 독일에 있을 뿐만 아니라, 오스트리아에 거주하는 많은 유대인들은 다른 나라로 이주할 수 없다고 여기거나 이주를 꺼렸고, 수천 명 이상의 유대인들이 시간이 지나면 자기들에 대한 규제나 박해가 약화되거나 철회될 거라는 희망에 매달리고 있었던 것이다. 6개월 안에 4만 5000명의 유대인이 오스트마르크를 떠났다고 전해진다. 힘러는 이제 나머지 15만 명을 제거할 방법을 찾는 것이 급선무였다.

3년 후 나치 독일을 떠난 유대인 이민자 수는 여전히 목표에 도달하지 못했고, 히틀러는 조바심으로 무모해졌다. "유대인을 유럽 밖으로 몰아내야 한다." 히틀러는 점심을 먹으면서 힘러와 그의 참모장 차이츨러Zeitzler 대령에게 이렇게 상기시켰다.

　생각해보면, 나는 상당히 인도적인 사람일 것이다. 교황이 지배하던 시기에 유대인들은 로마에서 학대를 받았다. 1830년까지 매년 여덟 명의 유대인들이 당나귀를 타고 로마 거리 곳곳을 끌려 다녔다. 나로 말하면, 나는 그들에게 떠나야 한다고 말할 정도로 자제하고 있다. 만일 그들이 이동 중에 경로를 벗어난다면 그거야 내가 어쩔 수 없는 일이다. 하지만 그들이 자발적으로 떠나려 하지 않는다면, 몰살 외에 달리 방법이 없다고 생각한다.

　3월 말 어느 아침, 파울이 공포로 얼굴이 하얗게 질려서 헤르미네가 앉아 있는 방으로 들어와 이렇게 말했다. "우리가 유대인에 포함된대!" 파울과 헤르미네, 그리고 다른 형제들 모두가 갑자기, 전혀 뜻밖에도 새로운 국가사회주의 정권의 반유대주의에 관한 모든 제한과 금지 규정의 대상이 된 것이다. 열렬한 애국심 때문에 이미 예술학교의 자리를 금지당한 파울은 이제 시의 모든 기관에서 가르치는 것이 금지되었고, 독일제국 내 어디에서도 대중 앞에서 연주를 해서는 안 되었다. 곧이어 나치는 헤르미네의 '소년 직업 기관'에 매서운 눈초리를 보냈다. 헤르미네가 학생들을 가르치고 있을 때 제복을 입은 한 무리의 남자들이 독일 국기를 휘두르며 나타나, 히틀러 청소년단을 위한 훈련소로 이 건물을 사용할 테니 오후 4시까지 모두 건물 밖으로 나가라고 지시했다. 얼마 안 있어 나치는 게르스트호퍼슈트라세 30번지의 아파트에서 몸을 숨기고 있던 힐데 샤니아와 그녀의 두 아이, 엘리자베트와 요하나를 발견하고 그들을 파울과 관련지었다. 아이들 자체만으로도 아이들의 아버지인 유대인은 독일 혈통과 명예를 보호하기 위한 뉘른베르크법 제2항 ─ "본국가인 독일의 국민 및 그 혈연관계에 있는 자와 유대인 사이의 혼외정사를 금한다." ─ 에 성문화된 바대로 인종오염죄Rassenschande의 충분한 증거가 되었다.

그런데 이 같은 심각한 위협이 가해지기 전에, 헤르미네와 파울은 그들도 모르는 사이에 또 다른 혐의를 받게 되었다. 유대인은 나치의 상징인 만자 무늬를 내보여서는 안 된다는 독일제국 국기법과 관련된 3월 12일 독일 총통의 법령을 위반한 것이다. 따라서 희한하고 아이러니하게도, 언제는 게슈타포가 체포 위협까지 해가며 흉물스런 깃발을 강제로 궁전에 달게 하더니만, 이제는 거주자들이 유대인이라 깃발을 내걸 권리가 없다는 이유로 그때처럼 요란하게 권력을 휘두르며 내리라는 명령을 내렸다.

첫 번째 계획들

반유대주의자로서 세기 전환기에 빈의 시장을 지낸 카를 뤼거Karl Lueger는 유대인에 대한 정의를 내리라는 요구를 받고 '누가 유대인인지는 내가 결정한다'는 선전 구호를 내놓았다. 물론 히틀러 자신도 따로 이 특권을 보유하고 있어, 가끔(매우 드물지만) 자신이 마음에 드는 유대인들에게 아리아인화Aryanisation 증서를 수여했다. 히틀러는 추천서의 사진과 글을 꼼꼼히 들여다보며 지원서를 하나 하나 직접 살펴볼 권한이 자신에게 있다고 주장했다. 대부분의 경우 부계 쪽 유대인 조상이 친부인지 아니면 아리아인 정부가 있는 아내를 둔 남편이었는지에 따라 결정되었다. 그런 경우 서명된 선서 진술서가 필요했는데, 히틀러의 충실한 협력자인 육군 원수, 에르하르트 밀히Erhard Milch의 경우가 정확히 여기에 해당했다. 그는 아버지 안톤 밀히Anton Milch가 유대인이라는 사실이 게슈타포에 의해 확인되자, 어머니에게 친아버지가 아리아인인 카를 바우어Karl Bauer —그녀의 삼촌—라는 진술서에 서명하도록 요구했다.

새 정권 하에서 완전한 시민권을 누리려면 독일제국 시민권 증서가 필요했는데, 이 증서는 각자 아리아인의 후손이라는 증거를 제출해야만 얻을 수 있었다. 그러나 이것만으로는 문제가 많았다. 유대인은 혈통에 의해 정의되는 걸까 종교에 의해 정의되는 걸까? 부모 가운데 한 쪽이 혈통의 반은 유대인이지만 가톨릭 교육을 받았다면 어떻게 되는 걸까? 이런 혼란은 아마도 1935년 9월 뉘른베르크법에 의해 해결되었을 것으로 보인다. 이 법에서 유대인이란 적어도 3세대 위 유대인 조부의 후손이거나, 1935년 9월 15일 이래로 시작해 그 이후에 유대인이나 유대인 공동체 구성원과 결혼한 경우 2세대 위 유대인 조부의 후손으로 정의된다고 명시되었다. 뿐만 아니라 유대인 조부가 기독교로 개종했다 하더라도 조부의 인종적 지위는 달라지지 않으며 법률상 유대인으로 남는다고 명시되었다. 하지만 이 정도로는 모든 사례에 정확하게 대처하기란 역부족이어서, 1936년 3월에 '비아리안계 기독교인을 위한 독일제국 연합'은 보다 상세한 설명을 위해 질의응답 소책자를 발행했다. "부모 가운데 한 쪽이 아리아인인 소녀의 경우, 이 아리아인 어머니가 유대교로 개종하여 소녀도 유대인으로 자랐는데 훗날 절반만 아리아인인 남자와 결혼한다면, 이 소녀를 어떻게 정의할 수 있을까? 나아가 이 결혼에서 태어난 아이들은 어떻게 정의할 수 있을까?"

이처럼 혼란이 난무하다 보니, 체제는 무수한 뜻밖의 해결책과 변칙들을 토해냈다. 많은 사람들이 자기 조부모의 혈통이나 종교에 대해 전혀 알지 못했다. 게다가 조사를 해보니 나치 당원들이 바라거나 기대했던 것 이상으로 체제 안에는 훨씬 많은 유대인 혈통이 존재했음이 밝혀졌다. '왈츠의 왕' 요한 슈트라우스가 유대인 혈통이라는 사실이 확인되자, 그들은 유대인 등록부에서 그의 기록을 완전히 지워버렸다. 리하르트 바그너의 아내의 조상, 모차르트의 오페라 대본작가인 로렌초 다 폰테Lorenzo da Ponte의 조상에 대해서도 마찬가지로 복잡한 문제들이 드러나자, 〈피가로의 결혼〉, 〈돈 지오반니〉, 〈푸른 도나우 강〉의 연주를 금지하지 않기 위해, 그리고 히틀러가 작곡가의 손녀와 바이로이트에서 바그너 페스티벌을 즐기기 위해 특별 조약이 만들어져야 했다.

나치당 소속의 많은 열혈 당원들은 뉘른베르크 규칙하에서 자신들도 유대인에 해당한다는 걸 발견하고 예상치 못한 충격을 받았다. 히틀러의 따분한 영국인 친구 유니티 미트퍼드Unity Mitford는 그녀의 여자 형제인 다이아나Diana에게 보내는 편지에서 에바 바움 Eva Baum이라고 하는 여성에 대해 이렇게 썼다. "그녀가 절반은 유대인이라는 사실이 밝혀졌어. 정말 놀라운 일이야……. 너무 안됐지 뭐야. 당과 그녀의 유대인 증오가 아주 엄청났거든." 미트퍼드 양의 친구 하인츠Heinz는 나치 친위대이며 '신념 상 진정한 나치 당원'이었는데, 별안간 자신도 절반은 유대인이라는 사실을 알게 되자, 그의 아내가 미트퍼드 양을 찾아와 히틀러의 선처를 부탁하는 일이 있었다. 미트퍼드 양은 다이아나에게 보내는 또 다른 편지에서 다음과 같이 말했다. "물론 딱한 하인츠는 그 소식을 듣고는 완전히 충격을 받아서 당장 총으로 자살을 하려고 했어. 하긴, 내가 생각해도 그게 최선이겠더라. ······ 가엾은 그들에게 이 사실이 얼마나 끔찍하겠어. 그녀가 나한테 말했을 때 정말이지 나도 엄청 충격이었으니까."

비트겐슈타인 사람들의 경우는 언뜻 보기에도 아주 명백했다. 그들은 모두 가톨릭 신자로 자랐으며, 부모님도 두 분 모두(카를과 레오폴디네) 기독교 집안에서 자랐다. 그들의 외할머니인 마리 칼무스 Marie Kalmus(결혼 전 성은 슈탈너Stallner, 1825~1911)는 유대인 혈통이 아니며 가톨릭 집안에서 자랐지만, 그녀의 남편, 그러니까 그들의 외할아버지인 야콥 칼무스Jacob Kalmus(1814~70)는 혈통으로나 자라온 가정환경으로나 유대인이었다. 그와 그의 어머니는 둘 다 1832년에 가톨릭으로 개종했다. 친가 쪽으로는 할머니 프란치스카 피크도어Franziska Figdor(1814~90)가 유대인이었다 — 하지만 그녀 역시 성인이 되어 기독교로 세례를 받은 반면, 남편 헤르만 크리스티안 비트겐슈타인(1802~78)은 1839년 세례 증명서의 글귀에 따르면 "유대인 신앙에 대해 교육을 받았다." 그러므로 네 명의 조부모 가운데 세 명이 유대인이었으며, 이는 뉘른베르크법에 의하면 그들이 순혈 유대인Volljuden임을 말해주는 것이었다.

헤르미네에 따르면 "우리와 가장 가까운 가족들은 결코 자기들을 유대인이라고 생각하지 않았다." 이 말은 아마도 사실일 테지만, 그들이 유대인 혈통이 아니라는 어떤 믿음 때문이 아니라, 조상들이 개종을 했기 때문에 유대인이 아니라는 식의 이해가 바탕이 된 것이었다. 아버지가 사망하기 얼마 전, 파울은 족보에 강한 관심을 갖고 직계 가족을 비롯해 빈의 성공한 여러 인물들부터, 궁정 자본가이자 유대교 최고 지도자였던 잠손 베르트하이머Samson Wertheimer (1678~1724)와 유명한 은행가이자 황실 궁정을 드나들던 금융업자이며 무기 거래상이었던 자무엘 오펜하이머Samuel Oppenheimer (1635~1703)에 이르기까지, 자신의 혈통을 나타내는 가계도를 만들었다. 가계도 상의 관계들을 통해 19세기 가장 위대한 유대인 작곡가 두 사람, 지아코모 마이어베어Giacomo Meyerbeer와 펠릭스 멘델스존Felix Mendelssohn이 친족임을 알게 되었다. 청년 시절, 파울과 루트비히는 빈의 스포츠 클럽에 가입 신청을 한 적이 있었다. 회원 자격이 아리아인으로 제한된다는 사실을 확인했을 때 루트비히는 신청서를 위조하자고 제안했고, 파울은 이 제안을 거절했다. 그들의 삼촌 루이스는 비트겐슈타인 가문이 유대교 집안이냐는 질문을 받았을 때, 짐짓 활짝 웃어 보이며 "순종Pur sang!"이라고 대답했다. 물론 그는 독실한 기독교 전도사였다. 영국에서 나치의 반유대주의가 논란의 소재가 되자, 루트비히는 깊이 뉘우치며 밤늦은 시간에 친구들을 깨워, 자신이 유대인임을 처음부터 말했어야 했지만, 어떻게든 아리아인 귀족 가문 출신이라는 인상을 주려고 했다고 정식으로 고백했다.

비트겐슈타인 사람들은 자신들이 유대인 혈통이라는 걸 처음부터 알고 있었을 뿐만 아니라 어떤 면에서는 그것을 자랑스럽게 여기기도 한 것 같다. 그렇지만 3세대 이상 교리를 실천하며 살아온 기독교 집안으로서 1938년(그보다 훨씬 이전은 아니라 할지라도) 무렵에는 '당신은 유대인입니까?'라는 결정적인 질문에 선뜻 대답하지 못하는 상태가 되었다.

루트비히는 **합병**이 일어나리라고는 꿈에도 생각하지 못했기 때문에, 합병 소식이 전해졌을 때 깜짝 놀랐다. 당시 아일랜드에 있던 그는 즉시 케임브리지로 돌아와 파울과 헤르미네에게 편지를 써서, 필요하면 지체 없이 빈으로 돌아가겠다고 말했다. 그리고 동시에 경제학자인 친구 피에로 스라파Piero Sraffa에게 조언을 요청해 예비적인 대책을 강구했다. 스라파는 루트비히에게 오스트리아 당국이 그를 다시 내보내려 하지 않을 터이므로 위험을 감수해가며 오스트리아로 떠나지 말 것과, 오스트리아 여권을 독일 여권으로 교환해야 혹시라도 당국에서 그가 유대인 혈통임을 알아채더라도 굳이 밝히려 들지 않을 것이라고 조언했다. 독일 시민이 되는 것("모든 끔찍한 결과들을 별개로 하더라도 나에게는 **소름끼치는** 일이다")과 영국 여권을 신청하는 것("가짜 영국인이 되고 싶지 않다는 이유로 늘 거부해왔던 일")이라는 불쾌한 대안 사이에서 루트비히는 후자를 선택했고, 1년 뒤에(1939년 4월 14일) 영국 시민권을 얻었다.

1938년 3월 18일에 루트비히는 빈에 있는 가족들로부터 여전히 아무런 소식도 듣지 못했지만, "독일의 오스트리아 합병에 의해 나는 독일 시민이 되었고, 독일 법에 의해 독일계 유대인이 되었다(우리 조부 가운데 세 분이 성인이 된 후에야 세례를 받았으므로)"고 스스로를 납득시켰다. 나머지 가족들에 대해서는 "그들은 거의 모두가 언제나 강한 애국심을 느끼고 또 그렇게 행동해왔으며, 매우 훌륭한 평판을 받아온 점잖은 사람들이므로, 현재 전반적으로 위험한 상황에 있지는 않을 것"으로 보았다.

빈에 있는 파울과 헤르미네도 거의 비슷한 의견이었다. 두 사람 모두 굳이 뉘른베르크법을 연구하지는 않았지만, 자신들의 유대인 혈통이 새 정권에 반대된다 할지라도 오스트리아의 공인으로서 워낙 가문의 명망이 높으므로 특별히 보호받을 거라고 태평하게 생각했다. 그들은 비트겐슈타인 가문이 언제나 매우 선량하고 훌륭하며 애국심이 높았다는 사실만 설명하면 될 거라고 믿었고, 그것만으로도 그들의 독일 혈통 증명서를 충분히 손에 넣을 수 있을 거라고 확신했다. 물론 상황은 결코 그렇게 간단하지 않을 테지만 말이다. 파울은 먼저 미노리텐플라츠Minoritenplatz에 위치한 한 사무실에 직접 찾아가 복도에서 몇 시간 동안 줄을 서서 기다렸는데, 마침내 자기 차례가 왔을 때 규칙은 규칙이므로 그가 내민 특례 신청서는 받아들일 수 없다는 말만 듣고 돌아와야 했다.

4월 30일에 그레틀이 미국에서 돌아왔다. 그레틀은 루트비히와 긴급히 만나고 제롬을 방문하기 위해 파리에 잠시 들렀다. 빈에 도착할 무렵, 그레틀의 머릿속은 어떤 조치를 취해야 할지에 대한 묘안으로 가득 찼다. 성인이 된 이후 줄곧 외교관, 정치인, 주요 요직에 있는 사람들을 접대해온 그녀는, 국가적으로나 집안 차원에서 위기를 겪고 있는 지금이야말로 자신의 에너지와 능력을 한껏 발휘할 수 있는 절호의 기회임을 감지했다. 그레틀은 먼저 파울이 빈의 당국자들을 만나느라 시간을 낭비했다, 그들은 별 볼일 없는 권력광들이다, 자기는 베를린 나치당의 고위직에 있는 훨씬 중요한 사람들을 알고 있다고 주장했다. 바로 이 사람들에게 가문의 훌륭하

고 애국적인 업적들을 모조리 항목별로 정리해 제대로 작성한 서류
일체를 제출해야 한다는 것이다.

정보 수집 업무는 헤르미네가 담당했다. 그녀는 루트비히에게 편
지를 써, 그의 훈장 목록, 전쟁 참전 업적, 자선 행위에 대한 목록을
정리해 신청서를 작성하는 데 도움을 줄 수 있겠느냐고 물었다. 루
트비히는 현재 진행 중인 자신의 영국 시민권 신청에 문제가 생기
지 않을까 걱정하며 파울에게 답장을 보냈다.

이 신청서 작성에 나는 참여하지 않겠지만, **다른 형제들에게는 합당
한 방법이라고 확신해**. 물론 내 전쟁 참전 기록 등을 열거해도 좋아.
그러다 내가 형제들 신청서에 자동적으로 포함되는 착오가 생겨서
는 안 되겠지만 말이야. 무한한 사랑과 행복을 보내며, 루트비히.

헤르미네가 제출한 서류들이 분명하게 말하고자 하는 바는 "독일
인이며 기독교인인 비트겐슈타인 가문의 본질과, 가족 구성원들이
조국을 위해 많은 봉사를 수행해왔음을 증명하기 위한 것"이었다.
깔끔하게 작성된 가계도에는 비트겐슈타인 사람들은 향후에도 지
속적으로 자선 기부를 행할 것이며, "세계대전과 인플레이션에 의
해 가산이 상당히 축소되었지만, 새 정권의 공익을 위해 선조들과
같은 태도를 유지할 것을 증명하고자 우리가 가진 권한 안에서 최
선을 다하기를 희망한다"는 내용도 제시되었다. 헤르미네는 파울이
군인으로서 쌓은 업적들과 비교적 알려진 일부 기부금 목록은 쉽게
작성했지만, 루트비히에 대해서는 그의 군대 친구 몇 명에게 혹시
루트비히가 훈장을 수여받게 된 경위에 대해 아는 바가 있다면 아

는 대로 말해 달라고 편지로 부탁해야 했다. 쿠르트의 군대 기록에 대해서는 그의 부하들이 명령에 복종하길 거부했다는 내용은 언급하지 않고, 그가 용감하게 싸웠으며 오로지 이탈리아 군대에 포로로 잡히지 않기 위해 결국 총으로 자살을 했다고 단순하게 진술하기로 결정했다.

가족의 자선기부금 목록에도 문제가 있는 것으로 드러났다. 좀 더 면밀하게 조사한 결과 헤르미네는 상당한 액수의 자금이 낭비된 것을 확인했다. 예를 들어, 루트비히가 고성능 기관포를 위해 기부한 100만 크로넨이 흐지부지 사용되었고, 쿠르트가 자선단체에 남긴 100만 크로넨은 온데간데없이 사라졌으며, 폰 아이젤스베르크 박사가 암 연구소 명의로 받은 60만 크로넨은 암 연구 관련 용도로 사용된 바가 전혀 없었다. 헤르미네는 이런 식으로 셀 수 없이 많은 실망스러운 예들을 발견했고, 새로운 사실이 확인될 때마다 몹시 비통해했다. 당국에서는 그녀의 아버지가 1898년에 '황금 양배추 Golden Cabbage(빈 분리파 미술관 전시장)' 건립비용으로 4만 플로린을 기부했다는 사실을 확인하고, 유대인의 관대한 행동을 기념하기 위해 부착시킨 명판을 제거하라고 요구했다. "[히틀러는 담화 중에 이렇게 말했다] 독지가가 되어 자금을 기부하는 유대인들은 더러운 개들이다. 그들은 그런 종류의 일을 하는 사람들 가운데 대체로 가장 비열하다. 그래놓고 불쌍한 아리아인 얼간이들이 이렇게 말하는 소리를 듣겠지. '저기 말이야, 좋은 유대인들도 **있어**!'"

6월 초에 파울과 그레틀은 헤르미네가 준비한 "아름다운" 서류들을 가지고 히틀러 독일제국의 역동적이고 국제적인 수도 베를린으로 향했다. 나치당 본부가 있는 이곳 사자 굴에서 두 유대인은 오히려 빈보다 더 안전하다는 느낌을 받았다. 베를린 안할터 역Anhalter Bahnhof에 도착해 열차에서 내리는 순간부터, 파울과 그레틀은 베를린 사람 누구도 빈 사람들처럼 나치 십자가 배지와 완장을 착용하지 않았으며, 유대인 상점에도 붉은색 페인트가 칠해지지 않았다는 사실을 확인했다. 이곳의 유대인들은 여전히 극장과 영화관에 들어가고, 음식점과 카페에서 식사를 하며, 상점을 소유하고 운영하면서 여전히 아리아인 고객을 응대할 수 있도록 허용되었다. 빈에서는 어디에나 걸려 있는 '유대인 고객 사절' 표지판이 베를린의 주요 상점가인 쿠어퓌어스텐담에는 단 한 군데 양품점에만 걸려 있었다. 독일의 수도와는 뚜렷하게 대조적으로, 빈은 이제 잔혹하고 촌스러운 변두리가 되어버린 것 같았다.

그레틀은 베를린 W8 대사관 사무국에서 히틀러의 전속 부관, 프리츠 비더만Fritz Wiedemann 대위와의 만남을 성공적으로 주선했다. 비더만을 소개해준 사람은 도드 부부였을 것이다. 베를린 주재 미국 대사 윌리엄 도드William Dodd는 제롬과 그레틀을 둘 다 알고 있었으며, 그의 딸 마사 도드Martha Dodd는 지와 함께 워싱턴의 파티에 자주 모습을 드러냈다. 하지만 도드 대사는 헤르만 괴링을 제외한 모든 나치 당원들을 증오했으며, 어쨌든 1937년 12월에 베를린을 떠났다. 그의 딸 마사도 비더만을 몹시 싫어해, 그녀의 책 《대사관의 눈으로Through Embassy Eyes》에서 그를 "음울한 얼굴, 숱 많은 눈썹, 상냥한 눈동자, 아주 좁은 이마로 에로틱한 분위기가 물씬 풍기며 제법 매력적이다. …… 하지만 나에게는 미개하고 원시적인 정신, 섬세함이나 예민함은 전혀 찾아볼 수 없는 동물적인 교활함과 약삭빠름을 지닌 사람으로 뚜렷하게 각인되어 있다"고 묘사했다.

비더만에게 그레틀을 소개해준 사람은 아마도 그의 정부인 기 센 여자, 슈테파니 폰 호엔로에-발덴부르크-실링퓌어스트Stephanie von Hohenlohe-Waldenburg-Schillingfürst 대공녀였을 것이다. 그녀는 4월 초에 워싱턴에서 그레틀과 같은 외교 순회 파티를 즐기고 있었다. 두 여자는 그전에 빈에서도 만난 일이 있었고 파리에서도 만났었다. 어떤 면에서 두 사람은 경쟁자이기도 했는데, 둘 다 빈의 안주인이었고, 둘 다 저명한 외교관들로 이루어진 같은 소모임을 노심초사 기다렸으며, 둘 다 자기들에게 전략적으로 유리한 인맥을 이용하기 위해서라면 물불 가리지 않았다. 대공녀(오스트리아-토스카나의 대공, 프란츠 살바토어Franz Salvator의 혼외 아들을 낳았다. 한편 프란츠 살바토어 대공의 한 집안사람이 그문덴에 있는 토스카나 빌라Villa Toscana를 임대한 후 나중에 스톤버러 부부에게 판매했다)는 영국의 신문왕 로더미어 경Lord Rothermere을 위해 대사로 활동했을 때 처음 히틀러를 만났고, 이후 히틀러에게 가까이 접근하기 위해 프리츠 비더만의 정부가 되었다.

히틀러는 슈테파니 대공녀에게 잠깐 미쳐있었지만, 파울과 그레틀이 프리츠 비더만을 찾아왔을 무렵, 슈테파니가 유대인이며 자기 부관의 정부인 데다, 조언자들로부터 그녀가 이중간첩일지도 모른다는 사실을 듣게 되었다. 히틀러는 대화중에 그녀를 "허수아비"라고 칭하면서 이렇게 덧붙였다. "나는 정치에 관심 있는 숙녀보다는 상냥하고 미천한 부엌데기가 더 마음에 든다!" 이 때문에 비더만은 파울과 그레틀에게 자신이 총통에게 냉대받고 있으며, 언제 해고될지 몰라 아무래도 접견을 준비하기 어려울 것 같다고 해명해야 했다. 대신에 그는 몇 블럭 떨어진 시프바우어담Schiffbauerdamm에 위

치한 독일 족보 연구기관Reich Agency for Genealogical Research의 기관장
이며 SS-친위대 중령인 쿠르트 마이어Kurt Mayer와의 만남을 주선해
주었다. 이날 모임 직후 비더만은 히틀러에 의해 해임되어 샌프란
시스코 주재 독일 영사로 발령 받았다. 나중에 그레틀은 그가 별 도
움이 되지는 않았지만 무척 마음에 들었다고 말했다.

   파울과 그레틀은 족보 연구기관에서 쿠르트 마이어를 만났다. 그
는 역사 분야의 박사학위를 소지했으며, 여든한 명의 남자직원과
마흔두 명의 여자직원으로 이루어진 사무실을 운영했다. 20대 후반
에서 30대 초반의 이 직원들은 절박한 유대인 가족들로부터 쇄도하
는 아리아인화 요청 작업을 처리하느라 애쓰고 있었다. 전쟁이 끝
날 무렵까지, 마이어와 그의 직원들은 5만 2000건의 서류를 꼼꼼히
살펴보았는데, 그 결과 신청자의 신분에 변화가 생긴 경우는 10퍼
센트 미만에 불과했다.

   마이어는 자신의 책상에서 파울과 그레틀의 서류를 예의바르게
살펴보고 그들의 주장을 귀담아 들었지만, 비트겐슈타인 가문의 과
거 영광이 신분 변경과는 전혀 관련이 없다는 결론을 내렸다. 세 명
의 조부모가 유대인이므로, 순혈 유대인이라는 공식적인 신분 유형
을 받아들여야 한다는 것이었다. 이제 그들에게 남겨진 유일한 희
망은 이 조부모들 가운데 한 명이 아리아인 혼외 자식임을 밝혀내
는 것이었다. 이 경우 달갑지는 않지만 적어도 순혈 유대인에게 적
용되는 억압적인 법률들을 면제 받을 수 있는 혼혈인Mischling 자격
이 생길 터였다. "숨겨진 아리아인 조부모가 반드시 필요합니다."
마이어는 그들에게 이렇게 말했다.

   집안의 아주머니, 아저씨, 사촌들 사이에서 오래전부터 떠도는 소

문들 가운데에는 비트겐슈타인 가문의 선조이며 파울과 그레틀의 조부인 헤르만 크리스티안 비트겐슈타인이 독일 귀족의 서자라는 말이 있었다. 그의 아버지는 자인-비트겐슈타인-베를레부르크Sayn-Wittgenstein-Berleburg라는 왕자 가문의 망나니 후손, 게오르크 하인리히 루트비히Georg Heinrich Ludwig 대공일 것이라는 말이었다. 라스페Laasphe에 위치한 게오르크 대공의 저택에서 일하던, 이름이 브라인델 브렌델Breindel Brendel인지 베르나르디네 지몬Bernardine Simon인지 하는 예쁘장한 (그렇다고들 한다) 유대인 하녀가 대공(혹은 대공의 형제)의 아이를 임신하자, 이 소문을 덮기 위해 대공의 토지 관리인이며 막일꾼인 모제스 마이어Moses Meyer와 강제로 결혼시킨 뒤, 출산을 위해 비트겐슈타인 가문의 다른 사유지로 그와 함께 거처를 옮기게 했다. 헤르만 크리스티안 비트겐슈타인은 1802년 9월 12일에 바로 이곳 코어바흐Korbach에서 태어난 것으로 여겨진다. 그는 태어난 당시에는 헤르만 크리스티안 비트겐슈타인으로 불리지 않았으며, 아마도 히르쉬(혹은 헤르츠) 모제스 마이어로 불렸을 것이다. 이후 모든 유대인은 고정된 성을 채택해야 한다는 1808년 나폴레옹 칙령에 따라 가족은 비트겐슈타인이라는 성을 택했고, 모제스 마이어의 아들 히르쉬는 1839년에 기독교로 개종해 헤르만 크리스티안 비트겐슈타인이라는 이름을 사용하게 되었다.

시프바우어담에서 쿠르트 마이어는 파울과 그레틀에게, 가장 확실한 방법은 이 조사 방침을 따르면서 전문 계보학자를 고용하여 코어바흐와 라스페에 있는 기록들을 찾도록 하는 것이라고 최대한 공손한 태도로 분명하게 말했다. 두 사람 모두 이 계획에 반대했지만(그들의 아버지 카를은 자신의 이름을 '자인sein, 그의 비트겐슈타인'

과 구별하여 '마인mein, 나의 비트겐슈타인'이라고 언급함으로써 자인-비트겐슈타인Sayn-Wittgenstein 가문과의 관련성을 유머러스하게 부인했었다), 이제 그들에게 남은 유일한 기회는 이것밖에 없는 것 같았다. 1938년 6월, 한 남자와 그의 딸들, 형제들, 조카들, 사촌들 등등, 극히 불확실한 상황에 처한 이들 모두의 향후 안전이 순전히 1802년 1월 그 옛날에 누가 누구하고 잤느냐에 달려 있다는 건 나치당 정책에서 드러나는 광기의 전형적인 징후라고 할 수 있었다.

℘ 역습

그레틀은 한때 사촌 카를 맹거에게 이런 말을 했다. "나는 내 아버지의 딸로, 내 형제들의 누이로, 내 아들들의 어머니로 기억되고 싶다." 이 말에서 주목할 점은 나열된 대상 가운데 남편의 아내로서 기억되길 바란다는 말은 한 마디도 언급되지 않았다는 것이다. 그레틀은 1938년 6월에 제롬과 이혼했고, 제롬에게 거의 온 정나미가 다 떨어졌다. 하지만 여전히 제롬에게 충실했고, 그가 그문덴이나 빈으로 자신을 방문하도록 허락했으며, 자금도 지원했다. 합병 당시 제롬은 어쩌다 보니 오스트리아의 수도에 있게 되었다. 그는 자금도 귀중품도 독일제국 밖으로 내보낼 수 없으며, 호화롭고 사치스러운 파리의 생활방식도 마침내 끝내야 하리라는 걸 금세 깨달았다. 그는 가구와 그림을 팔기 위해 프랑스로 돌아왔다. 파리에서 미국으로 곧바로 이동할 수도 있었지만, 어쩐지 이 방법이 내키지 않아 대신 빈으로 돌아갔다. 빈에서는 궁핍과 곧 닥칠 전쟁이 두려워,

우울과 불안을 견디다 못해 광란 상태에 빠져들었다. 그가 '심각한 불치병'을 앓느라 절망이 깊어졌다는 말도 있지만, 물론 아무도 동의하지는 않는다. 어쨌든 그는 비탄에 잠겨 있었고, 그문덴의 토스카나 빌라에서 지내던 어느 날, 어떤 기억나지 않는 이유로 크게 화를 내다가 사냥용 소총으로 머리를 쏘아 자살했다.

그레틀은 그의 자살 소식이 신문에 나지 않도록 재빨리 조치를 취했고, 그문덴의 아돌프 히틀러 광장에 있는 지역 신문사 《잘츠카머구트 베오바흐터_Salzkammergut Beobachter_》의 편집자는 자기 관할 지역 저택 주인의 비명횡사 소식을 적당히 무시하는 대신, 두 노파의 자연사와 사랑에 울던 우유 배달원의 자살 미수 사건 같은 자잘한 기사들을 내보냈다.

제롬은 살아 있을 때나 죽은 후에나 별로 명예롭지 못했다. 그는 과학 기관에 기부하기 위해 아내의 재산 일부를 사용하기도 했지만, 잘못된 투자로 더 많은 돈을 잃었다. 그레틀에게는 남편으로서 낙제였고, 아들들에게는 툭하면 성질을 내는 데다 그나마도 집에 잘 없는 아버지였다. 처가 식구들 아무도 그를 썩 좋아하지 않아서, 그가 사망한 후 처가에서는 그에 대해 거의 언급하는 일이 없었다. 그는 끊임없이 과학적 지식을 추구하고, 다른 사람 돈을 낭비하며, 신경증으로 인한 편집증적 발작으로 주변 사람들을 비탄에 빠뜨리면서 평생을 살았다. 그레틀의 형편이 좋지 않은 시기에 일어난 제롬의 죽음은 그녀와 그녀의 아들들에게 귀찮은 부담을 덜어주었음에 틀림없다. 그는 그문덴 시립묘지에 조용히 묻혔다.

그레틀이 가장 큰 포부를 품은 그녀 인생 최대의 사랑은 막내아들이자 '전도유망한 청년'지였다. 딱하게도 말을 더듬는 토미는 실망스러운 모습만 보여주었다. 오만하고 게으르며 우울한 데다, 돈이나 차, 여자에 대해 무모하고 무책임하고 분명하지 않은 태도를 보여, 그레틀은 토미가 문제를 일으킬 때마다 돈으로 해결을 보곤 했다. 반면에 지는 눈에 넣어도 아프지 않은 자식이었다. 많은 면에서 지는 '엄마하고 똑 닮은' 것 같았다. 청년 시절 그는 여성스러웠고, 목소리도 여자처럼 고음이었다. 늦된 편이어서 30대에 접어들도록 마마보이로 지냈다. 오래전 그레틀은 딸을 낳는 데 관심을 쏟았지만 평생 딸은 갖지 못하리라는 걸 깨달았는지, 이제는 지의 부드러운 측면을 북돋는 한편 그가 할 수 있는 능력 이상을 강요했다. "나는 우리 아이들이 일종의 개혁가가 되길 원해." 그레틀은 이렇게 말하곤 했다. "그것이 우리 집안에 어울리는 유일한 직업이지." 이 목표를 위해 그레틀은 지가 어릴 때부터 사회 문제에 관심을 갖게 했다. 그리고 지가 학교를 마치자마자 — 바덴-뷔르템베르크Baden-Württemberg에 있는 상류층 대상 기숙학교나 빈의 상류층 대상 사립학교에서 그는 지능이 뛰어나지도 두각을 나타내지도 않았다 — 프라이부르크Freiburg와 빈의 대학들에 개설된 정치학 강의에 참석하도록 권했다. 이후 지는 빈 구제회의 자원봉사자가 되었고, 스위스 치즈 공장과 체코슬로바키아의 맥주 공장에서 잠깐 일했다. 1933년에 《브루클린 타임스-유니온Brooklyn Times-Union》 신문사에서 런던의 세계 경제 컨퍼런스를 취재했고, 한동안 정치나 경제 분야의 저널리스트가 될 생각을 품었지만, 그의 어머니는 그에 대해 더 큰 야심이 있었다. 그들의 사촌 카를 멩거에 따르면, "스톤버러 부인의 사회적 양심이 어떻든, 내가 보기에 그녀는 아이들의 타고난 권리로서 재산보다는 주요 직위를 훨씬 중요하게 고려하는, 매우 부유한

유럽인 부류에 속하는 것 같다." 1935년에 그레틀은 자신의 외교적
정치적 인맥을 동원해, 스물세 살이 된 지에게 워싱턴 노동부에 자
리를 구해주었다. 이곳에서 지는 미국 최초의 여성 각료이자 루스
벨트 정권의 노동부 장관, 프랜시스 퍼킨스Frances Perkins의 사무실
에서 일했다.

어머니의 사랑과 이른 출세는 젊은 지의 걸음걸이를 거들먹거리
게 만들었다. 그는 걸핏하면 화를 냈고 독선적이었으며 자만심이 강
했다. 귀족도 아니면서, 일반 대중을 무시하는 태도를 보였다. 아마
도 그를 설명하는 가장 적절한 단어를 찾는다면 오만일 것이다. 그
는 자기 마음에 들지 않는 사람들을 "천박한" "프롤레타리아"라며
무시하거나, 오스트리아 억양도 독일 억양도 아닌, 영국 사람보다
더 영국적인 억양으로 "재수 없는 프롤레타리아 인간들의 오만불손
함"에 대해 질책했다. "나는 천박한 민중이 싫다Odi profanum vulgus"
는 그가 자주 언급하는 좌우명이었다.

1925년 이후 비트겐슈타인 집안의 해외 재산을 관리해오던 헬레
네의 남편 막스 잘처가 1937년에 노인성 치매를 앓게 되자, 그레틀
이 억지를 부려 스물다섯 살인 지가 그의 역할을 이어받기로 결정
되었다. 이 결정은 뜻밖이었는데, 지는 어리고 변덕도 심한 데다 사
업에 대해서는 전혀 아는 바가 없으며 수학에 약했기 때문이다("나
는 수표책에 얼마가 남았는지 계산하는 데에는 완전히 젬병이야." 언젠가
그는 농담처럼 이렇게 시인했다). 하지만 일단 그레틀이 뭔가를 하기
로 결정하면 그렇게 되고야 말았다. 적절한 절차에 따라 조세 피난
처인 스위스 추크Zug주에 비스타크 주식회사Wistag AG&Cie라는 이름
의 회사 하나가 설립되었다. 100만 스위스 프랑의 주식 자금 및 동

업 자금은 지가 관리하기로 했으며, 이 총액에 대한 이자는 비트겐 슈타인 집안의 해외 투자액을 보관하는 신탁 자회사의 운영 비용을 충당하기 위해 사용키로 했다. 1939년에 이 투자자산의 가치는 960만 스위스 프랑으로 평가되었다. 그리고 스위스의 법에 의해 신탁 주식의 정확한 배분은 수령인 본인을 제외한 모두에게 비밀로 할 수 있었다. 회사의 정관에는 주주 각자는 신탁 자금으로부터 발생하는 소액의 이자율을 수령할 수 있지만, 총 신탁액은 십 년 동안 회사에 보유되어야 한다고 명시되었다. 다시 말해, 1947년까지는 신탁을 해지할 수도 원금을 찾을 수도 없었다.

한편 국가 재건 및 재무장을 위한 히틀러의 4개년 계획은 워낙 많은 비용이 드는 프로그램이었기 때문에, 수입원을 찾기에 급급했던 히틀러는 출신 인종과 관계없이 모든 시민은 해외 자산을 밝혀야 한다는 법령을 발표했다. 해외에 보유하고 있는 모든 통화는 즉시 독일제국으로 다시 가지고 와야 했고, 정부에 유리한 환율로 라이히스마르크Reichsmark, RM(히틀러 제국 시대에 독일에서 사용하던 마르크화-옮긴이)로 교환되어야 했다. 5월 초 유대인 주민에 발송된 서류 양식은 아리아 주민에게 발송된 서류의 확장판으로서, 모든 유대인은 독일제국 내에 보유한 재산들—그림, 접시, 은행 신용장, 건물, 사업체, 사진 등—을 비롯해 모든 재산 목록을 상세하게 기록하여 제출해야 했다. 뿐만 아니라 유대인들은 총 자산 가치의 20퍼센트에 해당하는 유대인 자본 과세를 부담해야 했다. 그리고 이민을 원할 경우, 25퍼센트의 출국세를 납부하고, 남은 현금 보유액의 65퍼센트를 추가로 더 내야 했다. 하지만 납세 신고서는 이런 식으로 제출되었다 하더라도, 원래 재산의 10퍼센트 이상을 들고 독일제국을 떠

날 수 있는 유대인은 거의 없었다. '유대인 자산 기록부'라는 제목의
서식 상단에는 다음과 같은 경고문이 인쇄되어 있었다.

> 이 목록은 1938년 6월 30일까지 제출되어야 한다. 자산 등록 및 평
> 가에 관한 법적 책임이 있는 자가 해당 의무를 이행하지 못하거나,
> 기한을 넘기거나, 이행 능력이 없는 경우 엄중한 처벌(벌금, 구금,
> 징역, 자산 몰수)이 가해진다.

파울과 헤르미네, 헬레네의 재산도 수색되었고, 가치 있다 싶은
물건들은 전부 미술사가이자 게슈타포 첩보원, 감정평가사인 오토
라이히Otto Reich 박사의 철저한 감정을 받았다. 그레틀은 미국 시민
권자임에도 불구하고 유대인이라는 이유로 이 서류들을 작성해야
했다. 라이히 박사가 쿤트만가세에 있는 그녀의 저택에 도착했을
때 그레틀은 집에 없었는데, 두뇌 회전이 빠른 하인이 싸구려 보석
을 들고 와서 라이히 박사의 흥미를 일으킨 다음, 박사가 이 보석에
군침을 흘리는 동안 귀중한 악보들을 잔뜩 들고 재빨리 정원으로
가 화분들을 보관하는 창고에 숨겨놓았다. 그레틀의 재산은 약간
축소해서 평가된 것 같다. 그녀의 예술작품과 도자기 소장품들은
전부해서 고작 1만 1235RM으로, 은장신구와 보석류는 9000RM으
로 평가되었으며, 값을 매길 수도 없을 만큼 귀중한 악보 수집품은
목록에 포함되지 않았다. 3월에 수출을 위해 포장해놓은 예술 작품
들도 이 평가에 포함되었는지는 확실하지 않다. 그레틀은 미국인으
로서 자신의 해외 자산을 밝힐 의무가 없었고, 그녀와 두 아들은 여
전히 자유롭게 독일제국을 드나들 수 있었으므로, 최대한 많은 재

산을 땅에 묻거나 숨겼다가 서서히 밀반출하려는 의욕이 컸다.

파울의 신고서에는 1938년 4월까지 그 해에 5만 7700RM의 소득과 436만 8625RM의 자산이 있는 것으로 기록되어 있다. 파울의 서류는 개인적인 재무 상태를 엿볼 수 있어 흥미로운 자료가 될 것이다. 가령, 이 서류를 통해 누이 헤르미네가 그에게 10만 7512RM을 빚졌다는 걸 알 수 있으며(아마도 그녀의 학교 때문에 생긴 부채를 갚기 위해 돈을 빌린 것으로 짐작된다), 그의 재산 가운데 1만 5000RM 상당의 16세기 고블랭 직물 태피스트리, 3만 RM 상당의 1716년 스트라디바리 바이올린, 1만 RM 상당의 안토니우스 아마티Antonius Amati와 히에로니무스 아마티Hieronymus Amati의 비올라가 있었음을 알 수 있다.—이 가운데 마지막 악기는 2002년 4월 15일에 막홀드 라레 바이올린Machold Rare Violins 회사에 의해 180만 달러로 평가되었다. 총액 7만 80RM으로 기록된 그의 그림들 가운데에는 모네가 그린 유제니 그라프Eugenie Graff의 초상화 〈마담 폴Madame Paul〉(현재 하버드 대학교의 포그 아트 뮤지엄Fogg Art Museum에 소장)과, 1898년에 크게 성공한 분리파 전시회에서 카를이 구입한 조반니 세간티니Giovanni Segantini의 〈악의 근원Die Quelle des Übels〉이 포함되었다. 이 가운데 나중 작품은 1938년에 2만 6000RM으로 평가되었다. 기록서 하단에 의견을 기재하는 지면에 파울은 이렇게 기록했다.

본 서식의 작성을 마쳤으며, 이 의무에서 면제되기 위해 저와 저의 누이, 헤르미네와 헬레네 잘처(비트겐슈타인 가문 출신)가 제출한 신청 서류가 아직 검토 중입니다. 제 형제들과 저는 조부인 헤르만 크리스티안 비트겐슈타인이 순혈 유대인이 아니라고 확신합니다.

조부의 외모와 생활 방식, 그리고 직계 자손의 외모가 이를 증명하며, [빈에 있는] 족보 연구기관에서는 이 같은 우리의 확신이 옳다는 것을 밝히기 위한 조사에 착수했습니다. 그러므로 이것이 사실인 경우, 우리는 절반만 유대인에 해당됩니다. 또한 비트겐슈타인 집안의 모든 구성원은 100년 동안 기독교인으로 태어나고 양육되었음을 언급하고자 합니다. 우리 집안의 기원은 독일에서 시작되었으며 우리는 1850년에 오스트리아에 왔습니다.

೪ 탈출

파울은 오스트리아를 떠나는 것만이 합리적인 유일한 방법이라고 확신했으며, 그 외의 다른 방법은 거의 생각할 수도 말할 수도 없었다. 애국자인 그는 1938년 4월에 실시한 히틀러의 국민투표에서 오스트리아 국민 99퍼센트가 그토록 열광적으로, 그처럼 신의 없이 독일을 위해 조국을 배반했다는 사실이 몹시도 비통했다. 독일제국 족보 연구기관이 그에게 혼혈인 신분을 부여한다 하더라도, 그는 여전히 가르치고 연주하는 것이 금지될 터였다. 반면 헤르미네는 세상일로부터 거리를 둘 줄 알았고, 자신에게 벌어질 최악의 일이라고 해봐야 거리에서 몇몇 친구들과 마주쳐도 더 이상 자기에게 인사를 하지 않는 정도일 거라고 생각하며, 계속 이 상태로 지낸다 하더라도 개의치 않았다. 하지만 그녀가 생각해도 파울은 훨씬 많은 걸 잃을 것 같았다.

〔헤르미네는 이렇게 썼다〕 대단히 무신경한 방식으로 사사건건 위협을 가하는 끔찍한 금지 규정과 상처 입은 자존감 때문에, 파울은 이루 말할 수 없이 괴로운 심정으로 매일 길게 산책을 했다. 그는 삶의 기반이 완전히 무너져버린 사람처럼 행동했다.

해외에 자금이 있는 한, 당국은 그를 내보내려 하지 않았다. 먼저 당국은 해외 재산 전부를 독일제국으로 가지고 오라고 요구했다. 그러고 나면 25퍼센트의 출국세 및 이민을 가는 유대인의 재산을 탈탈 털어내기 위해 이 정권이 만들어낸 기타 관세 일체를 지불해야 했다. 그런 다음에야 당국은 그의 이민을 고려해줄 터였다. 하지만 설사 파울이 정부가 제시한 지침을 고수하길 원했다 하더라도, 그렇게 할 수 없었을 것이다. 그의 해외 자산은 1947년까지 스위스 신탁 자금에 묶여 있었으니 말이다. 파울의 유일한 희망은 이 나라에서 빠져 나가 해외에 안전하게 정착해서 스위스 자금에 접근하는 것이었다. 그의 여권에는 아직 만기되지 않은 스위스 비자가 찍혀 있었지만, 오스트마르크를 벗어나려면 출국 허가도 필요했다.

파울은 잉글랜드에서 마르가와 머무를 때 저녁이면 클래식 음악에 관한 퀴즈와 테스트로 게임을 하곤 했다. 한번은 이런 게임을 하면서, 마르가와 파울 둘 다 모차르트의 여러 오페라 대사를 외고 있다는 사실을 알게 되었고, 이후 이 대사와 관련된 내용을 이용하여 검열관의 의심을 받지 않고 의사소통을 할 수 있었다. 예를 들어, 런던에 가려는 파울의 의도는 '두오 파롤레Duo parole'라는 구절로 암시되었다. 이 구절은 모차르트 오페라 〈피가로의 결혼〉 1막 6장, 알마비바Almaviva 백작의 짧은 레치타티보recitative(오페라에서 낭독하듯 노래하는 부분 – 옮긴이) 부분에서 자신은 런던에 가야 한다고 발표하기 위해 서두를 뗄 때 나오는 대사다. 휴일이면 바닷가에 앉아 파울과 몇 시간씩 수수께끼 같은 음악 게임을 했던 마르가는 그 말이 무얼 의미하는지 정확하게 알고 있었다. 이런 식으로 빈 정부당국이 파울에게 잉글랜드 단기 방문을 허락하게 할 합리적인 근거를 만들 계획이 준비되었다. 마르가는 '건필드 콘서트 에이전시'라는 가짜 회사 이름이 인쇄된 편지지에, 파울에게 일련의 강의 독주회 날짜를 제안하고, 이 프로그램에 음악학자 어니스트 워커Ernest Walker와 도널드 프랜시스 토비도 참석한다는 내용의 편지를 써서 보냈다. 이런 존재하지 않는 공연들은 원래는 5월 중으로 계획되었으나, 파울은 비자를 발급받지 못했다. 그래서 마르가는 날짜를 조정해 6월 중순용으로 다시 계약서를 보냈다. 하지만 이번에도 공무원들에 의해 계획이 좌절되어, 파울은 이번 계획은 불가능하다는 내용의 전보를 보냈다. 6월 17일에 그레틀은 런던으로 오고 있었고, 에뷰리 가Ebury Street에 있는 한 호텔에 묵을 계획이었다. 파울은 마르가에게 전보를 보냈다. "그녀가 옥스퍼드나 런던에서 당신을 보길 원함 — 고링Goring으로 메시지 남겨주길." 하지만 이틀 뒤에 그는 또다시 전보를 보내야 했다. "매부 스톤버러 오늘 저녁 돌연 사망. 누나는 나중에 올 예정. 진심어린 안부와 유감의 뜻을 보내며 — 파울."

제롬의 장례식이 끝나고 며칠 후, 그레틀은 잉글랜드에 도착해 런던에서 잠시 마르가를 만난 뒤, 케임브리지로 이동해 밀반입한 상자 두 개를 루트비히에게 건넸다. 그 안에는 여러 가족들 소유의 보석류와 악보들 — 베토벤 〈피아노소나타 작품번호 109번〉, 하이든

〈교향곡 90번 C장조〉, 모차르트 〈바이올린협주곡 A장조〉, 바흐의 초기 칸타타 〈예수, 당신은 내 영혼의 전부입니다〉, 그리고 모차르트의 피아노협주곡(K238과 K467) — 이 담겨 있었다. 그레틀은 루트비히에게 언젠가 이것들이 필요할지 모르니, 오스트리아 형제들을 위해 대신 보관해달라고 부탁했다. 루트비히는 상자 두 개를 베닛 가에 있는 바클리스 은행 대여 금고에 보관하고, 자기 외에 두 사람(존 메이너드 케인스와 피에로 스라파)에게 자신이 부재할 때 상자를 꺼낼 수 있는 자격을 부여했다.

한편 마르가는 파울을 위해 영국 여권을 구할 방법을 강구하고 있었다. 둘 사이에 주고받은 암호화된 편지 가운데 하나에서 파울은 마르가에게 루트비히를 찾아가 보라고 재촉했는데, 아마도 그는 루트비히가 영향력을 행사할 만한 위치에 있다고 생각한 것 같다. 두 사람의 만남은 런던 호텔에서 이루어졌으며, 단 십 분 만에 결론이 나서 마르가는 크게 놀랐다. 긴 침묵이 이어졌고, 마침내 루트비히가 입을 열어 침묵을 깼다. "자, 모두 해결됐습니다."

"하지만 전 당신 형의 일 때문에 사우스올드에서 채링 크로스까지 먼 길을 왔어요. 적어도 당신이 점심 한 끼는 대접할 줄 알았는데요."

"아, 그걸 원하시는 거라면 알겠습니다." 루트비히는 피곤한 듯 말했다. "그렇다면 지금 원하는 걸 말씀하시겠습니까?"

"글쎄요." 마르가가 대답했다. "하지만 금방 생각해낼 수 있을 거예요."

그렇게 해서 두 사람은 라이온스 코너 하우스Lyons Corner House로 가서 빈에 있는 둘 다 아는 사람들에 대해 이야기했고, 루트비히는 그녀의 말에 동의하거나 혹은 놀랄 정도로 적대감을 표시하며 반대했다. 잠시 후 그는 갑자기 자리에서 벌떡 일어서더니 분명하게 의견을 이야기하는 것이었다. "당신은 내가 계속 이야기를 하고 싶도록 말하는군요. 동물원에 갑시다." 우리에 갇힌 동물들은 큰 즐거움을 주었고, 이후 그들은 함께 앉아 차를 마셨다. "그가 자기 몫의 잼을 다 먹었기 때문에 나는 내 잼을 조금 덜어주었어요." 마르가는 회상했다. "하지만 그는 거절하더군요. 웨이터가 저에게 준 제 몫의 일부를 덜어준 것일 뿐 제 것도 아닌데 말이에요. 그렇게 치면 그가 먹은 잼도 그의 것이 아니고, 이건 전부 '그냥 잼'일 뿐이잖아요." 다음으로 루트비히는, 실제로 그랬기 때문에, 충분히 이야기를 나누었다고 말하면서 리버풀 스트리트행 3등 지하철까지 마르가를 바래다 주었다. 그는 동물원에서 마르가의 코트가 들고 있기에는 너무 무겁고 입기에는 너무 덥다는 걸 알았을 때부터 줄곧 코트를 들고 있었다. 헤어지면서 마르가는 루트비히에게 사우스올드에 오면 자기 집에서 머물라고 인심 좋게 그를 초대했다. "좋은 생각이군요." 루트비히는 대답했다. "하지만 저에게는 좋지 않습니다. 제가 그곳을 싫어할 거라는 걸 아니까요."

빈으로 돌아온 그레틀은 오스트마르크의 새 총독, 아르투어 자이스-잉크바르트와의 만남을 준비했다. 그레틀은 그의 동생 리하르트를 통해 아르투어와 인맥을 갖게 되었다. 지 스톤버러의 묘사에 따르면 리하르트 자이스-잉크바르트는 "친절하고 정직하며 훌륭한 남자"였으며, 형이 총독이 되기 직전인 1938년에 나치당에 가입했다. 한 보고에 따르면, 리하르트는 "뼛속까지 나치 당원"으로서 가톨릭교회가 히틀러의 합병을 지지하도록 설득하는 임무를 담당했다. 그는 제1차 세계대전 기간 동안 가톨릭 사제로 활동했고, 이후 농아학교, 고아원, 국군 병원 등에서 교목이며 교사로 일했다. 1920 년에 사제직을 그만두고 결혼한 뒤에는 아무도 사지 않는 우울한 시집 몇 권을 쓰기도 했다. 리하르트는 랑엔체어도르프Langenzerdorf 에 있는 소년범 교화소 소장으로 일할 때 그곳의 운영위원으로 있던 그레틀과 만났다. 1928년에 그는 이혼을 간절히 원한 나머지 신경쇠약에 걸렸는데, 그레틀은 그가 회복되는 몇 주 동안 그문덴의 이른바 리틀 빌라Little Villa에서 그에게 숙식을 제공했다.

오스트마르크의 신임총독이 된 리하르트의 형 아르투어 자이스-잉크바르트는 그레틀의 친절에 감사해하며 그레틀을 만나기로 동의했다. 친위대 중장Gruppenführer이며 열렬한 친독일 반유대주의자인 자이스-잉크바르트는 역사 기록 및 연감에서 악랄한 인간으로 기록되어 있다. 그는 슈슈니크 내각의 내무부 장관으로 있을 때 히틀러에게 기회를 주기 위해 물밑에서 활동했고, 합병한 지 2년 뒤에 네덜란드의 제국 대표부 위원Reichskommissar으로 임명되었으며, 1946년에 10만 명의 유대인 죽음에 대한 죄목으로 뉘른베르크에서 교수형에 처해졌다. 그레틀은 그를 별로 마음에 들어 하지 않았지만, 적어도 한 달 동안은 그의 신임을 받아 이 기회에 파울을 비롯해 힘든 상황에 있는 몇몇 지인들의 상황을 변론했다. 그녀는 남동생이 매우 예민한 상태에 있다, 리하르트가 비슷하게 힘든 처지였을 때 자신이 그를 돌봐주었다, 자살할지도 모르는 남동생 파울을 구하기 위해 이제 당신의 도움이 필요하다고 말했다. 그레틀은 이민은 고려할 가치도 없다는 점에 대해서는 인정하지만, 파울의 인종적 지위가 아직 결정되지 않았으므로 잉글랜드에서 몇 차례 연주회를 할 수 있도록 잠시 기회를 주는 건 바람직하다고 주장했다. 자이스-잉크바르트는 파울이 독일제국으로 돌아오는 걸 그레틀이 보장한다는 조건으로 파울의 비자를 마련하겠노라고 말했다. 그레틀은 파울의 허락하에 이 일을 추진했고, 8월 23일에 파울은 3주간의 출국 허가를 얻어 다음 날 바로 독일제국을 떠났다.

파울은 보름 동안 잉글랜드에 머물면서 옥스퍼드에 있는 마르가와 케임브리지에 있는 루트비히를 방문했다. 그는 두 사람에게 이민이 절실하게 필요하다고 설명했다. 그는 비스타크 펀드Wistag Fund에 묶인 자신의 자본 지분에 손을 댈 수도 없고, 그렇다고 돈이나 귀중품을 가지고 독일제국을 벗어나는 건 금지되어 있어 수입이 걱정이었다. 마르가는 필요한 돈을 모두 제공하겠다고 파울을 안심시키면서, 옥스퍼드에서 자기와 자기의 여자 형제와 함께 지내자고 권했다. 그러나 다른 사람의 도움을 병적일 정도로 질색하는 파울은 독일제국으로 돌아가자마자 그녀에게 편지를 썼다.

한 가지는 분명하게 말할 수 있어. 내 소중한 친구 마르가, 당신은 내가 깊이 생각할 필요 없이, 전혀 씁쓸하게 여기지 않고도, 물질적인 원조는 물론이고 그와 더불어 제공되는 신의와 그 밖의 모든 도움을 기꺼이 받을 수 있는 몇 안 되는 사람 가운데 하나라는 걸. 하지만 최악의 경우가 닥친다 해도 그렇게 되지는 않길 간절히 바라!

마르가는 잉글랜드는 자연스러운 선택이라며 파울을 설득하려 애썼다. 파울은 영어를 유창하게 말하고, 영국 문학도 많이 알고 있으며, 지난 15년 동안 매년 영국을 방문했을 뿐만 아니라, 그의 형제도 그곳에 살고 있는 데다, 연주회 무대에서 환영받는 스타이고, 마르가를 통해 많은 영국인 친구들을 사귀었다고 말이다. 하지만 파울은 케임브리지에서 남동생을 만나면서 이 생각을 단념하게 되었다. 루트비히는 일찍이 피에로 스라파에게 들었던 주의사항을 파울에게 똑같이 말해주었다. "전쟁의 가능성에 대해 나는 모른다. 금방이라도 일어날 수 있고, 1~2년 더 '평화'를 유지할지도 모른다. 그런 부분에 대해서는 정말 아는 바가 없다. 하지만 6개월간 평화가 유지될 가능성을 두고 도박을 벌이지는 않겠다." 영국 시민권을 얻으려면 1~2년이 걸릴 수 있으며, 그동안 잉글랜드와 독일 사이에 전쟁이 일어난다면 파울은 국외로 추방을 당하거나 체류 외국인으로 투옥될 터였다.

파울은 독일 출국 비자 만료일 닷새 전에 빈으로 돌아왔지만 또다시 정부 당국과 심각한 마찰을 일으키게 되었다. 경제노동부 소속 자산 관리 기관 내 사유재산 담당 국가위원회 위원으로부터 온 형식적이고 관료주의적인 협박 편지 한 통이 그의 책상 위에 놓여 답을 기다리고 있었다.

파울 비트겐슈타인 씨

III Jews 29/38 g에 관한 건

유대인 자산 등록에 관한 1938년 4월 26일자 법령(독일제국 법률 색인 I, p414) 제7조에 의거, '4개년 계획'의 총책임자에 의해 부여받은 정부 당국의 권한으로, 귀하의 명의로 등록된 해외 투자증권의 제공 및, 위에 언급한 법령에 의거, 빈에 있는 귀하의 일반 거주지 관할 독일 국립은행 지점에 매매를 요청하오며, 아울러 이상의 요청이 있는 경우 해당 지점에 매매해야 함을 알려드리는 바입니다. 증권의 제공은 이 요구서 수령일 기준 최소 일주일 내에 이루어져야 합니다.

이런 질식할 것 같은 요구보다 더 가슴을 조여오는 일이 있었으니, 바로 당국에서 힐데와 자녀들의 존재를 알게 된 것이다. 파울은 인종오염죄로 법원에 소환되었고, 엘리자베트와 요하나의 후견인 자격을 박탈당했다. '독일 혈통 및 독일 명예의 보호'에 관한 뉘른베르크 법률 제2조 5항에 따라, 독일 혈통으로 인정받는 자와 혼외정사를 한 유대인은 '구금 및 강제노동 형'을 받았다. 1939년에 아리아 여인과 혼외정사를 한 유대인 남성에게는 일반적으로 4~5년의 구금형이 내려졌다. 이후 인종오염죄는 한층 엄중하게 다루어졌으며, 1945년에는 사형으로 처벌해야 할 43개 범죄 가운데 하나가 되었다. 유대인으로 간주할 것이냐 말 것이냐에 관한 많은 성문화된 정의들 가운데 한 가지 유별난 변칙에 의해, '1936년 7월 31일 이후, 순혈 유대인과의 혼외관계를 통해 낳은 자식'은 순혈 유대인으로 분류된다고 명시되었다. 따라서 파울의 막내딸 요하나(1937년 3월 출생)는 나치당에게 유대인으로 간주되었지만, 요하나의 언니 엘리자베트(1935년 5월 출생)는 그렇지 않았다.

이처럼 압력이 밀려들자 파울은 즉각 움직였다. 당장 짐을 쌌고, 주머니마다, 여행가방 안 옷가지들 사이사이마다 최대한 많은 귀중품들을 쑤셔 넣었다. 자기 손으로 짐을 꾸린 건 생전 처음이었지만, 이번엔 궁전의 하인들이나 누구에게도 자기가 무얼 하는지 알리고 싶지 않았다. 그는 작별인사도 없이 집을 떠나 택시를 잡고 역으로 향한 뒤 오스트리아-스위스 국경 행 기차에 올랐다. 아주 놀랍고도 다행인 건, 독일 쪽에서도 스위스 쪽에서도 국경 수비대원들이 그를 제지하려 하지 않았다는 것이다. 국경 검문소를 무사히 통과하자마자, 파울은 힐데에게 즉시 짐을 꾸려 아이들을 데리고 오스트리아를 빠져나오라는 메시지를 보냈다. 힐데는 일단 이탈리아로 향한 뒤 이탈리아-스위스 국경에서 파울을 기다려야 했고, 그동안 파울은 그들의 입국 비자를 마련했다. 힐데의 하녀, 카롤리네 롤리Karoline Rolly는 쉰세 살의 바바리아Bavaria 님펜베르크Nymphenberg 출신으로 여행 경험이 많았다. 그녀는 잉글랜드에서 일한 적도 있고, 1933년 7월에는 시카고 만국박람회를 방문하기도 했다. 딸린 식구가 없었고, 나치라면 치를 떨었으며, 아이들을 무척 사랑해 아이들은 그녀를 '이모'라고 불렀다. 그녀는 생각하고 말 것도 없이 그들과 함께 망명길에 오르기로 했다. 파울이 외국에 있다는 사실이 경찰에 알려지는 즉시 모두가 체포당할 위험에 처할 터이므로, 그들은 당장 떠나야 했고 아무에게도 행선지를 알려서는 안 되었다.

무엇보다도 힐데는 아버지에게 이 사실을 알려서는 안 되었다. 프란츠 샤니아는 새 정권을 옹호하는 수백만 오스트리아인들 가운데 한 명이었다. 그는 언제든 쉽게 마음을 바꾸는 사람이라, 최대한 윤택한 생활을 보장하는 쪽을 택하는 데 주저함이 없었다. 1932년에는 좌익인 독일 사회민주당 당원이었다가, 1934년 2월 반란이 실패하자 파시스트인 조국전선에 가입했다. 1938년 11월, 수정의 밤Kristallnacht(나치대원들이 독일 전역의 수만 개에 이르는 유대인 가게를 약탈하고 250여 개 유대교 사원에 불을 지른 날 – 옮긴이) 학살 이후에는 유대인에게서 강제로 빼앗은 칸들가세Kandlgasse의 아파트로 이주해 나치 복지 운동Nazional-sozialistische Volkswohlfahrt에 가입했다. 여기서 그는 자신의 아파트 건물 주민들에게 나치를 선전하고 당 지도부에 주민들에 관한 개인 정보와 그들의 정치적 충성심에 관한 정보를 전달하는 협력자 임무를 맡았다. 1940년대에 열 명의 유대인이 칸들가세 32번지에서 강제 추방을 당했다. 프란츠 샤니아는 아파트 19단지에 여전히 거주했으며, 1970년 2월 사망할 때까지 이 주소지에서 지냈다.

빈에 있을 때 파울은 자신의 예술학교 학생들 각자에게 "급격한 정세 변화로 인해 학생들이 학업에 방해받길 원하지 않으므로" 비트겐슈타인 궁전에서 무료로 개인 교습을 해주겠다는 편지를 보내, 가르치는 일을 금하는 나치의 규율을 거역했다. 일부 학생들은 그의 신분이 유대인이라는 이유로 제안을 거절했지만 많은 학생들이 그의 집에 찾아왔다. 그런데 1938년 8월 말에 학생들은 교습을 받으러 왔다가 궁전의 하인에게 뜻밖의 이야기를 듣게 되었다. "선생님은 집에 안 계십니다!" 그러자 파울이 자살했다는 소문이 삽시간에 퍼졌고, 사람들은 비트겐슈타인의 넷째 형제도 그렇게 됐다고 믿었다.

📖 체포

빈에서는 헤르만 크리스티안 비트겐슈타인이 발데크-피어몬트 Waldeck-Pyrmont(1929년까지 독일 서부의 주州였으며 이후 헤센 주의 일부가 된 지역 - 옮긴이)의 게오르크 공의 서자냐, 코어바흐의 모제스 마이어의 적자냐를 밝히는 노력이 계속 되었다. 빈 도시 기록보관소에서는 1935년에 가족 외에 누군가가 작성한 것으로 보이는 자료가 발견되었으나, 상황을 분명하게 만드는 데에는 별 도움이 되지 못했다. 이 자료에 따르면 그는 독일 빌레펠트Bielefeld 출신의 유대인, 히르쉬 비트겐슈타인의 아들이라는 것이다. 계보학자들은 두 장소를 모두 방문했지만, 어디에서도 헤르만 크리스티안의 출생에 관한 기록을 찾지 못했다. 가족들은 이것을 작은 승리로 여겼으니, 유대인 명부에 그가 없다면 유대인으로 확증된 것이 아니라고 주장했다.

베를린에 있는 독일제국 계보학 연구기관 담당자들은 이러한 논리를 전적으로 받아들이지 않았지만, 9월 말에 사촌 브리기테 츠비아우어Brigitte Zwiauer(카를의 여동생 밀리Millie의 손녀)가 한 묶음의 사진과 함께 세례 증명서 및 족보 사본을 보냄으로써 이 주장에 힘을 실었다. 그녀는 헤르만 크리스티안도 그의 열한 명 자녀들 가운데 어느 누구도 유대인처럼 보이지 않는다고 주장했으며 — 어이없는 주장일지 모르지만, 기관의 전문가들은 외모의 문제를 매우 진지하게 받아들였다 — 헤르만은 강경한 반유대주의자였다고 밝혔다. 또한 그녀는 비트겐슈타인 가문의 구세대들은 그가 서출이라는 사실을 거북하게 여겼으며, 이 사실을 한 번도 언급하지 않은 것도 그래서였지만, 지금은 매우 중요한 문제가 된 만큼 인정할 준비가 되었다고 주장했다. 츠비아우어의 주장에서 '지푸라기라도 잡으려는' 절박한 심정이 느껴지지만, 그녀의 논리가 대단히 설득력 있게 느껴지는 건 아마도 이 주장들이 1839년 헤르만 크리스티안의 세례 증명서를 검토한 것에 기반했기 때문일 것이다—세례 증명서는 가족이 소유한 서류 가운데 그가 코르바흐에서 태어난 날짜와 장소를 확인할 수 있는 유일한 서류였고, 그가 덕분에 빌레펠트-히르쉬 가계에 속하는지 하는 의문을 불식시켰다.

헤르만 크리스티안의 세례 증명서(사본 첨부)에서 그의 아내는 적자(합법적인 부모에게서 태어난)로 기록되어 있는 반면, 헤르만 크리스티안의 경우 '유대교 신앙을 교육받았다'는 문구는 분명히 일반적으로 사용되지 않는 것으로서, 사실상 그가 유대인 사회의 일원이 아니라 그 안에서 양육되었을 뿐임을 밝히기 위해 의도적으로 선택한 문구임은 주목할 만하다.

그러나 츠비아우어의 주장들은 받아들여지지 않았다. 수정의 밤으로 알려진 11월 9일과 10일 밤, 반유대주의자에 의해 독일제국 전역에서 벌어진 한바탕 난동 속에서, 코르바흐의 유대교 회당은 물론이고 누가 누구에게서 태어났는지 증명하는 모든 기록들까지 완전히 잿더미가 되어버렸다. 베를린 족보 연구기관의 쿠르트 마이어는 비트겐슈타인 가문은 순혈 유대인이며 더 이상 의심의 여지가 없다고 결론을 내렸다—혹은 어쨌든 쿠르트 마이어는 의심의 여지가 없다고 믿었을지도 모른다. 하지만 사실상 상황은 새로운 국면으로 접어들었고, 이제 이 문제는 쿠르트 마이어보다 훨씬 영향력 있는 정부 부서들에 의해 다루어지게 되었다.

이처럼 방침이 바뀐 것은 파울이 오스트마르크를 탈출했다는 것, 비스타크 신탁Wistag Trust의 신탁 금액은 신탁 증서에 의하면 1947년까지 묶여 있지만 **전체** 수령인과의 합의에 의해 약정이 파기될 수 있다는 것, 신탁 물건에는 크레디탄슈탈트와 취리히의 방크페어라인Bankverein 은행 대여금고에 있는 수백만 스위스 프랑의 외국 통화 뿐만 아니라, 215킬로그램의 순금 바도 포함되어 있다는 것 등의 내용을 독일 국립은행에서 알게 되었기 때문이다. 이 순금의 양이 많다고 볼 수는 없지만, 금에 대한 나치의 탐욕은(양이 얼마든 관계없이) 워낙 관련된 증거들이 많다. 9900만 달러 상당의 오스트리아 국가 금 보유고는 합병 직후 베를린으로 이송되었으며, 1938년에 23만 5000달러로 평가된 비트겐슈타인 집안의 금 비축량은 1년 뒤 독일에 몰수된 체코의 국가 금 보유고의 10분의 1 이상의 가치에 해당되었다. 하지만 독일은 파울의 서명 없이는 비트겐슈타인 집안의 금에 손을 댈 수가 없었다. 따라서 좋든 싫든, 빈에서든 스위스에서든 파울과 타협을 해야 했다. 그러나 1938년 11월 초 독일 국립은행과 비트겐슈타인 집안과의 첫 번째 대립이 시작되기 전, 가족들에게 새로운 끔찍한 재앙이 닥쳤다.

그레틀은 미국 시민이라 다른 형제들보다 훨씬 자유로웠다. 그녀는 당국으로부터 크게 간섭을 받지 않고도 화려한 빛깔의 나비처럼 독일제국을 마음대로 들락거릴 수 있었다. 파울의 망명 직후, 그레틀은 파울을 보기 위해 스위스로 건너가, 파울이 약속을 어기는 바람에 아르투어 자이스-잉크바르트를 볼 면목을 잃었다며 그녀 특유의 악명 높은 비난을 퍼부어댔다. 그레틀은 파울이 젊은 정부와 그 사이에서 태어난 두 사생아의 존재를 지금껏 가족들에게 숨겨왔다는 사실도 질리고 역겨웠지만, 그것 때문에 파울을 보러 간 건 아니었다. 파울이 긴급한 문제가 있으니 스위스에 와달라고 그레틀에게 전보를 쳤던 것이다. 전쟁이 임박했다는 사실, 유대인들이 곧 강제수용소에 감금되어 학대받고 영양실조에 시달리다 아마도 몰살

당할 거라는 정보가 외국에서는 잘 알려진 반면, 빈에서는 뉴스가 검열되는 바람에 정작 자국에서 무슨 일이 벌어지고 있는지 알 방법이 없었다. 따라서 헤르미네와 헬레네는 자신들이 얼마나 심각한 위험에 처해 있는지 짐작도 하지 못했다. 파울은 그레틀이 누이들에게 이러한 정보를 전하면 힘닿는 대로 이민을 고려하게 될 거라고 주장했다.

공황 상태로 빈에 돌아온 그레틀은 헤르미네를 불러, 콜마르크트에 있는 어떤 변호사를 개인적으로 찾아가면 그가 세 사람 모두—헤르미네, 파울, 헬레네—를 위해 유고슬라비아 시민권을 구해줄 수 있을 거라고 말했다. 헤르미네는 시키는 대로 했지만 마음이 무거웠다. 개인적으로 그녀는 독일제국을 떠나고 싶지 않았고, 강제수용소라는 게 뭔지 상상이 되지 않아 두렵지도 않았다. 집안의 관리인이자 사무집사인 안톤 그롤러는 이 계획을 듣고 두려워하며 강하게 거부감을 드러냈지만, 달리 대체할 만한 계획이 없었기 때문에 그레틀은 그의 반대를 간단히 묵살해버렸다.

콜마르크트의 고급 사무실에서 변호사는 자신은 위조 여권이 아니라, 유고슬라비아 정부가 이민을 원하는 오스트리아 유대인 누구에게나 판매하는 진짜 유고슬라비아 여권을 준비해줄 수 있다고 헤르미네에게 장담했다. 헤르미네는 이 말을 곧이곧대로 받아들여 변호사에게 거액을 지불했고, 파울이 외국에서 괜히 불안을 조장하는 정보를 전달해 달갑지 않은 조치를 취하도록 강요하고 있다며 마음속으로 파울을 비난하며 몹시 화를 냈다.

그레틀은 이 계획을 헬레네에게 전달하는 임무도 헤르미네에게 맡겼다. 헬레네는 걱정이 많고 위험을 회피하는 사람이라, 그녀를 설득하는 일은 생각처럼 쉽지 않았다. 헬레네의 남편 막스는 이제 치매뿐만 아니라 암까지 걸린 상태여서, 조금만 긴장해도 건강에 치명적일 수 있었다. 그레틀은 여권을 가지고 오기 위해 자진해서 자그레브까지 차를 몰고 갔지만, 자그레브에 도착하는 순간 갑자기 몸이 몹시 불편해져서 대신 헬레네의 사위인 아르비트 쇼그렌Arvid Sjögren을 보냈다. 아르비트는 그곳에 도착하자마자, 그곳이 유고슬라비아 관공서가 아니라 불법 위조범의 지저분한 사유지임을 단박에 알아차렸다. 하지만 그는 어쨌든 여권들을 가지고 왔고, 개인적인 위험을 무릅쓰고 빈의 헤르미네에게 여권을 전달했다. 헤르미네는 여권을 받은 즉시 여권에 찍힌 날짜가 대탈출을 계획한 날짜와 일치하지 않는다는 사실을 확인하고 콜마르크트의 변호사에게 다시 여권을 가지고 갔다. 변호사는 대리인이 며칠 내로 오류를 바로잡을 거라며 그녀를 안심시켰다. 이때가 1938년 10월 중순이었다.

기한은 지났지만 대리인은 나타나지 않았다. 공황 상태에 빠진 여자들은 계획을 수정했다. 헤르미네는 대신 뮌헨—아무도 비트겐슈타인 집안사람을 알아보지 못할 거라고 기대할 수 있는 장소—으로 간 다음 이곳에서 스위스 비자를 받기로 했다. 그런데 여행을 떠나고 보니 이 여권들 가운데 어느 것에도 서명이 되어 있지 않다는 걸 알게 되었다. 헤르미네는 겁에 질려 그레틀에게 전화를 했고, 그레틀은 당장 빈으로 돌아오라고 말했다. 그레틀의 집에서 두 자매는 음모를 꾸미고, 자기들 여권 외에 나머지 여권들에 위조 서명을 했다. 이런 행동들은 헤르미네를 불안하고 신물 나게 만들었다. 헤르미네는 국경지대 관리들이 자기들을 알아볼까 봐, 그리고 노망든 제부가 비밀을 전부 발설할까 봐 불안에 떨었지만, 겁 없는 여인 그레틀은 헤르미네에게 침착하라고 다그쳤다. 그레틀은 이번에는 그녀의 비서 헤트비히Hedwig에게 여권을 주어 뮌헨에 보낼 생각이었다. 헤르미네보다는 헤트비히가 머리가 더 잘 돌아갈 거라고 믿었기 때문이다. 그날 오후 그레틀은 오한과 열이 나 침대에서 쉬고 있다가 조카사위인 아르비트가 잔뜩 불안한 모습으로 방문했을 때에야 자리에서 일어났다. 아르비트는 유고슬라비아 경찰이 위조 여권을 발급받은 사람들 명단 전체를 게슈타포에 제출했고, 자그레브에 있는 소위 여권사무소라는 곳을 급습했다는 소식을 가지고 왔다. 좀 더 영악한 범죄자라면 당연히 경찰이 도착하기 전에 재빨리 여권을 파기하도록 조치를 취했을 테지만, 그레틀은 너무나 괴로운 나머지 빤한 방편들을 간과한 채 모든 일을 순전히 자신의 책임으로 돌리기로 마음먹었고 다른 사람들에게도 그렇게 이야기했다. 결국 대부분의 여권에 서명을 위조한 건 그레틀이었으니까. 그레틀은 헤르미네의 여권을 포함해 모든 여권을 자신이 서명했다, 처음부터 이 모든 것이 자신의 계획이었다, 여자 형제들에게 알리지 않고 독단적으로 그들의 여권을 구입했다, 비상시에 대비해 서랍에 넣어두려고 단순히 예방 차원에서 그렇게 한 거다, 라고 주장하려 했다. 인맥이 든든한 미국 시민인 만큼 그레틀은 이 상황을 무사히 모면할 수 있을 거라고 자신했다. 헤르미네와 아르비트가 이 엉뚱한 음모에 동의하고 있을 때, 탕탕 하고 크게 문 두드리는 소리가 들렸다.

경찰은 몇 시간 동안 발소리를 쿵쿵거리며 집 주변을 돌아다녔고, 이윽고 사전 면접에서 피심문자 모두가 협의 방안을 내놓은 후에야 집을 나섰다. 모두가 안도했고, 헬레네는 이제 위험이 다 끝났다고 여기며 남편을 해외로 휴가 보내기로 결심했다. 그러나 바로 다음 날 경찰이 대거 집으로 몰려들어 헤르미네와 그레틀, 아르비트는 물론이고, 여권 수수료를 받은 변호사까지 체포했다. 이 무렵 그레틀은 폐렴이 본격적으로 진행된 상태였지만, 강제로 끌려나와 언니와 함께 대기 중인 승합차에 올라타야 했다. 승합차는 로자우어랜데Rossauerlaende에 위치한 중앙 경찰서까지 무서운 속도로 내달렸다. 경찰서에서 피의자들은 각자 개별적으로 심문을 받았고, 사전에 입을 맞춘 사건 해명에 나름의 이야기를 충실하게 덧붙였다. 그러나 변호사는 제대로 준비가 되지 않았던 터라, 헤르미네가 콜마르크트에 있는 그의 사무실을 세 차례 방문했다고 말했고, 그 순간 헤르미네와 그레틀, 아르비트의 노력은 수포로 돌아갔다. 같은 날 헬레네도 그문덴에서 쇼핑을 하다가 체포되었다.

치안판사 앞에 선 세 사람은 모두 초기 진술에서 거짓말을 했다고 인정했고, 경찰서에서 이틀 밤을 보낸 후 국립 교도소로 끌려갔다. 콜마르크트 변호사의 운명은 기록에 없다. 안톤 그롤러와 아르비트의 아내 클라라를 비롯한 여러 조카들이 그들을 보석으로 석방시키기 위해 뒤에서 정신없이 움직였다. 거액이 요구되었고, 헤르미네와 아르비트는 엿새째 날에 석방되었다.

아내가 없자 막스 잘처는 미친 사람처럼 횡포를 부렸다. 그의 형제와 딸, 그리고 하인들은 게임과 오락거리로 그의 주의를 돌리려고 온갖 방법을 동원하면서, 헬레네가 지금 아픈데 그에게 병을 옮기지 않으려고 잠시 집을 비웠다며 군색한 변명을 했다. 무엇보다 그들은 막스 잘처가 신문에 보도된 스캔들을 읽고 수치심을 느껴 분노를 터뜨리지 않을까 두려웠다. 헤르미네와 아르비트가 빈의 교도소에서 풀려났다는 소식이 그문덴 경찰서에 전달되자마자 곧바로 헬레네도 풀려났다. 그레틀만 여전히 철창 속에 갇혀 있었다. 헤르미네는 마음속으로, 이렇게 된 건 순전히 어느 날 밤 감옥 창문 밖으로 "그레틀!"이라며 소리를 질러 감시병의 의심을 불러일으킨 자신의 잘못 때문이라고 믿었다. 하지만 그것과는 아무런 관계가 없었다.

그레틀이 다른 형제들보다 더 오래, 더 비참한 환경에 갇혀 있어야 했던 이유에 대해서는 밝혀지지 않았지만, 실제로 어찌나 난폭하게 다루어졌던지 교도소에서 풀려났을 때 그레틀의 상태는 아주 엉망이었다. 그레틀은 미국 영사관에 외교관으로 있는 친구, 존 헤이스John Hayes 경을 만나게 해달라고 거듭 요구했다. 존 헤이스 경과, 테니스를 치는 귀족 가문 출신의 그의 영국인 아내 마저리Marjorie는 그가 스위스 바젤에서 미국 영사로 재직하던 1920년 이후부터 스톤버러 부부와 친구로 지냈으며, 그레틀이 오스트리아에 연유를 보낼 때도 도움을 주었다. 존 경 부부는 워싱턴에 있는 지와도 가까이 지냈는데, 이것으로 당시 《워싱턴 포스트》지에 빈에 있는 총영사관의 활약을 칭찬하는 한 통의 편지가 도착한 경위를 어느 정도 설명할 수 있겠다.

담당자께 :
저는 방금 외국을 여행하고 돌아온 사람으로서, 독일에 있는 우리 외교관 및 영사들의 업무에 대한 감탄의 글을 귀사의 지면에 싣고자 합니다.
특별히 빈에 주재하는 총영사관에 대해 언급하고자 합니다. ……
관리들과 그 직원들은 진심 어린 노력과 동정심 그리고 인내로, 거짓과 과학적 사디즘이 난무하는 황량한 땅에서 미국적인 정신의 기수가 되어 민주주의적 이상을 행동으로 증명하고 있다고 확신합니다.

J.J. 스톤버러

존 경은 감옥에 도착하자 그레틀이 감금되어 있는 야만적인 환경에 과장되게 분개하면서 당장 그녀의 주치의를 불러들이라고 요구했다. 결국 그는 그레틀을 석방시키는 데 성공했지만, 그레틀의 미국 여권과 가짜 유고슬라비아 여권은 둘 다 몰수되었고, 그레틀은 사건을 심리할 때까지 빈에 남아 있으라는 명령을 받았다. 헤르미네(당시 63세), 헬레네(59세), 그레틀(56세)이 마침내 보석으로 풀려났을 때 그들은 모두 신경쇠약 상태가 되었다. 헬레네의 불안 증세는 이루 말할 수 없을 정도였다. 그녀는 감옥에 있을 때 음식을 거부해 창백하고 수척해졌다. 그레틀은 여전히 폐렴에 시달렸으며 열을 동반한 우울증에 빠진 한편, 헤르미네는 자신의 운명을 고민하느라 밤낮으로 조바심을 내고 있었다. 그해 크리스마스는 그레틀을 암울하게 만들었다. 1925년 이후 파울과 루트비히 없이 보내는 첫 번째 크리스마스였다. 제롬은 저 세상에 가고 없고, 아들 둘은 미국에, 입양한 아들 가운데 한 명은 베를린에 있었다. 초콜릿과 생강빵을 함께 나누어 먹으며, 곧 법원 소환이 닥치리라는 암담한 전망을 잠시라도 잊게 해줄 사람은 비서와 또 다른 차스트로 형제뿐이었다. 헤르미네는 루트비히에게 이렇게 편지를 썼다. "지금은 우리 가족에게 만만치 않게 힘든 시기야. 외부의 위험들은 말할 것도 없고, 우리 관계를 평가하고 시험할 중요한 기회지. 이따금 나는 내 앞에 놓인 모든 상황을 똑똑히 바라보며 이렇게 생각해. 어떤 바위도 계속 서 있지는 않을 거라고 말이야."

그나마 좋은 소식이라면, 마침내 소환장이 도착했을 때 헬레네의 이름은 없었다는 것이다. 헬레네는 문서위조 사기에 관여되지 않고 이제 병든 남편을 편안하게 돌볼 수 있게 되어 다행이었다. 공판일은 1939년 4월 초로 잡혔다. 헤르미네와 그레틀은 변호사인 코르니시Kornisch 박사의 특별 지도를 받으며 진술 내용을 암기했다. 그런데 재판이 막 시작되어 두 명의 숙녀와 그들의 조카사위가 초조하게 손을 쥐어짜며 피고인석에 앉으려 할 때, 별안간 새로운 반유대주의 법령으로 인해 코르니시 박사가 그들을 변호할 수 없다는 내용이 발표되었다. 한편 아르비트는 알프레트 인드라Alfred Indra라고 하는 백발에 키가 크고 말솜씨가 좋은 비열한 상류층 변호사의 도움을 받아왔다.

판사는 그레틀과 헤르미네에게 공판일을 연기하도록 기회를 주었다. 그동안 그들은 다른 아리아인 변호사를 찾았지만, 결국엔 직접 변호하기로 했다. 나중에 이 일에 대해 헤르미네는 뜻밖의 행운이라고 회상했다. "유대인 피고측 변호인이 우리 편에서 해줄 수 있는 그 어떤 말들보다 우리의 외모와 말투가 훨씬 효과적인 최선의 변호"였기 때문이다. 이제 각자 증인석에 앉았고, 그레틀은 이번에도 모든 책임은 전적으로 자신에게 있다고 말했다. 아르비트와 헤르미네도 자신들에게 죄가 있다고 인정했다. 정부의 국경 경찰을 속이기 위해 고의적으로 위조 여권을 구입했다고. 즉 출국세를 지불하지 않고, 독일 국립은행에 그들 소유의 해외 통화 불입을 피할 목적으로 해외로 떠날 계획을 세웠다고. 여자 형제들의 서명을 위조했으며, 처음 심문을 받았을 때 경찰에 거짓말을 했다고.

판사 슈탄트하팅거Standhartinger는 모든 내용을 참작한 뒤 심호흡을 한번하고 배심원단에게 사건의 개요를 말했다. "위조 여권에 위조 서명을 하는 건 이미 뻣뻣해진 시체를 살해하려고 시도하는 것과 같습니다. 그렇다면 과연 죄를 범한 것이라고 할 수 있겠습니까?" 판사와 배심원단은 숙고하기 위해 물러났고, 한참 후에 다시 나타나 세 사람 모두 무죄임을 발표했다. 가족들은 자기들의 우수한 인맥들을 활용하면 어떠한 어려움도 이겨낼 수 있다고 늘 믿어왔다. 그들은 종종 이렇게 말하곤 했다. "우리는 보호받고 있지!" 모두들 그들 가운데 단 한 사람과 관련된 절차상의 문제에 의해 모든 혐의에서 풀려났다. 헤르미네와 그레틀, 아르비트는 믿기지 않을 만큼 좋은 일에 안도와 기쁨으로 가슴이 벅차올랐다.

그리고 애석하게도, 사실이라고 믿기에 이 일은 너무나 행운이었다. 이틀 뒤 헤르미네와 그레틀, 아르비트는 "과거 그 어떤 일들보다 깊은" 충격을 줄 "끔찍한 타격"을 받았다. 슈탄트하팅거 판사의 상식에서 벗어난 판결을 탐탁지 않게 여긴 빈의 한 검사가 이 판결에 항소해 이 사건을 재개하도록 지시한 것이다.

두 번째 이민

파울에게 스위스 체류 기간은 유쾌하지 못했다. 연주할 연주회장도, 가르칠 학생도, 일상생활을 도와줄 하인도 없었다. 비자도 없이 이탈리아-스위스 국경에서 여전히 그를 기다리고 있을 힐데와 딸들이 몹시 염려되었고, 생전 처음 돈 문제로 괴로웠다. 아침마다 리마트Limmat 강둑을 따라 빠르게 걷거나, 취리히 호수의 차가운 물속에서 수영을 했다. 오후에는 푸슬리슈트라세Fusslistrasse에 있는 후크Hug 음악회사의 피아노 전시실에서 연습을 하고, 프랑스와 라틴 고전을 읽고, 격렬한 필체로 마구 휘갈기며 편지를 썼다―그러나 이런 활동들 가운데 어느 것도, 각각 따로든 전체로든 그의 불안한 상태를 차분하게 해주지 못했다.

무엇보다도 파울은 오스트리아의 누나들 소식이 간절했고, 그들이 극심한 위험에 처해 있다는 걸 그들보다 훨씬 분명하게 알고 있었다. 떠나기 전에 파울은 누나들에게 제발 이민을 가라고 간청했지만, 헬레네의 남편 막스가 고향을 벗어나는 걸 결코 동의하지 않았고, 헤르미네는 자기 주변과 떨어지지 않겠노라고 단호하게 말했다. 파울은 빈에 있는 유대인으로서 이제 그들의 운명은 끝장이라고 강하게 주장했다. 출국세를 지불하고, 스위스에 보유한 가족 소유의 자금으로 해외에서 생활하며 손해를 줄여야 한다고 말했다. 만일 그들이 독일제국에 머무르기로 고집할 경우, 독일은 협박과 위협으로 그들의 해외 재산을 요구할 텐데, 해외에 보유한 가족의 재산을 모두 넘겨주고 나면 사실상 그들은 완전히 파산하게 될 거라고 충고했다. 여자 형제들은 신랄하고 신경질적이고 종종 무례한 말로 파울과 언쟁을 벌였다. 파울은 말했다. "누나들은 외양간에 불이 났는데도, 외양간 밖으로 한 발자국도 나오려고 하지 않는 소처럼 굴고 있어." 헤르미네가 맞섰다. "그러는 너는 지독한 이기주의자고!"

파울은 호화로운 호텔 사보이 바우어 엔 빌Savoy Baur en Ville의 객실에서 이 문제를 깊이 숙고했다. 그는 연주를 가르치는 일도 금지 당하고, 아이들의 후견인 자격도 박탈당한 독일로 돌아가봤자 즉시 체포되어 투옥되리라는 걸 잘 알고 있었다. 어차피 그곳에 두고 온 재산과 부동산을 되찾으려 애써봐야 소용없었다. 그러니 차라리 독일제국을 벗어나 스위스에 보관된 일부 재산에 집중해야 했다. 하지만 그도 잘 알고 있듯이, 신탁 자금의 모든 수령인과 관리자들의 동의 없이는 비스타크 펀드 가운데 자신의 몫이 지급될 수 없었다. 수령인에는 그의 누나들, 영국에 있는 동생, 여러 조카들(특히 미국에 있는 지 스톤버러), 매형인 막스 잘처, 그리고 집안의 재정적인 일을 처리하는 안톤 그롤러가 포함되었다. 그보다 더 심각한 문제는 베를린의 공무원들이 이 자금에 대해 알게 되어 독일 국립은행에 불입하라고 요구하고 있다는 것이었다.

당사자들 모두의 동의를 얻으려면 시간이 걸릴 터이므로, 그동안 파울은 쌓여가는 호텔 숙박비와 이탈리아에 있는 힐데와 아이들의 생활비를 마련할 방법을 찾아야 했다. 파울은 스위스의 콘서트 기획자인 하인츠 피셔Heinz Fischer 박사와 공모해 독일의 한 4중주단을 초청하여 취리히에서 연주하게 했는데, 이때 빈에서 자신의 귀중한 악기들 — 스트라디바리 바이올린과 과다니니 바이올린 각 한 대, 아마티 비올라 한 대, 루기에리 첼로 한 대—을 들여올 수 있었다. 연주자들이 하슬라흐Haslach에서 국경을 넘을 때, 상자 안에 들어 있는 악기들이 그들의 것이 아니라는 걸 눈치챌 사람은 아무도 없을 터였다. 뿐만 아니라 연주자들이 떠날 때 가지고 간 악기보다 더 저렴한 모델을 겨드랑이에 끼고 독일로 돌아와도 아무도 알아차리지 못할 터였다. 이 위험한 일을 위해 피셔 박사와 연주자들이 얼마의 보상을 받았는지, 두 대의 바이올린(아마 이 악기들만으로도 밀반입자들에게 충분한 보상이 되었을 것이다)의 운명은 어떻게 되었는지 알려진 바는 없다. 1938년 10월에 파울은 비올라와 첼로를 들고 스위스의 바이올린 제작자인 스튜빙어Stubinger를 찾아갔다. 그는 스위스 프랑으로 각각 1만 8000프랑으로 평가했다. 파울은 재빨리 악기를 팔아 일시적이나마 재정 문제에서 한숨 돌릴 수 있었다.

돈이 있든 없든 파울은 스위스에 오래 머물 생각이 없었고, (설사 이곳에 계속 남고 싶었다 하더라도) 스위스 당국에서 그의 비자를 계속해서 무기한 갱신해줄 것 같지도 않았다. 스위스 어디에서나 그렇듯 취리히에서도 외국인을 적대시하며 극도로 혐오했다. 독일이 침입할지도 모른다는 두려움과 독일제국에서 넘어오는 망명자들이 점차 쇄도하는 것에 분노한 스위스 정부 당국은 국경 보안을 강화하기로 결정했고, 1938년 10월에는 모든 유대인의 여권에 붉은 글씨로 'J'라는 도장을 찍자고 주장했다. 그로부터 1년 이내에, 조국에 남아 있는 모든 유대인을 제거하라는 명령에 따라 독일 친위대 군인들은 물리적인 힘을 이용해 유대인들을 독일 국경 밖으로 몰아냈다. 그러자 반대편에 있는 스위스 관리들은 잔뜩 짜증을 내며 그들을 다시 독일 쪽으로 밀어붙였다.

자신이 다른 여자 형제들보다 유대인처럼 생겼다고 믿고 있던 파울은 스위스의 반유대주의 정서가 점차 커지자 더 이상 이 나라를 피난처로 여길 수 없어, 8월 초 미국으로 향하기로 목표를 정했다. 그는 미국까지 가는 일이 쉽지 않으리라는 걸 알았다. 다른 나라의 행정부와 마찬가지로(산토 도밍고Santo Domingo를 제외하고) 미국 정부 역시 국제적인 위기에도 불구하고 독일 이민자 할당 인원수를 늘리려 하지 않았다. 파울은 연줄을 동원해야 했고, 이동 계획이 최종적으로 확정되자 마르가 데네케에게 편지로 상황을 이야기했다. "뉴욕행 선박 티켓을 구하긴 했지만, 특별한 후원이 없었다면 힘들었을 거야."

파울이 언급한 후원이란 미국의 전문가 초청이라는 형식을 띤 것으로, 하나는 수석 지휘자 아르투어 로진스키Artur Rodzinski의 지휘로 클리블랜드 오케스트라와 협연해달라는 초청이었고, 또 하나는 뉴로셸New Rochelle에 있는 데이비드 매니스 음악학교David Mannes Music School의 웨스트체스터 부속학교에서 무급 교수로 일해달라는 초청이었다. 두 기관 모두 유럽에서 옴짝달싹 못하는 유대인 음악가들이 미국 비자를 얻을 수 있도록 돕기 위해 엄청난 노력을 기울이고 있었다. 데이비드 메니스 음악학교는 당시 헬레네의 아들인 음악학자, 펠릭스 잘처를 비롯해 다른 많은 이들에게 무급 채용을 제안했다. 로진스키는 1936년 잘츠부르크 페스티벌 콘서트에서 대단한 성공을 거둔 후, 2년 동안 파울에게 클리블랜드 초청을 약속해왔다. 로진스키는 미국에서 최고의 명성을 얻고 있는 지휘자였기에, 9월 중순에 취리히에 도착한 그의 초청장은 파울이 대서양을 횡단할 자격을 얻는 데 매우 중요하게 작용했다.

1938년 11월에 힐데와 가정교사 롤리, 그리고 두 아이는 마침내 임시 비자를 발급받고 스위스에 도착하는 데 성공했다. 파울은 취리히에서 그들을 맞이한 뒤, 일주일 동안 미국에 가 있게 됐다고 전했다. 스물두 살의 반장님이며 오스트리아 라너스도르프, 슈탄카가세Stankagasse의 평범한 집안에서 멀리 이곳까지 혈혈단신 건너온 힐데는 이제 스위스 변호사의 보호에 맡겨졌다. 변호사는 그녀에게

자금을 제공했고, 제네바 호수 동쪽 연안에 위치한 몽트뢰Montreux
의 프랑스어권 마을에 아파트를 임대할 비용을 마련해주었다. 파울
은 1년 반 동안이나 그들을 볼 수 없으리라고는 꿈에도 생각하지 못
한 채, 11월 28일에 이곳에서 그녀와 아이들에게 작별 인사를 했다.

그의 배는 12월 1일 프랑스 르아브르Le Havre 항구에서 출항해, 잉
글랜드 사우샘프턴Southampton과 남아일랜드 코브Cobh에서 잠시 정
박한 뒤 9일에 뉴욕에 도착했다. 파울이 취리히에 있을 때 마르가는,
뉴욕에 오는 길에 잉글랜드에 들러 자신을 보고 갈 수 있느냐고 편
지를 보냈다. "안타깝지만 그건 불가능해!" 파울은 이렇게 답했다.
하지만······.

어쩌면 생각보다 일찍 돌아갈 가능성이 높겠어! 내 계획은 내 명성
과 미국에 있는 친구들 명성에 의지해 차츰—한꺼번에 그렇게 될
수는 없을 테니까—체류 기간을 늘리고, 가르칠 수 있는 자격을
인정받는 거야. 원하는 대로 되고 사정이 허락한다면 매년 드나들
수 있을 텐데, 아직은 그림의 떡이야! 그때까지는 일이 잘되길 바
라야지 뭐······. 꼭 다시 보자.

오랜 친구, P.W.

실제로 그들은 일주일 뒤인 12월 3일에 다시 만났다. 파울은 사
우샘프턴에서 내릴 수는 없을 거라고 전보로 전했지만, 와서 배가
아일랜드로 출항하기 전까지 배에 올라와 이야기를 나누자고 요청
했다. 마르가는 주방에 있는 갈색 종이봉투에다 여자 형제 앞으로
아무렇게나 휘갈겨 쓴 메모를 남겼다.

레나에게

파울 비트겐슈타인이 미국으로 가는 길에 잠깐 만나자고 해. 그는 지금 사우샘프턴 항구에 들어와 있는 S.S. 워싱턴 호에 있어. 너도 같이 가서 보면 좋을 텐데(그는 이제 착한 사람이 되었어). 내키면 그리로 와. 마르가.

레나는 파울을 만나러가지 않았다. 파울이 여전히 예의 없고 성질을 잘 내는 사람이라고 생각했으며, 이따금 그녀의 친구들에게 욱하고 감정을 폭발했던 행동을 용서하고 싶지 않았기 때문이다. 그래서 마르가만 혼자 사우샘프턴으로 서둘러 향했고, 그곳에서 초조하게 서성거리는 그의 옛 친구를 발견했다.

〔그녀는 나중에 이렇게 썼다〕 그와 갑판 위를 오래 걸었다. 그는 미국으로 이민할 계획에 대해 설명했고, 그가 사랑하게 된 금발의 제자 사진을 나에게 보여주면서 그녀를 위해 가정을 꾸릴 거라고 깊은 감정을 드러내며 말했다. 나는 그의 앞에 펼쳐진 미래에 크게 기뻐했고 내 감정을 거리낌 없이 말했다. 그는 《앨리스*Alice*》와 괴테의 《파우스트》를 인용하며 계속해서 근황을 얘기했고, 내가 와 주어 얼마나 기쁜지 모른다고 말해 나를 안심시켰다. 나는 부두 끝에 서서, 그가 흔드는 손수건이 시야에서 희미해질 때까지 증기선이 멀어지는 모습을 지켜보았다.

✒ 편을 바꾸다

1939년 4월에 누나들이 여권 사기로 기소되었을 당시, 파울은 누나들을 돕기 위해 아무런 손을 쓸 수가 없었다. 헤르미네는 그가 절실하게 필요할 때 가까이 있어주지 않았다며 몹시 분개했다. "우리 집엔 가족을 이끌 남자가 없어." 헤르미네는 루트비히에게 이렇게 불평했다. "막스는 나이가 많은 데다 안타깝게도 몹시 아프고, 파울은 그럴 만한 인물이 못 돼.…… 그레틀이 마음이 넓고 모두를 돌보려고 애쓰고 있지만, 그래봐야 무슨 소용이 있겠어. 이래서야 어디 문제가 해결이 되겠니."

뉴욕에 도착하자마자 파울은 이민국 직원들에게 붙잡혀 24시간 동안 억류되었고, '독일계 히브리인'으로 노골적으로 분류되어 여권 부정 발급에 관한 의혹을 받았다. 마침내 가도 좋다는 허락이 내려지자, 파울은 웨스트 45번가의 웹스터 호텔 스위트룸을 직접 예약했다. 그는 객실 탁자 앞에 한참을 앉아서 손가락으로 탁자를 두드리며 라틴어로 된 타키투스와 키케로의 편지들을 조용히 읽어 내려갔다. 데이비드 메니스 음악학교는 파울의 전용 교습실을 제공할 만큼 크지 않았기 때문에 한동안 파울은 호텔 바에 있는 피아노로 수업을 했다. 대도시 생활은 그를 어리둥절하게 만들었고, 그는 이민자 신분과 관련해 쉴 새 없이 쏟아지는 지시들로 짜증이 났다. "사람은 어디에서나 장애에 부딪치지요. 다만 장애를 성공적으로 극복하길 바랄 뿐입니다." 그는 빈에 있는 루트비히의 오랜 친구 핸젤 박사에게 이렇게 편지를 썼다.

스물여섯 살의 조카, 지 스톤버러는 비자 업무를 담당하는 제럴드

D. 라일리Gerald D. Reilly와 이민귀화국 국장인 제임스 허틀링James Houghteling을 파울에게 소개하기 위해, 그의 워싱턴 클럽 '메트로폴리탄'에서 점심을 함께하자고 파울을 초대했다. 점심식사를 마치고 이 두 유력인사가 몇 군데 전화를 걸자, 파울의 방문 비자가 일시적으로 연장되었다. 지는 외삼촌이 자기에게 특별히 고마워하지 않는 것 같았다며, 그때 이후로 평생 파울에게 좋지 않은 감정을 품었다.

파울은 혼자 힘으로 생활하기에는 현실에 너무 어두웠기 때문에, 뉴욕으로 돌아와 두 개 언어를 할 줄 아는 비서와 개인 조수를 구하는 광고를 냈다. 마리안 자로시 블루먼Marianne Jarosy Blumen이 면접을 보기 위해 파울을 찾아왔을 때, 그녀는 파울이 파자마 차림으로 흰색 시트를 둘둘 말고서 실의에 빠져 있는 모습을 보았다. 파울은 정장과 셔츠를 객실 문 밖에 내놓으면 호텔 측에서 세탁과 다림질을 마치고 다음 날 아침에 가져다줄 거라고 기대했다가 몽땅 도둑을 맞은 것이었다. 블루먼 부인은 파울에게 시내에서 새 옷을 몇 벌 사라고 권했다—파울은 그런 생각이 전혀 떠오르지 않았다. 부인이 새 옷을 왕창 사들고 돌아오자, 파울은 몹시 기뻐하며 당장 그녀에게 일자리를 주었다. 블루먼 부인은 유대인 망명자로, 1938년 9월에 남편 에르빈Erwin과 함께 빈을 떠나 뉴욕에 왔다. 당시 마흔여섯 살의 그녀는 헝가리 가문 출신으로 프라하에서 태어났지만, 영어와 독일어를 둘 다 완벽하게 말하고 타자를 칠 줄 알았다. 미국에 도착한 직후, 남편은 극심한 재정난 속에 그녀를 남겨둔 채 피츠버그로 달아났다. 파울은 능력이 되는 대로, 리버사이드 드라이브에 위치한 마스터스 빌딩Masters Building 19층에 이웃한 아파트 두 채를 계약했고—하나는 자신이 살 집으로, 또 하나는 블루먼이 살 집으로—두 사람은 서로를 의지하며 그녀가 사망할 때까지 16년 동안 쭉 그곳에서 지냈다. 블루먼이 사망하자 파울은 엄청난 충격을 받았다. "블루먼 없이 내가 어떻게 살아가지?" 그는 친구에게 물었다. "너야 뭐 언제든 다른 조수를 구하면 되잖아." "그래, 그렇지. 하지만 내일은 어떻게 하지?"

1939년 4월에 빈으로 돌아온 그레틀과 헤르미네는 또 다시 여권 사기로 기소될까 봐 걱정이 됐다. 그레틀은 여전히 고위층 친구들이 몇 명 있었지만, 나치 체제 내에서 그녀의 위치는 날로 모호해져 갔다. 그녀는 여권 사기로 체포되더니, 이제는 쿤트만가세에 있는 저택을 정기적으로 수색당하는 것도 모자라, 재산 목록에 일부 귀중품들을 신고할 수 없게 되었다. 브람스, 베토벤, 모차르트, 슈베르트, 바그너, 브루크너의 친필 악보들을 당국에 몰수당한 것이다. 7월에 그레틀은 아르투어 자이스-잉크바르트에게 동생이 잉글랜드를 잠깐 방문한 뒤 곧바로 빈에 돌아올 거라고 말했지만, 파울이 스위스로 달아나버린 바람에 신임총독과의 관계 또한 상당히 위태로워졌다.

그레틀은 파울이 불명예스러운 행동을 했다고 비난하면서, 고국을 떠난 그의 처신을 강하게 나무랐다. 명예를 공격하는 것만큼 파울을 제대로 약 올리는 방법도 없었다. 파울은 이런 입씨름 내용이 나중에 자녀들 귀에 들어갈까 봐 염려된 나머지, 변호사에게 그레틀과의 관계 단절에 관한 독립적인 보고서를 의뢰하면서, 자신의 사후에 상속인들에게 관련 내용을 각각 한 부씩 전달하도록 지시했다. 사무 변호사, 와텔Wachtell과 맨하임Manheim, 그로우프Grouf의 자료에 보관된 서신 및 서류들을 바탕으로 한 이 보고서는 첫 부분에 이렇게 진술되어 있다.

비트겐슈타인 교수는 이 보고서를 볼 수 없을 것이다. 그는 이 보고서가 사과문이 아닌, 객관적으로 준비된 역사적 기록물로 제시되길 특별히 열망하므로, 본인에게 어느 한 부분도 보여주지 말 것을 각별히 부탁했다. 그는 기록자는 절대적인 진실을 기록하는 것 외에 전혀 의무감을 느껴서는 안 된다고 주장한다.

그레틀과 아르투어 자이스-잉크바르트와의 거래에 관해, 보고서는 다음과 같이 결론을 내린다.

스톤버러 부인은 1938년과 1939년에 나치에 신세진 데 대해 도의적인 의무감 같은 것이 있으며, 나치 당원이 명예를 바탕으로 거래하는 사람들이라고 확신했다. 우리가 그녀를 너그럽게 여긴다면, 그녀를 위해 할 수 있는 최선의 말은 그녀가 아주 어리석은 여자라는 것이다.

여권 사기에 관한 1심 재판 결과는 이미 정해져 있었다. 어떻게 그럴 수 있었는지는 알려지지 않지만, 지금 생각해보면 그레틀과 헤르미네는 그들의 유대인 피고측 변호사가 해고되었을 때에도 이미 "스스로 이 일을 타개했다"고 자신했기 때문에 재판을 연기하라는 제안을 거절했으며, 슈탄트하팅거 판사가 그들에게 무죄를 선고할 만반의 준비를 갖추고 있었음을 처음부터 알고 있었던 게 분명하다. 그러나 항소심은 훨씬 까다로워 보였다. 이번에 그들은 이 사건이 베를린의 더 높은 권위자들에 의해, 그들의 세력 범위를 벗어난 사람들에 의해, "우리를 사기꾼에게 속은 명망 있는 스톤버러 부인과 비트겐슈타인 부인으로 여기는 것이 아니라, 여권을 위조한 두 유대인 노친네로 생각할" 사람들에 의해 다루어질 거라는 사실에 겁이 났다. 헤르미네가 밝혔듯이 이번에도 그레틀의 인맥이 그들을 구제해주었다. "그레틀과 몇몇 좋은 친구들이 이번에도 새 소송 절차를 막을 방법을 찾아냈다. 검사의 태도를 변화시키기에 적합한 사람을 찾았고, 그가 잘 해내었다. 항소심은 취하되었고, 우리는 이 극심한 불안에서 벗어났다."

이 '적합한 사람'이란 아마도 원심 사기죄 재판에서 헬레네의 사위인 아르비트 쇼그렌을 변호한, 변호사이자 빈의 책략가, 알프레트 인드라였을 것이다. 재판 직후 그는 그레틀의 재산과 관련한 정부 당국과의 싸움에서 그레틀을 대변해달라는 부탁을 받았다. 지는 그를 "신사, 많은 사람들과 매우 우호적인 관계를 맺고 있는 사람, 해결사"로 묘사했다. 아버지와 삼촌이 모두 고위급 장관인 인드라 박사는 나치 정권 시절, 나치 당국은 물론이고 재산 몰수의 위협을 받고 있는 부유한 유대인을 동시에 변호한 세 명의 변호사 가운데 한 명이었다. 히틀러 시대의 독일 같은 전체주의 국가에서 정부에 맞서는 변호사를 고용하는 것이 무슨 특별한 선택은 아니었다. 법원에 소송을 제기하려는 원고는 당국이 지정한 세 명의 공인된 변호사 가운데 자신을 변호할 변호사를 선택할 수 있었다. 이 세 변호사는 한스 프랑크Hans Frank, 에리히 차이너Erich Zeiner, 그리고 알프레트 인드라였다. 확실한 건, 이들이 의뢰인의 사건을 지나치게 훌륭하게 처리할 경우 자신의 직책을 잃게 되리라는 것이었다. 1938

년에 인드라를 찾아온 가장 유명한 의뢰인은 지그문트 프로이트였다. 전쟁 후 인드라는 이 정신분석가의 몰수된 토지 일부를 되찾으려는 프로이트의 상속인들을 변호했지만, 그가 준비한 모든 자료들을(1961년에 그의 주장에 따르면) 처음엔 친위대가, 나중에는 러시아가 샅샅이 뒤졌다.

인드라 박사는 마리 보나파르트 공주Marie Bonaparte(루체른 시절 그레틀의 친구)를 통해 프로이트를 소개 받았는데, 프로이트 교수의 런던 이민을 준비해준 사람도 그였고, 냉랭하고 허위로 가득한 진술서 초안을 작성해 팔순 노인에게 떠나기 전에 서명하게 한 사람도 그였다.

이로써 1938년 6월 4일 현재, 나는 물론이고 내 주변의 모든 사람들이 괴롭힘을 당하지 않았음을 자발적으로 확인하는 바다. 정부 당국 및 독일 노동자당의 대표자들은 나와 내 주변인들에게 언제나 정확하고 신중하게 처신해왔다. 교수, 지그문트 프로이트 박사.

1938년 당시 마흔네 살이었던 인드라 박사는 키 188센티미터에 검은 눈동자를 지녔으며, 말을 번드르르하게 잘했고, 속임수에 능했다. 그는 테레지아눔Theresianum(마리아 테레지아 여제가 세운 명문 사립학교-옮긴이)에서 교육을 받았다. 지는 18년 후에 빈에 있는 이곳 상류층 대상 사립학교에 다녔는데, 지는 무엇이든 대단하게 바라보는 1학년 신입생이 사각턱의 스포츠 영웅인 6학년 상급생 우러러보듯 인드라를 바라보았다. 지는 나중에 이렇게 회상했다. "인드라는 아주 근사한 남자였어요. 훌륭한 변호사였지요. …… 이쪽저쪽 두루 두루 사이좋게 지낼 줄 아는 사람이었고요.…… 크게 도움이 되는 사람이죠!!…… 그와 저는 테레지아눔의 동창으로 당연히 서로를 'Du(독일에서 친밀한 사이끼리 부르는 호칭 – 옮긴이)'라고 부르는 사이였습니다." 인드라 박사의 수법은 자기 의뢰인들에게 자신은 나치 당국이 멍청하고 무식하다고 생각한다, 자신은 전적으로 당국에 반대하는 당신들 편이다, 라는 인상을 심어주는 것이었다. 스톤버러 모자는 인드라 박사의 이런 모습을 곧이곧대로 믿었다. 하긴 인드라 박사가 헤르미네와 그레틀의 무죄 판결에 항소하지 말도록 검사를 설득하는 일에 실제로 중요한 역할을 했다면, 아무도 그들을 비난할 수 없을 것이다.

이 노부인들은 어쨌든 감옥 안보다는 밖에서 독일에 더 가치가 있었다. 독일 국립은행이 손에 넣고 싶어 안달하는, 비트겐슈타인 가족이 스위스에 보관한 어마어마한 양의 금과 외국 통화를 꺼낼 열쇠가 바로 이들에게 있었기 때문이다. 독일 시민이 해외 예금을 독일 국립은행으로 이체하길 거부하는 경우, 게슈타포에 의해 무단으로 가택 침입을 당하고 거주자들은 감옥에 처넣어지는 게 일반적이었지만, 비트겐슈타인 집안의 경우는 사정이 복잡했다. 자금은 해외 법인의 조건에 의해 1947년까지 묶여 있을 테고, 그나마도 여러 사람의 소유로 되어 있는 데다, 그들 가운데 일부는(지와 그레틀) 미국 시민이고, 일부는(파울) 독일 사법권에서 벗어나 있었다. 관리자들은 루트비히(곧 영국 시민이 될)와 스위스 사업가인 오토 파이어 Otto Peyer도 포함시켰는데, 두 사람 모두 독일 법을 준수하지 않아도 거리낄 게 전혀 없었다. 나치가 이 공동 소유의 자금을 손에 넣으려면 관계 당사자 전원을 설득해야 하는데, 그레틀과 헤르미네가 여권 사기죄로 계속 감옥에 수감되어 있다면 설득은 거의 불가능할 터였다. 따라서 당국은 차라리 이들을 이용해 가족들이 자금을 풀도록 설득하게 하는 것이 가장 승산 있는 방법임을 곧 깨달았다.

1938년 11월 초, 인드라 박사는 지에게 취리히로 가달라고 부탁했다. 파울이 미국으로 떠나기 전에, 당국에 대한 호의의 표시로 빈에 들르도록 유인하기 위해서였다. 두 사람의 만남은 사보이 바우어 엔 빌 호텔에서 아침식사를 하며 이루어졌다. 루트비히도 참석했다. 루트비히는 신탁 청산을 돕기 위해 왔으며, 이미 자기 소유의 자산을 모두 나누어주었기 때문에 이 문제를 가장 잘 해결해줄 공정하고 유용한 조정자로 여겨졌다. 바로 며칠 전에 독일제국 전역에서는 1000여 개의 유대교 회당과 유대인 사업체가 파괴되고 10만 명의 유대인이 체포된, 반유대주의자에 의한 '수정의 밤' 대학살이 일어났고, 외신은 이 사건을 집중적으로 다루었다. 독일로 돌아가는 것은 파울에게 이만저만 큰 위험이 아니었다. 대화가 이루어지는 동안 지는 두 외삼촌이 불쾌하게 여길 외설적인 농담을 했다.

독일 국립은행은 파울이 빈에 돌아오지 않으리라는 걸 알자, 비스타크 자산과 관련하여 압력을 가했다. 막스 잘처와 안톤 그롤러는 구속 위협을 받았다. 궁전에서는 긴급 모임이 소집되었고, 이 모임에 집사인 그롤러, 막스 잘처, 헤르미네와 그레틀이 참석했다. 그레틀은 이 모임에서 자신의 안건이 제기될 거라고 생각했기 때문에 자신의 법률 고문(교활한 인드라 박사)을 대동했다.

모임의 목적은 베를린에서 온 독일 국립은행의 법정대리인, 요하네스 쇠네Johannes Schoene 박사와 의논하여 비트겐슈타인 가문의 재산을 그의 은행에 불입할 방법을 모색하려는 것이었다. 쇠네 박사는 30대 초반의 야심 많은 변호사로, 독일 노동자당 정식 당원이었으며, 아주 작은 키에 진한 금발, 대단히 매력적인 푸른 눈이 할리우드 영화에 등장하는 전형적인 나치 당원의 모습과 흡사했다. 그는 헤르미네에게 이렇게 말했다. "아시다시피 베를린에는 당신들 가족이 아직도 해외에 상당한 규모의 재산을 보유하고 있다는 사실을 알고 크게 실망하는 사람들이 있습니다. 그들 가운데 한 사람이 최근에 제게 이런 말을 하더군요. '이 사람들이 아직도 자유롭게 돌아다닌단 말인가요?'라고 말이지요." 이 같은 위협은 쇠네 박사가 입을 뗄 때마다 무겁게 암시되었을 테지만, 그가 조금은 매력이 있었던지 헤르미네는 나중에 이 모임에 대해 "매우 우호적"이었다고 묘사했다.

그레틀은 그녀의 아들 토마스로부터, 가족의 외화 자산이 해외에 보유되어 있는 경우, 가족이 미리 신탁을 해제할 준비가 되어 있다면 양해가 이루어질 수 있다는 말을 들은 적이 있었다. 외견상 그럴 듯한 이 의견으로 그레틀은 한껏 낙관적이 되어, 모임에서 언니에게 "아버지와 흡사하다"는 인상을 남길 만큼 열성을 다해 또박또박 자신의 생각을 말했다. 그레틀의 제안은 간단했다. "우리가 신탁 자금을 정리하길 바란다면, 우리에게 그만한 대가를 지불해야 하며, 우리가 요구하는 대가는 헤르미네와 헬레네에게 완전한 시민권을 주는 것이다." 쇠네 박사는 처음에는 이 요구를 들어줄 수 있을 것처럼 시사하더니, 그렇지만 베를린에 있는 독일 국립은행 외환국 국장인 괴를리히Görlich 박사의 동의가 있어야 한다고 경고했다.

5월 2일, 빅토리아슈트라세Victoriastrasse에 위치한 은행 사무실에서 열린 베를린 모임에는 지난번 빈 회의 때 참석한 사람들이 똑같이 참석했다. 괴를리히 박사는 그레틀과 헤르미네에게 이 사안에 대해 단도직입적으로 말했다.

두 분 모두 이민을 갈 수 있으며, 이 경우 우리는 당신들의 해외 재산 가운데 소액만 보유하도록 허락할 수 있습니다. 혹은 독일제국에 남을 수도 있는데, 이 경우에는 다른 사람들과 마찬가지로 외화를 라이히스마르크로 환전해야 합니다. 제 생각에 여러분은 두 가지 가운데 첫 번째를 선택할 것 같습니다. 히틀러 독일 총통이 천명한 의지를 거슬러, 예외적인 유대인으로서 이 나라에 남아 있길 원한다는 건 상상조차 할 수 없는 일 아니겠습니까?

헤르미네는 아무런 대꾸를 하지 않았지만 자신의 침묵을 통해, 독일제국에 머무르는 것이야말로 자신이 의도하는 바임을 괴를리히 박사가 알아주길 바랐다.

괴를리히 박사는 두 자매가 아리아인과 같은 대접을 받는다는 건 불가능한 일이라고 주장했고, 그들은 유대인이며 더 이상 이론의 여지가 없다고 못 박았다. 그러나 안톤 그롤러가 비트겐슈타인 집안은 헤르만 비트겐슈타인이 아리아인 왕자의 서자임을 확신한다고 언급하자, 괴를리히 박사와 쇠네는 이 정보가 해결책이 될 수 있으리라고 파악하고, 비트겐슈타인 가족이 문제를 타개할 수 있도록 어떻게든 도움을 주겠다는 인상을 강하게 보여주었다. 하지만 사실상 그들은 늘 해오던 수법을 노련하게 이용했을 뿐이었다. 한편으로는 가족의 역경을 동정하는 것처럼 행동하면서도, 다른 한편으로는 문제가 너무 복잡해질 경우 비트겐슈타인 관련 자료들을 게슈타포에 넘겨야 할 거라고 협박하고 있었다. 그레틀은 이 계략에 속아 넘어간 것 같다. 그녀는 헤르미네에게 "독일 국립은행과의 우정은 그때부터 시작됐다"고 말했다. 이 만남 후 그레틀은 여권을 돌려받았고, 사흘 뒤에 사우샘프턴에서 뉴욕행 증기선 워싱턴 호에 올랐다.

✥ 나치 당원 미국에 도착하다

안톤 그롤러는 직장 생활의 대부분을 비트겐슈타인 집안에 고용되어 일했다. 그는 비트겐슈타인 사람들이 최근 유대인으로 취급받는 것에 충격을 받은 한편, 자신은 합병을 열렬히 찬성했으며 독일 노동자당의 열성적인 지지자였다. 베를린 모임 직후, 그는 파울에게 연락해 이렇게 말했다.

독일인들은 매우 관대했습니다. 그들은 선생님께 최종적인 제안을 했습니다. 선생님 몫의 340만 스위스 프랑 가운데 210만 스위스 프랑을 보유하도록 허락할 거랍니다. 선생님 편에서는 크게 희생하시는 게 되겠지만요. 뿐만 아니라 그들은 선생님이 오스트리아를 자유롭게 드나드시도록 허용할 겁니다. 하지만 선생님의 누이분들을 아리아인으로 대우하는 문제에 대해서는 어떤 특권을 드릴수 있을지 장담하지 못하는 것 같습니다. 대신 가족들 쪽에서 직접적인 호의를 표시하길 요구합니다. 우리는 선생님께서 보유하신 금 일체를 즉시 그쪽에 보내시길 제안합니다.

파울의 반응은 미지근했다. 그에 대한 형사 고발이 철회되지 않았고, 어쨌든 시민권을 빼앗긴 유대인으로 계속 남을 터이므로, 오스트리아를 자유롭게 드나들도록 허용하겠다는 제안은 그에게 아무런 의미가 없었다. 빈으로 돌아와봤자 게슈타포에게 붙잡혀 210만 스위스 프랑마저 내주어야 할 게 뻔했다. 게다가 누나들의 처우에 대해 아무런 보장도 받지 못하는 마당에, 자신이 보유한 금을 독일 국립은행에 넘겨주어야 한다는 것도 마뜩찮았다. 지 역시 이러한 조치에 강력하게 맞서며, 이른바 "프롤레타리아 나치 당원들"로부터 외삼촌의 재산을 보호할 것을 약속하겠다, 무슨 수를 써서라도 독일과 맞서 싸우며 최대한 독일에 재산을 내주지 않기로 결심했다면서, 핏대를 세우며 잔뜩 흥분한 목소리로 파울에게 말했다. 어떤 식으로든 독일 측의 양보가 이루어진다면 헤르미네와 헬레네에게 틀림없이 매우 유리할 거라는 점에서 삼촌과 조카는 완벽하게 의견 일치를 보았다.

그레틀은 쇠네와 인드라 박사가 독일 증기선 콜럼버스 호에 오르기 정확히 일주일 전인 1939년 5월 12일에 뉴욕에 도착했다. 비스타크 신탁회사를 대표하는 스위스 변호사, 콘라트 블로흐Konrad Bloch는 미국에 있었지만, 영어를 잘 못했기 때문에 두 개 언어를 할 줄 아는 뉴욕의 사무 변호사에게 자신의 사건을 공유하도록 미리 지시해두었다. 이 새뮤얼 왁텔Samuel Wachtell이라는, 꼼꼼하고 성실하며 정직한 변호사의 사무소는 독일제국에서 망명한 유대인 의뢰인들의 이민 서류를 분류하는 데 수천 인시man-hour를 무료로 썼다.

각 당사자들이 모두 모인 첫 번째 모임은 5월 19일, 52번가와 파크 애비뉴Park Avenue에 있는 글래드스톤 호텔에서 이루어졌다. 며칠 전, 독일에 금을 빼앗기지 않도록 지켜주겠다던 지의 철석같은 결심은 이미 허물어졌다. 파울이 금 ─ 모두 250만 스위스 프랑 상당의 ─ 을 양도해야 한다고 전부터 주장해온 그레틀은, 이제 만만찮은 여자, '어떠한 개입도 용납하지 않는 싸움꾼'으로 등장했다. 한편 안톤 그롤러는 파울에게, 금을 양도하기로 동의하지 않는다면 독일에서도 그가 재산을 보유할 수 있도록 허락하지 않을 거라고 말했다. 파울은 마지못해 금을 넘겼다. "뜻밖이군." 쇠네 박사는 엄청난 제안이 받아들여졌다는 소식에 빈정대며 한마디했다. "그에 훨씬 못 미쳤어도 독일 국립은행은 만족했을 텐데."

그레틀은 블로흐 박사와 왁텔 박사에게는 인사도 하지 않은 채 모임 장소로 당당히 들어섰다. 그녀는 뉴욕에서 자신을 도와준 변호사, 에이브러햄 빈스톡Abraham Bienstock을 데리고 갔다. 인드라 박사는 불과 일주일 전만 해도 빈에 있는 독일 국립은행의 약탈 행위에 대해 그레틀의 이해를 대변하는 것 같더니만, 뉴욕에 온 지금은 쇠네 박사의 아랫사람으로 독일 국립은행을 대변하고 있었다. 파울은 인드라의 됨됨이를 알지 못한 채 그저 이렇게 말했다. "그는 내 앞에서는 결코 입을 열지 않기 때문에 그가 누구를 대변하는지 전혀 분명하지 않았다." 처음에 파울은 빈에 있는 누나들을 위해 기꺼이 희생하겠다고 말했지만, 자신이 처한 위험한 상황도 함께 강조했다.

제가 미국에 너무 늦게 도착하는 바람에 음악원의 유급 일자리는 모두 자리가 찼더군요. 저는 다른 일에는 영 쓸모가 없기 때문에 피아노 선생 말고는 할 수 있는 일이 없습니다 ─ 두 팔이 멀쩡한 최상의 적임자들도 일자리가 없어서 돌아다니는 사람이 수두룩한

데, 어떤 얼빠진 사람이 일도 못하고 한 팔마저 없는 사람을 고용하겠습니까? 만에 하나 보수가 많은 일자리를 제안받는다 하더라도, 저는 미국 '방문자'로서 돈을 벌어서는 안 된다는 의무 때문에 제안을 받아들일 수가 없습니다.

쇠네 박사의 반응은 냉랭했다. 비트겐슈타인 가족이 호의를 베풀어 금을 지급했음에도 불구하고, 그는 이제 210만 스위스 프랑마저도 파울에게 너무 많다고 결정했다. 독일 국립은행은 50만 프랑 또는 어쩌면 그 이하에 동의할 거라는 것이었다. 아니나 다를까, 파울은 버럭 화를 냈고 회의는 중단되었다.

그레틀과 지는 즉시 워싱턴으로 출발했다. 블로흐 박사는 파울을 한쪽으로 데리고 가, 그레틀이 자기 의견에 반대하고 나치 편을 드는 것 같은 태도를 한두 번 목격한 게 아니라며, 그의 누나를 신뢰할 수 없다고 말했다. 파울은 그의 의견을 묵살하며 이렇게 대꾸했다. "그렇게 보일 뿐입니다. 우리 누나가 나보다 독일 국립은행을 편을 들 이유가 전혀 없어요. 우리가 사이좋은 남매는 아니지만, 누나가 그처럼 불명예스러운 처신을 할 리가 없습니다." 그러나 다음 날 회의에서 그는 생각을 바꾸었다.

비트겐슈타인 측 당사자 전원이 독일 국립은행에 맞서 공통의 전략에 합의하는 것이 매우 중요했지만, 그레틀과 지는 워싱턴에 없는 동안엔 연락을 받을 수도 받으려고 하지도 않았다. 블로흐 박사가 그쪽 변호사에게 전화를 걸었으나, 아무와도 이야기하지 말라는 지시를 받았다는 말만 전해 들었다. 회의 당일, 그레틀은 전화를 걸어 자신과 아들은 일찍 도착할 수 없으니, 인드라와 쇠네가 갈 때

같이 가겠다고 말했다. 마침내 그레틀이 회의실에 도착했는데 다짜고짜 "독일 측은 어디에 있느냐?"고 묻는 바람에 블로흐 박사는 놀라서 벌떡 일어섰다. 그는 이렇게 대꾸했다. "우리끼리 먼저 의논해서 그들에게 전할 말을 미리 결정해야 하기 때문에 오늘은 오지 말라고 했습니다." 그레틀은 화가 난 기색이 역력했지만 어쨌든 자리를 잡고 앉았다. 그동안 왁텔 박사는 몇 마디 짧은 말로 사건 개요와 함께 의사록을 읽기 시작했다. 그가 발표를 모두 마치자, 지가 마치 목사 같은 말투로 이렇게 말했다. "다소 장황한 발표, 상당히 흥미롭게 잘 들었습니다만, 참석자 가운데에는 내용을 전혀 이해하지 못하는 사람도 있으며, 그런 분은 이곳에 계시지 않는 게 좋겠다고 말씀드리고 싶습니다."

그러자 왁텔 박사가 대꾸했다. "나를 두고 하는 말이라면, 당신이 잘못 알고 있는 겁니다. 나는 비슷한 분쟁으로 독일과 싸우고 있어서 문제를 어떻게 다루어야 할지 잘 알고 있습니다."

"선생님을 두고 한 말은 아닙니다."

"그렇다면 누구를 두고 한 말이지?" 파울이 "역겹고 비열한 조카 놈의 무례하고 막돼먹은" 태도에 고개를 치켜들며 물었다.

"파울 삼촌과 블로흐 박사를 두고 한 말입니다." 지가 말했다. "그분들 말을 일일이 들어줄 시간이 없습니다. 기차 시간까지 30분 안에 어떻게든 모든 사안이 해결되어야겠습니다."

"네 기차 시간 따위가 무슨 상관이야!" 파울은 수백만 달러 재산이 왔다갔다 하는 문제를 기껏 기차 시간에 맞추어 협상하려는 태도에 크게 화를 내며 소리쳤다.

"저야말로 삼촌 재산이 어떻게 되든 상관없지요!" 지는 주먹으로 탁자를 치면서 고함을 질렀다.

그레틀은 얼른 동생을 옆방으로 불러 이렇게 말했다. "넌 네 돈에 대해 변호할 권리가 없어. 내가 아니었으면 넌 이곳에 발도 못 붙였을 거라고."

두 사람이 돌아오자 싸움은 다시 불이 붙었고, 파울이 홧김에 자신의 전 재산을 나치에게 넘겨주려는 찰나, 높은 데시벨의 고함 소리가 돌연 좌중을 침묵시켰다. "이만 마치겠습니다!!" 비스타크의 변호사, 새뮤얼 왁텔이 파울의 상태가 위태롭다는 걸 알아채고 즉시 회의 연기를 신청한 것이다. 지와 그레틀은 화를 내며 황급히 역으로 떠났다. 다음 날 파울은 조카로부터 편지 한 통을 받았는데, 그와 그의 어머니가 워싱턴까지 이동한 경비 청구서가 첨부되어 있었다. 지는 이렇게 썼다. "우리가 어느 정도 합의에 이를 수 있었다면 더 좋았을 텐데 말입니다." 파울은 전보로 답장을 보냈다. "더 이상 법적 절차에 직접 참여하지 않을 예정. 내 변호사 왁텔 박사와 연락을 취하기 바람."

파울은 나중에 이렇게 기록했다. "당시 왁텔은 말 그대로 나를 기아 상태에서 구제해주었다. 만일 그가 '이만 마치겠습니다!!'라고 외치지 않았더라면 나는 알거지가 되어―그것도 어느 나라에서 구걸해야 하는지조차 알지 못하는―회의장을 나섰을 것이다!" 그날 이후 파울은 다시는 그레틀과 이야기하지 않았고, '비열한 조카 놈' 과도 더 이상 거래하지 않았다.

ༀ 스톤버러 모자의 속셈

그런데 그레틀과 지는 파울이 그의 전 재산을 독일 국립은행에 넘기길 왜 그토록 간절하게 바랐던 걸까? 콘라트 블로흐는 그 이유가 지의 유산 상속 가능성과 관련이 있다고 믿었다. 지는 헤르미네의 상속인이고 헤르미네는 파울의 재산을 받을 터인데, 독일 국립은행의 환율로 치더라도 몇 년 후면 상당한 가치가 될 것이기 때문이다. 파울은 이와 다른 의심을 품었다. 그는 스톤버러 모자가 그문덴과 쿤데만가세에 있는 주요 예술 작품을 밖으로 빼내려 한다는 걸 감지했다. 그는 이렇게 썼다. "단지 의심일 뿐이다—그 점을 분명하게 강조하고 싶다. 그럼에도 불구하고 나는 독일 국립은행의 대리인으로서 세상 누구보다 저열한 수법을 사용하는 쇠네가 이들에게 그 가능성을 제시했을 가능성이 크다고 생각한다."

다른 가능성도 있다. 독일은 비스타크 신탁 회사에서 발생하는 모든 이익금을 독일 국립은행에 양도하여 도이치마르크로 전환하도록 비트겐슈타인 가족—그리고 특히 파울—을 압박하기 위해, 헤르미네를 감금하겠다는 둥, 그녀의 오스트리아 재산 전부를 몰수하겠다는 둥 위협을 가했다는 증거가 있다. 그레틀은 미국에 있는 동안 형사 처벌은 받지 않았지만, 오스트리아에 있는 그녀의 막대한 재산은 결코 안전하지 않았다. 비스타크 신탁 회사의 총액을 양도하라는 독일 국립은행의 요구에 파울이 응하지 않을 경우, 그레틀과 헤르미네는 외국 통화 관련법을 준수하지 못하게 되므로, 독일 측에서는 두 사람의 재산을 몰수하고 헤르미네를 감금하여 부족분을 매우도록 추궁하겠다고 협박했을지도 모른다. 이것으로 헤르미네가 회고록에 지나가듯 언급한 부분이 설명될지도 모르겠다. 헤르미네는 1939년 5월 초, 베를린에서 있었던 독일 국립은행과의 회의를 언급하며 이런 글을 썼다. "마침내 나에게는 다소 거액으로 여겨지는 액수의 해외 통화를 파울에게 허용한다는 결정이 내려졌다." 실제 파울의 몫은 350만 스위스 프랑인데, 헤르미네는 왜 210만을 '다소 거액'이라고 여긴 걸까? 파울이 보유하도록 허락된 개인 재산이 얼마든, 헤르미네에게 무슨 상관이 있었을까? 헤르미네가 자신과 그레틀이 그 차액을 메워야 한다고 믿었던 게 아니라면.

이쯤 되면 '해결사' 인드라 박사가 뉴욕에서 어떤 역할을 했는지 궁금할 것이다. 그는 명백히 독일 국립은행의 법정 대리인으로 미국에 왔을 때, 파울 모르게 그레틀의 사무 변호사 역할도 동시에 수행하면서 오스트리아에 있는 독일 국립은행과 거래하고 있었다. 그렇다면 그는 과연 누구의 이익을 위해 일하고 있었던 걸까? 독일 국립은행의 이익? 그레틀의 이익? 아니면 둘 다? 인드라 박사가 비스타크 신탁회사에 관한 기밀 정보를 알아냈다는 사실을 파울의 사무 변호사가 발견했을 때, 그롤러 박사는 기밀이 누설된 것에 죄책감을 느꼈을 것이다.

뉴욕에 돌아온 인드라는 여전히 파울이 독일로 돌아오도록 유인하기에 여념이 없었으며, 독일 정책상 외국 영토에서는 협상할 수 없게 되어 있으므로 베를린의 고위 관리들을 독일 선박에 보내 선상에서 회의를 주관하겠다고 제안했다. 파울의 변호사들은 이 제안이 "대단히 위험한" 것이라고 경고했다. 지난번 회의 때 그레틀은 다음과 같이 말하며 버럭 소리를 질렀다. "파울이 독일 국립은행에 자기 돈을 내주지 않는 건 비열하고 이해할 수 없는 처사예요. 내 동생 소유로 되어 있는 빌어먹을 모든 재산들은 다 가족들 덕분이란 말입니다……. 게다가 파울이 지금 이곳에 있게 된 것도 순전히 내 덕분이니, 파울은 자기 재산을 변호할 권리가 없어요!" 쇠네 박사는 이 말을 듣고 흡족한 웃음을 감출 수 없었지만, 왁텔 박사는 비꼬듯 이렇게 물었다. "그래서 보상을 받고 싶다는 겁니까, 부인?" 지가 왁텔을 "정말 재수 없는 놈"이라고 생각하게 된 것도 바로 이 발언 때문이었다.

쇠네 박사가 베를린의 상관들에게 보내려 했지만 중간에 가로채인 보고서에는, 독일을 위해 비스타크의 재산을 몰수하려 한 그의 노력이 "독일제국에 우호적이지 않은 왁텔과 블로흐, 두 유대인 변호사에 의해" 좌절되었다고 설명되어 있다. 쇠네는 왁텔에 대해서는 "논쟁의 여지가 없을 정도로 완벽한 법률적 견해를 바탕으로 집요하게 변론한다"고 불평한 반면, 존 스톤버러에 대해서는 "독일의 이익을 위해 대단히 공정한 태도"를 보여주고 있다고 보고했다. 이 '공정한 태도'에는 독일의 지시를 정확하게 준수하는 지의 태도도 포함된다. 지는 나중에 이렇게 시인했다. "알프레트 인드라는 월스트리트 한가운데에서 나에게 편지를 받아 적게 했으며, 쇠네 박사 역시 무엇을 말하고 쓰고 주장해야 하는지 알려주어…… 마침내 나는 이런저런 복잡한 서류에 서명하는 데 동의했다." 지의 설명에 따르면(전혀 믿기지 않지만), 쇠네와 인드라는 헤르미네와 헬레네가 **혼혈**임을 보장하기 위해 독일 국립은행에 반대하여 스톤버러 집안을 위해 비밀리에 일하는 '이중간첩'이었다.

1939년 7월, 상황은 여전히 해결되지 않았고, 독일 국립은행은 파울을 굴복시키기 위해 더욱 강경한 방법에 기대고 있었다. 빈에

있는 헤르미네와 그롤러 씨, 그리고 잘처 집안사람들은 돈이 마련
되지 않을 경우 엄중한 처벌을 받게 되리라는 통보를 받았고, 그 일
환으로 뉴욕에서 열리기로 한 혼혈인 신분을 얻기 위한 협상이 계
속 지연되었다. 그들은 서로에게 전보를 보냈다. "혼혈인 신분을 요
구하지 말 것. 그럴 경우 서명인 모두에게 심각한 위험이 닥칠 것
임." 쇠네 박사는 오스트리아에 있는 친척들을 공포에 떨게 함으로
써 파울을 강제로 움직이게 만들 수 있을 거라 기대했다. 하지만 이
런 상황을 훤히 꿰고 있는 그레틀은 뉴욕에서 협상이 진행되는 한
오스트리아에 있는 친척들 누구도 해를 입지 않을 거라고 큰소리를
치면서, 조금도 굴하지 않고 계속해서 혼혈인 신분을 요구하는 한
편 파울에게는 어서 전 재산을 내놓으라고 다그쳤다.

7월 12일에 루트비히, 안톤 그롤러, 그리고 프레다 마리 쇠네Freda
Marie Schoene(쇠네 박사의 아내)가 함께 뉴욕행 퀸 메리 호에 올랐다.
지는 외삼촌 루트비히에게 전보를 쳤다. "포기하면 안 됨. 이모가 감
금됨." 의뢰인의 부담이 가중되고 있다는 걸 알아챈 왁텔 박사는 새
로운 방향의 압박으로부터 파울을 구하기 위해 미리 대책을 마련했
다. "잠시 휴가를 가는 게 좋겠습니다." 그는 파울에게 이렇게 말했
다. "거처를 남기지 말고 여행을 다녀오십시오. 저는 언제나 당신이
참석하는 걸 중요하게 생각하지만, 이번 협상은 당신이 참석하지 않
아도 저 혼자 잘 해낼 수 있습니다." 그는 퀸 메리 호에 있는 루트비
히에게 다음과 같은 편지를 보냈다.

비트겐슈타인 교수님께
······ 교수님께서 미국으로 떠나셨다는 소식을 들었습니다. 독일

국립은행의 요구에 굴복하도록 교수님의 형님께 압력을 가하기 위해 가장 최근에 취한 조치겠지요. 아마 위협과 협박의 결과로 빈에 계신 누님들은 독일 측의 이런 요구들에 순순히 응하셨을 뿐 아니라, 독일의 요구를 따르라고 종용하면서 그러지 않으면 심각한 위험이 닥칠 거라고 알리는 편지와 국제 전보를 쇠네 박사 편으로 보내왔습니다. 독일 측이 빈에 있는 누님들에게 어느 정도로 압력을 가했는지, 그분들을 통해 교수님과 스톤버러 부인에게 또 얼마나 큰 압력이 전달되었는지는 가늠할 방도가 없습니다. 그렇지만 파울 비트겐슈타인에게 사방에서 얼마나 많은 압력이 가해지고 있는지는 잘 알고 있습니다.

파울이 본인에게 불리할 뿐만 아니라 독일 국립은행이 충분히 받아들일 만한 타협안을 제시했음에도 불구하고 압력이 수그러들지 않고 있습니다. 그들은 빈에 있는 누님들을 수단으로 삼아 동생에게 압력을 가하도록 설득하는 게 쉽다고 생각해서 그렇게 절제도 모르고 무턱대고 압력만 가하는 것 같은데, 그래서는 일이 제대로 풀릴 수가 없습니다.

편지는 계속해서 파울이 뉴욕에서 동생을 만나게 되어 무척 기뻐하지만, 루트비히가 먼저 왁텔 박사를 만나는 데 동의해야 한다고 설명했다. "교수님께서 관련 사실에 대해 잘 모르시므로, 교수님과 파울 선생님이 만날 때 자칫 두 분 모두 짜증과 불미스런 의견 차이가 생길 수 있는 가능성을 미연에 방지하기 위해서입니다."

루트비히는 조언대로 먼저 새뮤얼 왁텔을 만나러 갔다. 그의 휴대용 일기장에는 파울을 만나기로 한 날이 22일로 표시되어 있었지만, 일주일간의 미국 방문 기간 동안 형을 만나지도 대화를 나누지도 못했다. 대신 그는 형에게 편지를 보냈고(현재 분실되었다), 파울은 나중에 이 편지의 내용을 인용하며 이렇게 말했다. "스톤버러 모자의 행동은 확실히 성급하고 어리석어."

루트비히는 미국 방문으로 몹시 지쳤고, 이렇다 할 성과도 없이 맥이 빠져서 케임브리지로 돌아왔다. 그는 파울이 재산을 포기하도록 압박하는 분위기에 쓸쓸하게 동참했던 것 같다. 오랜 세월이 지난 뒤에 그는 진지하고 서글픈 목소리로 이렇게 말했다. "그때 파울형이 얼마나 제정신이 아닌지 알았더라면, 형을 그렇게 매몰차게 대하진 않았을 거야." 그렇게 해서 8개월 전인 1938년 11월 취리히에서의 만남이 파울과 루트비히의 마지막 만남이 되었다. 이후로 두 형제는 다시 만나는 일도, 서로 대화를 하거나 서신을 주고받는 일도 없었다.

㉛ 전쟁의 위협

히틀러는 탐욕스러운 외교정책으로 끊임없이 외국의 분노를 일으켰지만, 러시아나 프랑스, 영국, 이탈리아와의 전면전만큼은 결코 원하지 않았다. 그의 계획은 독일어권의 모든 유럽 국가를 최대한 평화롭게 하나의 독일제국으로 통합하여 그의 지휘하에 두는 것이었다. 그러나 그는 목적을 위해 수단을 가리지 않는다는 원칙하에 거짓말을 하고, 약속을 어겼으며, 정해진 계획이 아닌 것을 밀어붙였는가 하면 국제 외교 관례를 업신여기고 무시하는 태도를 보였다. 1938년 오스트리아와의 **합병**이 너무나 순조롭게 이루어졌을 땐 그조차도 깜짝 놀랐다. 해외의 여러 나라들은 불만의 목소리를 높였지만, 결국엔 체면을 잃지 않고 확장된 새 독일제국을 인정할 방법을 모색했다. 10월 체코의 주데텐란트 합병은 히틀러에게 훨씬 위험했는데, 유럽에서 더 이상의 영토권 주장은 없다고 재차 발표하고, 네빌 체임벌린Neville Chamberlain(1869~1940, 영국 수상 – 옮긴이), 에두아르 달라디에Édouard Daladier(1884~1970, 프랑스 수상 – 옮긴이), 베니토 무솔리니에게 사전 협의를 요청함으로써 전쟁만은 간신히 모면할 수 있었다. 그러다가 1939년 3월 15일, 히틀러가 독일 국방군에게 체코어를 사용하는 프라하 땅을 침공하도록 명령을 내리자, 국제사회는 이구동성으로 그의 조치를 비난했다. 영국의 수상 체임벌린은 영국의 전쟁 준비를 시사하면서 100여 가지 조치로 대응했고, 4개월 뒤 독일이 폴란드 단치히Danzig의 자유무역항을 강탈할 만반의 준비를 갖추자, 독일과 충돌이 일어날 경우 영국은 폴란드에 군사원조를 하겠노라고 맹세했다.

자신의 군대가 독일 주변 국가들을 우악스럽게 집어삼키는 와중에도 다른 국가들이 자기와 전쟁을 벌이지 못하게 하려는 히틀러의 노력은 진지했다. 독일 당국은 미국 행정부의 심기를 불편하게 만들지 않기 위해, (다른 많은 조치들 가운데) 지 스톤버러를 조심스럽게 다루어야 한다고 판단했다. 미국에 있는 나치 외교관들은 그가 중요한 인물이라고 베를린에 보고하기도 했다. 베를린에서는 그의 직책 — 노동부 소속 분쟁조정국 국장 — 을 실제보다 훨씬 영향력 있는 것으로 해석했다. 사실 지의 일과라고는 미국의 노사분쟁에 관한 우중충한 보고서를 쓰는 게 전부였지만. 또한 베를린에서는 그가 워싱턴 정계에 연줄이 든든한 사람이라고 알고 있었다. 그의 이름은 상류사회 칵테일파티의 초대 손님으로 워싱턴 언론의 가십난에 자주 등장했다. 또한 그의 친구 제임스 허틀링이 루스벨트 대통령의 사촌과 결혼한 걸 보고, 독일 당국은 대통령이 지의 말에 귀를 기울인다고 (잘못) 믿었다. 그뿐만 아니라, 베를린에서는 지가 빈과 워싱턴 사이를 자주 오가는 것에 대해 나치 독일에 대한 정보를 얻기 위해 미국 행정부에 이용당하는 것이라고 추정했는데, 독일이 젊은 지의 머리에 역동적이고 참신한 독일제국이라는 좋은 인상을 심어주려 한 것도 주로 이런 이유 때문이었다. 이 같은 비공식적인 보호는 스톤버러 집안에 알려졌고, 그레틀은 비스타크의 자금 분배에 관해 독일 국립은행과 협상할 때 이 점을 이용했다.

1939년 8월까지도 비스타크와 독일 국립은행간의 분쟁은 여전히 제자리걸음이었다. 파울은 변호사에게 자신을 대신해 싸우게 하고 이 진행 상황에서 완전히 빠져나왔다. 다음 회의는 스위스에서 열리기로 결정되었다. 파울은 미국에 머물면서 왁텔 박사에게 서면으로 지시 내용을 보냈다.

저는 당신을 전폭적으로 신뢰하오니, 취리히에서 저를 대신해 움직이시고 협상을 체결하십시오. …… 제 명예(빈에서라면 무슨 일이 일어나면 온갖 비방의 표적이 되었을 겁니다)는 위태롭고, 제 양심과 마음의 평화 또한 그렇습니다. …… 당신이 옳다고 생각하는 대로 움직이시되, 도덕적 권리는 결코 포기할 수 없다는 점을 명심하십시오.

취리히 협상은 지난달 뉴욕에서 있었던 협상보다 쉽지 않았다. 루트비히도 왔다가 아무 성과 없이 일찍 자리를 떴다. 그레틀과 지는 여전히 새뮤얼 왁텔을 적이라고 생각해, 그에게 말을 붙이려고도 하지 않았다. 인드라 박사는 왁텔이 허위 각서에 서명하도록 만들려 했지만 실패했고, 안톤 그롤러는 그의 양심에 호소하려 했다. 그는 자신이 왁텔 박사보다 파울을 훨씬 잘 안다, 파울이 말로는 빈에 돌아올 의사가 없다고 하지만 사실 마음은 빈에 가 있다, 파울이 돈을 지불하지 않으면 그가 그토록 깊은 애착을 갖는 궁전이 몰수되어 다시는 되찾을 수 없을 것이다, 라고 말했다.

그러는 동안 이곳에 모인 사람들은 혼혈인 신분에 관한 베를린의 공식적인 발표를 초조하게 기다리고 있었다. 파울과 그레틀이 독일 족보 연구기관에서 만났던 쿠르트 마이어는 헤르만 크리스티안 비트겐슈타인이 아리아 왕자의 아들이라는 증거가 빈약해 이를 받아들이려 하지 않았으나, 독일 국립은행의 은행장이 그의 관여를 막고 더 높은 자리에 있는 당국의 손에 비트겐슈타인 자료를 쥐어주는 데 성공했다. 이제 가족들은 아리아 가문이라는 계보학적 증거가 아니라 뭐랄까 일종의 '사면'을 기대하고 있었다. 이것은 총통의 동의가 필요한 일이었다. 왁텔 박사는 제일 처음 인드라 박사를 통해 히틀러의 개입 가능성을 알게 되었다. 취리히의 돌더 호텔Dolder Hotel에서 가진 모임에서 왁텔 박사는 독일이 지금은 혼혈인 신분으로 판정을 내렸더라도, 파울이 더 많은 금액을 지불하도록 하기 위해 나중에 이 판정을 철회할지 모른다고 우려를 표명했다. 왁텔 박사의 회의 메모에는 계속해서 이렇게 기록되어 있다.

인드라 박사는, 혼혈인 판결에 서명하는 사람이 고위직 공무원임을 고려하면, 아무도 감히 그렇게 할 엄두를 내지 못할 거라고 말했다. 나는 여전히 납득이 되지 않았다. 하지만 인드라 박사는, 만일 승인이 될 경우 그 판결에 서명할 사람은 총통 자신이므로 그렇다고 주장했다. 나는 그건 너무 허황된 예상이라고 생각했고 인드라에게도 그렇게 말했지만, 인드라는 그럴 가능성이 거의 백퍼센트라고 장담했다.

이때 히틀러는 폴란드 침공 직전이었으며, 따라서 체임벌린의 확약이 신뢰할 수 있는 것이라면 이것은 전쟁이 임박했음을 의미했다. 이런 와중에도 그는 비트겐슈타인 집안사람들에게 혼혈인 신분을 부여하라는 명령서에 서명할 시간을 냈던 것 같다. 헤르만 크리스티안은 아리아 혈통으로 간주된다는 히틀러의 판결은 내무부 장관 빌헬름 프리크Wilhelm Frick에게 전달되었고, 빌헬름 프리크는 8월 29일에 베를린 족보 연구기관의 쿠르트 마이어에게 이 명령을 전했다. 다음 날 마이어는 관련된 모든 후손들에게 혼혈인 증명서를 발급해야 했다. 180도로 달라진 변화는 족보 연구기관의 빈 사무소에 의혹을 불러일으켰고, 관리자는 베를린 본부에 해명을 요구하는 서한을 보냈다. 쿠르트 마이어의 답변이 빈 기록 보관소에 남아 있다.

비트겐슈타인 가문의 기원 및 그 후손들에 관하여, 저는 1939년 8월 29일, 내무부 장관에게 내려진 지시에 따라 결정하였으며, 그 지시 또한 총통께서 내린 지시를 따른 것입니다. 이러한 사실들을 고려하여, 본 사무실에서는 이 집안의 혈통 및 환경에 관하여 더

이상 따로 상세하게 검토하지 않았습니다. 헤르만 비트겐슈타인
(1802년 12월 9일 코르바흐 태생)이 모든 후손들의 독일 혈통 선조
로 간주되어야 한다는 총통의 결정은 즉시 제한 없이 시행됩니다.
…… 한편 독일제국 시민권에 관한 법률에 규정되어 있는 인종 범
주에서 헤르만 비트겐슈타인의 후손들이 더 이상 어려움을 겪지
않도록 하기 위하여 그의 많은 후손들에게 가족 혈통 증명서가 발
급되었습니다. 의심스러울 경우 필요하다면 독일제국 족보 연구기
관에 관련 혈통 증명서를 요청하실 수 있습니다.

쿠르트 마이어 박사 서명.

물론 결국 파울이 재산의 상당 부분에 대한 권리를 포기하기로 설
득되지 않았더라면, 이런 결과는 절대로 일어날 수 없었을 것이다.
왁텔 박사가 그를 대신해 집요하게 노력한 결과, 독일 국립은행은
파울이 180만 스위스 프랑을 보유하도록 하는 데 합의했다. 그 밖에
도 파울의 몫에서 30만 스위스 프랑이 블로흐, 왁텔, 빈스톡 등 변호
사들에게 지급되었고, 이 지급액 가운데 20만 프랑은 지에게서 회수
되었으며, 비스타크 지주회사의 자금 가운데 그의 몫에 약간 못 미
치는 30만 프랑도 추가로 회수되었다. 그러니까, 대체로 파울은 120
만 스위스 프랑을 약간 상회한 비용을 지불하고 자신의 외화 자산
230만 스위스 프랑을 보유하는 데 성공한 것이다. 궁전의 절반과 노
이발데크 부지 3분의 1에 해당하는 그의 몫을 포함해, 독일에 있는
그의 현금 자산과 부동산 일체는 헤르미네와 헬레네, 두 누이들에게
무상으로 양도되었다. 1945년 8월 미국 국세청의 납세 신고서를 보
면 파울은 1944년 12월 31일 현재, 미국에 있는 자신의 자산 가치를

92만 4821달러로 평가했다. 1944년의 이 금액을 물가지수를 바탕으로 계산하면, 2000년에는 906만 6875달러의 가치에 해당한다고 볼 수 있다―대부분 사람들의 기준으로는 엄청난 액수지만, 나치가 개입하지 않았을 경우 파울이 보유했을 실제 재산에 비하면 아무것도 아니었다.

파울의 돈이 독일의 손에 넘어가기가 무섭게, 모든 부서들이 굶주린 하이에나 떼처럼 이 돈에 덤벼들었다. 독일 국립은행과 역사기념물 보호를 위한 중앙 본부, 자산관리 사무소, 독일 출국세 사무소, 그리고 게슈타포 사이에서는 관료상 절차에 따른 일대 혼란이 일었다. 독일 국립은행은 파울이 그의 비고정자산 일체를, 최소한 수출 규제 대상이 아닌 비고정자산 일체를 이전할 수 있다는 합의서에 서명했다. 그러나 모든 자산이 포장되어 이전 준비를 마쳤을 때, 역사기념물 보호를 위한다는 명목으로 중앙 본부가 개입해 독일 국립은행에 압력을 가했다. 파울은 1944년 미국 국세청 신고서에 이렇게 신고했다. "오스트리아에 있는 개인 재산이 여전히 온전한지, 어느 정도의 가치가 있는지에 대해서는 전혀 아는 바가 없다. 한때 이 재산에는 적어도 귀중한 예술 작품과 악보, 가구가 포함되어 있었다."

누이들과의 합의서에는 파울이 그들에게 양도한 현금에서 그의 출국세가 지급되어야 한다고 명시되어 있었는데, 자산통제국이 파울의 국내 재산을 640만 라이히스마르크라고 재평가하자 독일 국세청은 즉시 이 가운데 25퍼센트에 해당하는 160만 라이히스마르크를 요구했다. 헤르미네와 헬레네는 새로 찾은 그들의 재산을 세무 당국으로부터 보호하기 위해, 최근 파울에게서 재산을 강탈하는 데 성공한 인드라 박사를 고용했다.

ॐ 귀중한 악보들

비트겐슈타인 가족들이 혼혈인 신분증명서를 받은 지 이틀 후인 1939년 9월 1일 오전 5시 35분, 폴란드와 인접한 독일과 동프로이센 국경 지대를 따라 집결해 있던 약 125만 명의 장교와 사병들이 마침내 진군 명령을 받았다. "차렷! 전차, 진군!" 항공기, 오토바이, 장갑차, 탱크, 보급 트럭의 굉음이 청명한 아침 공기의 침묵을 부수었고, 삽시간에 폭발음과 충격 소리가 소음에 뒤엉켰다. 엄청나게 긴 행렬이 바르샤바를 향해 무서운 속도로 진군했고, 여드레 만에 독일의 기습 공격이 끝이 났다. 이제 폴란드는 히틀러의 확장된 제국에 소속된 또 하나의 지역이 되었다. 전투가 끝나기 전인 9월 3일, 영국과 프랑스의 두 수상은 독일과의 전쟁을 선포했다.

이 소식이 전해졌을 때 지는 아직 빈에 있었다. 미국 시민으로서 직접적인 위험은 없었지만, 지와 그의 어머니는 귀중품들이 조금이라도 훼손되기 전에 최대한 국외로 밀반출하기 위해 필사적이었다. 9월 10일에 지는 워싱턴으로 돌아올 준비를 하며 여행 가방을 꾸리면서, 상당한 양의 원본 악보들을 바지와 양말 밑에 몰래 감추었다. 여기에는 베토벤의 〈현악4중주 작품번호 130〉 스케르초, 가곡 〈멀리서 부르는 노래Lied aus der Ferne〉, 열아홉 통의 베토벤 자필 편지, 브람스의 〈헨델의 주제에 의한 변주곡〉과 〈피아노협주곡 D장조〉의 두 가지 버전, 모차르트의 〈세레나데K361〉와 〈현악5중주 C장조 K515〉, 유명한 〈송어Die Forelle〉를 비롯해 슈베르트의 여섯 가지 가곡 작품, 〈두 대의 피아노를 위한 소나타〉, 그리고 바그너가 오페라 〈발퀴레Die Walküre〉를 위해 작성한 초안 모음집이 포함되었다.

카를과 레오폴디네는 열렬한 악보 수집가였다. 그레틀은 아버지 사후에 이 악보들 가운데 일부를 물려받고 새 악보들을 더 입수하여 자신의 수집 목록을 확대했다. 1920년대에 월스트리트의 주식시장 붕괴로 제롬이 신용을 잃기 전까지, 그레틀은 악보뿐만 아니라 프랑스 회화, 동양과 이집트의 예술 작품을 구입하는 일을 그에게 맡겼다. 누가 보더라도 이 수집품들은 제롬의 전문가다운 눈썰미와 그레틀의 재력이 결합된 장기 투자로 여겨졌다. 이런 식으로 제롬은 여러 중요한 수집품을 모았다. 1938년 6월에는 빈에 있는 많은 악보들이 나치 검열관의 눈에 띄지 않게 감추어졌고 그레틀의 자산 신고서에도 포함되지 않았다. 여권 문제로 재판을 받던 무렵엔 작품 몇 개가 당국에 발각되는 바람에 오스트리아 국립 도서관의 둥근 지붕 아래에 진열되어야 했지만, 다른 작품들은 여전히 잘 감추어졌다. 지는 이 작품들을 오스트리아 밖으로 빼내길 희망하며 자신의 여행 가방 속에 잘 쑤셔 넣었다.

그의 계획은 기차를 타고 북스Buchs 국경을 지나 리히텐슈타인 공국과 스위스로 들어가는 것이었다. 그런 다음 취리히에서 외교문서 전달자에게 악보를 전달해 워싱턴을 지난 뒤 파리를 경유하여 프랑스 서쪽의 르 베르동Le Verdon 항구로 향하게 하고, 자신은 이곳에서 뉴욕행 증기선 맨해튼 호를 탈 계획이었다. 그런데 그의 기차가 오스트리아 국경 지역 포어알베르크Vorarlberg에서 멈추는 것이었다. 게슈타포와 국경 경찰은 객차를 미친 듯이 오르내리며 모든 승객의 가방을 샅샅이 뒤졌다. 그리고 마침내 지의 여행 가방 밑바닥에서 악보를 발견하고 지를 기차에서 끌어내렸고, 지가 그들에게 심문을 받는 사이에 기차는 그를 남겨둔 채 역을 빠져나갔다. 지는 감금되어 추궁을 당한 이 날의 아슬아슬한 상황을 오랜 세월이 흐른 뒤에 이렇게 회상했다.

총명하게도 나는, 바보가 아니고서야 이렇게 귀한 악보들을 독일 제국 밖으로 빼낼 생각을 할 수 있겠느냐, 하나같이 아름답고 훌륭하게 복제된 최신 복제품이다, 라고 큰소리로 아주 분명하게 주장했습니다. 올림포스의 신들이 나에게 도움의 손길을 내밀었는지, 이 얼간이들은 내 말을 믿었고, 미국의 주요 인사인 나에게 불손하게도 6시간 뒤에 취리히로 향하는 다음 기차를 타게 하더군요.

그런데 그의 회상에서 보듯이 세관원들과 국경 경찰이 실제로 가장 미련한 얼간이들이었다고 여겨진다면, 그건 아마도 그들이 귀중품을 독일제국 외부로 밀반출하지 못하게 하는 임무만 훈련받았기 때문일 것이다. 틀림없이 그들은 '이것은 복제품일 뿐이다'라는 해명을 골백번도 더 들었을 테고, 정 의심스러운 경우 전문가들에게 의지하지 않았을까 싶다. 그리고 세 명 남짓의 전문가들이 지의 악보를 살펴보면서, 이 악보가 '아름다운 최신 복제품'이 아니라고 자기들끼리 합의를 내린다는 건 거의 불가능한 일일 테고. 더욱이 국경 경찰은 신속하게 몇 가지 조사를 마친 뒤, 지 스톤버러가 베를린과 관련된 '미국의 주요 인사'임을 확인했을 것이다.

지는 여섯 시간 동안 국경에 붙들려 있었고, 그동안 같은 기차에서 끌려 나온 한 남자와 산책을 하라는 권유를 받았다. 남자는 장크트 갈렌St Gallen(스위스 동북부의 주 – 옮긴이) 출신의 제빵사라고 했는데, 지는 그를 스위스 정보요원이 아닐까 의심했다. 두 사람은 오랫동안 함께 산책을 했으며, 지는 날씨에 대한 이야기 외에는 아무 말도 하지 않았던 것 같다. 아무튼 그의 말로는 그렇다. 이 말이 사실이라면 그로서는 드문 경우인데, 일반적으로 지는 자신을 과시할 기회를 그냥 넘기는 법이 없었으니 말이다. 지가 무사히 미국으로 돌아오자마자 가십 칼럼니스트인 더들리 하먼Dudley Harmon은 《워싱턴 포스트》의 칼럼에 이렇게 알렸다. "토요일에 승객을 가득 싣고 뉴욕 부두에 정박한 정기선 맨해튼 호에는 여러 명의 워싱턴 주 주민이 타고 있었으며, 그 가운데에는 존 스톤버러도 포함되었다. 칵테일 타임에서 그는 유럽을 탈출하며 겪은 갖가지 난관들을 이야기하여 친구들을 매료시키고 있다."

지가 스위스 제빵사에게 어떤 비밀을 누설했는지는 알려지지 않는다. 하지만 게슈타포는 그가 주장한 것처럼 멍청하지 않았는데, 지가 귀중품 화물과 함께 국경을 넘자마자 게슈타포는 아직 빈에 있는 그의 어머니에게 들이닥쳤다. 그들은 그레틀의 소장품을 이 잡듯 샅샅이 뒤졌고, 루트비히에게 안전하게 보관을 맡기기 위해 1938년 6월에 여섯 개의 악보를 잉글랜드로 밀반출한 사실을 확인하고는 국가보물 불법 수출 혐의로 형사고발 하겠다고 위협했다. 이번에도 그레틀은 인드라 박사의 도움으로 무사히 난관에서 빠져나올 수 있었다. 인드라는 기소를 면제하는 대신 그레틀 소유의 악보와 지 소유의 악보를 모두 '합리적인 가격'으로 당국에 판매하도록 권유했다. 이 악보들은 그레틀이 체포되던 당시 그녀의 집에서 몰수해 국립 도서관에 전시되던 것들이었다. 이 가운데 그레틀의 소유로는 부르크너와 바그너가 자필로 작성한 교향곡들이, 지의 소유로는 브람스 〈피아노5중주〉와 베버의 〈클라리넷5중주〉가 있었으며, 그 밖에도 브람스와 슈베르트의 작품과 베토벤의 친필 편지가 포함되었다. 인드라 박사는 이처럼 귀중한 악보들을 국립 도서관에 최저 가격으로 판매하는 대신, 이 가운데 딱 하나 — 브람스 〈교향곡 제3번〉 악보(한때 작곡가 한스 폰 뷜로Hans von Bülow가 보유했고, 지금은 그레틀의 망나니 아들 토마스가 소유하고 있었다) — 는 세금 부과 없이 수출할 수 있게 해달라고 요청했다.

이 사건을 담당하는 오스트리아 관리, 프리드리히 플라트너Friedrich Plattner(빈 내무문화부 소속, 교육문화 국민교육국 국장)가 베를린의 고위 관리자에게 조언을 구해야겠다고 생각한 건 바로 이 마지막 제안 때문이었다. 1940년 1월 9일, 그는 독일제국 총독부의 악명 높은 부장, 한스 하인리히 라머스Hans Heinrich Lammers에게 편지를 보내, 미망인 스톤버러 부인이 자신과 아들 소유의 악보를 고작 5만 라이히스마르크에 국립 도서관에 내놓을 마음을 먹게 된 건 '기소 협박' 때문이라고 경위를 설명했다. 편지는 계속해서 다음과 같이 이어진다.

특별히 이 제안을 뒷받침하기 위해, 취리히에 남아 있는 약 100만 스위스 프랑의 자산 배분 문제에 관해 곧 열릴 협상에서 스톤버러 가족이 독일제국을 위하여 이 총액을 송금시키자는 입장에 설지 혹은 송금을 막자는 입장에 설지 귀추가 주목되고 있습니다. 더욱이 국립은행 대표가 최근 이 문제에 대해 빈의 중앙 문화재 보호기관 쪽에서 스톤버러 가족에 우호적인 방향으로 개입토록 강조한 바 있습니다.

또한 스톤버러 가족 — 전해지는 바에 의하면 존 스톤버러 박사는 워싱턴 노동부에서 영향력 있는 위치에 있다고 합니다 — 은 아마도 다양한 외교 채널을 통해 브람스 교향곡을 수출해야 한다고 압력을 가했으나 아무런 답을 받지 못했을 가능성도 언급해두어야 하겠습니다.

당연한 일이겠지만 라머스는 독일제국에 남아 있는 브람스의 마지막 친필 악보 수출을 허용하지 않았다. 그리고 플라트너에게 도서관에 악보를 판매하도록 강행하는 한편, 그레틀의 기소 면제에 대한 대가로 100만 스위스 프랑을 요구하도록 지시했다. 이 100만 스위스 프랑은 헤르미네와 헬레네가 이민을 가야할 경우를 대비해 비상금으로 따로 보유하겠노라고 지가 파울에게 단단히 약속했던 금액과 같은 액수였다. 이제 이 돈은 다른 곳에서 마련해야 했다.

ॐ 냉전

스위스에 있을 때 파울은 빈에 있는 힐데와 자녀들을 돌봐주던 의사, 다니엘 골트베르크Daniel Goldberg의 사건에 동분서주 매달렸다. 다니엘과 그의 아리아인 아내는 8월에 파리로 망명해 변두리의 초라한 호텔에서 생활하고 있었다. 파울은 이 사실을 알고 거액의 돈을 송금했고, 잉글랜드와 미국에 있는 친구들과 함께 이 의사에게 일자리를 찾아주기 위해 캠페인을 벌였다. 그레틀도 가족의 오랜 친구를 반유대주의 나치로부터 구하기 위해 적극적인 노력을 기울여, 두 사람을 쿠바로 먼저 데리고 간 다음 미국에 도착하게 하는데 성공했다. 하지만 1940년에 그레틀은 자신이 쓸 수 있는 카드를

다 써버리자, 곧장 독일 당국의 기피 인물persona non grata이 돼버렸다. 국립 도서관과의 거래가 마무리되자마자 그레틀은 고국을 떠나라는 요청을 받았다. 국가 사회주의 당원들은 그문덴에 있는 그녀의 두 부동산 가운데 큰 쪽을 징발했고, 곧 빈에 있는 저택까지 차지하려 들었다. 인드라 박사는 그레틀이 이주하기 몇 시간 전에 그녀를 도와 쿤트만가세의 정원에 여러 귀중품들을 묻었다. 그레틀은 자신이 없는 동안 인드라 박사에게 대리인으로서 모든 권한을 맡기고, 몹시 슬퍼하며 제노바 항구를 향해 떠났다. 1940년 2월 8일에 그녀는 워싱턴 증기선을 타고 뉴욕에 도착했다. 이번이 오스트리아로부터 두 번째 강제 이주였으며, 이번에도 그레틀은 무기력증과 우울증에 시달렸다. 그녀는 루트비히에게 보내는 편지에 이렇게 썼다. "어디에도 쉴 곳을 찾을 수 없고, 누구에게도 쓸모없는 존재가 되고 있어. 하늘의 뜻이라면 의미 있는 직업을 찾겠지."

결국 그레틀은 가진 것을 팔아가며 초라하게 몇 개월을 버텼다. 10월에 57번가의 파크-버넷 갤러리Parke-Bernet Galleries에서는 가구와 그림, 그리고 '고故 제롬 스톤버러의 유산'이라고 설명된 동양 공예품 등을 대상으로 두 차례의 대규모 경매가 이루어졌다. 피카소, 코로, 고갱, 마티스, 21피트 넓이의 코로만델 옻칠을 한 북경 병풍, 고대 로마의 조각상, 아테네 꽃병, 목마, 항아리, 중국 당나라, 명나라, 원나라, 송나라 시대의 소형 골동품들이 목록에 포함되었다. 그레틀은 뉴욕에 일정한 거주지가 없었으므로, 이런 보물들이 뉴욕에서 나왔을 리는 없다. 현재 남아있는 탑승자 명단에는 1937년 2월 제롬의 미국 주소가 월도프 아스토리아 호텔Waldorf Astoria Hotel로 되어 있다. 1년 뒤 그레틀의 주소는 월스트리트 44로 등록되었는데,

아들의 증권 중개인의 사무실 주소였다. 경매 카탈로그에는 모든 품목들이 파리에 있는 제롬이 수집한 것이라고 설명되었다. 그레틀이 빈에 있는 자신의 미술품에 대해 수출 허가를 얻는 데 성공했는지는 알려져 있지 않다. 파크-버넷 갤러리의 관리자는 스톤버러 모자에게 그림들의 가치가 5만 9015달러에서 9만 1615달러 사이에 형성될 것이라고 알려주었다. 그러나 판매는 실망스러웠다. 단일 품목의 최고가는 제71호 품목인 헨리 마티스의 정물화로 1만 400달러의 가격에 형성되었다. 툴루즈 로트렉의 수수한 초상화 〈장밋빛 리본 장식을 한 여인La Femme au noeud rose〉은 고작 5200달러에 거래되었고, 고갱의 〈첼로 연주자Le Violoncelliste〉는 4100달러에, 피카소의 1921년 작품 〈개Le Chien〉는 3800달러에 거래되었다. 그 밖에 모딜리아니의 훌륭한 초상화 〈목걸이를 한 여인La Femme au collier〉을 포함해 거의 모든 작품이 2000달러 미만에 거래되었고, 이 여인의 자매를 그린 〈녹색 목걸이를 한 여인La Femme au collier vert〉은 400달러에 거래되었다. 이 마지막 작품은 2007년 5월, 뉴욕 크리스티 경매에서 1200만 달러에서 1600만 달러사이의 가치로 평가되었다. 그림을 판매하여 얻은 총 낙찰가격은 5만 6705달러였다. 판매하기에는 시기가 좋지 못했다.

몇 개월 뒤에 지는 북스 국경을 통해 몰래 들여왔던 악보 일체를 워싱턴 국회 도서관의 클라크 위털 컬렉션Clarke-Whittall Collection에 저렴하게 판매했다. 판매 대금 일부는 버뮤다의 역외 은행 계좌에 입금하고, 일부는 존 스톤버러와 에이브러햄 빈스톡 공동명의로 투자신탁 회사에 입금했다.

헤르미네와 헬레네의 이른바 이민 자금이 나치당에 지급된 바람에, 그레틀과 지는 이 자금을 다른 방식으로 보충하기로 결심했다. 두 사람은 루트비히에게 편지를 보내, 워싱턴에 내놓고 판매하려하니 케임브리지의 바클레이 은행에 맡겨둔 악보들을 찾아달라고 부탁했다. 이 악보들 가운데 최소한 하나(모차르트 〈피아노협주곡 K467〉)는 사실상 파울의 소유였다. 루트비히는 지에게 편지를 보내 시세가 낮은 이런 시기에는 판매하지 말라고 설득했는데, 지는 이 편지에 대해 외삼촌이 "아무것도 모르면서 뜬금없는 소리를 해댄다", "나는 대략 1939년부터 2년 반 동안 재산 관리를 훌륭하게 해왔다"며 외삼촌을 비난하는 '지독하게 공격적인' 답장을 보냈으며, "그리고 나는 재정 문제에 대해 외삼촌이 나를 존중하는 것 이상으로 내 의견과 결정을 존중받을 자격이 있다"고 덧붙였다.

🕭 가족 모임

한편 스위스에 있는 젊은 힐데의 삶은 결코 녹록치 않았으니, 비자 기한이 만료됨에 따라 그녀와 아이들, 그리고 롤리 양의 본국 송환 위협이 코앞에 닥쳤다. 1939년 3월 초에 힐데는 파울의 변호사로부터 모든 짐을 꾸려 야간 기차를 타고 제노바로 향하라는 지시를 받았다. 그들 앞으로 뉴욕행 이탈리아 여객선 렉스Rex 호 티켓이 예약되어 있었다. 이곳에 도착한 그들은 절박한 심정으로 배에 올라타길 희망하는 수많은 사람들을 발견했다. 그들의 짐은 배에 실렸다가, 이주 서류가 제대로 갖추어지지 않았다는 것이 확인되어 다시 내려졌다.

그들은 제노바에서 2주일 반을 기다린 후 파나마와 발파라이소로 향하는 작은 배에 자리를 구했다. 정원이 640명인 여객선 비르질리오Virgilio 호에는 히틀러 치하에서 달아나려는 1100명 이상의 서민들로 가득 찼다. 모두 재산을 몰수당해 경제적으로 어려워진 사람들이었다. 지금까지 한 번도 배를 타본 적이 없는 힐데는 지브롤터 해협에 도착하자 오스트리아를 그리워하며 뱃멀미를 했다. 배는 카나리아 제도, 베네수엘라, 파나마 지협, 그리고 크리스토발과 콜론 두 도시(이곳에서 그들은 도시의 절반을 태울 정도의 대규모 화재를 당했다)를 경유하여 마침내 쿠바의 수도 아바나Havana에 도착했다. 이곳에서 쿠바 비자를 구입해 바닷가 근처에 있는 집을 구한 뒤, 파울이 와서 구해주길 1년 반 동안 기다렸다.

한편 파울은 미국을 떠나면 다시 돌아오지 못할 위험이 있었기 때문에 당장은 아무것도 할 수가 없었다. 그는 1940년 8월에 마침내 방문 비자가 만료됐을 때에야, 아바나로 향할 수 있었다. 파울은 산 라사로 코브San Lázaro Cove의 쿠바 내셔널 호텔에 7개월 동안 머물면서 주말마다 힐데와 자녀들을 방문했다. 자신과 그들의 미국 영구 체류 비자를 확보하려는 시도는 매번 좌절되어, 한동안 그는 가족과 함께 아르헨티나로 이주할 생각도 했다.

힐데는 천성적으로 종교적인 여자였다. 가톨릭 집안에서 성장한 그녀는 아이들의 아버지와 결혼으로 당당한 관계를 맺길 열망했다. 지난 몇 년 동안 힐데는 새로운 어려움에 부칠 때마다 용감하고 의연하게 많은 고통과 희생을 감당해왔다. 파울이 가톨릭교회에 반감을 갖고 있는데도 불구하고, 그녀는 빈에 있을 때 딸들이 세례를 받게 해달라고 설득했었다. 그리고 1940년 8월 20일부로, 파울과 힐데는 쿠바의 아바나에서 비밀리에 치러진 공식적인 가톨릭 의식을 통해 부부가 되었다.

뉴욕에서 그레틀과 파울은 서로 만날 생각조차 하지 않았지만, 그레틀은 둘 다 아는 지인을 통해 동생의 소식을 듣고 있었다. 그레틀은 루트비히에게 이렇게 썼다. "그럴 필요가 있다면야 기꺼이 파울을 만나겠어. 하지만 파울은 나를 질색할 걸. 내가 잘 알지." 전쟁이 일어나는 동안 그레틀은 검열관의 의심을 피하기 위해 막내 동생에게 영어로 편지를 써야 했다. 그레틀로서는 불편한 일이었지만, 루트비히에게 파울의 소식을 전하려면 이 방법밖에 없었다. "파울의 친구는 (그녀의 아이들과 함께) 지금 쿠바에 있음 & 파울이 그녀를 이리로 데리고 올 예정 & 허락을 얻는 즉시 그녀와 결혼할 것. 옛날에 나는, 언젠가 파울에게 최악의 불행이 닥칠지도 모른다는 생각을 자주 했었는데, 그게 지금인가 봐! ― 너를 만나게 되면 우리는 함께 말하겠지. '당연한 결과'라고. 부디 파울의 영혼이 평안하길."

❧ 벤저민 브리튼

1934년 4월에 파울은 이탈리아 플로렌스에서 열린 국제 현대음악협회 페스티벌에서 헤르만 셰르헨Hermann Scherchen의 지휘로 라벨의 협주곡을 연주했다. 객석에는 다음 날 저녁에 연주될 자신의 〈환상 4중주〉 연주를 듣기 위해 참석한 스무 살의 영국인 작곡가 벤저민 브리튼Benjamin Britten이 앉아 있었다. 《더 타임스》의 평론가는 전체 페스티벌 가운데 파울의 연주가 가장 훌륭하다고 평가했지만, 브리튼은 세르헨의 열세 살 아들, 불프Wulff(나중에 그의 음악 〈젊은 아폴로〉에 영감을 준 인물)의 연주에 매료되었기 때문에 파울의 연주에 특별히 집중하지 않았을지도 모른다. 영국 노퍽의 학생인 브리튼은 슈트라우스의 〈파레르곤〉을 라디오로 듣고 일기장에 이렇게 기록했다. "오후에 침대에 누워 라디오로 파울 비트겐슈타인(왼손 피아니스트인 그의 이름이 이게 맞을 거다)과 오케스트라의 협연을 들었다. 꽤 훌륭했다. 프로그램은 별로 마음에 들지 않았지만."

1940년에 브리튼은 미국에서 생활하고 있었다. 그는 불프와의 복잡한 관계를 피하기 위해 전쟁 발발 직전에 영국을 떠나 미국에 도착했다. 파울은 브리튼의 음악이 괜찮은지 확신할 수 없었기 때문에 음악을 의뢰하는 문제에 대해 조심스럽게 접근했다. 브리튼의 남자 친구 피터 피어스Peter Pears는 이렇게 기록했다. "우리는 그[비트겐슈타인]에게 찾아가 한참 동안 대화를 나누었다. 멍청한 인간, 벤의 음악을 이해하지 못하다니! 벤은 **거의** 짜증을 내기 직전이었지만 간신히 감정을 자제했다." 며칠 뒤 파울은 가능성에 대해 더 논의하기 위해 젊은 작곡가와 그의 출판인, 한스 하인스하이머Hans Heinsheimer를 리버사이드 드라이브에 있는 그의 아파트에 초대했다. 논의를 마친 후에도 여전히 아무것도 결정된 게 없었다. 하인스하이머는 파울의 확답(수수료 700달러)을 바라며 다음 날 파울에게 전화를 걸고 난 후 브리튼에게 상황을 보고했다.

오늘 아침 다시 한 번 비트겐슈타인 씨에게 전화를 걸어, 분명하고 진지하게 결정을 내려주십사 부탁했습니다. 그는 어제와 생각이 같다고 말했으며, 이런 답보 상태가 간혹 다소 이상하게 보였다면 그가 최대한 진지하게 접근하고 싶어하기 때문일 거라고 덧붙이더 군요. 그는 이 만남을 친절한 찬사를 보내기에 적절한 기회 내지 알맞은 자리로 보기보다, 오히려 일종의 의사와 환자처럼 최대한 성실성을 요하는 모임으로 보았습니다. 또한 자신이 지나치게 완고하다는 인상을 주었다면 사과하며, 선생님의 음악이 자신에게 맞을 거라고 진심으로 생각한다고 말했습니다. 그리고 거래가 성사되기 전에 작품의 일부를 선보이겠다는 선생님의 제안을 무척고마워하고 있습니다. …… 제 생각에 선생님께서 한번 연락해보시는 것도 좋을 것 같습니다.

브리튼은 며칠 안에 자신의 첫 번째 소묘곡을 완성해, 승인을 얻기 위해 파울에게 가지고 갔다. 그는 훌륭한 '오스트리아 식' 저녁식사를 마친 뒤에 작품에 대해 보고할 수 있었다. "비트겐슈타인과의 계약을 성사시켰다. 그와 식사를 했는데 걱정했던 것보다 훨씬 즐거웠다. 그는 혼자 대할 때가 훨씬 쉽다! 나는 벌써 작품 하나를 시작했으며, 내 생각에 굉장히 근사할 것 같다." 그리고 자신의 누이에게 이렇게 편지를 썼다. "비트겐슈타인이라는 사람에게 작품을 의뢰받았어. …… 그는 내 작품에 대한 대가로 금을 지불해."

작곡가와 후원자의 관계는 한동안 순조롭게 이루어졌다. 브리튼은 파울이 아바나에 도착한 지 딱 일주일이 지난 8월 12일에 소묘곡 형식의 작품을 마쳤다. 10월에 파울은 피아노 파트를 외워서 연주했고 이 곡을 마음에 들어하는 것 같았지만, 결국 두 사람은 갈라서고 말았다—파울은 미국으로 들어갈 수 없었고, 브리튼은 자신도 미국 재입국이 거부될까 봐 쿠바 방문을 두려워했던 것이다. 이런 상황은 작곡가보다 피아니스트에게 더욱 좌절감을 안겨주었다. 브리튼은 신시내티 심포니 오케스트라의 유명한 지휘자, 유진 구센스Eugene Goossens를 위해 두 개의 피아노 작품으로 개인 연주회를 준비했으며, 유진 구센스는 그의 곡에 깊이 감동을 받아 하인스하이머에게 당장 편지를 썼다. "정말 대단한 작품입니다. 브리튼이 오늘날 창작 음악의 세계에서 독보적인 젊은이라는 누구나 다 아는 사실을 다시 한 번 확인했습니다."

파울(53세)은 1941년 2월 10일에 아바나를 떠나 플로리다로 향했다. 힐데(25세)와 두 딸 엘리자베트(5세)와 요하나(3세), 그리고 롤리 양(55세)은 사흘 뒤에 배로 뒤따라가기로 했다. 영주권의 힐데 이름 옆에는 출입국관리소 직원의 거친 필체로 이런 내용이 휘갈겨져 있다. "진술서에 따르면 남편은 20만 달러를 보유하고 있으나, 부인은 거의 장님에 가까울 만큼 시력이 현저히 낮다고 함." 힐데와 딸들은 도착하자마자 롱아일랜드 헌팅턴의 안락한 집으로 이동했다. 파울은 이 집에 대해 이렇게 말했다. "만의 전경이 펼쳐지고 멋진 정원이 있는 아주 근사한 집이야. 이 정원에 딸기와 레드커런트를 심어야지. 무엇보다 좋은 점은 10분이면 해변에 갈 수 있다는 거야." 남은 결혼생활 동안 힐데는 아이들과 롱아일랜드에서 살았으며, 파울은 맨해튼 리버사이드 드라이브에 있는 자신의 아파트에 머물면서 주말과 학교의 방학 기간 중에 그들을 방문했다.

헌팅턴에서 힐데는 또 한 번의 임신을 자랑스럽게 알렸고, 아들을 바랐던 파울은 이 소식에 무척 기뻐했다. 그러나 브리튼과의 관계는 껄끄러워지기 시작했다. 슈트라우스, 코른골트, 라벨, 슈미트와 그랬던 것처럼, 이번에도 파울은 오케스트라 파트의 소리가 너무 크다며 작곡가를 비난했다. 파울은 브리튼에 대해 과장된 작곡이 허용되지 않으면 "불쾌하게 여기는" 전형적인 현대 작곡가라고 말했다. 그는 이렇게 썼다. "오케스트라의 소리에 맞서 연주하는 건 가망 없는 경쟁이다." "사자의 포효와도 같은 굉음…… 귀청이 떨어질 듯한 소리…… 피아노에 아무리 강한 에너지를 쏟아붓는다 하더라도 4대의 호른과 3대의 트럼펫, 3대의 트롬본, 더블리드 목관악기가 일제히 소리를 내는 데에는 당해낼 수가 없다." 젊은 작곡가는 처음엔 자신의 주장을 고집하며 작품을 조금도 손보려고 하지 않았다. 〈디버전스Diversions〉라는 제목으로 불리게 될 이 곡의 초연은 1월에 헝가리 지휘자 유진 오먼디Eugene Ormandy의 지휘로 필라델피아 오케스트라와 협연하기로 결정되었다. 브리튼은 그의 영국 출판인에게 편지를 썼다. "제 작품을 놓고 폰 비트겐슈타인 씨와 약간의 언쟁을 벌이고 있습니다 — 제가 아는 바로 이 작품은 성공적인 평가를 얻고 있으며, 따라서 저는 그에게 강하게 맞서고 있습니다. 정말이지 이 사람은 불만만 늘어놓는 노친네예요." 피터 피어스는 당연히 그의 의견에 동의했다. "비트겐슈타인은 〈디버전스〉 작곡에 대해 어리석은 고집을 부리고 있으며, 오먼디를 자기편에 두려 하고 있습니다. 벤이 보낸 재치 있으면서도 확고한 일련의 편지들을 보면 알 수 있지요."

파울이 드러내놓고 "우리의 전쟁"이라고 언급한 이 언쟁은 편지를 주고받으며 몇 주 동안 계속되었고, 양쪽 모두 한 발짝도 물러서지 않았다. 브리튼이 꿈쩍도 하지 않자 화가 난 파울이 그에게 다시 편지를 썼다.

빈의 박물관에서 중세 시대에 사용한 끔찍한 무기를 본 적이 있습니다. 보기에는 안락의자처럼 생겼지만, 그 위에 앉으면 의자 양쪽에서 몸을 덮쳐 가두어 절대로 빠져나오지 못하도록 되어 있지요. 독일어로 팡슈틀Fangstuhl(독일어로 fang은 잡음, 포획이라는 의미이고 stuhl은 의자라는 의미다 – 옮긴이)이라고 부릅니다. 저는 개인적으로 이런 팡슈틀을 하나 만들어서 당신을 초대해 그 위에 앉히면 어떨까 싶습니다. 그런 다음 당신의 협주곡에 대해 제가 제안하는 여러 가지 수정안들을 당신이 인정하면 그때 비로소 당신을 빼내는 거지요.

결국 작곡가는 몇 군데 사소한 수정을 하는 것에 동의했지만, 이 수정안을 평생 극도로 불쾌하게 여겼다. 초연은 1942년 1월 16일, 필라델피아에서 열렸다. 브리튼은 참석하겠다고 동의했으나, 순전히 "비트겐슈타인이 자신의 〈디버전스〉를 엉망으로 연주하는 걸 듣고" 이 피아니스트가 자신의 작품에 강요한 수정안들 때문에 톡톡히 망신당하는 꼴을 목격하기 위해서였다. 그러나 한 편의 평론을 제외한 모든 평론이 파울의 연주를 호평했으며, 그중 가장 영향력 있는 비평가인 《필라델피아 인콰이어러Philadelphia Inquirer》의 린턴 마틴Linton Martin은 다음과 같이 평했다.

오른쪽 소매는 비어 있는 채로 옆에 늘어져 있는 한편 왼손은 매우 뛰어난 솜씨로 건반 위를 휘몰아치듯 움직이는 이 한손의 피아니스트는, 어제 음악원에서 대가다운 훌륭한 연주로 필라델피아 오케스트라 관객에게 황홀한 감동을 선사했다. 열 손가락을 모두 사

용하는 대단히 재능 있는 연주자였더라도 놀랄 만큼 황홀한 대성
공이었을 것이다.

2개월 뒤인 1942년 3월 13일에 타운홀Town Hall에서 〈디버전스〉의
뉴욕 초연을 해달라는 제안이 들어왔다. 찰스 리히터Charles Lichter의
지휘로 콜롬비아 콘서트 오케스트라와 협연하며 방송에 중계될 예
정이었다. 브리튼은 참석하지 않았으며, 피터 피어스는 한 친구에
게 편지로 이렇게 썼다. "비트겐슈타인이 금요일 3시 30분에서 4시
30분까지, CBS에서 브리튼의 작품을 연주할 예정이야. 시간되면
들어봐. 연주는 별로겠지만." 하지만 그레틀은 1939년 5월 이후 처
음으로 동생을 보기 위해 모습을 드러냈다. 그레틀과 그녀의 친구
는 객석 뒤편 좌석에 조용히 자리 잡았고 파울은 그들을 알아보지
못했다. 그레틀은 루트비히에게 이렇게 편지를 보냈다.

나는 파울이 보고 싶고 (파울은 나를 못 봤어) 그의 연주가 듣고 싶
었어. 파울은 좋아 보였고, 놀랍도록 젊어 보였어. 언제나처럼 무
대 위에서 호감이더라. 하지만 파울의 연주는 전보다 훨씬 별로였
어. 하긴, 예상했던 일인지도 모르지. 그는 현실적으로 불가능한
걸 해내겠다고 고집을 부린 거니까. 그건 일종의 위반이야—맞아,
파울은 병적이지…….

🐚 비트겐슈타인 집안 전쟁

1938년 초, 프랜시스 스키너에 대한 쾌락적인 관심이 지속되자 당황한 루트비히는 일기에 이렇게 끼적였다. "생각했다. 그가 죽어 버리면 좋겠다고. 그것이 옳다고. 그래야 내가 어리석음에서 벗어날 수 있을 것이라고…… 하지만 여기서 내 마음은 절반만 진심이다." 1941년 10월 11일, 스물아홉 살의 정원사이자 기계공인 프랜시스가 별안간 심각한 척수성 소아마비 ─ 제1차 세계대전 이후에 루트비히의 조카인 프리츠 잘처의 목숨을 앗아간 질병 ─ 로 사망할 때까지 수년 동안, 그와 루트비히는 한시도 떨어져 지낸 적이 없었다. 루트비히는 깊은 충격에 빠졌다. 세계적인 위기의 시기에 철학을 가르치는 데 신물이 난 루트비히는 런던의 가이 병원Guy's Hospital에서 병실 잡역부 일을 찾았고, 마침내 주급 28실링짜리 일을 제안받았다. 그곳의 의사 한 명이 그가 유명한 케임브리지 철학자라는 걸 알아보고 인사하자, 루트비히는 "얼굴이 백지장처럼 하얗게 질려서는 '하느님 맙소사. 나에 대해 아무한테도 말하지 마세요'라고 말했다."

"내 영혼은 **매우** 피로하다. 전혀 좋은 상태가 아니다." 그의 담당 업무는 조제실에서 병실로 약을 나누어주는 일이었는데, 틀림없이 환자들에게 약을 먹지 말라고 충고했을 것이다. 프랜시스 스키너의 사망으로 인한 공허함은 이스트엔드East End 출신의 보잘것없는 스물한 살 청년에 의해 어느 정도 메울 수 있었다. 가이 병원 진료실에서 근무하는 평범한 이 청년의 이름은 로이 포래커Roy Fouracre였으며, 루트비히는 그를 애칭으로 아무개라고 불렀다. 루트비히는

1951년 사망할 때까지 그와 절친한 친구로 지냈고, 유언으로 그에게 약간의 돈을 남겼다. 루트비히는 하찮은 잡역부직에서 이내 '연고 조제사' 자리로 승진했고, 지금까지 아무도 생각해본 적 없는 개선된 방식을 창안해 상사를 깜짝 놀라게 만들었다. 로이는 가이 병원 일을 그만두고 군에 입대했고, 루트비히는 모순맥박pulsus paradoxus이라는 불규칙한 호흡장애를 연구하는 두 의사의 연구실 조교로 일하기 위해 뉴캐슬로 이사했다. 이번에도 루트비히는 독창성을 발휘하여 환자의 맥박을 기록할 수 있는 대단히 참신한 방법을 고안했는데, 의사들 가운데 한 명은 "기존의 표준적인 방식에서 벗어나 효율적으로 일할 수 있는 기발한 방법"이었다고 회상했다.

루트비히는 전쟁 시기를 이렇게 영국에서 보냈다. 스탈린그라드 전투가 패배로 끝났다는 소식이 들려오자 빈 시민들의 국가사회주의를 향한 열정, 전투를 향한 열정, 심지어 히틀러를 향한 열정조차도 시들해지기 시작했다. 독일 제6군의 오스트리아 병력 5만 명이 러시아군에 포위되었으며, 그 가운데 살아남은 사람은 1200명에 불과했다. 1943년 8월에 비너노이슈타트가 미국에 폭격을 당하고, 1944년 9월에 빈 중심가가 집중 포화를 맞기 시작하자 빈 시민들의 가슴과 정신에는 처음으로 패배주의라는 암울한 기운이 밀려들었다.

나치가 헤르미네와 헬레네에게 약속을 지킨 덕분에, 두 노부인은 전쟁 기간 동안 당국으로부터 아무런 간섭을 받지 않고 생활할 수 있었다. 헬레네의 남편 막스 잘처는 1941년 4월에 사망했다. 그의 쇠약한 정신 상태는 헬레네의 신경을 심하게 뒤흔들었는데, 유일하게 생존한 아들 펠릭스가 미국으로 이민했을 때도 마찬가지였다.

손자들 가운데 세 명은 독일군에 입대하여 전쟁에 참전했고, 그 가운데 두 명은 전쟁이 끝날 무렵 행방불명되어 오랜 세월 헬레네를 몹시 고통스럽게 만들었다. 언제나 수줍음이 많은 헤르미네는 그림과 가르치는 일을 오래전에 그만두고 이제는 은둔 생활을 하고 있었다. 헤르미네는 가족들의 격려로 회고록—가족에 관한 선택적인 기억과 감상적인 추억, 간혹 흉이 되는 회상들의 모음집—작업을 시작했다. 헤르미네는 처음엔 호흐라이트(아버지에게 물려받은 별장)에서 지내다가, 동쪽에서 침입하는 러시아가 두려워 1944년 10월에 빈으로 달아났고, 수도가 피비린내 나는 전쟁터로 변하기 시작하자 곧바로 그문덴의 그레틀 사유지에 있는 저택으로 거처를 옮겼다. 비트겐슈타인 궁전은 지금은 완전히 그녀의 소유가 되었지만, 부상당한 장교들을 위한 병원으로 활용되었다.

그레틀이 입양한 두 아들 가운데 큰아들 베디고는 독일 편에서 싸우다 전사했다. 그레틀은 루트비히에게 이렇게 썼다. "아주 최근에 그렇게 됐어. 그 아이의 나약함, 그 아이가 아무리 애를 써도 바꿀 수 없었던 그 모든 나약함에도 불구하고, 나는 그 아이를 무척 좋아했어. 사실 그 아이는 지나치게 순진했지—우리하고는 맞지 않는 재료로 만들어지고 우리하고는 다른 환경을 위해 지어진 아이라, 나는 언제나 그 아이의 분명한 애정 표현에 놀라고 곤혹스러워했어⋯⋯." 동생인 요헨은 연합군 편에서 싸우다 독일군에 붙잡혀 반역자로 고문을 당했다. 하지만 그는 시련에서 살아남았다. 1941년 12월에 히틀러가 미국에 선전포고를 하자, 쿤트만가세에 있는 그레틀의 집은 나치에 몰수되어 무단으로 사용되었고 집안의 많은 물건들이 도난당했다.

워싱턴에서 지는 기계에 관심이 많고, 하인즈Heinz 사의 구운 콩 통조림과 과속으로 달리는 자동차를 광적으로 좋아하는 특이한 여자와 사랑에 빠졌다. 베로니카 모리슨-벨Veronica Morrison-Bell이라는 이름의 이 여자는 노섬벌랜드Northumberland(잉글랜드 북동부의 주 - 옮긴이) 출신 무명 준남작의 셋째 딸이었으며, 스물아홉 살에 처음 미국에 왔다. 베로니카는 독립적인 성격의 여성으로 전쟁이 발발하기 전에 도쿄에서 휴가를 보내다가, 유럽으로 돌아가는 길이 군함과 지뢰로 가로막힌 사실을 알게 되었다. 그래서 태평양을 가로질러 동쪽으로 향했고, 1940년 10월 2일에 캘리포니아에 도착하게 되었다. 부모님의 친구인 부유한 여성 후원자, 도로시아 메리먼Dorothea Merriman은 그녀에게 연합군 합동참모총장의 워싱턴 사무실 비서직을 알아봐주었다. 이곳에서는 망명 중인 처칠 정부를 위해 쉬쉬하며 계획을 세우고 있었다. 오빠가 제7창기병 연대 대위인 베로니카는 애국심이 무척 강했다. 소문에 의하면 지가 사무직을 그만두고 군에 입대해 나치와 싸우느냐를 보고 결혼 여부를 결정했다고 한다. 1941년 봄에 지는 요크 공작 캐나다 왕립 경기병대에 사관후보생으로 자원입대했으며, 1942년 7월 17일에 온타리오 주 브로크빌의 사관학교 야영지에서 택시 운전사를 증인으로 세우고 결혼식을 올렸다. 그레틀은 '눈에 넣어도 아프지 않은 아들'을 빼앗긴 걸 애석하게 여겼지만, 자신이 처한 상황을 최선을 다해 받아들였다. 그녀는 루트비히에게 이렇게 썼다. "베로니카가 마음에 들어. 그 애가 아주 마음에 들어. 부드러운 껍질 속에 딱딱하고 쌉쌀한 알맹이를 감추고 있다는 걸 알고 있지만."

동료 장교들에게 스토니Stoney라는 이름으로 불린 지는 욕을 입에 달고 살았고, 캐나다 군인을 "지독하게 무능한 멍청이들"이라며 폄하했지만, 열심히 훈련을 받아 숙련된 군인으로 인정받았다. 1944년에 그의 파견대가 프랑스에 도착하자마자, 그는 히틀러 청소년단이 특별히 결성한 기갑사단Panzer Division과 전투를 벌였다. 그는 유창한 독일어 덕분에 유능한 심문관, 통역관, 정보장교로 활약했지만, "어떤 캐나다 장군의 사생아"가 그의 진급을 가로막는 바람에 소령 이상으로는 도저히 올라갈 수가 없었다. 전쟁이 막바지에 다다를 무렵, 친위대 여단지도자인 쿠르트 '팬저' 마이어의 재판에 연루되면서 난관에 부딪친 것이다. 쿠르트 마이어는 큰 공을 세워 훈장까지 받은 독일 군인이지만, 1944년 노르망디에서 캐나다 전쟁포로들의 암살을 지시했다는 죄목으로 부당하게 고발을 당했다. 당시 지는 검찰 측에서 일하고 있었는데, 재판이 시작되기도 전에 유죄평결은 기정사실이고 마이어는 사형을 당하게 될 거라고 떠벌렸다. 재판이 진행되는 동안 통역관 업무를 담당하던 지는 고함을 지르고 협박을 하면서 참고인 진술에 영향을 미쳤는데, 이때 '어떤 장교의 사생아'이자 법무관이 그를 법원 밖으로 내쫓고 그 자리에 새로운 통역관을 불러들였다. 마이어는 사형선고를 받았지만, 독일과 캐나다 양쪽에서 적극적으로 구명운동을 펼친 끝에 1954년 9월에 감옥에서 석방되었다.

파울은 이와는 확연히 다른 방식으로 전쟁 시기를 보냈다. 뉴욕에서 파울은 자칭 '오스트리아의 행동Austrian Action'이라는 망명자 모임에 가입했다. 이 모임은 제1차 세계대전 기간에 오스트리아 외무부 장관을 지낸 사람의 아들인 페르디난트 체르닌Ferdinand Czernin 백작이 운영한 것으로, 오스트리아의 나치 정권 타도 운동을 위해 조직되었으며, 유형과 정치적 신념을 불문하고 누구든지 회원으로 가입할 수 있었다. 파울은 이 모임을 지지했고, '오스트리아의 행동' 기금 모금을 위해 뉴욕에서 여러 차례 연주회를 열어 세간의 이목을 끄는 등 모임을 위해 돈과 시간을 바쳤다. 그 결과 '오스트리아의 행동'에 가입한 모든 회원을 공산주의자라고 믿으며 가뜩이나 예민해 있던 미국 행정부의 의심을 샀다. 그런가 하면 몇 년의 전쟁 기간 동안 오클랜드, 샌크스 기지, 걸프포트 비행장에서 군인들을 대상으로 연주하는 등 미국 병력에 사기를 북돋기 위한 연주회도 열었고, 군악대의 반주에 맞추어 라벨의 협주곡을 편곡하기도 했다. 1944년 4월에는 뉴욕에서 '유대인 이민 지원 협회Hebrew Immigrant Aid Society'를 지지하기 위한 연주회도 열었다. 뿐만 아니라 오스트리아, 프랑스, 잉글랜드에 살고 있는 옛 친구들과 옛날 하인들에게 매주 음식이며 돈을 보내기도 했다.

파울은 자신이 사재를 털어 의뢰했으며 자신의 직업적 성공을 가져온 왼손을 위한 훌륭한 피아노 작품들이 도둑맞고 있는 것 같다는 의혹을 품었지만, 유럽 음악계에서 일어나고 있는 일에 대해 어떻게 해볼 도리가 없었다. 절도는 두 가지 형태로 이루어지고 있었다. 하나는 왼손을 위한 원래 작품을 두 손을 위한 작품으로 편곡하는 것이었고, 다른 하나는 **그의** 작품을 두 손 혹은 한 손의 다른 피아니스트들이 연주하는 것이었다. 전쟁 전에 파울이 자기 멋대로 협주곡을 수정한 일에 이미 격분해 있던 라벨은, 비트겐슈타인과의 계약이 만료되자마자 프랑스 피아니스트 자크 페브리에Jacques Février를 옹호하며 자신의 작품을 연주하게 했다. 1943년 페브리에가 라벨의 협주곡을 재녹음하자 파울은 짜증이 치밀었다. 이와 동시에 리하르트 슈트라우스까지 파울을 분노하게 만들고도 남을 조치를 취했는데, 〈범아테네 축제행렬〉을 독일의 젊은 피아니스트 쿠르트 라이머 Kurt Leimer에게 다시 바쳐 쿠르트 라이머가 첫 번째 녹음을 하게 된 것이다.

유대인 작곡가들의 대탈출로, 오스트리아에서는 프란츠 슈미트가 순수 독일혈통을 지닌 천재 음악가의 전형이 되었다. 슈미트는 오스트리아 합병 시기에 병에 걸렸는데, 오랜 세월 기다려온 공식적인 인정에 어찌나 흥분했던지 곧바로 정신이 이상해져버렸다. 자신의 오라토리오 〈일곱 봉인의 책Das Buch mit sieben Siegeln〉 초연 때는 무지크페라인 발코니 좌석에서 나치 경례를 하질 않나, 〈독일 부활Die deutsche Auferstehung〉이라는 나치당을 찬양하는 작품의 작곡에 착수하기도 했는데, 그의 사망으로 작품은 완성되지 못했지만 이런 행동들은 사후에 국제적인 명성을 얻는 데 심각한 장애가 되었다.

슈미트를 거의 아버지처럼 숭배했던 파울은 1939년 작곡가의 사망 직후, 프리드리히 뷔러Friedrich Wührer라고 하는 젊은 파시스트 피아니스트가 원래는 파울의 왼손을 위해 작곡된 여섯 개의 작품 전체를 두 손을 위한 곡으로 편곡해 연주하고 있다는 사실을 알고는 몹시 비통해했다. 뷔러는 과거 슈미트의 제자였으며, 나중에 파울의 주장에 따르면 "10년 동안 '히틀러 만세!'를 외치고 다녔으면서 이제는 과거를 지우기 위해 음악만 연주하고 다녔다." 파울이 그를 몹시 싫어했던 것처럼 그 역시 파울이라면 아주 질색을 했다. 그는 동료 피아니스트에게 이렇게 편지를 썼다. "오스트리아에서는 비트겐슈타인 씨를 진지하게 여기지 않아. 걸핏하면 화를 내는 신경쇠약증 환자에 사치스럽고 주제넘은 데다 피아니스트치고 실력도 형편없거든."

뷔러는 슈미트의 임종 때 병원을 방문했는데, 이때 작곡가에게 아직 "제대로 된" 피아노곡은 작곡하지 않으셨다고 언급하자 슈미트가 이렇게 대답했다고 주장했다. "그렇지만 나는 이미 피아노협주곡을 작곡했네. 자네가 그 곡들을 두 손을 위한 곡으로 편곡만 하면 돼!" 뷔러는 이 말은 곧 모든 작품을 두 손을 위한 곡으로 편곡해도 좋다고 허락한 것이나 다름없다고 주장했다. 크게 화가 난 파울은 미국에서 작곡가의 미망인에게 이의를 제기하는 편지를 수차례 보냈지만, 매번 혼란스럽고 애매모호한 답장만 받을 뿐이었다. 당시 그녀는 정신이 약간 이상한 상태였으며, 이후 나치의 안락사 계획에 의해 '처형당했다.' 불만에 찬 파울은 코더에게 편지로 이렇게 말했다. "뷔러가 거짓말을 하고 있다는 걸 알지만 그걸 무슨 수로 증명할 수 있겠나?"

이 몇 년 동안 뷔러는 슈미트의 왼손을 위한 작품들이 아직 파울과 독점 계약 상태라는 사실을 무시한 채, 왼손을 위한 작품 전체를 두 손을 위한 곡으로 편곡해 연주했다. 그는 매회 콘서트 때마다 프로그램에 이런 짧은 글을 인쇄하도록 합의했었지만—"이 작품은 파울 비트겐슈타인을 위해 작곡되었으며, 왼손을 위한 원곡을 편곡한 것입니다."—파울이 추방당한 유대인이었기 때문에—공식적인 나치 편람 《유대인 음악가 인명록 Lexikon der Juden in der Musik》에 파울의 이름이 있다—빈에 있는 누구도 대서양 건너편에 사는 파울의 요구에 동의할 필요가 없었다. 그러므로 뷔러의 프로그램에는 더 이상 이런 안내문이 인쇄되지 않았다.

1944년 말, 빈에서는 아돌프 히틀러를 향한 지지가 거의 시들해졌다. 빈 시민들은 시내를 폭격하기 위해 날아오는 미국 폭격기들을 해방자Liberator라는 애칭으로 불렀다. 폭격기가 잇따라 출격했고, 미군 조종사들은 자기들이 저 아래에 있는 사람들을 독일의 심각한 압제의 굴레로부터 해방시키고 있다고 믿으며 하늘에서 도시를 맹공격했다. 수많은 빈의 시민들도 그렇게 생각했다. 다시 말해, 미국의 공격을, 사악한 인종 이데올로기를 주창한 자를 환영한 것에 대한 처벌, 그에게 조국을 넘겨준 데 대한 처벌, 미쳐 날뛰는 독재자 본인보다 더 열정적으로 그의 야만적인 계획들을 실행에 옮긴 것에 대한 처벌, 총과 폭탄으로 목숨을 바쳐가며 그의 잔혹한 정권을 방어한 데 대한 처벌로 여기지 않았다. 아니, 오히려 미국을 자기들의 '해방자'로 여겼으며, 이제 피에 굶주린 러시아 군대가 동쪽에서 급속도로 전진해오는 상황에서 관대한 미국이 먼저 그들의 도시에 도착하는 것은 대단히 중대한 사안이 되었다.

1944년 12월 춥고 습한 어느 날, 미국의 폭격기 '해방자'는 정해진 임무를 띠고 한때 번영했던 비덴Wieden 지역에 폭탄을 투하했다. 폭탄 하나가 비트겐슈타인 궁전의 지붕 위로 떨어졌다. 폭탄이 터지자 건물 뒤편이 완전히 붕괴되어 정원의 높은 지대가 허물어지고 뒤쪽 외벽의 절반이 내려앉았다. 1913년 카를이 죽어가던 호화로운 침실은 산산이 부서졌고, 한때 브람스, 말러, 한슬리크 등이 넋을 잃고 앉아 있던 음악당의 천장은 바닥으로 무너져내렸으며, 70년 동안 저 아래 대리석 계단까지 햇빛을 비추던 거대한 유리 지붕은 수천 개의 찌그러진 금속과 깨진 유리 파편으로 산산조각이 났다. 귀청이 떨어져나갈 것 같은 폭발음이 지나가자 주변은 온통 먼지로 가득했다. 멀리서 들려오는 사이렌 소리가 타닥타닥 떨어지는 단조로운 빗소리를 방해했다.

ꙮ 길의 끝

전쟁이 끝나고 수년 동안, 빈은 프랑스와 영국, 소련, 미국 등의 점령 지역으로 나뉘었다. 이들 지역 간의 이동은 제한되었다. 비트겐슈타인 궁전은 러시아 점령 지역에 속했다. 이 대저택은 한 달 동안 비바람에 노출된 채 서 있다가, 이후 거의 1년 동안 판자로 막은 채 버려졌다. 훼손된 부분을 수리하는 일은 헤르미네에게 맡겨졌지만, 그녀가 다시 돌아온 1947년 봄이 되어서야 시작되었다. 그림, 가구, 악보, 도자기 등, 창고에 보관되어 있던 파울 소유의 수집품들을 배에 실어 미국으로 보냈지만, 여전히 화해는 이루어지지 않아 변호사를 통하지 않고는 파울과 연락할 수가 없었다. 헤르미네는 더 이상 동생과 가까이할 수 없다는 사실이 못내 아쉬웠지만, 고향에 돌아올 수 있어 마냥 행복했다. 그러나 그 기쁨도 오래 가지 않았으니, 돌아온 지 6개월도 안 되어 치명적인 부인암 진단을 받았다.

루트비히는 헤르미네를 방문하기 위해 9년 만에 처음으로 빈에 돌아왔다. 그동안 루트비히는 건강이 썩 좋지 못했으며, 글을 쓰기 위해 케임브리지의 교수직을 그만두고 아일랜드로 가서 거의 신경 쇠약 상태로 이집 저집을 수시로 옮겨 다니며 지냈다. 빈에 돌아온 그는 큰누나의 병이 위중하다는 사실을 확인했고, 1948년에는 상태가 더욱 악화되고 있다는 걸 알게 됐다. 1949년 초에 헤르미네는 큰 수술을 받은 후 앞으로 살날이 얼마 남지 않았다, 잘해야 2~3년이라는 말을 들었다. 이후 그녀는 가벼운 뇌졸중을 앓았고 뒤이어 또다시 심한 뇌졸중을 앓아, 죽음이 임박했다는 사실이 분명해졌다. 헤르미네의 의식이 오락가락하는 동안 그레틀과 헬레네가 그녀의 병상을 지켰다.

루트비히는 3월에 다시 빈에 돌아오고 싶었지만, 이제는 아무도 알아보지 못하는 헤르미네를 혼란스럽게 만들 뿐이라며 그레틀이 그의 방문을 막으려 했다. 그런데 루돌프 코더가 보낸 편지에서 조금 다른 내용을 접하고 루트비히는 답장에 대고 미친 듯이 화를 냈다.

그레틀 누나가 나에게 잘못된 소식을 전해준 것 같아. 헤르미네 누나가 아무도 못 알아본다는 식으로 말했거든. 이렇게 상반된 소식을 받게 되다니 몹시 불쾌하군. 부탁인데, 누구의 영향도 받지 말고 계속해서 눈에 보이는 그대로 사실을 적어 보내줘. 그레틀 누나의 판단은 믿지 마. 워낙 변덕스러우니까.

11년 이상 빈을 찾지 않던 파울은 1949년 3월에 프란츠 슈미트 서거 10주년을 기념하기 위한 두 개의 연주회에 연주 초청을 받았다. 루트비히는 마르가 데네케에게 편지를 써서, 헤르미네가 죽어가고 있다는 사실을 형에게 알려달라고 말했다. 짐작컨대 마르가는 루트비히의 부탁을 들어주었을 것이다. 하지만 파울은 3월 13일에 빈 필하모닉과 슈미트의 베토벤 주제에 의한 변주곡을, 19일에 브람스홀에서 두 곡의 5중주를 연주했지만, 병든 누나를 만나러 가지 않았다.

빈은 더 이상 파울이 혈기왕성한 젊은 시절에 기억하던 안전하고 웅대한 도시가 아니었다. 수년 동안 양차 대전을 겪으면서 이제는 예전의 생기발랄한 세계적인 문화 중심지와 닮은 구석을 좀처럼 찾아볼 수가 없었다. 1949년 도시 풍경은 여전히 전쟁의 상처가 아물지 않은 상태에서 유대적인 활기를 잃은 채 나치의 테러에 공모했다는 수치심으로 어두워져, 불꽃같던 시민들의 모습은 이제 애처로운 불씨로 사그라졌다. 파울의 마음속에는 여전히 오스트리아를 향한 애국심이 남아 있었지만, 미국인으로 살아온 세월이 워낙 오래되어 1949년에는 고향을 그리워하는 망명자로서가 아니라 방문객이자 호텔 투숙객으로, 그리고 세계적인 연주자로 빈의 땅을 밟게 되었다. 파울은 궁전을 방문하지 않았으며 궁전 앞을 지나치려고도 하지 않았다. 그의 마음은 비통함으로 가득 찼다.

루트비히는 (그의 건강도 쇠약해지고 있었기 때문에) 뉴욕 주 이타카Ithaca에서 지내라는 과거 철학과 제자, 노먼 맬컴Norman Malcolm의 초대를 성급하게 받아들였다. 그리고 4월에 미국으로 떠나기 전, 헤르미네를 보기 위해 빈으로 갔다. 파울은 이미 빈을 떠나고 없었고, 루트비히는 누나가 더 이상 살 가망이 없음을 확인했다. 그는 맬컴 교수에게 편지를 보냈다. "4월 초 이후로 연구를 하지 못했고 연구를 할 기운조차 없다. 앞으로도 어떻게 될지 모르겠다." 더블린의 의사는 루트비히에게 철분과 간 건강에 도움이 되는 약으로도 고칠 수 없는 비전형적인 악성빈혈을 앓고 있다고 진단했다. 종양이 의심되어 위 X-선 검사를 받았는데 아무런 이상이 없었다. 루트비히는 7월 21에 퀸 메리 호에 올랐다.

루트비히는 미국이 덥고 정신없는 곳임을 확인했다. 맬컴 부부는 그에게 친절했지만, 그는 자신이 마치 "나이 든 불구자"에 편지도 쓸 줄 모를 정도로 "아주 멍청한 인간"이 돼버린 것만 같았다. 한번은 롱아일랜드에 있는 파울의 집을 불쑥 방문했는데, 가정부 한 명 말고는 아무도 없는 걸 보고 쪽지 한 장 남기지 않은 채 집을 나섰다. 루트비히는 다시 몸이 좋지 않아졌고, 이번에도 철저한 건강검진을 받아야 할 만큼 몹시 괴로웠지만, 역시나 어떠한 심각한 이상도 발견되지 않았다. 전날 루트비히는 숨도 쉴 수 없을 만큼 격분해서 맬컴에게 이렇게 투덜댔다. "난 미국에서 죽고 싶지 않아. 난 유럽인이야. 유럽에서 죽고 싶어. 미국에 오다니, 이런 멍청할 데가!"

런던으로 돌아온 루트비히는 다시 검진을 받았고, 마침내 그동안 왜 그렇게 불안했는지 정확한 원인을 알아냈다. 수술로도 치료가 불가능한 말기 전립선암이었으며, 암세포가 골수까지 전이되어 빈혈을 일으켰던 것이다. 여성호르몬 에스트로겐을 정기적으로 경구 투여하는 것으로 남성호르몬 테스토스테론 분비를 저지하는 치료법이 처방되었다. 이 치료법은 메스꺼움, 설사, 열감, 발기부전, 가슴 커짐 등의 부작용이 나타날 수 있었다. 루트비히는 일도 할 수 없고 마음은 여전히 안절부절못해, 크리스마스에 오스트리아로 돌아가기로 결심했다. 궁전의 옛날 자기 방에서 죽음을 맞으리라 생각한 것이다. "최대한 빨리 빈에 갈까 해. 거기에서 아무것도 안 하고 호르몬이 알아서 작용하게 할 거야." 루트비히는 친구들에게 자신의 병에 대해 아무에게도 알리지 말도록 지시했다. 오스트리아에 머무는 동안 그 사실이 가족들 귀에 들어가지 않는 것이 무엇보다 중요했기 때문이다.

루트비히는 크리스마스이브에 궁전에 도착해 침실로 들어갔다.

꼭 37년 전 크리스마스 무렵, 카를이 이렇게 암으로 죽어가고 있었다. 그리고 이제 —그때와 똑같은 침울한 환경에서 그때와 똑같은 크리스마스 무렵에 —카를의 맏딸과 막내아들 차례였다. 루트비히는 2개월 동안 빈에 머물면서 대부분의 시간을 엎드려 보냈다. 매일 헤르미네를 보러 갔지만, 헤르미네는 거의 루트비히와 이야기할 수 있는 상태가 아니었고, 어쩌다 이야기를 하더라도 무슨 말을 하려는 건지 이해할 수가 없었다. 헤르미네는 1950년 2월 11일에 사망했다. 루트비히는 영국에 있는 친구에게 편지를 보냈다. "우리 큰누나가 어제 저녁 아주 평화롭게 세상을 떠났어. 우리는 지난 사흘 동안 시시각각 누나의 죽음을 예상했던 터라 놀랄 일은 아니었어."

열등감과 사회성 부족으로 위축되어 살아온 헤르미네는 일흔다섯 해의 대부분을 주로 아가씨들이 시간을 보내는 활동에 몰두하며 지냈다. 그저 그런 가치를 지닌 그림 한두 점을 완성했고, 가장 훌륭한 작품은 요제프 라보의 임종을 그린 그림이었다. 친구는 거의 없었지만 의리가 있었다. 무엇보다 그녀는 집안의 불꽃을 지킨 사람이었다. 아버지가 돌아가신 후로 아버지의 사유지, 규범, 가치관을 지키기 위해, 그리고 아버지를 추모하기 위해 열심히 노력했다. 빈의 궁전을 관리했고, 호흐라이트와 노이발데크 궁전에 대대적인 개보수 작업을 시행했다. 종손자들을 위해 기록한 그녀의 회고록은 출판되지 않았는데, 비트겐슈타인 사람들을 동화처럼 묘사하고, 외삼촌과 이모들이 다른 형제들보다 심지어 어머니보다 자신을 더 예뻐하고 자랑스럽게 여겼다고 밝히고 있다. 또한 루트비히와 그레틀만 명예롭게 표현되어 있고, 한스, 루디, 쿠르트, 헬레네, 파울 등 다른 형제들에 대해서는 짧게 몇 마디만 언급되어 있다. 헤르미네의 명백한 단점들에도 불구하고 그녀의 죽음이 루트비히에게 미친 영향은 상당히 컸다. 루트비히는 일기장에 이렇게 기록했다. "나와 우리 모두에게 커다란 손실이다. 내가 생각했던 것보다 훨씬."

루트비히는 자신의 죽음이 임박하다는 걸 예상하면서도, 헤르미네의 사망 후 1년 동안 이곳저곳을 이동하며 계속해서 글을 썼다. 그는 1950년 4월에 케임브리지로 갔고, 이후 런던에서 잠시 체류한 뒤 옥스퍼드로 이동한 다음, 8월에 노르웨이에서 휴가를 보내면서 다시 케임브리지의 에드워드 베번Edward Bevan 박사 부부 집으로 돌아오기로 결정했다. 2월에 루트비히의 병세는 더욱 악화되어 더 이상 치료해봐야 소용없다는 진단이 내려졌다. 루트비히는 이 진단에도 전혀 흔들림 없이 베번 부인에게 이렇게 말했다. "이제부터 저는 그 어느 때보다 열심히 일할 겁니다." 그리고는 오늘날 《확실성에 관하여On Certainty》로 알려진 책의 상당 부분을 곧바로 집필하기 시작했다. (이제 막) 예순두 번째 생일을 맞은 그에게 베번 부인이 "오래오래 사세요!"라고 말하자, 루트비히는 "그럴 리는 없을 겁니다"라고 대답했다. 다음 날 아침, 루트비히는 그의 마지막 철학 사상을 기록했다.

꿈을 꾸면서 "나는 꿈을 꾸고 있다"라고 말하는 사람은, 비록 그때 사람들이 들을 수 있게 말한다 해도 옳지 않다. 이것은 실제로 비가 오는 동안 그가 꿈속에서 "비가 온다"라고 말하는 것이 옳지 않은 것과 같다. 비록 그의 꿈이 빗소리와 실제로 연관되어 있다고 하더라도.

그날 밤 루트비히의 상태가 크게 악화되었다. 베번 박사가 그에게 이틀 이상 버티기 어려울 것 같다고 말하자, 루트비히는 "잘 됐군요!"라고 대답했다. 마지막으로 의식을 잃기 전, 루트비히는 베번 부인에게 속삭이며 이렇게 말했다. "사람들에게 제가 아주 멋진 삶을 살았다고 전해주세요!" 그의 마지막 순간은—의식불명 상태였다—옛 제자 네 명과 그들의 요청으로 함께 온 도미니카 수도회 수사가 함께했다. 다음 날(1951년 4월 30일) 루트비히는 가톨릭 장례 의식을 마치고 케임브리지 세인트 자일스St Giles 묘지에 묻혔다. 빈에서는 가족이나 친척들 누구도 참석하지 않았다.

암이 유전에 의한 질병임을 보여주는 전형적인 사례가 있다면, 가장 먼저 제시되어야 할 결정적인 증거는 단연 비트겐슈타인 가문이 될 것이다. 헤르미네가 사망하기 18개월 전, 마리아 잘처(헬레네의 딸)가 암으로 사망했다. 이윽고 헬레네의 두 딸과 그녀의 손녀 여러 명은 물론이고 증손녀까지 같은 병에 걸렸다. 헬레네는 1956년에 사망했다. 그녀는 1938년 이후로 동생 파울을 보지 못했다.

그레틀은 헬레네보다 2년을 더 살았지만 그 기간이 특별히 행복하지는 않았다. 그녀는 빈으로 돌아왔지만, 그 옛날의 쾌활함이나 목적의식은 찾아볼 수 없었다. 사교 생활은 더 이상 1920년대, 30년대와 같지 않았고 줄곧 외로운 시간을 보내야 했다. 한량 같은 큰아들(다섯 차례나 결혼을 했고, 재정은 늘 바닥나 있었다)의 어이없는 행동에서 오는 부담감은 전쟁 후 야망을 잃고 나태해진 작은 아들에 대한 실망감으로 더욱 악화되었다. 1945년 이후 지는 워싱턴의 잘 나가던 직장을 때려치우고, 대신 영국의 지방 지주라는 게으른 생활을 선택하여 도싯Dorset에 정착해 베로니카와 가정을 꾸렸다.

그레틀은 파울에 대해 두 번 다시 입도 벙긋하지 않았지만, 루트비히가 죽기 전 그에게 보낸 편지에서 파울에 대해 언급했다. 그녀는 루트비히에게 이렇게 말했다. "한때는 파울이 그 고집스런 태도에서 벗어날 날이 올 거라고 굳게 믿었지. 하지만 지금은 우리가 그를 완전히 잃어버렸다는 걸 알겠어. 파울은 지난 일을 잊을 사람이 아니고, 나이를 먹는다고 해서 더 유해지지도 않을 것 같아. 나는 파울이 겉으로 오만함을 드러내며 나를 바보 취급했던 그 옛날보다, 지금 훨씬 더 파울이 이해가 돼."

1958년, 처녀 시절부터 애를 먹여온 심장이 마침내 힘을 다하고 말았다. 그레틀은 세 차례나 연달아 뇌졸중을 일으켰다. 이후 손자에게 기운 넘치는 모습, 건강을 되찾은 모습을 보여줄 만큼 충분히 회복되었지만, 남은 날들을 빌로트슈트라세Billrothstrasse에 있는 고급 개인 병원에서 의식을 잃지 않으려 몸부림치면서 보냈다. 그리고 9월 27일, 이곳 루돌피너하우스Rudolfinerhaus 병원의 작은 병실에서 사망했다. 그레틀은 비트겐슈타인 자매들 가운데 가장 따뜻하고, 가장 유머러스하며, 가장 친절했지만, 동시에 가장 권위적이고, 가장 야심이 많았으며, 가장 속물이었다. 그녀 역시 자신의 이런 특성들이 마음에 들지 않았지만 억제할 힘이 부족했다. 오지랖을 부려 다른 사람을 짜증나게 하는 습성은 있었지만, 그럼에도 불구하고 많은 친구들과 자손들에게 애정이 깊은 사람으로 기억된 그레틀은 1958년 10월 1일, 그문덴 시립묘지의 남편 옆에 묻혔다.

✆ 가계의 끝

파울 비트겐슈타인은 1961년 3월 3일에 사망했다. 그의 나이 일흔세 살이었다. 동생과 마찬가지로 그 역시 전립선암과 그에 따른 빈혈을 앓았지만, 사망 원인은 급성 폐렴이었다.

겉으로 보기에 미국에서 보낸 말년은 성공적인 것 같았다. 1941년 11월 말, 그의 아들 파울 2세를 포함한 온 가족은 헌팅턴을 떠나 뉴욕 주 그레이트넥Great Neck의 튜더 왕조 양식을 모방한 주택으로 이사했다. 토지가 딸려 있고 롱아일랜드 해협의 경관이 건너다 보이는 곳이었다. 파울은 주말과 긴 휴가를 제외하면 여전히 대부분의 시간을 맨해튼에서 보냈지만, 이런 불편한 생활 방식과 아내와의 나이 차이에도 불구하고, 적어도 몇몇 사람들 말에 의하면 결혼 생활은 행복했다고 한다. 1946년에 그와 가족은 완전한 미국 시민권을 받았고, 파울은 조금도 불만이 없었다. 1958년, 연주회 무대에서 거의 은퇴한 상태로 지내는 동안, 파울은 자신이 대단히 자랑스럽게 여기는 편곡 작품 일부를 비롯해 왼손을 위한 피아노 음악에 대한 세 권의 책을 출판했다. 그리고 같은 해에 음악에 대한 공헌을 인정받아 필라델피아 음악원 명예박사 학위를 받았다.

파울에게는 많은 피아노 제자들이 있었는데, 파울은 그들을 모두 무료로 가르쳤고 그런 노력으로 성취감을 얻었다. 재능 있는 작곡가이자 나중에 상을 받은 영화감독, 레너드 캐슬Leonard Kastle은 그의 제자들 가운데 한 명으로 그와 가장 친한 친구가 되었다. 하지만 이 시기에 파울의 연주는 급격히 나빠졌다. 1928년과 1934년 사이 전성기 때, 파울은 뛰어난 기교와 감성을 지닌 세계적인 수준의 피아니스트로서 인상적인 무대 매너로 객석에 활기를 불어넣었다. 하지만 사망 후 피아니스트로서의 명성은 그리 높지 않았는데, 유명한 작곡가들의 곡을 마음대로 수정한 것이 어느 정도 원인이 되었다. 나중에 이 작곡가들은 파울을 심하게 비난했다. 라벨은 파울이 죽을 때까지 내내 그에 대해 불만을 토로했고, 프로코피예프는 자서전에서 그를 모욕했으며, 브리튼은 파울의 버전을 한물간 것으로 만들어 그가 더 이상 연주하지 못하게 하려고 1950년이 지나자 자신의 〈디버전스〉를 수정해 '공식 버전'을 내놓았다. 파울은 거의 녹음을 하지 않았으며, 그나마도 대체로 형편없다는 점도 사후에 명성을 높이지 못한 원인이었다. 브람스의 〈바흐 샤콘느 D단조〉를 직접 편곡해 무대에 올린 1928년 연주는 무난하지만, 라벨의 협주곡과 슈트라우스의 〈파레르곤〉 가운데 한 악장으로 이루어진 두 개의 녹음은 썩 훌륭하다고 볼 수 없다. 어설픈 실수들, 무분별한 분절법, 부적절한 음악적 해석은 세 연주를 모두 망쳐놓았다.

아무래도 연주회가 주는 정신적 압박감이 상당히 컸을 것이다. 높은 수준의 연주회를 열 수 있었던 초창기에도 그의 연주는 이따금 거칠고 서툴렀다. 해가 갈수록 육체적 정신적 분투에 그는 지쳐갔으며, 거칠고 서툰 연주는 점차 많아지고 수준 높은 연주는 차츰 줄어들었다. 한때 그를 초대했던 오케스트라와 지휘자들은 이제 좀처럼 그를 예약하지 않았다. 마르가는 옛 친구를 위해 잉글랜드에서 꾸준히 일을 알아보았지만, 점점 일을 찾기가 어려웠다. 1950년 10월에 잉글랜드 본머스에서 파울과 〈디버전스〉를 연주했던 지휘자 트레버 하비Trevor Harvey는 8년 뒤에 그녀에게 이렇게 말했다.

파울에게 많은 공연 기회를 주기에는 상당한 어려움이 있을 것 같습니다. 제 생각을 정확하게 말씀드려도 될 만큼 당신을 잘 알고 있다고 확신하며, 당신과 파울 비트겐슈타인과의 오랜 우정으로 인해 당신이 불쾌하게 여기지 않으리라 믿습니다. 문제는, 최근 그의 연주가 어떤가 하는 것입니다. 지난번 파울이 이곳에 왔을 때 좋은 인상을 주지 못했기 때문에 ─ 솔직히 말하면 본머스에서 서와 함께 했던 브리튼 공연은 많은 순간 대단히 훌륭했습니다만 상당히 힘든 연주였으며, 연주 전체를 놓고 볼 때 이따금 브리튼의 의도를 오해하는 부분도 있었습니다…… 물론 파울의 연주가 지난번보다 훨씬 훌륭할지도 모르지요. 하지만 이렇다 할 증거 없이 사람들을 설득하기는 어려울 것입니다.

본머스 공연 2주 후에 파울은 런던의 로열 앨버트홀에서 맬컴 사전트 경Sir Malcolm Sargent의 지휘로 다시 한 번 〈디버전스〉를 연주했다. 《더 타임스》의 평론가는 '열렬한 환영'을 보내며 이어서 이렇게 보도했다. "지금까지 그는 이 작품들에 익숙한 나머지 세부적인 정교함을 다소 간과하는 경향이 있었으나, 악보를 통해 각각의 부분을 새롭게 연구함으로써 훌륭하게 개선할 수 있었다."

제2차 세계대전 기간에 오른팔을 잃은 피아니스트 지크프리트 라프Siegfried Rapp는 파울에게 특히 신랄했다. 그는 과거에 파울이 의뢰했던 작품 가운데 일부를 연주해도 좋은지 허락을 구하는 편지를 보냈다가 딱 잘라 거절당했다.

〔파울은 그에게 말했다〕 다른 사람이 살게 하려고 집을 짓지는 않

지요. 저는 이 작품들을 의뢰했고, 그에 따른 대금을 지불했으며, 모든 아이디어는 제 것이었습니다……. 이 집을 짓는 데에 들인 돈과 노력이 상당합니다 — 어쨌든 라벨의 경우 지나치게 후하게 계약했고, 그 바람에 저는 지금 곤혹을 치르고 있습니다. 이 작품들은 공연에 대한 독점권이 아직 저에게 있으며, 제가 대중 앞에서 공연을 하는 한 여전히 제 것으로 남아 있습니다. 그래야만 옳고 또 공정하지 않겠습니까. 제가 사망해서 더 이상 연주회를 열지 못하게 되면, 그땐 누구라도 이 작품들을 연주할 수 있겠지요. 작품들이 도서관에서 먼지를 뒤집어써서 작곡가들의 명예에 해를 입히고 싶지는 않으니까요.

라프는 파울이 의뢰했던 작품 목록에서 몇 작품을 빼오기로 결심했다. 그리하여 프로코피예프가 사망한 후 그의 미망인으로부터 왼손을 위한 협주곡 악보를 손에 넣는 데 성공했고, 1956년에 베를린에서 세계 초연을 열어 파울의 분노를 샀다. 그는 파울에 대해 대단히 부정적이었고, 체코의 피아니스트, 오타카 홀만Otakar Hollmann에게 편지로 이렇게 언급하기도 했다. "비트겐슈타인의 연주가 딱히 인상적이지 않을 거라고는 생각했지만, 녹음을 들어보니 말도 못하게 형편없더군……. 너무 끔찍하고 실망스러웠어. 결코 피아니스트라고 할 수가 없더라니까! 내가 보기에 비트겐슈타인은 이제 그저 돈 많은 예술 애호가일 뿐이야."

파울은 연주회 무대에서 일찌감치 은퇴했어야 했지만, 워낙 굴복을 모르는 사람이었기에 매 연주회를 자신의 인내와 용기의 시험장으로 보았다. 포기한다는 건, 적어도 그에게는 실패를 인정해야 하는 절대로 용납할 수 없는 일이었을 것이다. 파울은 치명적인 질병으로 인해 자신의 가치가 점차 하락하는 동안에도 사망하기 전 해까지 순회 연주와 대중 공연을 계속했다. 내심 겸손한 사람이라 그가 연주를 강행한 요인이 허영심 때문은 아니었다. 그는 사망 직전에 그의 제자 레너드 캐슬에게 이렇게 편지를 썼다. "지금까지 자네는 나를 과대평가하고 있네. 나에게도 결점을 보충할 만한 장점이 몇 가지 있기야 하지만, 나머지는 별 볼 일 없지. 이건 그냥 하는 말이 아니라 사실이네."

물론 파울의 자존심, 체면, 고집이 한데 뒤엉켜 누나들과의 화해를 가로막는 요인이 되었지만, 그 점에 대해서는 비트겐슈타인 형제들이 저마다 비슷했고 저마다 똑같이 책임이 있었다. 그레틀과 파울이 미국 시민권을 신청한 친구를 위해 선서를 하러 뉴욕의 법원 심리에 소환된 적이 있었는데, 두 사람은 서로 대면하길 원치 않았기 때문에 둘 다 대리인을 보냈다. 혹은 그레틀의 말대로 "파울이 나를 만나는 걸 무척 싫어할 거라는 확신이 들어 변호사를 보냈"는지도 몰랐다. 헤르미네는 임종 무렵 종종 파울을 생각했지만, 그에게 방문을 요청할 정도는 아니었다고 말했다. 루트비히는 헤르미네가 죽어가고 있는 동안 나름대로 이렇게 짐작했다. "나는 말하자면 누나가 자기 쪽에서 화해를 요청해 모든 괴로움을 끝내길 원할 거라고 믿는다." 하지만 그런 일은 일어나지 않았다.

파울이 비스타크를 상대로 한 대대적인 언쟁과 관련해 각서를 작성했을 때도 이와 유사한 상황이 벌어졌었다. 파울은 "내 명예를 지키기 위해 차후 필요할 수도 있으므로" 각서를 의뢰했지만, 그의 변호사에게 다음과 같은 지시를 내렸다. "제 동생에게 처음부터 사본을 보내지 마시고, 동생이 특별히 부탁하면 그때 보내시기 바랍니다." 물론 루트비히는 부탁 같은 건 할 생각도 없었고 따라서 내용을 읽을 일도 없었다. 각서의 최종 형태가 이런 주註로 시작되었는데도. "다음 내용은 본래 내 유서의 부록이거나 내 아이들을 대상으로 한 것이 아니라, 잉글랜드에 살고 있는 동생에게 보여주려는 의도가 훨씬 컸다."

1949년에 루트비히가 불시에 집에 찾아왔을 때 파울이 있었더라면, 극심한 불화는 — 적어도 두 형제들 사이에서는 — 그 자리에서 끝났을지도 몰랐다. 두 사람 모두 이 반목을 비참하게 여기면서도, 특별히 이루어진 한 차례의 방문을 제외하면 어느 누구도 먼저 손을 내밀 준비가 되어 있지 않았다. 마르가는 두 사람이 함께하는 자리를 만들기 위해 여러 차례 애를 썼지만, 어설픈 노력은 오히려 엄청난 반감만 일으킬 뿐이었다.

〔1949년 3월, 루트비히는 루돌프 코더에게 편지를 썼다〕 파울은 데네케 자매와 함께 옥스퍼드에 있어. 최근에 나는 데네케 양으로부터 이상한 초대를 받았는데, 파울이 머무는 동안 자신을 방문해달라고 부탁하더군. 어찌나 역겹던지. 그래서 나는 초대에 응하기 꺼려지는 이유들로 시작하는 답장을 보냈지……. 그녀가 파울의 지시로 그런 편지를 쓰지는 않았을 거라고 확신해. 오히려 그녀 쪽에서 파울과 내가 함께하는 자리를 만들고 싶어서, 나를 초대하겠다고 파울 형에게 제안했을 테고 형은 그 제안을 수락했을 거야. 그녀의 어리석음 때문에 일이 아주 서툰 방식으로 전개된 거지.

1년 뒤, 파울이 〈디버전스〉를 연주하기 위해 잉글랜드에 있을 때, 마르가는 루트비히의 답장에도 굴하지 않고 다시 한 번 그를 초대하려 했다. 이번에 그녀는 옥스퍼드, 세인트 존 스트리트의 한 다락방에 있는 루트비히의 하숙집으로 그를 직접 만나러 갔다.

[그녀는 이렇게 회상했다] 그는 가운을 걸친 채 불가에 앉아 있었다. 그의 목소리는 예전과 다름없이 음악소리처럼 허스키했지만 약했고, 창백한 얼굴에는 고통스러운 기색이 역력했다. 잠시 후 그는 나에게 그만 가달라고 부탁했다. 그는 옛날 기억을 떠올리는 건 몸서리치는 일이며, 나를 보고 있으면 자신이 도저히 감당할 수 없었던 빈과 고향 생각이 떠오른다고 말했다.

파울은 그의 아이들에게 루트비히나 누나들에 대해 거의 이야기하지 않았다. 1953년에 그는 루돌프 코더에게 이런 편지를 보냈다. "1939년 이후로 동생과 연락을 하지 않았어. 동생은 내가 잉글랜드를 방문하는 동안 데네케 양의 초대에 답하느라 한두 차례 내게 편지를 보냈지만, 나는 답장을 하지 않았지. 그때 루트비히가 불치병에 걸렸다는 걸 알았더라면, 어떻게든 만났을지도 몰라." 그 무렵 파울은 그럭저럭 과거를 잊고 지냈다. 루트비히와 그레틀은 파울이 자유롭고 만족스러우며 행복한 생활을 하기 위해 가족들로부터 멀어져야 했을 거라고 믿었다.

헤르미네가 사망한 후, 한때 장엄했던 비트겐슈타인 궁전이 개발을 위해 매매되었다. 크레인과 불도저, 건물 철거용 쇠공에 의해 궁전은 완전히 허물어졌고, 최종 철거 작업은 비트겐슈타인 집안 이야기의 끝을 상징적으로 보여주었다. 파울과 그의 아들은 카를로부터 시작되는 남자 혈통에서 마지막으로 살아남은 후손이었지만, 빈의 궁전으로 돌아간다는 건 꿈에도 생각하지 않았고, 거침없고 낙관적인 미국 생활에서 새로운 정체성과 희망을 찾길 바랐다.

〔파울은 루돌프 코더에게 이렇게 썼다〕알레가세의 우리 집이 팔린 것도 모자라 완전히 철거까지 된 건, 대단히 애석하지만 불가피한 일이라고 생각해. 요즘 같은 때에 그처럼 호화롭고 웅장한 궁전을 유지하며 살 수 있는 사람이 누가 있겠어? 1층의 계단과 응접실들만 생각해봐도 그래. 나하고 막내 누나가 그곳에 살던 때에도 관리비가 감당할 수 없을 만큼 많이 나왔는걸.

1961년 3월 6일 월요일, 파울의 친구들이 미국식으로 마지막 작별 인사를 하기 위해 초대되었다. 파울의 유해는 그가 사망한 노스쇼어 병원North Shore Hospital에서 다음 날 오전 10시에 장례식이 치러질 미들넥 로드Middle Neck Road의 플리드너 장례식장Fliedner Funeral Home으로 옮겨졌다. 아무도 말이 없었다. 소수의 신자들이 모였다. 한 남자가 앞에 서서 브람스의 〈독일 레퀴엠〉 33rpm 음반에 축음기 바늘을 올려놓았다. 남자는 음악이 마침내 그 장황한 결말에 도달할 때까지 매번 앞으로 나와 음반을 뒤집었다.

Selig sind die Toten, die in dem Herrn sterben, von nun an. Ja der Geist spricht, daß sie ruhen von ihrer Arbeit; denn ihre Werke folgen ihnen nach.

(이제부터는 주님 안에서 죽은 이들은 복 되도다. 그러자 성령이 말씀하시길, 그렇다, 그들은 수고를 마치고 이제 안식을 누리리니. 그들이 한 일이 그들을 따라가기 때문이로다.)

앞으로 나와 추모사를 읽는 사람도, 장송가를 읊는 사람도, 기도문을 읽는 사람도 없었다. 축음기 바늘이 올라가 받침의 제자리로 돌아오고, 턴테이블이 돌아가던 동작을 멈추자 모두가 줄을 지어 장례식장을 빠져나왔다.

《뉴욕타임스》는 파울의 경력 가운데 주요 내용들을 강조하며 긴 부고 기사를 실었다. 런던의 트레버 하비Trevor Harvey는 잡지《그래모폰 Gramophone》에서 그의 놀라운 관대함에 찬사를 보내며 부고를 마무리했다. "개인적인 친구로서 파울 비트겐슈타인은 그를 아는 이들이 살아 있는 한 잊히지 않을 것이다. 그러나 친구들이 모두 세상을 떠나고 오랜 세월이 흐른 뒤에도, 음악 애호가들은 그가 완성시킨 음악에 감사하며 당연히 그를 기억하게 될 것이다." 마르가는 파울이 사망한 지 11일 후 런던《더 타임스》에 유별난 옛 친구에 대한 헌사를 기고했다. "친구들을 향한 신의는 그의 강인한 인격의 일부였다. 파울 비트겐슈타인은 사실상 음악 역사에 뚜렷한 한 페이지를 장식했다."

후기

힐데 비트겐슈타인은 2001년 3월까지 생존했다. 그 무렵 완전히 눈이 멀었으며 알츠하이머병으로 의식불명 상태였다. 30년 전, 뉴욕의 롱아일랜드에서 펜실베이니아의 뉴펀들랜드로 이사했으며, 이곳에서 플라스틱 레고 블록을 이용해 직접 설계한 집에서 살았다. 롱아일랜드 무덤에 묻혀 있던 파울의 유해는 근처 파인 그로브 묘지에 이장되었다. 힐데는 해가 거듭될수록 점차 주변의 모든 사람들을 의심해, 카롤리네 롤리, 도로시 러츠Dorothy Lutz(그녀를 돌본 부인), 아들 파울 2세, 그리고 딸들 가운데 한 명 등, 가장 충실한 자기편들로부터 멀어지게 되었다. 그런가 하면 이처럼 의심 많은 성격에도 불구하고, 자기 재산의 상당 부분을 펜실베이니아의 한 광신적인 기독교 단체에 갖다 바치기도 했다. 또한 수년 동안 자기 집 방 하나에 자물쇠를 채워 파울의 귀중한 악보 수집품들을 보관하고 누구에게도 출입을 허락하지 않았다. 힐데가 사망한 후, 오랫동안 행방을 알지 못했던 힌데미트의〈오케스트라와 함께하는 피아노 음악〉 악보를 비롯하여 방 안에 보관되었던 보물 같은 악보들이 대량으로 발견되었다. 3.5톤 분량의 책과 악보로 이루어진 이 파울의 소장품들은 힐데의 사망 후 런던의 소더비에서 경매로 처분되었고, 홍콩 국민에게 빅맥 버거를 알려 떼돈을 번 응Ng이라는 이름의 중국인 기업가에게 매각되었다.

엘리자베트, 요하나, 파울(2세) 비트겐슈타인은 롱아일랜드에서 두 부모님에 의해 엄격하게 성장했다. 그들은 아버지에 대해 '근엄하고, 이해하기 어려우며, 다소 냉담하고, 위엄 있는 인물', 유독 크리스마스에 열광하는 사람으로 기억했다. 세 남매 모두 롱아일랜드의 집에서는 영어로 말했고, 부모님이 서로 독일어로 하는 말을 이해하지 못했다. 그들은 파울의 과거 제자인 에르나 오튼에게 피아노를 배웠지만, 그때나 지금이나 음악에 특별히 재능 있는 사람은 아무도 없다. 엘리자베트에게는 자녀가 없었다. 그녀는 학교를 마친 후 복지 관련 직업에 끌렸으나 아버지의 신경질적인 기질에 괴로워하다가, 1974년 2월, 퀸스Queens의 플러싱Flushing에서 사고로 사망했다. 사고 경위에 대해서는 자세하게 알려진 바가 없다. 어린 시절에 조안Joan으로 이름을 바꾼 요하나는 데인Dane과 결혼해 다섯 명의 자녀를 두었으며, 이 가운데 맏이는 파울이 생존에 있을 때 태어났다. 현재 출판업에서 은퇴해 버지니아 숲속의 외딴집에서 혼자 살고 있다. 파울 2세는 십대 시절부터 건강이 좋지 못했다. 그는 수학에 재능이 있어 한동안 컴퓨터 프로그래머로 일했다. 1960년대 초에 정신병원에서 그림을 배웠으며, 퇴원 직후 오스트리아로 영구 이주해, 루이스 비트겐슈타인Louis Wittgenstein이라는 이름으로 여러 차례 성공적인 회화 전시회를 개최했다.

토마스와 지 스톤버러 형제는 특별히 의좋게 지내지는 않았다. 토마스는 그레틀이 거주하던 쿤트만가세의 현대식 주택과, 어머니의 모습을 그린 클림트의 유명한 회화 작품, 그리고 자신에게 소유권이 귀속되지 않은 루트비히 비트겐슈타인의 여러 원고들을 비롯해 상속 받은 재산 대부분을 팔아치우고 1986년에 사망했다. 수년 동안 철거 위협을 받아온 쿤트만가세 궁전은 마침내 건축 분야의 열혈 지지자들에 의해 구조되었고, 현재 빈의 불가리아 문화원이 자리잡고 있다. 토마스의 아들 피에르Pierre는 사설 은행에서 근무하며 세 아이를 두고 있다.

지 스톤버러는 2002년에 도싯의 글렌던Glendon에서 사망했다. 한동안 로이드 보험회사와의 채무관계에 시달렸고, 죽기 전 몇 년 동안 심박조절기를 착용했다. 아내 베로니카는 그가 사망하기 직전에 세상을 떠났다. 슬하에 세 자녀를 두었지만 손녀 한 명만 남아 현재 여류 시인으로 활동하고 있다. 글렌던 부지는 2007년에 매각되었다.

잘처 집안은 가족들 대부분이 암에 시달렸음에도 불구하고 수적으로는 번성했다. 헬레네의 후손들 대부분은 호호라이트에 있는 비트겐슈타인 여름 별장의 소유권을 공유하며(배분 가능 금액은 점차 줄어들고 있다) 계속해서 오스트리아에 살고 있다. 헬레네와 막스의 둘째 아들인 유명한 음악학자, 펠릭스 잘처는 1986년에 사망했다. 4년 뒤에 그의 미망인이 그의 악보 수집품을 185만 달러에 매각했다 — 이 가운데에는 베토벤〈첼로 소나타 A장조〉의 원본 악보, 슈베르트의 편지 한 통, 모차르트의 론도 작품도 포함되었다. 펠릭스는 1958년에 노이발데크의 궁전을 물려받았지만 이곳에 거주하지는 않았다. 한동안 이 저택은 200명의 독일 난민을 위한 요양소로 사용되었다. 나중에 그는 이 저택을 230만 오스트리아 실링에 매각했다. 토지는 분할되었는데, 일부는 단독주택 개발 단지가 되었고 상당 부분이 정부 소유가 되었다. 파울의 상속자들은 2006년에 나치 희생자들을 위한 헌법재판소를 통해 노이발데크 사유지 가운데 작은 일부를 되찾는 데 성공했다.

주

약어

BL	보들리 도서관, 옥스퍼드 Bodleian Library, Oxford
BR	버트런드 러셀 Betrand Russell
GBW	종합서한집 Gesamtbriefwechsel, 디지털 데이터베이스
HW	헤르미네 비트겐슈타인 Hermine Wittgenstein
HW1	헤르미네 비트겐슈타인, '가족회고록 Familienerinnerungen'
HW2	헤르미네 비트겐슈타인, 《기록 "루트비히는⋯⋯ 말했다."》
JSt	존 스톤버러 John Stonborough (지 'Ji')
KW	카를 비트겐슈타인 Karl Wittgenstein
LpW	레오폴디네 비트겐슈타인 Leopoldine Wittgenstein (결혼 전 성은 칼무스 Kalmus)
LW	루트비히 비트겐슈타인 Ludwig Wittgenstein
MD	마르가 데네케 Marga Deneke
MSt	마르가레트 스톤버러 Margaret Stonborough (그레틀Gretl)
NYT	뉴욕 타임스 *New York Times*
ÖNB	오스트리아 국립도서관, 빈
PA	프로코피예프 기록보관소 Prokofiev Archive
pc	개인 소장품 private collection
PW	파울 비트겐슈타인 Paul Wittgenstein
WMGA	왁텔, 맨하임, 그로우프 기록보관소 Wachtell, Manheim and Grouf Archive
WP	워싱턴 포스트 *Washington Post*

1. 빈 데뷔

p. 13 집 내부는 말도 못하게 불결하다: Lansdale, p. 19.

p. 13 빈에서 단기간만 살고 온 남자도: 서명 없는 기사, *Harper's Magazine*, 1898년 3월호, 같은 곳, p. 11.

p. 14 정치, 행정, 도덕에 대해서는: Zweig, p. 19.

p. 16 비용과 전혀 상관없이: PW이 MD에게, 1936년 12월 30일, BL.

p. 18 다른 사람들을 경멸하는 자기 모습: David Pinsent, Diary, 1913년 9월 24일, Flowers, vol. 1, p. 225에 재수록됨.

p. 18 내 사상이 출판되기 전에: LW이 BR에게, 1913년 9월 20일, GBW.

p. 19 그는 누나와 매형이라면 질색이라: 누나와 매형에 대한 LW의 혐오감은 러셀과 핀센트의 자료에도 기록되어 있다; Flowers, vol. 1, p. 226 참조.

p. 19 **불행히도** 나는 크리스마스에 빈으로 가야 해: LW가 BR에게, 날짜 미상(1913년 12월), GBW.

3. 카를의 대반란

p. 23 1864년, 학교를 퇴학하라는 권유를 받음: HW1, p. 37.

p. 26 주로 하는 일은 흑인과 흑인 아닌 사람을 구분하고: 같은 곳.

p. 27 부모님에게 편지를 쓸 수가 없어: KW가 여동생 Bertha에게, 1865년 9월 29일, 같은 곳, p. 39.

p. 27 어머니의 편지는 나를 몹시 행복하게 해: KW가 형 Louis에게, 1865년 10월 30일, 같은 곳, p. 38.

p. 28 어머니의 편지를 여러 차례 받았지만: KW가 어머니에게, 1866년 2월 7일, 같은 곳에서 전문 인용, p. 39.

4. 기업가

p. 29 내가 농장에서 일하는 것이: KW가 형 Louis에게, 1866년 1월 27일, HW1, p. 41.

p. 32 카를은 성품이 좋은 아이지만: Fanny Wittgenstein이 LpW에게, 날짜 미상(1873년 9월), 같은 곳에서 전문 인용, p. 52.

p. 33 글쎄다, 처음에는 다들 그렇지: 같은 곳, p. 53.

p. 33 친애하는 칼무스 양 내 아들 카를은 다른 형제들과 달리: Hermann Wittgenstein
이 LpW에게, 1873년 9월 16일, 같은 곳에서 전문 인용, p. 54.

p. 34 뒈져버려, 이 자식아!: 같은 곳, p. 55.

p. 35 사업가는 위험을 감수해야 한다: KW, 'Die Ursachen der Entwicklung der
Industrie in Amerika,' 1898 ; KW, *Politico-Economic Writings*, p.59에 재수록
됨. KW의 도박에 대한 열정은 *Daily North Western* 'The American Way - C.
M. Schwab Gives Austrians Some Lessons', 1902년 1월 28일자와 American
Heritage Magazine, 'When the Headlines Said: Charlie Schwab Breaks the
Bank', 1958년 4월, vol. 8, 3호에서 볼 수 있다. 여기에서는 그가 'Dr. Greiz
Wittgenstein 박사'로 언급된다.

p. 36 2억 크로넨으로 추정되었다: Karl Menger, *Reminiscences of the Wittgenstein
Family*, Flowers, vol. 1, p. 111에 재수록됨.

5. 상속녀와 결혼하다

p. 37 제롬 스타인버거는 뉴욕 출신으로 파산한 수입업자의 아들이었다: 다음 자료에
서 Herman과 Jacob Steinberger, M. J. Steinberger와 아들들, Maurice
Wertheimer & Co., Mrs Wertheimer에 관한 내용을 찾아볼 수 있다: 뉴욕 승객
명단; 미국 국세조사보고서 1860, 1880, 1900; 뉴욕 시민 명부와, 아래 기사를 포
함한 *New York Times* 기사 및 안내문: 'Important Business Failures', 1877년 6
월 13일; 'Disappearance of Lady', 1878년 6월 27일; 'The Wertheimer
Mystery', 1878년 6월 28일; 'Body Not Yet Discovered', 1878년 6월 30일;
'Mrs Wertheimer Found Drowned', 1878년 7월 2일; 'Hebrew Fair', 1895년
12월 13일; 'Home for Aged Hebrews', 1897년 6월 4일; 'Failure of Glove
Firm', 1898년 1월 18일, p.12; 'Affairs of Wertheimer & Co.', 1898년 1월 19
일; 'New Corporations', 1898년 1월 22일; 'Legal Notices', 1898년 2월 17일;
'Legal Notices', 1898년 4월 7일; 'In the Real Estate Field', 1900년 3월 31일;
'Bankruptcy Notices', 1900년 7월 11일; 'Deaths Reported; Manhattan and
Bronx', 1900년 12월 27일.

p. 37 누이 에이미는 영향력 있는 구겐하임 가문의 애물단지, 윌리엄 구겐하임과 결혼
했다: 'Weddings of the Day - Guggenheim Steinberger', *NYT*, 1904년 10월

18일. 에이미 스타인버거와 윌리엄 구겐하임과의 결혼 후 그의 전처가 중혼죄로
그를 고소했다. 참조: 'Says Her Divorce Isn't a Valid One', *NYT*, 1909년 1월
19일, p.5; 판사의 요약문은 Davis, *The Guggenheims* p. 281에서 인용.

p. 39 그레틀은 '보기 드문' 미모를 지닌 데다: MD, 'Memoirs', vol. 2, p. 78.

6. 루돌프 비트겐슈타인의 죽음

p. 40 나의 변태적인 성향: Magnus Hirschfeld *in Jahrbuch für sexuelle Zwischenstufen*,
vol. VI (1904), p. 724, Bartley 3rd edn, p. 35 n. 16.

p. 41 나는 버림받고, 버림받고, 버림받았네!: *Verlassen bin ich*, Häseler의 독일어판
p. 6을 Glyn Jones가 번역.

7. 한스의 비극

p. 43 남동생 루디가 일곱 살이던 당시: HW1, p. 96.

p. 47 부모님의 대단히 진지한 윤리관과 의무감에도 불구하고: 같은 곳, p. 102.

p. 47 기업가 카를 비트겐슈타인에게 끔찍한 불행이 닥쳤다: *Neues Wiener Tagblatt*,
1902년 5월 6일. Gaugusch, p. 14 n. 65.

p. 48 아버지는 자주 농담을 하시지만: MSt, Notebook, Prokop, p. 14.

p. 49 동성애자로 알려져 있었다: Bartley, *Wittgenstein*, 3rd edn, p. 36. 참조.

p. 49 1903년, 가족들은 그가 체서피크 만에서 보트를 타다: Monk, p. 12.

p. 49 물론 사람이 호수에서 권총을 꺼내들고: JSt가 Brian McGuinness에게, 1989년
6월 18일, pc.

p. 50 내 재능들이 매우 출중하므로: Otto Weininger, *Taschenbuch*, Abrahamsen,
p. 97.

8. 비트겐슈타인 저택의 파티

p. 53 슈타이어마르크 주의 오스트리아 사냥 복장을 떠올리게 하는 제복: Erna Otten
이 E. Fred Flindell에게, 20/6/67, pc.

p. 55 언제나 축제 같은 행사: HW1, p. 79.

p. 55 베토벤의 피아노3중주 〈대공〉을 들었으니: PW이 1940년대 후반에 그의 제자 Steve Portman에게 들려준 일화를 Steve Portman이 2007년 5월에 저자에게 전해줌.

p. 55 친애하고 존경하는 자애로운 부인께: Eduard Hanslick가 LpW에게, 1904년 4월 11일, ÖNB.

p. 57 스톤버러 박사는 어떤 사람인가?: Marquise de Fontenoy, 'Buys Archduck's Palace', WP, 1914년 1월 8일, p. 6.

9. 소년들

p. 58 어처구니없군!: PW의 딸 Joan Ripley가 저자에게 전해준 이야기, 2006년 9월.

p. 58 친애하는 나의 형 파울에게, 1922년 크리스마스에: 헌사, pc.

p. 59 정신적으로 정상이 아니었으며: 선생들을 폄하하는 히틀러의 발언은 Trevor-Roper, 1942년 3월 3일, p. 288; 1942년 4월 12일, pp. 347-9; 1942년 8월 29일, pp. 547-8; 1942년 9월 7일, pp. 566-8에서 찾을 수 있다.

p. 62 자살은 용기의 표시가 아니라 비겁함의 표시다: Otto Weininger가 Moriz Rappaport에게, 날짜 미상(1903년 8월), Weininger, p. 157.

p. 62 나는 스스로 목숨을 끊는 것은 언제나 비열한 짓이라고 생각한다: LW가 Paul Engelmann에게, 1920년 6월 21일, GBW.

p. 63 전날 멘델스존이 〈바커스 신의 여사제〉를 연주하는 동안: Somavilla, p. 73.

p. 64 피아노를 꼭 저렇게 쿵쾅대며 쳐야 하니?: Kross, p. 7.

10. 어머니

p. 65 우리는 어머니를 도저히 이해할 수 없었다: HW1, p. 95.

p. 66 나는 어머니의 의무적인 헌신이 너무나 불편했고: MSt, Notebook, Prokop, p. 19.

p. 66 아주 어릴 때부터 우리 자식들은: HW1, p. 94.

p. 66 어머니에 대해 우리가 알고 있듯이: 같은 곳.

p. 68 어머니는 말로 하는 복잡한 문장이라면: 같은 곳, p. 91.

p. 68 그들은 댄스 리듬에 맞추어 몸을 흔들면서: MD, 'Memoirs', vol. 2, p. 76.

11. 다른 형제

p. 70 품질, 유연성, 신뢰, 그리고 체계적인 능력 개발: Stahl Judenberg의 웹사이트 www.stahl-judenburg.com/englisch/index.html 참조.

p. 70 쿠르트의 성격에 깊이라곤 없지: HW가 LW에게, 1917년 5월/6월, GBW.

13. 파울의 초기 음악 훈련

p. 71 스스로 '사회적 기반'을 굳히기 전까지는: Zweig, p. 81.

p. 72 젊음의 모든 특징들: 같은 곳.

p. 75 그는 예술가인 동시에 스승이었습니다: PW, 'The Legacy of Leschetizky'

p. 76 형과 나를 하나로 묶어주는 건: LW가 PW에게, 날짜 미상(1928?), pc.

p. 76 라보, 그가 영원히 떠났다: Beaumont, 1901년 10월 15일.

p. 77 아시겠지만, 제가 기억하는 이래로: 같은 곳, 1899년 2월 28일.

p. 78 대단히 힘차게 박수를 치도록 지시했고: JSt가 Brian McGuinness에게, 1993년 10월 7일, pc.

p. 78 나는 라보의 음악을 결코 제대로 들을 수가 없었습니다: HW1, p. 78.

14. 루트비히의 곤경

p. 80 내가 아는 여자들은 하나같이 얼마나 멍청한지: David Pinsent, Diary, 1913년 2월 7일, Flowers, vol. 1, p. 201에 재수록됨.

p. 80 1911년 6월에 루트비히는 당시의 프로펠러를 약간 개선해 특허를 받았지만: Wittgenstein Studies, 1995년 2월 25일과 온라인 sammelpunkt.philo.at:8080/ archive/00000487/01/25-2-95 TXT 참조.

p. 80 취미도 재능도 없었다고: David Pinsent, Diary, 1913년 2월 7일, Flowers, vol. 1, p. 201에 재수록됨.

p. 80 그의 위대함은 바로 우리가 동의하지 않는 부분에 있습니다: LW가 George Edward Moore에게, 1931년 8월 23일, GBW.

p. 80 스스로를 개선하라: LW가 Heinrich Postl과의 대화에서, Monk, p.213.

p. 81 열정적이고 심오하며 강렬하고 압도적인: BR, *Autobiography*, p. 329.

p. 81 말의 얼굴을 닮은 길고 야윈 얼굴: 같은 곳, p. 213

p. 89 아버지는 아직 크게 고통스러워하시지는 않지만: LW가 BR에게, 1913년 1월 10-20일, GBW.

p. 90 러셀 선생님께 사랑하는 아버지께서 어제 오후: LW가 BR에게, 1913년 1월 21일, GBW.

17. 카를 비트겐슈타인을 기리며

p. 91 카를 비트겐슈타인은 대단히 창조적인 에너지와: Kupelwieser, 'Karl Wittgenstein als Kunstfreund', p. 10.

p. 91 30년 전만 해도 선진국 수준에 미치지 못했던: 같은 곳.

p. 91 카를 비트겐슈타인은 성격이 거칠었고: 같은 곳.

18. 파울에 대한 비평

p. 92 동봉한 농담을 내 작은 애정의 표시로 받아줘: Albert Figdor가 PW에게, 1913년 12월, Paul Wittgenstein Collection, New York Public Library.

p. 93 형의 연주에 대한 내 의견은: LW가 PW에게, 날짜 미상(1928?), pc.

p. 93 형은 음악의 구성 뒤에 모습을 감추려 하지 않고: 같은 곳.

p. 94 예술적인 견지에서 보면: PW가 그의 영국인 에이전트 MD에게, 1928년 1월 30일, BL.

p. 94 1913년에 상류사회 출신 젊은이가: Max Kalbeck가 *Neues Wiener Tagblatt*에 쓴 비평, 1913년 12월 6일.

p. 95 희미해져 가는 감정의 빛 아래에서: 같은 곳.

p. 95 더 많은 연습이 이루어졌다면: 서명 없는 비평, *Fremdenblatt*, 1913년 12월 22일, Suchy, Janik and Predota, p. 161 n. 15에 재수록됨.

p. 97 오스트리아의 법정 상속인이: *Srbobran*, 1913년 12월 3일, Corti and Sokol, p. 408.

19. 돈 문제

p. 101 비열하고 거의 기만적인 말투 … 극도로 불쾌하다: LW가 Ludwig von Ficker

에게, 1915년 2월 13일, GBW.

p. 101 윤리적/부르주아적: *ethisches Geld vs bürgerliches Geld*에 관한 HW의 생각,
HW2, p. 97.

p. 101 그런 삶은 건강할 것이다: MSt, *Tagebucheintragung*, 1917년 10월 11일,
Prokop, p. 96.

p. 102 재능 있는 젊은이에게 원숙해지지 않은 상태보다: Beaumont, 1899년 2월 28일.

p. 103 매우 아름답게 연주했으며 도처에서 찬사를 받았다: HW가 LW에게, 1914년 1
월 20일, GBW.

20. 전쟁의 서막

p. 104 그는 결코 미소를 보인 적이 없고: Zweig, p.216.

p. 105 이제 세계 평화는 귀청이 떨어질 것 같은: Thomas Mann, *Gedanken im
Kriege*, 1915년, Clare, p.56.

21. 군입대

p. 109 지금까지 내 삶은 형편없이 엉망이었습니다: LW가 BR에게, 1914년 3월 3일,
GBW.

p. 109 내가 다른 사람이 될 수 있도록: LW가 BR에게, 1913년 12월, McGuinness,
Wittgenstein: A Life, p. 192.

p. 110 루트비히는 조국을 지키는 데에: HW1, p. 103.

p. 110 내가 보기에 우리는 확실히: LW, Notebook, 1914년 10월 20일, 타자본, pc.

p. 110 그가 입대한 건 대단히 훌륭한 일이라고: David Pinsent, Diary, 1914년 8월,
Flowers, vol. 1, p. 232에 재수록됨.

22. 재앙들

p. 111 군주제가 무너져야 한다면: Franz Joseph 황제가 Conrad von Hötzendorf에
게 한 말, Beller, *Austria*, p. 185.

p. 111 뜻하지 않은 부분에서 우리에게 도움의 손길이: MSt가 HW에게, 1914년 8월

22일, Prokop, p. 78.

p. 111 승마학교에서 주의 부족: Janik와 Veigl, p. 218.

p. 116 사람들은 그런 제 행동들을 영웅적이니 뭐니 말하지만: PW가 LpW에게, 1915
년 2월 2일, GBW.

23. 러시아 포로수용소

p. 119 모두들 다다닥 붙어서: Bruno Prochaska, 'Tjeploschka', Weiland, vol. 1,
p. 101.

p. 120 지금도 가끔 그 쥐들이 나오는 악몽을 꿔: MD, 'Memoirs', vol. 2, p. 24.

p. 120 세 시간이 걸렸지만 그렇게 해서 옷을 입었어: Zichy, p. 15.

p. 121 한 젊은이가 구석에 누워 있었다: Brändström, p. 87.

p. 122 최근 적국에 있는 우리 전쟁포로들로부터: Rachaminov, p. 73.

p. 123 사랑하는 루트비히 편지와 전보를 보내주어: LpW가 LW에게, 1914년 10월 7
일, GBW.

p. 123 4일 이후로 파울에게 더 이상: LpW가 LW에게, 1914년 10월 13일, GBW.

p. 124 오늘 여러 통의 편지를 받았는데: LW, Coded Notebook, 1914년 10월 28일,
타자본, pc.

p. 124 아침에 두통과 피로가 밀려옴: 같은 곳, 1914년 10월 29일.

24. 미국의 쿠르트 비트겐슈타인

p. 125 친애하는 비트겐슈타인 부인 에르빈 샤프고트셰로부터: Alfred von Rettich가
LpW에게, Flindell, 'Dokumente'에서 저자의 수정을 거쳐 인용.

p. 126 요즘 나는 쿠르트가 몹시 염려돼: HW가 LW에게, 1915년 4월 26일, GBW.

p. 126 나는 언제나 가여운 쿠르트에 대해: HW가 LW에게, 1915년 6월 5일, GBW.

p. 127 미국은 영국에 우호적입니다: 서명 없는 기사, 'Has Faith in German Allies',
WP, 1915년 1월 18일, p. 6.

p. 127 독일 태생 중년 여인: 온라인에서 볼 수 있는 Delia Steinberger의 1920년 미국
인구조사 기재사항에는 여러 가지 허구가 포함되어 있다. 그녀는 자신의 나이
를 허위 기재하고, 부모 두 분이 모두 영국에서 나고 자랐다고 밝힌다. 그러나

아버지는 독일, 어머니는 파리에서 태어났다.

p. 128 본국에서 보내온 소식들은: 서명 없는 기사, 'Has Faith in German Allies', *WP*, 1915년 1월 18일, p. 6.

p. 128 오스트리아-헝가리 제국과 본국의 정부 지시하에: 서명 없는 기사, 'Austrian Propaganda Costs Forty Millions', *NYT*, 1915년 9월 15일.

p. 130 오늘 건강히 로테르담에 도착: Kurt Wittgenstein이 LpW에게, LpW가 LW에게 전한 말에서 인용, 1917년 5월 21일, GBW.

p. 130 방금 쿠르트가 로테르담에 도착했다는: HW가 LW에게, 1917년 5월 21일, GBW.

26. 영감의 세 가지 원천

p. 134 현대 피아노계의 가장 경이적인 인물: Abell, p. 10, Liszt가 Baroness Meyen-dorff에게 보내는 편지에서 Zichy의 왼손에 대해 '제아무리 훌륭한 피아니스트들도 도저히 그에게 필적할 수 없을 정도로 대단히 뛰어난 솜씨'라고 묘사함.

p. 134 혼자 힘으로 바지 입는 법을 배워야 합니다: Zichy, p. 21.

p. 135 이 책은 팔을 잃은 사람들에게 위안을 줄 것이다: Baron von Eiselsberg, *Vorwort*, Zichy, p. 7.

p. 135 확실히 내가 빈에서 화제가 됐나 봐: Leopold Godowsky가 Maurice Aronson에게, 1904년 2월 6일, Nicholas, p. 63.

27. 희망의 빛

p. 138 파울, 1월 하반기 현재 옴스크의 작은 호텔로 이송: Otto Franz가 LpW에게, 1915년 2월 20일, ÖNB.

p. 138 그립고 사랑하는 어머니: PW가 LpW에게, 1915년 2월 2일, ÖNB.

p. 139 파울은 부지런히 연습하는 것 같다: LpW가 LW에게, 1915년 4월 15일, GBW.

p. 139 파울이 자신의 불행에 대해: HW가 LW에게, 1915년 4월 26일, GBW.

p. 140 친애하는 라보가 파울을 위해: LpW가 LW에게, 1915년 5월 24일, GBW.

28. 크레포스트에 묻혀 지내다

p. 143 최고 수준의 교육을 받은 남자들이: Brändström, p. 109.

p. 144 똥 같은 판자 건물, 얼음 구덩이: Meier-Graefe, p. 48.

p. 146 좋은 소식. 교환 포로 예비 명단에: 덴마크 영사가 LpW에게 보낸 전보 내용을 LW에게 보낸 편지에 베껴 씀, 1915년 3월 16일, GBW.

p. 146 내가 얼마나 기쁜지 상상할 수 있겠니!: LpW가 LW에게, 1915년 3월 16일, GBW.

p. 146 파울에게서 좋은 소식을 받았다: LpW가 LW에게, 1915년 5월 20일, GBW.

p. 147 물론 엄마는 이 일로 몹시 화가 나 있어: HW가 LW에게, 1915년 7월 8일, GBW.

p. 148 사람들은 줄지어 늘어선 침상 위에: Hans Weiland, 'Stilles Heldentum', Weiland, vol. 1, p. 192.

29. 탈출 기회

p. 149 이 놀라운 사람은: LpW가 LW에게, 1915년 9월 20일, GBW.

p. 150 교환된 장교들 둘 다 깊은 존경과 애정으로: HW가 LW에게, 1915년 10월 5일, GBW.

p. 150 정말로 이것 때문에 파울의 석방에: HW가 LW에게, 1915년 10월 6일, GBW.

p. 150 어쩌면 우리는 이 사실에 감사해야 할지도: 같은 곳.

p. 151 어쨌든 일말의 희망이 보인다!: LpW가 LW에게, 1915년 10월 29일, GBW.

p. 151 과연 파울이 교환이 될까: HW가 LpW에게, 1915년 11월 3일, GBW.

p. 151 그들은 환자가 먹을 음식을 팔았다: Brändström, p 184.

p. 152 내 착한 아들 루트비히 상상해보렴: LpW가 LW에게, 1915년 11월 12일, GBW.

30. 가족의 재회

p. 154 파울의 외모와 성격은: HW가 LW에게, 1915년 11월 16일, GBW.

p. 154 파울이 차분하고 침착한 모습을: LpW가 LW에게, 1915년 11월 25일, GBW.

p. 154 파울은 자신의 불행에 대해: HW가 LW에게, 1915년 11월 16일, GBW.

31. 변화

32. 그레틀의 문제들

78.

p. 162 이 전쟁은 언니와 마찬가지로 나에게도: MSt가 HW에게, 1914년 8월 22일, 같은 곳, p. 79.

p. 163 나는 말로 다 할 수 없을 만큼: HW가 LW에게, 1916년 8월 31일, GBW.

p. 164 내적 생활: MSt가 HW에게, Prokop, p. 82.

33. 파울의 한 손 데뷔 무대

p. 166 매우 아름답게, 대단히 열정적이고 격정적으로: HW가 LW에게, 1916년 10월 29일, GBW.

p. 166 당연히 나는 파울의 상황에 굉장히 속상했어: 같은 곳.

p. 167 마치 산을 오르기 위해 애쓰는 것과 같았습니다: Wechsberg, p. 25.

p. 169 어제는 힘없는 중년 부인들뿐이었지만: HW가 LW에게, 1916년 10월 29일, GBW.

p. 169 파울에 대해 엄청난 열의와 대단한 관심을 보인: LpW가 LW에게, 1917년 1월 10일, GWB.

p. 170 파울 비트겐슈타인은 피아노를 연주하려면: Julius Korngold 비평, *Neue Freie Presse*, 1916년 12월 19일.

34. 유럽의 격전

p. 172 내 안은 증오로 가득 차 있어: LW, Notebook, 1916년 3월, Rush Rhees, 'Postscript', Flowers, vol. 3, p. 272.

p. 172 그래서 나는 거의 항상 나를 싫어하는 사람들에게: 같은 곳.

p. 173 어쩌면 넌 내가 생각하는 것처럼: HW가 LW에게, 1916년 4월 16일, GBW.

p. 173 만일 내가 시베리아에 포로로: 같은 곳.

p. 173 어쩌면 죽음을 가까이하는 것이야말로: LW, Notebook, 1916년 5월 4일, Monk, p. 600.

35. 미국의 참전

p. 175 맙소사! 또 시작이네: MSt, Tagebucheintragung, 1918년 8월 22일, Prokop,
   p. 106.

p. 175 나는 늘 죽음을 생각하며: 같은 곳.

p. 176 나는 양심에 떳떳하므로: MSt가 HW에게, 1917년 4월, Prokop, p. 86.

p. 176 이럴 땐 어떻게 해야 할까?: HSt가 HW에게, 1917년 6월 15일, Prokop, p.
   89.

p. 177 쿠르트는 3년 전 집을 떠났을 때하고 똑같이: HW가 LW에게, 1917년 6월.

p. 177 이런 방법이라도 있어서: HW가 LW에게, 1917년 7월 10일, GBW.

36. 파울의 바뀐 성격

p. 179 필요하다면 그레틀의 호된 꾸지람이: HW가 LW에게, 1917년 4월 7일, GBW.

p. 179 나로서는 상상도 안 되는 일이야: LW가 HW에게, 1917년 4월 12일, GBW.

p. 180 엄마하고 나는 마주치기만 하면: HW가 LW에게, 1917년 1월 12일, GBW.

p. 180 집에서 활기찬 사람들과 함께: HW가 LW에게, 1917년 1월 20일, GBW.

p. 181 유감스럽게도 [아빠의] 불안한 정서가: HW가 LW에게, 1918년 7월 11일,
   GBW.

p. 182 싸구려 잡동사니와 싸구려 그림들로: PW, 'Notes on Two Russian Tours',
   1935?, pc.

p. 183 그리고 그건 정말 대단한 일이야!: HW가 LW에게, 1917년 3월 20일, GBW.

37. 전쟁 막바지

p. 186 우리는 파울을 위해 무엇을 바라는 것이: HW가 LW에게, 1918년 2월 18일,
   GBW.

p. 187 한층 정교하게 조율되어 있는: 같은 곳.

p. 188 매우 유능하고 적극적이며 활기찬 장군: www.weltkriege.at/Generalitaet/
   04%20Feldmarschalleutnant/Schiesser/schiesser.htm.

p. 189 이 일이 일어났을 때 나는 나의 미래를: Bob Dorman, 'Germany for Germans,
   says New Leader who Drills his Troops to Enforce his Idea: Picturesque New

Figure', Adolf Hitler와의 인터뷰, NEA News Service, *Modesto Evening News*, 1923년 4월 15일, p. 26에 재수록됨.

p. 191 사랑하는 아들 네가 잘 있는지: LpW가 LW에게, 1918년 12월 27일, GBW.

p. 192 네가 살아 있다는 걸 알게 되어: HW가 LW에게, 1918년 12월 30일, GBW.

p. 192 쿠르트가 9월 27일에 전사했다. 몹시 슬프다: HW가 LW에게, 1919년 1월 10일, GBW.

p. 192 내 동생 쿠르트는 제1차 세계대전이 끝날 무렵: HW1, p. 102.

p. 193 쿠르트 비트겐슈타인의 죽음이 유독 가슴 아픈 이유는: MD, 'Memoirs', vol. 2, p. 45.

p. 195 형제들 가운데 가장 흥미 있고 훌륭한 인물: HW1, p. 106.

p. 196 결국 아버지가 아들들에게 그토록: 같은 곳, p. 103.

p. 196 많은 사람들의 죽음은 너무 늦고: Friedrich Nietzsche, *Also sprach Zarathustra*, Part I, XXI, 첫 줄, 'Vom freien Tode' (Voluntary Death).

39. 가족의 긴장

p. 205 살면서 비극적인 일을 경험한 적이 있는가?: Theodore Redpath, 'A Student's Memoir', Flowers, vol. 3, p. 32에 재수록됨.

p. 207 잘난 파울이 소견머리 없이: MSt가 HW에게, 1919년 3월 25일, Prokop, p. 117.

p. 207 이제 우리 일은 끝장이라고!: 같은 곳.

p. 207 그이 말이 맞아!: 같은 곳.

p. 207 알레가세는 예전과 조금도: MSt, *Tagebucheintragung*, 1919년 6월 29일, Prokop, p. 118.

p. 207 오스트리아인은 절망적이다: 같은 곳, 1919년 1월 5일, Prokop, p. 108.

p. 207 나는 늘 빨갱이 기질이 있었는데: MSt가 HW에게, 1919년 4월 29일, Prokop, p. 117.

p. 208 우리 오형제는 서로에게 다정한 형제들이라고: LW가 HW에게, 1929년 11월, GBW.

p. 209 옆방에서 피아노 소리가 들려: MD, 'Memoirs', vol. 2, p. 16.

p. 210 내 마음 상태를 말하자면: LW가 Paul Engelmann에게, 1919년 8월 25일, GBW.

p. 210 철학적으로 정신을 단련한 사람이: HW1, p. 110.

p. 211 땅에 재물을 쌓지 마라: Tolstoy, p. 57.

p. 211 완전한 사람이 되려거든, 가서 너의 재산을 팔아: St Matthew 19 : 21.

p. 212 루트비히가 원하는 일이라면: HW1, p. 110.

40. 반유대주의

p. 212 유대인들과 함께 시작되었다: PW, Russian Notes, p. 5, pc.

p. 213 어떤 미심쩍은 일에 … 있는가?: Hitler, p. 42.

p. 214 그러한 뜻밖의 사실에 직면하자: 같은 곳, p. 43.

p. 214 유대인이 마르크스주의에 의지해: 같은 곳, p. 46.

p. 215 명예에 관해서는 아무도 유대인과 상의하지 않는다: McGuinness, *Wittgen-stein: A Life*, p. 2.

p. 215 그 여자는 특히 호감이 가더라: HW가 LW에게, 1939년, GBW.

p. 216 아리아인과 유대인은 장점과 결함에서 정반대이며: HW2, p. 97.

p. 216 모든 유대인의 마음에는 부정직한 심성이: 같은 곳.

p. 216 만일 그가 유대인들의 이름을 부른다면: MD, 'Memoirs', vol. 2, p. 32.

p. 216 공산주의자 유대인들과는 아무런 관련이 없었고: HW2, p. 113.

p. 216 자연스럽지 못한 사람들: 같은 곳, p. 97.

p. 216 세상의 모든 추악한 행동 뒤에는: LW의 꿈, 1929년 12월 1일, Monk, P. 612.

p. 216 오스트리아 사회의 종양: Culture and Value, p.18에서 LW는 유대인을 종양 (Beule)에 비유한다. 그가 말한 Beuler가 어떤 의미인지에 대해 오랜 논의가 있었음을 David Stern, 'Was Wittgenstein a Jew?'에서 찾을 수 있다. Klagge, pp. 259-60에 재수록됨.

41. 성생활

p. 217 사실 그는 두세 가지 삶을 살고 있었지만: JSt가 Brian McGuinness에게, 1993년 8월 19일, pc.

p. 217 동생의 전기에 관하여: PW가 Friedrich Hayek에게, PW가 Rudolf Koder에게 한 말에서 인용, 1953년 10월 7일, pc.

p. 218 빈 거리를 지나는 행인들을 유심히 관찰하자: Lansdale, p. 11.

p. 219 끊임없이 정부를 두었고: JSt가 Brian McGuinness에게, 1993년 8월 19일, pc.

p. 219 나는 파울이 정말 싫었다: JSt가 Brian McGuinness에게, 1989년 2월 2일, pc.

p. 219 여자들이 상품처럼 판매되기 위해: Zweig, p. 83.

p. 220 젊은 시절 미혼인 한 친구가: 같은 곳, pp. 88-9.

p. 220 성적 만족에서 기쁨을 구하지 말라: Tolstoy, p. 55.

p. 221 단추 하나를 누름으로써 〔루트비히의〕 사생활에: G. E. M. Anscombe, Engelmann, p. xiv.

p. 221 그곳에는 거친 젊은이들이 성적으로: Bartley, p.40.

p. 221 음란한 말들로 명예를 훼손시키고: Rhees, 'Wittgenstein', p. 80 마지막 부분에 제목 없이 포함된 JSt의 에세이.

p. 222 두세 번 그와 함께 누웠다: LW, Notebook, 1937년 9월 22일, Monk, p. 620.

42. 작은 가르침

p. 223 그의 상태를 몹시 못마땅하게 여겼고: MSt가 HW에게, 1920년 2월 12일, Prokop, p. 128.

p. 225 우리와 같은 성을 지니고 품위 있고 점잖은: PW가 LW에게, 1920년 11월 17일, pc.

p. 226 어차피 네가 속한 출신과 집안에 대해 세상이: PW가 LW에게, 1920년 11월 20일, pc.

p. 227 왜 옷에 신경을 쓰는가?: Tolstoy, p. 57.

p. 227 그러나 나는 너희에게 이렇게 말한다. 모든 사람은: 같은 곳, p. 51.

p. 227 나는 매일 핀센트를 생각한다: LW가 BR에게, 1920년 6월 8일, GBW.

p. 227 나는 줄곧 목숨을 끊어야겠다는 생각을 해왔으며: LW가 Paul Engelmann에게, 1920년 5월 30일, GBW.

p. 228 내 마음상태는 나에게도 끔찍할 지경이야: LW가 Paul Engelmann에게, 1920년 6월 21일, GBW.

p. 228 그렇지 않으면 지옥의 모든 악마들이: LW가 Paul Engelmann에게, 1920년 10월 11일, GBW.

p. 228 아주 불쾌하고 아무짝에도 쓸모없는 무책임한: LW가 BR에게, 1921년 10월

23일, GBW. LW은 Engelmann에게 보내는 편지에서 오테르탈 주민들을 'Unmenschen(인간 같지 않은 인간)'으로 Hassbachers을 'ekelhafte Larven (역겨운 유충)'으로 묘사했다.

p. 228 자신의 머리로는 이해할 수 있는 범위를: Engelmann, p. 82.

p. 229 맨 처음부터 나는 자네가 말하고자 하는 바가: Gottlob Frege가 LW에게, 1919 년 6월 28일, GBW.

p. 229 그는 내 이론을 한 마디도: LW가 BR에게, 1919년 8월 19일, GBW.

p. 229 피상성과 몰이해: LW가 BR에게, 1920년 5월 6일, GBW.

p. 230 나의 명제들은 다음과 같이: LW, *Tractatus Logico-Philosophicus*, 6.54, p. 74.

p. 230 내 책은 두 부분으로 이루어져 있습니다: LW가 Ludwig von Ficker에게, 1919 년 9–10월, Engelmann, p. 144에 재수록됨.

p. 230 그가 "이해되었나?"라고 물을 때: Frank Ramsey가 그의 어머니 Agnes Ramsey 에게, 1923년 9월 20일, McGuinness, *Wittgenstein in Cambridge*, p, 139에 재 수록됨.

p. 231 정말이지 우리는 아인슈타인, 프로이트, 그리고: Frank Ramsey가 그의 어머니 Agnes Ramsey에게, 1924년 7월 22일, pc.

p. 231 그들은 고개를 가로저으며, 세상이 자기 집안 광대에게: Bernhard, p. 75.

p. 232 남동생으로 성인군자 같은 사람을 두기란 쉽지 않지요: HW가 Ludwig Hänsel 에게, 1920년 12월 13일, Somavilla, Unterkircher and Berger, p. 40에서. HW 가 인용한 '영국' 속담의 출처는 사실상 전도서 9:4의 구절이다: 살아 있는 개 가 죽은 사자보다 낫다.

p. 233 친애하는 코더 씨 한 가지 부탁이 있습니다: PW가 Rudolf Koder에게, 1923년 11월 13일, pc.

p. 234 우리 초등학교 아이들에게 고급 수학을: Luise Hausmann과 Eugene C. Hargrove, *Wittgenstein in Austria as an Elementary School Teacher*에 출처 없이 인용됨, Flowers, vol. 2, p. 102에 재수록됨.

p. 235 정신과 의사가 나에게 뭐라고 말할지: LW가 Rudolf Koder에게, 1926년 가을, GBW.

43. 파울, 명성을 날리다

p. 237 여전히 이 세상에 살아남아: HW가 PW와 LW의 자살 경향에 대해 한 말, HW2, p. 102.

p. 239 다른 어떤 음악보다 미묘하고: LW, *Culture and Value* (MS 107 184), c. 1929년 11월 7일, p. 5.

p. 239 라보가 다시 건강해지고 있어!: HW가 LW에게, 1922년 5월 15일, GBW.

p. 239 동종요법사가 라보의 병을 낫게 한 기적은: LpW가 LW에게, 1922년 5월 23일, GBW.

p. 240 친애하는 라보 선생님 선생님이 저를 위해 다시: PW가 Josef Labor에게, 1922년 6월 1일, Wiener Stadt und Landesbibliothek.

p. 241 독일의 모든 지휘자는 자동적으로: Erich Korngold가 PW에게, 1923년 6월 19일, Flindell, 'Dokumente', p. 425에 재수록됨.

p. 243 다음 주말이면 준비를 모두 마치게 되리라: Paul Hindemith가 PW에게, 1923년 5월 4일, 같은 곳, p. 425에 재수록됨.

p. 243 일단 제 작품을 검토하시고 나면: Paul Hindemith가 PW에게, 1923년 6월, 같은 곳, p. 426에 재수록됨.

p. 244 피아노와 오케스트라의 음향 차이가: PW가 Leonard Kastle에게, 1960년 6월 13일, Special Collection, University at Albany Library.

p. 245 친애하는 코른골트 선생에게, 당신의 두 번째 협주곡 작품을 동봉합니다: PW가 Erich Korngold에게, 1926년 5월 18일, ÖNB.

p. 245 두 손을 위한 다성음악을 한 손으로: 'e.d.' 서명이 있는 평론, *Neues Wiener Tagblatt*, 1924년 2월 4일.

p. 245 믿기 어려울 만큼 간결하고 정교하며 대단히 탁월한 작품: 'r' 서명이 있는 평론, *Neue Freie Presse*, 1924년 9월 27일.

p. 246 전쟁 중에 어처구니없게 포탄에 맞아: 서명 없는 평론, *Neues Wiener Tagblatt*, 1924년 9월 30일.

p. 247 슈트라우스는 탐욕스러운 사람이다: PW가 MD에게, 1928년 1월 30일, BL.

p. 248 ein brauchbareres Konzert로 만들기 위해: PW가 MD에게, 1927년 3월 25일, BL.

p. 248 어떻게 가련한 내 한 팔로: MD, 'Memoirs', vol. 2, p. 45.

p. 249 전쟁 중에 오른팔을 잃은 불행한 피아니스트가: Adolf Weissmann, 서명 없는

기사, 'A Radio Opera Premiere', *NYT*, 1928년 2월 19일, p. 116.

p. 249 절대 무오류의 교황이라도 된 듯: PW가 MD에게, 1928년 3월 21일, BL.

p. 249 베를린 언론이 당신과 내 작품을 신랄하게: Richard Strauss가 PW에게, 1928년 2월 8일, Flindell, 'Dokumente', p. 426에 수록됨.

p. 249 이번 연주에서 파울 비트겐슈타인은 그의 굉장한 왼손을 위한: Julius Korngold 평론, *Neue Freie Presse*, 1928년 3월 15일.

p. 250 파울 비트겐슈타인에게 미국 초연을 해달라는 요청이: 서명 없는 기사, 'One Armed Pianist to Play', *NYT*, 1928년 8월 2일, p. 25.

p. 250 할 일이 있고, 게다가 돈을 벌 수 있다는 것: PW가 MD에게, 1927년 9월 21일, BL.

44. 비트겐슈타인 부인의 사망

p. 253 어머니는 매우 거친 이 다이아몬드 표면을: HW1, p. 104.

p. 253 신사 여러분, 저는 늙고 병들어 쉽게 피로해지니: HW1, p. 94.

p. 254 기분이 묘했단다. 엄마가 아주 깊이: MSt가 Thomas Stonborough에게, 1926년 6월 8일, Prokop, p. 161.

p. 254 편안하게 눈을 감으셨다: LW가 Rudolf Koder에게, 1926년 6월 3일, GBW.

p. 254 매우 아름다운 밤이었다!: MSt가 Thomas Stonborough에게, 1926년 6월 8일, Prokop, p. 161.

p. 254 그렇다, 우리 어머니는 많은 면에서: HW1, p. 94.

45. 인기에서 파멸까지

p. 255 파울은 오늘 아주 근사하게 연주했습니다: Marie Baumayer가 HW에게, 1926년 9월 21일, ÖNB.

p. 273 지독한 언쟁과 논쟁을 벌이며: Jacques Groag가 자신의 남자형제에게, Emo Groag, c, 1927년 2월, Paul Wijdeveld, *Ludwig Wittgenstein: Architect*, Flowers, vol. 2, p. 146에 재수록됨.

p. 273 두 위대한 인물들 [루트비히와 그레틀]께서 합심해: HW1, p. 114.

p. 274 자기 자신에 대한 모든 분노를: MSt가 Thomas Stonborough에게, 1928년 12

월 29일, Prokop, p. 184.

p. 275 그는 내 남편이고, 나는 돈 때문에: MSt가 Thomas Stonborough에게, 1929년
11월 12일, 같은 곳, p. 195.

46. 파울의 성격에 대해

p. 278 그런 산책이 정신적으로 얼마나 힘들고: Dr R. T. Grant, 날짜 미상 편지, Georg
von Wright에게, pc.

p. 278 비가 와도 상관없었다: MD, ʻMemoirsʼ, vol. 2, p. 27.

p. 279 지금까지 내가 알던 어느 누구도: Erna Otten-Attermann이 Fred Flindell에게,
1967년 6월 20일, pc.

p. 280 가장 매력적인 남자: Leonard Kastle이 저자에게, 2007년 2월 23일.

p. 280 그는 어려운 사람이다: MD, ʻMemoirsʼ, vol. 2, p. 29.

p. 281 사우스올드에서 지내던 어느 날 저녁: 같은 곳, p. 37.

p. 282 다른 사람들과의 교감이 허용되지 않는: Steve Portman이 저자에게, 2006년
10월.

p. 283 파울은 분개했다. 단단히 화를 내며: MD, ʻMemoirsʼ, vol. 2, p. 38.

p. 283 나는 둘 다 정말 대단한 사람들이라고 생각해: Donald Francis Tovey가 Stuart
Deas에게, 1930년 1월, Edinburgh University Library.

p. 284 내가 아주 작은 실수라도 하면: Leonard Kastle, ʻPaul Wittgenstein: Teacher
and Friendʼ, Suchy, Janik and Predota, p. 68에 재수록됨.

p. 284 선생님이 큰소리로 고함을 질러: Philippa Schuyler, Scrapbook, 1941년 7월
10일, Talalay, p. 91.

p. 284 파울의 개성은 쉽게 잊기 어렵다: MD, ʻMemoirsʼ, vol. 2, p. 58.

47. 러시아와 라벨

p. 286 아름다운 음악이야 – 비트겐슈타인에게: Leopold Godowsky가 Frieda Godow-
sky에게, 1928년 5월 6일, Nicholas, p. 135.

p. 287 Je me joue de difficultes: PW가 Joachim Wechsberg에게, 1958년 2월 5일, pc.

p. 288 검은 질투가 평등으로 위장될 때: Franz Grillparzer, *Libussa*, Act V.

p. 288 나는 연주를 기다리며 끝도 없이 길게: PW, Russian Notes, c. 1935, p. 7, pc.

p. 288 "카페오레 주세요." 우유가 없습니다: 같은 곳.

p. 289 당신들이 계속 차르를 섬겨왔다면: JSt가 Brian McGuinness에게, 1996년 1월 18일, pc.

p. 289 공공건물, 극장, 연주회장, 은행들이: PW, Russian Notes, c. 1935, p. 11, pc.

p. 290 비트겐슈타인 씨는 현재 러시아에서: Georg Kügel이 Michel Astroff에게, 1930 년 6월 25일, PA.

p. 291 친애하는 선생님, 선생님께서 저를 위해: PW가 Sergei Prokofiev에게, 1930년 8월 27일, PA.

p. 291 오케스트라 없이 연주할 거면: Prokofiev, *Autobiography*, p. 293.

p. 291 아마도 내 의견에 라벨은 실망했을 테고: Wechsberg, p. 28.

p. 292 몇 주 뒤면 라벨의 협주곡이 완성될: PW가 Sergei Prokofiev에게, 1930년 9월 29일, PA.

p. 292 피아노의 거장 파울 비트겐슈타인의 연주는: 'r' 서명이 있는 평론, *Neue Freie Presse*, 1932년 1월 18일.

p. 293 연주가 끝나자마자: Long, p. 40.

p. 295 파울은 작곡가인 카를 바이글에게: PW가 Karl Weigl에게, 1932년 2월 22일, Yale University Library.

p. 295 편지 같은 데다 이야기하기에는: PW가 MD에게, 1932년 4월 2일, BL.

p. 295 향후 선생님의 작품을 악보 그대로: PW가 Maurice Ravel에게, 1932년 3월 17 일, Orenstein, p. 594.

p. 296 그건 협주곡을 망치는 짓이오: Seroff, p. 262.

p. 296 위대한 작품: PW가 Donald Francis Tovey에게, 1932년 6월 22일, Edinburgh University Library.

p. 296 라벨과의 오랜 다툼이: PW와의 서명 없는 인터뷰, 'One-Armed Pianist Undaunted by Lot', *NYT*, 1934년 11월 4일, p. N7.

48. 프로코피예프

p. 297 저는 볼셰비키 당원들은 질색입니다!: Prokofiev, *Diaries*, 1930년 9월 2일.

p. 298 비트겐슈타인의 외모가 매력적이지 않아 실망했다: 같은 곳.

p. 298 그럼 당신은 뭘 기대한 거요: 같은 곳.

p. 298 이런 음악을 좋아하면서: 같은 곳.

p. 298 선생님이 두 달 동안 계속 이 곡을: 같은 곳.

p. 298 어쩌면 그렇게 사랑스럽게 연주할 수 있을까요: 같은 곳.

p. 299 선생님의 전용 공간에서: PW가 Sergei Prokofiev에게, 1931년 3월 20일, PA.

p. 300 슈트라우스보다 명확하고: PW가 Sergei Prokofiev에게, 1930년 10월 22일, PA.

p. 300 나는 피아노 연주자의 관점에서: Sergei Prokofiev가 PW에게, 1931년 9월 11
일, PA.

p. 301 협주곡을 완성시켜주셔서 감사합니다만: Prokofiev, *Autobiography*, p. 293.

p. 301 우리의 좋은 관계를 고려해서: Sergei Prokofiev가 PW에게, 1934년 10월 8일,
PA.

p. 301 그건 옳지 않습니다: PW가 Sergei Prokofiev에게, 1931년 10월 11일, PA.

p. 301 3000달러가 아니라 2250달러를: Sergei Prokofiev가 PW에게, 1931년 9월 16
일, Flindell, 'Dokumente', p. 429에 재수록됨.

p. 302 나는 이 작품에 대해 확고한 의견을: Prokofiev, *Autobiography*, p. 293.

49. 러브스토리

p. 302 바시아 모스코비치: Bassia Moscovici에 관해서는 자세한 내용이 발견되지 않
는다. BG Landstrasse, 6A 414/1932의 빈 기록보관소(Vienna City Archives)
에 있는 그녀의 유언장에는 부모님 이름과 직업, 사망 당시 그녀의 재산이 기록
되어 있다. 유대인 공동체 탈퇴 기록부에는 다음과 같이 간략하게 기록되어 있
다: IKG Austrittsbuch No. 108/1931; 25. II. 1931: Bassia MOSCOVICI, 1910.
12. 23 [sic] 출생. Bukarest, 미혼, XIX., Vegagasse 14. 1936년 빈 사망자 명부
(Hrsg.vom Magistrat der Stadt Wien)에는 다음과 같이 기록되어 있다:
MOSKOWICI, Bassia (Pauline), Juwelierstochter, 22세. (출생. 1910. 12. 22.),
사망. 1932. 4. 23. 토요일, 빈, 3. Bezirk, Kundmanngasse 19, 상완 육종, 로마
카톨릭 ; 1932. 4. 25. 월요일, 빈 중앙묘지, Gruppe 30b, Reihe 7, Grab Nr.
14. 매장.

p. 305 나를 반기기 위해 손을 내밀면서: MD, 'Memoirs', vol. 2, p. 55.

p. 305 어제 저녁 이후로 바시아는 몹시 괴로워했다: Marguerite Respinger가 LW에
게, 1932년 4월 22일, GBW.

p. 306 이 일은 나에게 무척 인상적이었다: Marguerite Respinger가 LW에게, 1932년

4월 23일, GBW.

p. 306 파울은 많은 걸 잃었고 자신도 그걸 인정해: HW가 LW에게, 1932년 4월 26일,
GBW.

p. 307 이곳에서 파울은 잃을 것밖에 없지만: HW가 LW에게, 1932년 5월 7일, GBW.

50. 미국 데뷔 무대

p. 307 우리는 이 연주자를 존경하지만: P. Rytel, 'Z Filharmonii: XII Koncert Symfoni-
czny', *Gazeta Warszawska*, 1932, no. 378을 Krystyna Klejn이 번역.

p. 307 한 손 피아니스트의 연주를: F. Szopski, 'Georg Heoberg, Pawel Wittgenstein',
Kurier Warszawski, 1932, no. 341.

p. 307 확실히 한 손 연주는 두 손 연주를 대신할 수 없다: 'W.F.' 서명이 있는 평론,
Polska Zbrojna, 1932, no. 343.

p. 307 이 작품들이 특별히 그를 위해 작곡된 만큼: 'H.D.' 서명이 있는 평론, 'Z
Filharmonii', Robotnik, 1932, no. 421.

p. 308 유명한 한 손의 피아니스트 파울 비트겐슈타인에게: *New York Herald Tribune*
의 평론, 1934년 11월 18일, p. 16.

p. 309 나는 전쟁 중에 한 팔을 잃은 파울 비트겐슈타인에게: Ernest Newman의 평론,
Sunday Times, 1932년 8월 21일.

p. 310 요즘 들을 만한 작품들이 많이: HW가 LW에게, 1935년 3월 7일, GBW.

p. 310 1악장과 2악장은 정말 훌륭한: PW가 Donald Francis Tovey에게, 1935년 1월
14일, Edinburgh University Library.

51. 더 복잡한 일들

p. 311 전차 검표원: JS가 Brian McGuinness에게, 1993년 8월 19일, pc. Franz
Schania는 빈의 다양한 양식과 인명록에 자신의 직업을 다음과 같이 기재한다:
도시전차 검사관(Lehmann directory, 1935-7), 도시전차 부감독관(Lehmann,
1940), 시립 도시전차 책임자(Wiener Stadt und Landesarchiv: Politische
Beurteilung, PB 265247, 1942), 빈 교통 감독관(Lehmann, 1950), 인민 위원
(그의 유언장에).

p. 313 저는 전쟁 중에 오른팔을 잃었으며: PW, Hochschule für Musik 교수직 지원
    서, 1930년 10월 11일, Suchy, Janik and Predota, p. 122에 재수록됨.

p. 313 궁정고문관 마르크스 박사와 마이레커 교수, 두 사람이: Hochschule 교수 위
    원회 회의록, 1930, in Archiv der Universität für Musik und darstellende
    Kunst, Vienna, 같은 곳, p. 121에 재수록됨.

p. 314 나는 가르치는 일이 아주 좋습니다: 'G. N.' 서명이 있는 기사, 'Teaching
    Field in the United States Gains Adherent in Viennese Pianist', *Musical
    Courier*, 1939년 1월.

p. 314 우리가 레슨을 받는 동안 그리고 피아노를 연주하는 동안: Erna Otten-Attermann
    이 Albert Sassmann과의 인터뷰, Suchy, Janik and Predota, p. 37.

52. 불안한 정세

p. 317 그리스 신과 같은 목선: MD, 'Memoirs' vol. 2, p. 66.

p. 317 마흔 살의 그는: J. N. Findlay, 'My Encounters with Wittgenstein', *Philoso-
    phical Forum*, vol. 4, 1972-3, p. 171.

p. 318 그들이 이 책을 이해하기는 매우 힘들었을 것이다: LW가 BR에게, 1935년 가
    을, GBW.

p. 318 루트비히 비트겐슈타인 박사가 부인께: LW가 Frau Oberleitner에게, 1932년 4
    월 전에 PW에게 사본 전달, pc.

p. 319 중요한 것은 사람들에게 일이 있다는 것이다: Rhees, *Ludwig Wittgenstein*, p.
    226.

p. 320 러시아 사람들이 그가 지금 하고 있는 일이야말로: 연극 *A Thinking Man as
    Hero*에서 George Sacks가 한 말, BBC2에서 1973년 4월에 방송, Monk, p.
    351.

p. 320 누구나 그곳에서 살 수 있다: Fania Pascal 'Wittgenstein: A Personal Memoir',
    Flowers, vol. 2, p. 222에 재수록됨.

p. 320 나는 마음으로는 공산주의자야: Monk, p. 343.

p. 322 돌푸스는 사고를 당했단다: MSt가 Thomas Stonborough에게, 날짜 미상,
    Prokop, p. 213.

p. 323 마음과 영혼을 다 하는 오스트리아인: HW1, P. 155.

p. 324 오스트리아의 파시즘은 하임베어 외에: 서명 없는 기사, 'Heimwehr Leader in Offer to Hitler', *NYT*, 1934년 1월 29일.

p. 324 우리는 독일 나치당과 많은 공통점을 지니고 있습니다: Ernst Rüdiger von Starhemberg의 서명이 없는 개요서, 'New Chancellor Foe of Anschluss', *NYT*, 1934년 7월 27일.

p. 325 미래가 어떻게 될지 누가 알 수 있겠니?: HW가 LW에게, 1934년 2월, GBW.

p. 326 얼굴에서 기쁨을 지울 수가 없었다: PW, Testament Appendix, 1945년 1월 31일(sic), p. 10, WMGA, pc.

p. 328 독일 병력, 오스트리아로 쇄도하다: *NYT*, 제1면, 1938년 3월 18일.

p. 328 위대한 독일제국이 일어섰다: 같은 곳.

53. 곤경에 빠진 애국자

p. 334 방에 들어서자 교수님은: Erna Otten-Attermann, Albert Sassmann과의 인터뷰, Suchy, Janik and Predota, p. 43.

p. 334 파울 비트겐슈타인은 1931년, 본인으로부터: Josef Reitler가 작성한 Paul Wittgenstein의 피아노 교수 추천서, 1938년 3월 11일, 공식 영문 번역 사본, 1938년 3월 19일, pc.

p. 337 며칠째 완전히 무질서한 방식으로: Michael Wildt, *Die Juden Politik des SD*, Friedländer, p. 242.

p. 339 유대인을 유럽 밖으로 몰아내야 한다: Trevor-Roper, 1942년 1월 23일, p. 193.

p. 339 우리가 유대인에 포함된대!: HW1, p. 156.

54. 첫 번째 계획들

p. 342 부모 가운데 한 쪽이 아리아인인 소녀의 경우: *Mitteilungsblatt des Reichsverbandes der Nichtarischen Christen*, 1936년 3월로부터, Friedländer, p. 158.

p. 342 그녀가 절반은 유대인이라는 사실이 밝혀졌어: Unity Mitford가 여자형제인 Diana Guinness에게, 1935년 12월 23일, Mosley, p. 68.

p. 343 물론 딱한 하인츠는 그 소식을 듣고는: Unity Mitford가 여자형제 Diana Guin-
	ness에게, 1938년 7월 18일, 같은 곳, p. 125.

p. 343 우리와 가장 가까운 가족들은: HW1, p. 155.

p. 344 순종! : McGuinness, *Wittgenstein: A Life*, p. 1.

p. 345 모든 끔찍한 결과들을 별개로 하더라도: LW가 John Maynard Keynes에게,
	1938년 3월 18일, GBW.

p. 345 가짜 영국인이 되고 싶지 않다는 이유로: 같은 곳.

p. 345 독일의 오스트리아 합병에 의해: 같은 곳.

p. 345 그들은 거의 모두가 언제나 강한 애국심을: 같은 곳.

p. 347 이 신청서 작성에 나는 참여하지 않겠지만: LW가 PW에게, 1938년 5월 30일,
	pc.

p. 347 독일인이며 기독교인인 비트겐슈타인 가문의: *Schiedsinstanz für Natural-
	restitution*, 206/2006, 2006년 7월 12일, 53항.

p. 348 독지가가 되어 자금을 기부하는 유대인들은: Trevor-Roper, 1942년 1월 23일,
	p. 193.

p. 349 음울한 얼굴, 숱 많은 눈썹: Martha Dodd, *Through Embassy Eyes*로부터,
	Schad, p. 44.

p. 350 허수아비: Trevor-Roper, 1942년 9월 2일, p. 556.

p. 351 숨겨진 아리아인 조부모가 반드시 필요합니다: HW1, p. 157.

55. 역습

p. 353 나는 내 아버지의 딸로, 내 형제들의 누이로: Karl Menger, *Reminiscences of
	the Wittgenstein Family*, Flowers, vol. 1, p. 115에서 재수록됨.

p. 355 나는 우리 아이들이 일종의 개혁가가 되길 원해: 같은 곳.

p. 355 스톤버러 부인의 사회적 양심이 어떻든: 같은 곳.

p. 356 나는 수표책에 얼마가 남았는지: JSt가 Joan Ripley에게, 2000년 1월 2일, pc.

p. 358 이 목록은 1938년 6월 30일까지: PW가 작성한 서식: 'Verzeichnis über das
	Vermögen von Jüden, no. 19710, 1938년 7월 15일에 정식으로 작성, 사본, pc.

p. 359 본 서식의 작성을 마쳤으며: 같은 곳.

56. 탈출

p. 361 대단히 무신경한 방식으로: HW1, p. 157.

p. 362 그녀가 옥스퍼드나 런던에서 당신을 보길 원함: PW가 MD에게, 1938년 6월 13일, BL.

p. 362 매부 스톤버러 오늘 저녁 돌연 사망: PW가 MD에게, 1938년 6월 15일, BL.

p. 363 자, 모두 해결됐습니다: MD, 'Memoirs', vol. 2, p. 60.

p. 364 그가 자기 몫의 잼을 다 먹었기 때문에: 같은 곳.

p. 364 친절하고 정직하며 훌륭한 남자: JSt가 Brian McGuinness에게, 1989년 1월 22일, pc.

p. 364 뼛속까지 나치 당원: Dokumentationsarchiv des österreichischen Widerstandes 의 웹사이트, www.doew.at/thema/kaiserebersdorf/jugendgef.html의 *Gefängnis statt Erziehung Jugendgefängnis Kaiser-Ebersdorf 1940-1945*에서 Herbert Exenberger의 말.

p. 366 한 가지는 분명하게 말할 수 있어: PW가 MD에게, 1938년 10월 15일, BL.

p. 367 전쟁의 가능성에 대해 나는 모른다: Piero Sraffa가 LW에게, 1938년 3월 14일, GBW.

p. 367 파울 비트겐슈타인 씨: III Jews 29/38 g,. der Privatwirtschaft Franz Roitner 의 Staatskommissar가 PW에게, 1938년 8월 5일, 사본, pc.

p. 369 프란츠 샤니아는 새 정권을 옹호하는: Franz Schania의 나치당 가입에 관한 내용은 Wiener Stadt-und-Landesarchiv에 있는 그의 Gauakt(지역 NSDAP 서류) 에서 찾을 수 있다. *Gauakt*는 'Politische Beurteilung(정치 평가서)' 라고 설명할 수 있으며, Wiener Städtische Strassenbahnen의 요청에 따라 1942년 말, file no. PB 265247의 서류가 빈의 국가사회주의 독일 노동자당(NSDAP) Gauleitung에 취합되었다. Meldeamtsarchiv의 정보에 따르면, 1938년 11월 수정의 밤 대학살 이후 Schania가 이사한 Kandlgasse 32, 19층의 전 주인은 Wulwek이라는 유대인 가족이었으며, 이 집의 아들은 음악가인 Leo Wulwek이다. 이 가족은 체코슬로바키아를 거쳐 팔레스타인으로 안전한 곳을 찾아 달아났다. Leo의 부모인 Benjamin과 Scheindel Wulwek은 처음엔 근처의 열악한 아파트로 옮겼다가, 1941년 10월 28일에 Lotz (Litzmannstadt) Ghetto, 다시 말해, Schottenfeldgass 53/7에 있는 *Sammelhaus*로 강제 추방당했다. 그들의 이름은 www.avotaynu.com/holocaustlist/w.mt.htm의 홀로코스트 희생자 명단에

서 찾을 수 있다. Schania가 *Blockhelfer*, 즉 나치 정보원으로 활동하던 Kandl-
gasse 32에서 강제 추방당한 유대인의 이름은 홀로코스트 웹사이트 www.letter-
tothestars.at/liste_opfer.php?searchterm=kandlgasse+32&action=search&x=
31 &y=8에서 찾을 수 있다. *Verlassenschaftsakt*(공증 서류), EStLA, Verl.
Abh. BG Innere Stadt I에 포함된 Franz Schania의 유언장(1964년 3월 1일)에
서, 그는 '자신을 거의 돌보지 않았다' 는 이유로 Hilde나 Käthe(첫 번째 결혼에
서 낳은 딸들)에게 유산을 남기지 않았다. 전쟁 기간 동안 그는 공문서에 Hilde
의 존재를 인정하지 않았다. Hilde와 그녀의 자녀들은 1934년부터 1938년까지
Gersthoferstrasse 30의 빌라에 있는 한 아파트에서 숨어 살았는데, 이곳은 유
명한 가수이자 PW의 친구인 Ruzena Herlinger의 소유였다. 아파트는 PW와
Hilde, 두 사생아의 익명을 보장하기 위해 Franz Schania의 이름으로 등록되었
다. Franz Schania는 PW의 도움으로 이 빌라를 구입할 속셈이었지만 거절당했
다. 빌라는 Anton Haller라고 하는 아리아인 치과의사가 구입했고, 2005년에
철거되었다.

p. 370 급격한 정세 변화로 인해 학생들이: PW가 Ernst Schlesinger 'Henry Selbing'
에게, 1938년 8월 16일, Suchy, Janik and Predota, P. 22.

57. 체포

p. 372 헤르만 크리스티안의 세례 증명서(사본 첨부)에서: Brigitte Zwiauer가 빈의 독
일제국 계보학 연구기관에, 1938년 9월 29일, 사본, Wittgenstein Archive,
Cambridge.

p. 378 담당자께: 저는 방금 외국을 여행하고 돌아온 사람으로서: JSt가 WP에게, 1938
년 9월 6일, 1938년 9월 8일에 수록됨.

p. 379 지금은 우리 가족에게 만만치 않게 힘든 시기야: HW가 LW에게, 1938년 10월
15일, GBW.

p. 380 유대인 피고측 변호인이 우리 편에서 해줄 수 있는: HW1, p. 173.

p. 381 끔찍한 타격: 같은 곳, p. 174.

58. 두 번째 이민

p. 382 누나들은 외양간에 불이 났는데도: PW, Testament Appendix, 1945년 1월 31
일 (sic), p. 12 n. 10, WMGA, pc.

p. 385 뉴욕행 선박 티켓을 구하긴 했지만: PW가 MD에게, 1938년 11월, BL.

p. 386 어쩌면 생각보다 일찍 돌아갈: 같은 곳.

p. 387 레나에게 파울 비트겐슈타인이 미국으로 가는 길에: MD가 여자형제 Helene
Deneke에게, Deneke Papers에서, BL.

p. 387 그와 갑판 위를 오래 걸었다: MD, 'Memoirs', vol. 2, p. 64.

59. 편을 바꾸다

p. 388 우리 집엔 가족을 이끌 남자가 없어: HW가 LW에게, 1938년 10월 15일, GBW.

p. 388 사람은 어디에서나 장애에 부딪치지요: PW가 Ludwig Hänsel에게, 1939년 1
월 9일, Somavilla, Unterkircher and Berger, p. 154.

p. 390 블루먼 없이 내가 어떻게 살아가지?: Leonard Kastle이 저자에게 들려준 일화,
2007년 5월.

p. 391 비트겐슈타인 교수는 이 보고서를 볼 수 없을 것이다: Harold Manheim,
'Memorandum with Regard to Paul Wittgenstein's Relations with his Sister in
Vienna', 1944년 2월 17일, p.2, WMGA, pc.

p. 391 스톤버러 부인은 1938년과 1939년에: 같은 곳, p. 6.

p. 391 스스로 이 일을 타개했다: HW가 LW에게, 1938년 10월 22일, GBW.

p. 392 그레틀과 몇몇 좋은 친구들이 이번에도: HW1, p. 175.

p. 392 신사, 많은 사람들과 매우 우호적인: JSt가 Brian McGuinness에게, 1989년 1월
13일, pc.

p. 393 이로써 1938년 6월 4일 현재: Sigmund Freud의 진술서, 1938년 6월 4일, 'A
Sale in Vienna'에서, Journal de l'Association Internationale d'Histoire de la
Psychanalyse, vol. 8, 1989에 수록됨.

p. 393 인드라는 아주 근사한 남자였어요: JSt가 Brian McGuinness에게, 1989년 2월 8
일, pc.

p. 396 아시다시피 베를린에는 당신들 가족이: HW1, p. 176.

p. 397 두 분 모두 이민을 갈 수 있으며: 같은 곳.

p. 398 독일 국립은행과의 우정은 그때부터: HW1, p. 178. Brian McGuinness에게 보내는 편지(1989년 1월 13일)에서 JSt는 '베를린의 독일 국립은행은 정직하고 명예로웠다'고 설명하고, Hans Schoene에 대해서는 '젊고 친절하다'고 묘사한다.

60. 나치 당원 미국에 도착하다

p. 398 독일인들은 매우 관대했습니다: PW, Testament Appendix, 1945년 1월 31일 (sic), p. 7, WMGA, pc.

p. 400 어떠한 개입도 용납하지 않는 싸움꾼: JSt가 Brian McGuinness에게, 1989년 1월 22일, pc.

p. 400 그는 내 앞에서는 결코 입을 열지 않기 때문에: PW, Testament Appendix, 1945년 1월 31일 (sic), p. 2, WMGA, pc.

p. 400 제가 미국에 너무 늦게 도착하는 바람에: 같은 곳, p. 7.

p. 401 우리 누나가 나보다 독일 국립은행을: 같은 곳, p. 6.

p. 402 독일 측은 어디에 있느냐?: 같은 곳, p. 5.

p. 402 다소 장황한 발표, 상당히 흥미롭게: 같은 곳.

p. 403 우리가 어느 정도 합의에 이를 수 있었다면: 같은 곳, p. 9.

p. 403 더 이상 법적 절차에 직접: PW가 JSt에게, 같은 곳, p. 14.

p. 403 당시 와텔은 말 그대로 나를: 같은 곳, p. 9.

61. 스톤버러 모자의 속셈

p. 404 단지 의심일 뿐이다: PW, Testament Appendix, 1945년 1월 31일 (sic), p. 15 n. 12, WMGA, pc.

p. 405 마침내 나에게는 다소 거액으로 여겨지는: HW1, p. 178.

p. 405 대단히 위험한: Konrad Bloch가 Samuel Wachtell에게, 1939년 6월 20일, WMGA, pc.

p. 405 파울이 독일 국립은행에 자기 돈을 내주지 않는 건: PW, Testament Appendix, 1945년 1월 31일 (sic), p. 15, WMGA, pc.

p. 406 정말 재수 없는 놈: JSt가 Brian McGuinness에게, 1989년 2월 2일, pc.

p. 406 독일제국에 우호적이지 않은 와텔과 블로흐: Hans Schoene가 독일 국립은행

에, PW, Testament Appendix, 1945년 1월 31일 (sic), p. 17, WMGA, pc.

p. 406 알프레트 인드라는 월스트리트 한가운데에서: JSt가 Brian McGuinness에게, 1989년 1월 13일, pc.

p. 407 혼혈인 신분을 요구하지 말 것: PW, Testament Appendix, 1945년 1월 31일 (sic), p. 11, WMGA, pc.

p. 407 포기하면 안 됨. 이모가 감금됨: LW의 일기, 1939년 7월 24일에 기록, Trinity College Library, Cambridge. 여기에서 단수형 '이모'는 헤르미네를 지칭함.

p. 407 비트겐슈타인 교수님께…… 교수님께서 미국으로 떠나셨다는: Samual Wachtell 이 LW에게, 1939년 7월 14일, WMGA, pc.

p. 409 스톤버러 모자의 행동은 확실히 성급하고 어리석어: PW, Testament Appendix, 1945년 1월 31일 (sic), p. 10, WMGA, pc.

p. 409 그때 파울 형이 얼마나 제정신이 아닌지 알았더라면: JSt가 Brian McGuinness 에게, 1993년 8월 19일, pc.

62. 전쟁의 위협

p. 411 저는 당신을 전폭적으로 신뢰하오니: LW가 Samual Wachtell에게, 1939년 7월 24일, WMGA, pc.

p. 413 인드라 박사는, 혼혈인 판결에 서명하는 사람이: Samuel Wachtell, Internal Memorandum, 1939년 8월 17일, WMGA, pc.

p. 413 비트겐슈타인 가문의 기원 및 그 후손들에 관하여: Kurt Mayer가 Gaumt für Sippenforschung der NSDAP, Vienna에, 1940년 2월 10일, 사본, pc.

p. 415 오스트리아에 있는 개인 재산이 여전히 온전한지: PW가 작성한 서류: Aliens' Questionnaire, p.3, Statements of Assets and Liabilities as of 31.12.1944, 1945년 8월 17일 서명, pc.

63. 귀중한 악보들

p. 416 차렷! 전차, 진군!: Kurt Meyer, p. 1.

p. 418 총명하게도 나는, 바보가 아니고서야: JSt가 Brian McGuinness에게, John and Jerome Stonborough, 1999년 3월 12일, pc.

p. 419 토요일에 승객을 가득 싣고 뉴욕 부두에 정박한: Dudley Harmon, ‘About the
Town', *WP*, 1939년 10월 3일, p. 12.

p. 420 특별히 이 제안을 뒷받침하기 위해: Friedrich Plattner가 Hans Heinrich Lammers,
Schnellbrief, 1940년 1월 9일, 사본, pc.

64. 냉전

p. 422 어디에도 쉴 곳을 찾을 수 없고: MSt가 LW에게, 1940, GBW.

p. 424 나는 대략 1939년부터 2년 반 동안: JSt가 LW에게, 1944년 12월 2일, GBW.

65. 가족 모임

p. 426 그럴 필요가 있다면야 기꺼이 파울을 만나겠어: MSt가 LW에게, 1940년 9월,
GBW.

p. 426 파울의 친구는 (그녀의 아이들과 함께): 같은 곳.

66. 벤저민 브리튼

p. 427 오후에 침대에 누워: Benjamin Britten, Diary, 1929년 2월 14일, Mitchell and
Reed, vol. 2, p. 828 n. 1.

p. 427 우리는 그[비트겐슈타인]에게 찾아가 한참 동안 대화를 나누었다: Peter Pears
가 Elizabeth Mayer에게, 1940년 7월 4일, 같은 곳, p. 826.

p. 427 오늘 아침 다시 한 번 비트겐슈타인 씨에게 전화를 걸어: Hans Heinsheimer가
Benjamin Britten에게, 1940년 7월 2일, 같은 곳, p. 826.

p. 428 비트겐슈타인과의 계약을 성사시켰다: Benjamin Britten이 Elizabeth Mayer에
게, 1940년 7월 29일, 같은 곳, p. 834.

p. 428 비트겐슈타인이라는 사람에게 작품을 의뢰 받았어: Benjamin Britten이 Beth
Welford에게, 1940년 6월 26일, 같은 곳, p. 831.

p. 429 정말 대단한 작품입니다: Eugene Goossens가 Hans Heinsheimer에게, 1940
년 9월 27일, 같은 곳, p. 874 n. 5.

p. 429 만의 전경이 펼쳐지고 멋진 정원이 있는: PW가 Rudolf Koder에게, 1941년 7

월 31일, pc.

p. 430 오케스트라의 소리에 맞서 연주하는 건: PW가 Benjamin Britten에게, 1941년 7월 31일, Britten-Pears Archive.

p. 430 제 작품을 놓고 폰 비트겐슈타인 씨와 약간의 언쟁을: Benjamin Britten이 Ralph Hawkes에게, 1941년 7월 23일, Mitchell and Reed, vol. 2, p. 956.

p. 430 비트겐슈타인은 〈디버전스〉 작곡에 대해: Peter Pears가 Elizabeth Mayer에게, 1940년 8월 23일, 같은 곳, p. 957, n. 6.

p. 431 빈의 박물관에서 중세 시대에 사용한: PW가 Benjamin Britten에게, 1941년 7월 31일, Britten-Pears Archive.

p. 431 비트겐슈타인이 자신의 〈디버전스〉를 엉망으로 연주하는 걸 듣고: Benjamin Britten이 Albert Goldberg에게, 1942년 1월 20일, Mitchell and Reed, vol. 2, p. 1014.

p. 431 오른쪽 소매는 비어 있는 채로 옆에 늘어져 있는 한편: Linton Martin 평론, *Philadelphia Inquirer*, 1942년 1월 17일.

p. 432 비트겐슈타인이 금요일 3시 30분에서 4시 30분: Peter Pears와 Benjamin Britten이 Antonio와 Peggy Brosa에게, 1942년 3월 10일, Mitchell and Reed, vol. 2, p. 1024.

p. 432 나는 파울이 보고 싶고 (파울은 나를 못 봤어): MSt가 LW에게, 1942년 3월-4월, GBW.

67. 비트겐슈타인 집안 전쟁

p. 433 생각했다. 그가 죽어버리면 좋겠다고: LW, MS 120, 1938년 1월 4일, Monk, p. 387.

p. 433 얼굴이 백지장처럼 하얗게 질려서는: Dr R. Grant가 Georg von Wright에게, 날짜 미상, pc.

p. 433 내 영혼은 매우 피로하다: LW가 Rowland Hutt에게, 1941년 11월 27일, GBW.

p. 434 기존의 표준적인 방식에서 벗어나: Dr R. Grant가 Georg von Wright에게, 날짜 미상, pc.

p. 435 아주 최근에 그렇게 됐어: MSt가 LW에게, 1944년 9월 말경, GBW.

p. 436 베로니카가 마음에 들어: MSt가 LW에게, 1944년 3월 14일, GBW.

p. 437 지독하게 무능한 명칭이들: JSt가 Joan Ripley에게, 1999년 9월 13일, pc.

p. 437 어떤 장교의 사생아: Brian McGuinness, John Stonborough 사망기사, *Independent*, 2002년 6월 4일.

p. 439 10년 동안 '히틀러 만세!'를 외치고 다녔으면서: PW가 Rudolf Koder에게, 1957년 1월 6일, pc.

p. 439 오스트리아에서는 비트겐슈타인 씨를 진지하게 여기지 않아: Friedrich Wührer 가 Siegfried Rapp에게, 1949년 12월 26일, Siegfried Rapp가 Ottakar Hollmann에게 한 말, 1956년 12월 1일, Suchy, Janik and Predota, p. 119.

68. 길의 끝

p. 443 그레틀 누나가 나에게 잘못된 소식을 전해준 것 같아: LW가 Rudolf Koder에게, 1949년 3월 2일, GBW.

p. 444 4월 초 이후로 연구를 하지 못했고: LW가 Norman Malcolm에게, 1949년 5월 17일, GBW.

p. 445 난 미국에서 죽고 싶지 않아: Malcolm, p. 77.

p. 445 최대한 빨리 빈에 갈까 해: LW가 Jean Rhees에게, 1949년 11월 28일, GBW.

p. 446 우리 큰누나가 어제 저녁 아주 평화롭게 세상을 떠났어: LW가 Georg Henrik von Wright에게, 1950년 2월 12일, GBW.

p. 447 나와 우리 모두에게 커다란 손실이다: LW, MS 138, 1949년 2월 10일, HW2, p. 38.

p. 447 이제부터 저는 그 어느 때보다: Ray Monk와 Joan Bevan의 인터뷰, Monk, p. 577.

p. 447 오래오래 사세요!: 같은 곳.

p. 447 꿈을 꾸면서 "나는 꿈을 꾸고 있다"라고: LW, *On Certainty*, point 676, p. 90.

p. 449 한때는 파울이 그 고집스런 태도에서 벗어날 날이 올 거라고 굳게 믿었지: MSt 가 LW에게, 1942년 5월, GBW.

69. 가계의 끝

p. 452 파울에게 많은 공연 기회를 주기에는: Trevor Harvey가 MD에게, 1959년 8월 19일, BL.

p. 452 지금까지 그는 이 작품들에 익숙한 나머지: 평론, *The Times*, 1950년 10월 31
일.

p. 452 다른 사람이 살게 하려고 집을 짓지는 않지요: PW가 Siegfried Rapp에게, 1950
년 6월 5일, Suchy, Janik and Predota, p. 172.

p. 453 비트겐슈타인의 연주가 딱히 인상적이지 않을 거라고는: Siegfried Rapp가
Ottakar Hollmann에게, 1959년 12월 1일, 같은 곳, p. 118.

p. 454 지금까지 자네는 나를 과대평가하고 있네: PW가 Leonard Kastle에게, 1960년
6월 13일, University at Albany, Special Collections.

p. 454 파울이 나를 만나는 걸 무척 싫어할 거라는: MSt가 LW에게, 1942년 6월, GBW.

p. 454 나는 말하자면 누나가 자기 쪽에서 화해를 요청해: LW가 Rudolf Koder, 1949
년 8월 23일, GBW.

p. 454 내 명예를 지키기 위해 차후: PW가 Konrad Bloch에게, 1939년 6월 26일,
WMGA, pc

p. 455 다음 내용은 본래 내 유서의 부록이거나: PW, Testament Appendix, 1945년
1월 31일 (sic), p. 1, WMGA, pc.

p. 455 파울은 데네케 자매와 함께 옥스퍼드에 있어: LW가 Rudolf Koder에게, 1949
년 2월 22일, GBW.

p. 456 그는 가운을 걸친 채 불가에: MD, 'Memoirs', vol. 2, p. 80.

p. 456 1939년 이후로 동생과 연락을 하지 않았어: PW가 Rudolf Koder에게, 1953년
10월 7일, pc.

p. 457 알레가세의 우리 집이 팔린 것도 모자라: PW가 Rudolf Koder에게, 1955년 5
월 21일, pc.

p. 457 Selig sind die Toten: 브람스의 〈독일 레퀴엠Ein Deutsches Requiem〉 마지막
합창곡에 나오는 구절. 요한계시록 14:13절의 내용.

p. 458 개인적인 친구로서 파울 비트겐슈타인은: Harvey, 'Paul Wittgenstein: A
Personal Reminiscence', *The Gramophone*, 1961년 6월, p. 2.

p. 458 친구들을 향한 신의는: MD, 'Mr. Paul Wittgenstein, Devotion to Music'.

후기

p. 461 근엄하고, 이해하기 어려우며: Ripley, 'A Memory of my Father', pc.

참고문헌

1. BOOK

- Abrahamsen, David: *Otto Weininger: the Mind of a Genius*. New York 1946
- Alber, Martin: *Wittgenstein und die Musik*. Innsbruck 2000
- Barchilon, John: *The Crown Prince*. New York 1984
- Barta, Erwin: *Die Großen Konzertdirektionen im Wiener Konzerthaus 1913-1945*. Frankfurt-am-Main 2001
- Bartley, William Warren Ⅲ: *Wittgenstein*. Philadelphia 1973
- Beaumont, Anthony (ed.): *Alma Mahler-Werfel: Diaries 1898-1902*. Ithaca 1999
- Beller, Steven : *Vienna and the Jews 1867-1938*. Cambridge 1989
- Beller, Steven : *A Concise History of Austria*. Cambridge 2006
- Bernhard, Thomas: *Wittgenstein's Nephew*, trans. Ewald Osers. London 1986
- Black Max: *A Companion to Wittgenstein's Tractatus*. Cambridge 1964
- Botstein, Leon and Hanak, Werner (eds.): *Vienna, Jews and the City of Music*. Annandale 2004
- Brändström, Elsa: *Among Prisoners of War in Russia and Siberia*. London 1929
- Brée, Malwine: *The Leschetizky Method*. New York 1913
- Brook, Donald: *Master of the Keyboard*. London 1946
- Brook-Shepherd, Gordon: *Anschluss: the Rape of Austria*. London 1963
- Burghard, Frederic F.: *Amputations*. Oxford 1920
- Carroll, Brendan G.: *The Last Prodigy: A Biography of E. W. Korngold*. Portland 1997
- Clare, George: *Last Waltz in Vienna*. London 1981

- Cornish, Kimberley: *The Jew of Linz*. London 1998
- Corti, Egon and Sokol, Hans: *Kaiser Franz Joseph*. Cologen 1960
- Crankshaw, Edward: *The Fall of the House of Habsburg*. London 1963
- Davis, John H.: *The Guggenheims: An American Epic*. New York 1978
- Del Mar, Norman: Richard Strauss: *A Critical Commentary on his Life and Works* (3 vols). London 1978
- Deneke, Margaret: *Ernest Walker*. Oxford 1951
- Duchen, Jessica: *Erich Wolfgang Korngold*. London 1996
- Edel, Theodore: *Piano Music for the Left Hand*. Bloomington 1994
- Edmonds, David and Eidinow, John: *Wittgenstein's Poker*. London 2001
- Engelmann, Paul: *Letters from Ludwig Wittgenstein, with a Memoir*, ed. B. F. McGuinness, trans. L. Furtmuller. Oxfoud 1967
- Flowers, F. A. III (ed.): *Portraits of Wittgenstein* (4 vols). Bristol 1999
- Fox, Winifred: *Douglas Fox: A Chronicle*. Bristol 1976
- Friedländer, Saul: *Nazi Germany and the Jews*, vol. 1: *The Years of Persecution 1933-39*. New York 1997
- Griffin, Nicholas (ed.): *The Selected Letters of Bertrand Russell: The Private Years, 1884-1914*. London 1992
- Haider, Edgard: *Verlorenes Wien: Adelspaläste vergangener Tage*. Vienna 1984
- Häseler, Adolf (ed.): *Lieder zur Gitarre oder Laute: Wandervogel-Album III*. Hamburg 1912
- Hitler, Adolf: *Mein Kampf*, trans. James Murphy. London 1939
- Janik, Allan: *Wittgenstein's Vienna Revisited*. London 2001
- Janik, Allan and Toulmin, Stephen: *Wittgenstein's Vienna*. New York 1973
- Janik, Allan and Veigl, Hans: *Wittgenstein in Vienna*. New York 1998
- Kaldori, Julia: *Jüdisches Wien*. Vienna 2004
- Kinflberg, U.: *Einarmfibel*. Karlsruhe 1917
- Klagge, James: *Wittgenstein: Biography and Philosophy* . Cambridge 2001
- Knight, W. Stanley Macbean: *History of the Great European War*, vol. 4. London 1924
- Koppensteiner, Susanne (ed.): *Secession: Gustav Klimt Beethovenfries*. Vienna 2002
- Koppensteiner, Susanne (ed.): *Secession: Die Architektur*. Vienna 2003
- Kross, Matthias: *Deutsche Brüder: Zwölf Doppelporträts*. Berlin 1994
- Kupelwieser, Paul: *Aus den Erinnerungen eines alten Österreichers*. Vienna 1918
- Lansdale, Maria Hornor: *Vienna and the Viennese*. Philadelphia 1902

- Levetus, A. S.: *Imperial Vienna*. New York 1905
- Levy, Paul and Marcus, Penelope (eds.): *The Letters of Lytton Strachey*. London 1989
- Liess, Andreas: *Franz Schmidt: Lenben und Schaffen*. Graz 1951
- Lillie, Sophie: *Was einmal war. Handbuch der enteigneten Kunstsammlungen Wiens*. Vienna 2003
- Long, Marguerite: *At the Piano with Ravel*, trans. Olive Senior-Ellis. London 1973
- MacCartney, C. A.: *The Social Revolution in Austria*. Cambridge 1926
- MacDonald, Mary: *The Republic of Austria 1918-1934*. London 1946
- McGuinness, Brian (ed.): Wittgenstein and *his Times*. Bristol 1982
- McGuinness, Brian: *Wittgenstein: A Life: Young Wittgenstein (1889-1921)*. London 1988
- McGuinness, Brian: *Approaches to Wittgenstein*. Oxford 2002
- McGuinness, Brian: Wittgenstein in *Cambridge: Letters and Documents 1911-1951*. Oxford 2008
- McGuinness, Brian, Pfersmann, Otto and Ascher, Maria Concetta (eds): *Wittgenstein Familienbriefe*. Vienna 1996
- Malcolm, Norman: *Ludwig Wittgenstein: A Memoir*. Oxford 2001
- Mayer, Arno J.: *Why Did the Heavens Not Darken? The Final Solution in History*. New York 1988
- Meier-Graefe, Julius: *Der Tschebinik*. Berlin 1918
- Meyer, Kurt: *Grenadiers*. Mechanicsburg 2005
- Mitchell, Donald and Reed, Philip (eds): *Letters from a Life: Selected Letters and Diaries of Benjamin Britten* (2 vols). London 1991
- Monk, Ray: *Ludwig Wittgenstein: The Duty of Genius*. London 1990
- Mosley, Charlotte (ed.): *The Mitfords: Letters Between Six Sisters*, London 2007
- Natter, Tobias G. and Frodl, Gerbert: *Klimt's Women*, Vienna 2000
- Nedo, Michael and Ranchetti, Michele: *Ludwig Wittgenstein: Sein Leben in Texten und Bildern,* Frankfurt-am-Main 1983
- Nemeth, Carl: *Franz Schmidt: Ein Meister nach Brahms und Bruckner*. Vienna 1957
- Nenman, H. J.: *Arthur Seyss-Inquart*. Vienna 1970
- Nice, David: *Prokofiev: A Biography 1891-1935*. New Haven and London 2003
- Nicholas, Jeremy: *Godowsky, the Pianists' Pianist*. Hexham 1989
- Nietzsche, Friedrich: *Also Sprach Zarathustra*. Leipzig 1886
- Orenstein, Arbie: *A Ravel Reader. Correspondence, Articles, Interviews,* New York

1990

■ Prater, Donald: *Stefan Zweig: European of Yesterday.* Oxford 1975

■ Prokofiev, Sergei: *Autobiography, Articles, Reminiscences.* New York 2000

■ Prokofiev, Sergei: *Diaries (1907-1933)* (privately printed edition in Russian). Paris 2002.

■ Prokop, Ursula: *Margaret Stonborough-Wittgenstein: Bauberrin, Intellecktuelle, Mäzenin.* Vienna 2003

■ Rachaminov, Alon: *POWs and the Great War: Captivity on the Eastern Front.* Oxford 2002.

■ Redpath, Theodore: *Ludwig Wittgenstein: A Student's Memoir.* London 1990

■ Rhees, Rush (ed.): *Ludwig Wittgenstein: Personal Recollections.* Oxford 1981

■ Robinson, Harlow: *Sergei Prokofiev: A Biography.* New York 2002

■ Russell, Bertrand: *Autobiography* (one-volume edn). London 2000

■ Ryding, Erik and Pachefsky, Rebecca: *Bruno Walter: A World Elsewhere.* New Haven and London 2001

■ Schad, Martha: *Hitler's Spy Princess,* trans. Angus McGeoch. Stroud 2002

■ Schonberg, Harold C.: *The Great Pianists.* New York 1964

■ Schorske, Carl E.: *Fin-de-Siècle Vienna.* New York 1980

■ Schreiner, George Abel: *The Iron Ration: Three Years in Warring Central Europe.* London 1918

■ Schuschnigg, Kurt von: *The Brutal Takeover,* trans. Richard Barry. London 1971

■ Seroff, Victor: *Maurice Ravel.* New York 1953

■ Shirer, William: *The Rise and Fall of the Third Reich.* New York 1959

■ Smith, Nigel J.: *Lemberg: The Great Battle for Galicia.* London 2002

■ Somavilla, Ilse (ed.): *Denkbewegungen: Tagebücher und Briefe, 1930-1932, 1936-1937.* Electronic edition, Innsbruck 1997

■ Somavilla, Ilse, Unterkircher, Anton and Berger, Paul (eds.): *Ludwig Hänsel-Ludwig Wittgenstein: Eine Freundschaft.* Innsbruck 1994

■ Spitzy, Hans: *Unsere Kriegsinvaliden.* Vienna 1917

■ Stone, Norman: *The Eastern Front 1914-1917.* London 1975

■ Suchy, Irene, Janik, Alan and Predota, Georg (eds.): *Empty Sleeve: Der Musiker und Mäzen Paul Wittgenstein.* Innsbruck 2006

■ Talalay, Kathryn: *Philippa Shuyler: Composition in Black and White.* Oxford 1995

■ Tolstoy, Count Leo: *The Gospel in Brief.* London 1896

■ Tovey, Donald Francis: *Essays in Musical Analysis, vol.3: Concertos.* Oxford 1936

■ Trevor-Roper, H. R. (ed.): *Hitler's Secret Conversations.* New York 1953

- Unger, Irwin and Debi: *The Guggenheims: A Family History*. New York 2005
- Walter, Bruno: *Theme and Variations*. London 1947
- Waters, Edward N.: *The Letters of Franz Liszt to Olga von Meyendorff, 1871-1886*, trans. William R. Tyler. Cambridge, Mass. 1979
- Weiland, Hans (ed.): *In Feindes Hand* (2 vols). Vienna 1931
- Weininger, Otto: *Über die letzten Dinge*, trans. Steven Burns. Lewiston 2001
- Weissweiler, Eva: *Ausgemerzt! Das Lexikon der Juden in der Musik und seine mörderischen Folgen*. Cologne 1999
- Williams, Gatenby [a.k.a. Guggenheim, William]: *William Guggenheim*. New York 1934
- Witt-Dörring, Christian: *Josef Hoffmann: Interiors 1902-1913*. New York 2006
- Wittgenstein, Hermine: *Die Aufzeichnungen 'Ludwig Sagt'*. Berlin 2006
- Wittgenstein, Karl: *Politico-Economic Writings*, ed. N. C. Nyiri. Amsterdam 1984
- Wittgenstein, Ludwig: *Philosophical Investigations*. Oxford 1953
- Wittgenstein, Ludwig: *The Blue and Brown Books*. Oxford 1958
- Wittgenstein, Ludwig: *Notebooks 1914-1916*. Oxford 1961
- Wittgenstein, Ludwig: *Zettel*. Oxford 1967
- Wittgenstein, Ludwig: *On Certainty*. Oxford 1969
- Wittgenstein, Ludwig: *Geheime Tagebücher 1914-1916*. Vienna 1992
- Wittgenstein, Ludwig: *Cultre and Value*. Oxford 1998
- Wittgenstein, Ludwig: *Tractatus Logico-Philosophicus*, with introduction by Bertrand Russell and parallel text translation by David Pears and Brian McGuinness. London 2000
- Wright, G. H von (ed.): *Ludwig Wittgenstein: Letters to Russell, Keynes and Moore*. Oxford 1974
- Zichy, Géza, Count: *Das Buch des Einarmigen*. Stuttgart 1916
- Zweig, Stefan: *The World of Yesterday*. London 1943

2. Essays, Articles and Other Works

- Abell, Arthur M.: 'Count Géza Zichy'. *Musical Courier*, 17.7.1915, p. 20
- Albrecht, Otto E.: 'The Adventures and Discoveries of a Manuscript Hunter' *Musical Quarterly*, vol. 31, no. 4, Oct.1945, pp. 492-503
- Anon: 'Freiherr Prof. von Eiselsberg's Clinic at Vienna'. *British Journal of Surgery*, issue 6, 1914
- Anon: 'L' Opera del S. P. Benedetto XV in favore dei prigionieri di Guerra' *La*

Civiltà Cattolica, Mar. 1918, vol. 2, pp. 293-302

■ Anon: 'One-Armed Pianist Undauntsd by Lot', interview with Paul Wittgenstein. *New York Times*, 4 Nov. 1934, p. 7

■ Attinello, Paul: 'Single-Handed Success: Leon Fleisher's Keyboard Comeback'. *Piano & Keyboard*, no. 163, Jul./Aug. 1993

■ Bauman, Richard: 'Paul Wittgenstein: His Music Touched Our Hearts'. *Abilities Magazine*, no. 50, Spring 2002

■ Bellamy, Olivier: 'Concerto pour la main gauche: La Force du destin'. *Le Monde de la Musique*, Dec. 2004

■ Boltzmann, Ludwig: 'On Aeronautics', trans. Marco Mertens and Inga Pollmann, in Susan Sterrett, *Wittgenstein Flies A Kite*, London 2005, p. 255

■ Bonham's sale catalogue: *European Paintings from the Estate of Hilde Wittgenstein*, 6 Jun. 2006. New York

■ Bramann, Jorn K. and Moran, John: 'Karl Wittgenstein: Business Tycoon and Art Patron'. *Austrian History Yearbook*, vol. 15-16, 1979-80

■ Chinkevich, E, G.: *Rapport sur la visite des comps des prisonniers Austro-Hongrois dans l'arrondissement militaire d'Omsk (Sibérie)*. Petrograd 1915

■ Czernin, Hubertus: 'Der wundersame Weg der Eugenie Graff'. *Der Standard*, 27 Feb. 1998, p. 34

■ Davis, Gerald H.: 'National Red Cross Societies and Prisoners of War in Russia, 1914-18'. *Journal of Contemporary History*, vol. 28, no. 1, Jan. 1993, pp. 31-52

■ De Cola, Felix: 'The Elegant Art: Playing the Piano with the Left Hand Alone'. *Clavier*. vol. 6, no. 3, Mar. 1967

■ Deneke, Margaret: 'Memoirs' (unpublished typescript, 1962-4, 2 vols), Lady Margaret Hall, Oxford

■ Deneke, Margaret: 'Mr. Paul Wittgenstein. Devotion to Music'. Obituary, *The Times*, 14 Mar. 1961

■ Fitzmaurice-Kelly, Capt. M.: 'The Flapless Amputation'. *British Journal of Surgery*, vol. 3, issue 12, 1915

■ Flindell, E. Fred: 'Ursprung und Geschichte der Sammlung Wittgenstein im 19 Jahrhundert'. *Musikforschung*, vol. 22, 1969

■ Flindell, E. Fred: 'Dokument aus der Sammlung Paul Wittgenstein'. *Musikforschung*, vol 24, 1971

■ Flindell, E. Fred: 'Paul Wittgenstein (1887-1961): Patron and Pianist'. *Music Review*, vol. 32, 1971

■ Gaugusch, Georg: 'Die Familien Wittgenstein und Salzer und ihr genealogisches

Umfeld'. *Adler: Zeitschrift für Genealogie und Heraldik*, 21 (XXXV), 2001, pp. 120-45

■ Godowsky, Leopold: 'Piano Music for the Left Hand'. *Musical Quarterly*, vol. XXI, Jul. 1935

■ Harvey, Trevor: 'Paul Wittgenstein: A Personal Reminiscence'. *Gramophone*, Jun. 1961

■ Kennard, Daphne: 'Music for One-handed Pianist'. *Fontes Artis Musicae*, vol. 30, no.3, Jul./Sept. 1983

■ Kim-Park, So Young: 'Paul Wittgenstein und die für komponierten Klavier-konzerte für die linke Hand' (unpublished dissertation). Aachen 1999

■ Klein, Rudolf: 'Paul Wittgenstein zum 70. Geburtstag'. *Österreichische Musik-zeitschrift*, 12, Dec. 1957

■ Kong, Won-Young: 'Paul Wittgenstein's Transcriptions for Left Hand: Pianistic Techniques and Performance Problems' (unpublished dissertation). Denton, Texas 1999.

■ Kundi, L. P.: 'Josef Labor: Sein Leben und Wirken, sein Klavier-und Orgelwerk nebst thematischem Katalog Sämtlicher Kompositionen' (unpublished dissertation). Vienna 1963

■ Kupelwieser, Paul: 'Karl Wittgenstein als Kunstfreund', *Neue Freie Presse*, no. 17390, 21.1.1913

■ Lau, Sandra Wing-Lee: 'The Art of the Left Hand: A Study of Ravel's "piano Concerto for the Left Hand" and a Bibliography of the Repertoire' (unpublished dissertation). Stanford 1994

■ McKeever, James: 'Godowsky Studies on the Chopin Etudes'. *Clavier*, vol. 19/3, Mar. 1980

■ Malone, Norman: 'The Technical and Aesthetical Advantages of Paul Wittgenstein's Three Volumes of Music "School for the Left Hand"' (unpublished dissertation). Chicago 1973.

■ Parke-Bernet Galleries Sale Catalogue: *French & Other Period Furniture (Property of Estate of the Late Jerome Stonborough)*, 18 Oct. 1940

■ Parke-Bennet Galleries Sale Catalogue: *Important Works by Celebrated Modern French Painters Collected in Paris by the Late Jerome Stonborough,* 17 Oct. 1940

■ Patterson, Donald L.: *One Handed: A Guide to Piano Music for One Hand.* Westport 1999

■ Pegelow, Thomas: 'Determining "People of German Blood", "Jews" and "Misch-linge" : The Reich Kinship Office and the Competing Discourses and Powers of

Nazism'. *Contemporary European History*, issue I , vol. 15, pp. 43-65

■ Pelton, Robert W.: 'The Indomitable Paul Wittgenstein'. *Contemporary Keyboard*, vol. 3, Aug. 1977

■ Penrose J. F.: 'The Other Wittgenstein'. *American Scholar*, vol. 64, no. 3, Summer 1995

■ Pickard, Bonni-Belle: 'Repertoire for Left Handers'. *Clavier*, vol. 25, no. 9, Nov. 1986

■ Reich, Howard: 'Rediscovered Score: Pianist's Last Legacy'. *Chicago Tribune*, 11 Aug. 2002

■ Rhees, Rush: 'Wittgenstein', *Human World*, February 1974

■ Ripley, Joan: 'A Memory of my Father', 3pp, typescript, pc

■ Ripley, Joan: 'Empty Sleeve - The Biography of a Musician'. Mary Baldwin College, Staunton, Virginia, 1987

■ Salehi, David: 'Ludwig Wittgenstein als Schüler in Linz'. *Wittgenstein Studies*, 15 Jan. 1997

■ Sassmann, Albert: 'Aspekte der Kaviermusik für die linke Hand am Beispiel des Leschetizky-Schülers Paul Wittgenstein' (unpublished dissertation). Vienna 1999

■ Sassmann, Albert: 'Ein Klavierschüler Paul Wittgensteins: Henry Selbing war Dirigent und Komponist'. *Allgemeine Zeitung für Rumännien*, 16 Jul. 2004

■ Seekircher, Monika, McGuinness, Brian and Unterkircher, Anton (eds): *Lugwig Wittgenstein: Briefwechsel*, Innsbrucker elektronische Ausgabe. Charlottesville 2004

■ Sotheby's Sale Catalogue: *Music, Including the Paul Wittgenstein Archive*, 22 May 2003. London 2003

■ Stack, S.: 'Media Impacts on Suicide: A Quantitative Review of 293 Findings'. *Social Science Quarterly*, vol. 81, Mar. 2000, pp. 957-81

■ Stonborough, John J.: 'Germans Back Hitler - Now!' *Sign*, Dec. 1939

■ Stonborough, John J.: 'The Totalitarian Threat'. *Sign*, Nov. 1940

■ Thormeyer, F. and Ferrière, F.: *Rapport sur leurs visites aux camps de prisonniers en Russie*. 14. Omsk. Geneva, Mar. 1915

■ Turner, J. Rigbie: 'Infinite Riches in a Little Room: Music Collections in the Pierpont Mogan Library'. *Notes*, 2nd Ser., vol 55, no.2, Dec 1988

■ Unger, Aryeh L.: 'Propaganda and Welfare in Nazi Germany'. *Journal of Social History*, vol. 4, no. 2, Winter 1970, pp. 125-40

■ Wechsberg, Joachim: 'His Hand Touched Our Hearts'. *Coronet*, vol. 25, no. 8, Jun. 1959

- Wittgenstein, Paul: 'The Legacy of Leschetizky'. *Musical Courier*, vol. 132, no.2 Aug. 1945
- Wittgenstein, Paul: 'Preface', in his *School for the Left Hand*. Vienna, Zurich and London 1957
- Wittgenstein, Paul: *Über einarmiges Klavierspiel*. Austrian Institute, New York 1958

3. Manuscript Letter Collections

- Hermine Wittgenstein and Margaret Stonborough to Ludwig Wittgenstein: MSS Austrian National Library, Vienna (Stonborough Collection)
- Margaret Stonborough to Hermine Wittgenstein and Margaret Stonborough diaries etc: Pierre Stonborough, private collection
- Ludwig Wittgenstein to Paul Wittgenstein: MSS private collection
- Ludwig Wittgenstein to his sisters and mother: MSS Austrian National Library, Vienna (Stonborough Collection)
- Paul Wittgenstein to Benjamin Britten: MSS Britten-Pears Library, Aldeburgh
- Paul Wittgenstein to Marga Deneke: MSS Bodleian Libary, Oxford (Deneke Collection)
- Paul Wittgenstein to Rudolf Koder: MSS private collection, Vienna
- Paul Wittgenstein to Erich Korngold: MSS Austrian National Library, Vienna; MSS Erich Wolfgang Korngold Archive, Hamburg
- Paul Wittgenstein to Josef Labor: MSS Wiener Stadt und Landesbibliothek, Vienna
- Paul Wittgenstein to Donald Francis Tovey: MSS Reid Music Library, Edin-burgh
- Paul Wittgenstein to Ernest Walker: MSS Balliol College Library, Oxford
- Paul Wittgenstein to Karl Weigl: MSS Yale University Library, New Haven

비트겐슈타인 가문

초판 1쇄 발행 | 2014년 12월 22일

지은이 | 알렉산더 워
옮긴이 | 서민아
펴낸이 | 이은성
펴낸곳 | 필로소픽
편집 | 황서린, 구윤희
디자인 | 드림스타트

주소 | 서울시 동작구 상도동 206 가동 1층
전화 | (02) 883-3495
팩스 | (02) 883-3496
이메일 | philosophik@hanmail.net
등록번호 | 제379-2006-000010호

ISBN 979-11-86180-00-6   03920

필로소픽은 푸른커뮤니케이션의 출판브랜드입니다.

이 도서의 국립중앙도서관 출판시도서목록(CIP)은 서지정보유통지원시스템 홈페이지(seoji.nl.go.kr)와
국가자료공동목록시스템(www.nl.go.kr/kolisnet)에서 이용하실 수 있습니다. (CIP제어번호: CIP2014034630)